BEWAHREN UND ERNEUERN

BEWAHREN UND ERNEUERN

WALTER WALLMANN

ZUM

65. GEBURTSTAG

Herausgegeben von
Petra Roth, Ernst Gerhardt, Bernhard Mihm

Societäts-Verlag

Die Deutsche Bibliothek – CIP Einheitsaufnahme

Bewahren und erneuern: Walter Wallmann zum 65. Geburtstag/
hrsg. von Petra Roth… – Frankfurt am Main: Societäts-Verl., 1997
ISBN 3-7973-0650-4

Schutzumschlag: Jutta Schneider, Frankfurt/Main
Titelfoto: Sven Simon, Bonn
Satz und Lithos: Societäts-Druck
Druck und Verarbeitung: Jütte Druck, Leipzig
Printed in Germany 1997
ISBN 3-7973-0650-4

gedruckt in leipzig

INHALTSVERZEICHNIS

VORWORT DER HERAUSGEBER

Politiker, Wissenschaftler und Künstler würdigen mit dieser Festschrift eine außergewöhnliche politische Leistung, die – nach dem Selbstverständnis des Geehrten unspektakulär – auf dem jeweiligen Arbeitsfeld das Bewährte nachdrücklich erhalten und das Veraltete tiefgreifend renoviert hat.

Walter Wallmann hat das 65. Lebensjahr vollendet. Als Oberbürgermeister der Stadt Frankfurt am Main, als erster Bundesumweltminister, als Ministerpräsident von Hessen, als Vorsitzender der hessischen CDU und in so manchen anderen Ämtern hat er eine Geistes- und Arbeitshaltung verwirklicht, die man als „preußisch" zu bezeichnen geneigt ist: stets genau abwägend und überlegend, dann aber im Gefühl unbedingter Pflichterfüllung unbeirrbar geradeaus. Entscheidungen auszusitzen oder in blindem Aktionismus durchzuboxen war und ist für ihn undenkbar: Aufgrund vielfältiger Konsultationen und erheblicher gedanklicher Arbeit weiß er meist schon die Lösung der Probleme, wenn viele andere noch darüber rätseln.

Denn Walter Wallmann verfügt über die seltene Gabe, politische Theorie mit dem Alltagsgeschäft verknüpfen zu können. Einerseits ist er der Intellektuelle, der sich lange Zeit auf eine akademische Karriere vorbereitete, ehe er sich der Politik zuwandte, andererseits kennt er keinerlei Berührungsängste beim handfesten Umsetzen seiner Ideen in die Wirklichkeit. Er beherrscht mühelos alle Formen der Kommunikation, sei es die große Rede über ein grundsätzliches Thema im Bundes- oder Landtag, sei es das Ausbringen scharfer Wahlkampfmunition vor Tausenden, sei es die kurze Anerkennung und die Aufforderung zu weiterem löblichen Tun im örtlichen Kegelclub. Getragen wird sein öffentliches Auftreten stets von einem sympathischen Understatement und von einem unterschwelligen Humor, der genau weiß, was er will, die

Zuhörer aber eher sanft zu eigenem Denken anspornt. Wer sich darauf versteht, erfreut sich an Walter Wallmanns müheloser Anwendung der Lehre antiker Rhetorikschulen.

„Politik light“ hat es für Walter Wallmann nie gegeben. Zementierte Sachzwänge, personelle Kungeleien, Absprachen zwischen Meinungsmachern, Lobbyisten, Finanziers, Parteien und politischen Amtsträgern: Wallmann verfügt über wache Sinne, ihnen im Vorfeld entgegenzusteuern. Je schwieriger die politischen Sachverhalte, desto verlockender waren sie für ihn. Bestes Beispiel ist die Stadt Frankfurt am Main, die er nach seiner Wahl zum Oberbürgermeister in kurzer Zeit von ihrem Image als „deutsche Vorhölle“ in eine Metropole der Menschlichkeit verwandelte. Dies gelang ihm unter anderem – manche meinen: vor allem – deshalb, weil er die Kultur als Attraktion für Frankfurt wiederentdeckte, als „Sensation“ in einer lebenswerten Stadt nicht nur für die Bürger der Stadt, sondern für den Großraum Frankfurt am Main. Denn die Kunst befördert die Phantasie, und ohne Phantasie ist das Zusammenleben der Menschen fade und lustlos.

Auf der anderen Seite ist Politik für Walter Wallmann auch die Kunst der Integration, bei der die divergierenden politischen Parteien nach außen hin zwar ihre konträren Standorte vertreten können, im Inneren indessen darauf eingeschworen sind, zum Wohl der Bürger an einem Strang zu ziehen. Er erkennt auch die Leistungen des politischen Gegners an, zumal er dessen theoretische Untermauerung eingehend studiert hat. Aus diesem Grund verlieh er nicht nur den Goethepreis der Stadt Frankfurt am Main an Ernst Jünger, sondern auch den Theodor W. Adorno-Preis an den kritischen Theoretiker Jürgen Habermas.

Walter Wallmann hat das 65. Lebensjahr vollendet. Der Leser erhält mit dieser Festschrift nicht nur einen umfassenden Überblick über das bisherige Leben und Werk des Geehrten, sondern auch in vielfältiger Weise Informationen zu Fragestellungen in diversen politischen und wissenschaftlichen Themenbereichen unserer Zeit, die Walter Wallmann nach wie vor mit größter Akribie verfolgt.

Petra Roth *Ernst Gerhardt* *Bernhard Mihm*

NORBERT BLÜM

DAS SOZIALE UND DIE DEMOKRATIE

Das Sozialstaatsgebot der Verfassung

Demokratie und sozialstaatliche Ordnung gehören im Gemeinwesen der Bundesrepublik Deutschland eng zusammen. In Artikel 20, Absatz 1 des Grundgesetzes heißt es schlicht: „Die Bundesrepublik Deutschland ist ein demokratischer und sozialer Bundesstaat." Anders als die Postulate der Rechtsstaatlichkeit oder Bundesstaatlichkeit ist die verfassungsrechtlich verbindliche Festlegung der Staatsgewalten auf soziales Handeln ein Novum des Bonner Grundgesetzes. Wo die Spärlichkeit des Verfassungstextes zu einer Beliebigkeit seiner Interpretation einlädt und zugleich die ideengeschichtliche Verwurzelung durch ihre Streubreite mehr Fragen stellt, als sie Antworten gibt, bereitet schon die Definition des Sozialstaatsgebotes Probleme.

Der bürgerlich-liberale Rechtsstaat sichert dem Bürger die Freiheit seines Tuns. Grundrechte sind Abwehrrechte gegen den Staat. Da sich im Zuge der Industrialisierung gezeigt hatte, daß die Summe der Wahrnehmung einzelner Freiheitsrechte gesamtgesellschaftlich zu enormen sozialen Spannungen führte, bedurfte es eines staatlichen Korrektivs. Dieses gewann seine Konturen Schritt für Schritt. Das Sozialstaatsgebot war der verfassungsrechtliche Schlußstein einer langen Entwicklung, der für die Bundesrepublik zugleich Grundstein für den Aufbau eines vorbildlichen Sozialstaates wurde.

Der Schutz der Freiheitssphäre wurde durch das Sozialstaatsprinzip ergänzt. Chancengleichheit ohne Rechtsgleichheit ist undenkbar. Rechtsgleichheit ist ohne Chancengleichheit unfruchtbar. Anatole France (1844 – 1924) hat diese Erkenntnis auf den Punkt gebracht: Unter den Brücken von Paris haben Bettler und Könige das gleiche Recht zu schlafen. Die einen müssen es, die anderen brauchen es nicht.

Mit dem Sozialstaatsgedanken als rechtlich verbindlichem Staatsziel erhielt die Verfassung in Deutschland eine neue Dimension, stellt doch die Sozialstaatsklausel eine alle Staatsgewalt verpflichtende Leitlinie mit normativer Verbindlichkeit dar. Die Bestimmung hat zudem „Ewigkeitscharakter“, ist also unantastbar und auch der Disposition des Verfassungsgesetzgebers entzogen.

Das Sozialstaatsgebot verpflichtet – nach Auffassung des Bundesverfassungsgerichts – den Gesetzgeber besonders dazu, sich um einen Ausgleich der widerstreitenden Interessen und um die Herstellung erträglicher Lebensbedingungen für alle zu bemühen. Daraus leiten sich die grundlegenden Ziele des Sozialstaats ab:

- Schutz vor Armut und Not,
- Sicherung gegen die großen Lebensrisiken Altersarmut, Invalidität, Krankheit, Arbeitslosigkeit und Pflegebedürftigkeit,
- sozialer Ausgleich und Bewahrung des sozialen Friedens,
- Mehrung des Wohlstands und Verbesserung der allgemeinen Lebensbedingungen.

Wie der Gesetzgeber den Sozialstaat im einzelnen gestaltet, ist weithin seine politische Entscheidung. Aus dem Sozialstaatsprinzip sind unmittelbar keine konkreten Rechte oder Pflichten ableitbar. Vielmehr hat es einen permanenten Gestaltungsauftrag zum Inhalt. Das grundlegende Gebot ermöglicht und verlangt geradezu die Anpassung infolge eines sozialen und wirtschaftlichen Wandels. Entsprechend hat sich der Sozialstaat allmählich entfaltet und immer wieder gewandelt.

Aus der Offenheit und Unbestimmtheit des Sozialstaatsgebots ergibt sich allerdings nicht Beliebigkeit. Die Verfassung setzt Grenzen der Ausgestaltung unseres Gemeinwesens, ohne daß sie uns die Arbeit der Ausgestaltung abnimmt. Eine Gesellschaftsordnung, die den Menschen jede Verantwortung abnimmt und sie deshalb der Freiheit beraubt, paßt nicht zu dem Menschenbild, das unser Grundgesetz geprägt hat. Unvereinbar mit unserer Verfassung wäre jedoch auch eine Gesellschaft, die den Menschen alleine läßt. Das Grundgesetz hält gleich weiten Abstand zwischen Individualismus und Kollektivismus.

Das System des Ausgleichs

Einem freiheitlich-demokratischen Gemeinwesen entspricht am ehesten die Ordnung der Sozialen Marktwirtschaft. Sie ist, bei Licht betrachtet, ein Mittelweg zwischen neoliberalem Ideengut und der christlichen Soziallehre. Soziale Marktwirtschaft versucht, Wettbewerb und sozialen Ausgleich, Leistung und Solidarität in Balance zu halten.

Schon in der Gründungsphase des Sozialstaates mußten sich die Sozialpolitiker gegen Marxisten und Wirtschaftsliberale wehren. Den einen war der Sozialstaat die Revolutionsbremse, den anderen die Prämie der Faulen. Zwischen „Prophete rechts, Prophete links" suchte der Sozialstaat seinen Weg. Anders als die Jünger der logischen Utopie, die menschliches Zusammenleben auf ein Ein-und-Alles-Prinzip reduzieren, und anders als die Revolutionäre, die alles mit einem Schlag lösen wollen, versucht der freiheitliche Sozialstaat aus Erfahrungen zu lernen und sich auf neue Anforderungen einzustellen. Das Leben richtet sich nicht nach Ideologien. Zur Realität des Lebens gehört die Bewältigung von Konflikten. Auch die Mehrheit der Entscheidungen im Sozialstaat sind Ergebnisse von Güterabwägungen. Das ist keine Schwäche, sondern eine Stärke unserer politischen Ordnung.

Der freiheitliche Sozialstaat

Die Anforderungen an den Sozialstaat ändern sich mit unserer Gesellschaft. Was bleibt, ist das Ziel des Ausgleichs zwischen Gruppen und Generationen. Der Zweck des Sozialstaats ist somit nicht die Gleichheit aller Bürger. Das Grundgesetz will einen freiheitlichen Sozialstaat, der jedem Bürger die grundlegenden Lebensbedingungen schuldet, dies aber an die existenziellen Voraussetzungen für die Entfaltung von Freiheit bindet. Der einzelne Mensch trägt die Verantwortung für seine Lebensgestaltung. Der Staat darf seine Bürger nicht zum Gefangenen eines Systems vollständiger Betreuung machen, sondern muß ihre Lebensentscheidungen respektieren. Auch der Sozialstaat geht vom Primat der Selbstbestimmung aus. So wenig er staatliches Handeln auf die bloße Beseitigung von Hunger und Not beschränkt, so wenig darf er andererseits individuelle Verantwortung durch Zuständigkeiten des Staates ersetzen. Unser Sozialstaat folgt dem Prinzip der verantworteten Freiheit.

Ein allumfassendes System staatlicher Betreuung würde demgegenüber wie ein Belagerungszustand wirken, der die Fähigkeit zur Selbstverantwortung verkümmern läßt. Das wäre ein als großes Fürsorgeheim mißverstandener Sozialstaat. Freiheit beinhaltet das Recht auf Unvernunft und Fehlentscheidung – gepaart mit der Pflicht, für die Resultate einzustehen. Der Versuch, das persönliche Risiko auszuschalten, ist die Suche nach einem Exil in der Unfreiheit. Es wäre wie das Leben im Zoo – wohltemperiert und gut versorgt, aber hinter den Gittern völliger Angepaßtheit und ohne Auslauf.

Freilich gibt es keinen Grenzstein, der in der Sozialpolitik die Linie zwischen Eigenverantwortung und solidarischer Vorsorge eindeutig kenntlich macht. Die Übergänge sind fließend. Freiheit ohne sozialen Schutz wäre eine Exklusivveranstaltung von wenigen. Auch Elend und Not verhindern Freiheit. Deshalb schuldet der Sozialstaat dem einzelnen die Schaffung der existenziellen Voraussetzungen für Freiheit. Dafür brauchen wir ein Netz sozialer Sicherheit: Kranken- und Pflegeversicherung, Schutz bei Arbeitslosigkeit, funktionierende Alterssicherung und auch die Garantie des Existenzminimums in Notlagen sind Beispiele.

Subsidiarität, Partizipation und Pluralismus als Gestaltungsprinzipien

Der Sozialstaat wird in unserer freiheitlichen und demokratischen Ordnung wesentlich mitgeprägt durch nichtstaatliche Institutionen und Verantwortlichkeiten, durch Tarifvertragsparteien und Verbände, durch private Organisationen und durch ehrenamtliche Tätigkeit. Sie spiegeln das große traditionelle Strukturprinzip der christlichen Soziallehre, auf dem unsere Gesellschaft aufbaut, nämlich Subsidiarität: Die Bürger sollen in ihrem unmittelbaren Lebens- und Verantwortungsbereich möglichst weitgehende Regelungskompetenzen be- und erhalten. Kleine Gemeinschaften haben – wenn immer möglich – Vorrang vor den großen. Wo die unmittelbar Betroffenen ihre Interessen selbst wahrnehmen und ausbalancieren, wird es entbehrlich, dem Staat eine Schutz- und Schiedsrichterfunktion zu übertragen. Allerdings muß der Staat Hilfeleistung geben, sobald die Kräfte des einzelnen und der kleineren Gemeinschaften nicht ausreichen. Subsidiarität ist damit auch Ausdruck des demokratischen Prinzips, das durch Partizipation und Pluralismus gekennzeichnet ist.

Deutlich werden diese Wesenselemente unseres freiheitlichen Sozialstaates vor allem an den Beispielen der Sozialpartnerschaft und der Selbstverwaltung. Die Selbstverwaltung in der Sozialversicherung ist eine Ordnung in kleineren Einheiten unterhalb der staatlichen Ebene. Das Ordnungselement Selbstverwaltung folgt verschiedenen Prinzipien:

- der Subsidiarität, wonach staatliche Gewalt soweit wie möglich durch kleine bürgernahe Einheiten ausgeübt werden soll;
- der Partizipation, das heißt der Beteiligung der Versicherten und Arbeitgeber an den Angelegenheiten der Sozialversicherung;
- dem Pluralismus, der sich im Zusammenwirken von Arbeitgebern, Gewerkschaften und sonstigen Versichertenvereinigungen in der Selbstverwaltung der Sozialversicherung verwirklicht.

Die Selbstverwaltung in der Sozialversicherung, in der Arbeitnehmer und Arbeitgeber zusammenwirken, hat sich als die hohe Schule sozialer Partnerschaft erwiesen.

Obwohl zwischen Selbstverwaltung und Politik der Natur der Sache nach ein Spannungsverhältnis besteht, das die Beteiligten in ihrer Gemeinwohlverpflichtung fruchtbar gestalten müssen, hat sich die politische Entscheidung, die Verwaltung der Sozialversicherung in gegliederten Ordnungen den Betroffenen zu überlassen, weitgehend bewährt.

Sachverstand und Erfahrungsnähe der Selbstverwaltung werden von der Politik genutzt. Die Selbstverwaltung muß freilich auch der Verantwortung gerecht werden, die ihr durch das Recht übertragen ist. Sie darf Folgen ihres Handelns, wenn es unbequem wird, nicht der Politik zuschieben. Selbstverwaltung heißt auch Selbstverantwortung.

Zu den grundlegenden Bedingungen unseres freiheitlichen Sozialstaats gehört auch die verfassungsrechtlich garantierte autonome Aushandlung der Löhne und Arbeitsbedingungen zwischen Gewerkschaften und Arbeitgebern. Die Tarifautonomie – dieses Wagnis des Bonner Grundgesetzes – hat sich mit Blick auf die soziale Entwicklung Deutschlands als Segen erwiesen. Auf diesem Fundament erfolgte der Aufbau der Wirtschaft nicht den Imperativen des Klassenkampfes, sondern der Partnerschaft. Die junge Demokratie wurde weitgehend von Verteilungskämpfen entlastet.

Seine Ergänzung findet die Tarifautonomie in dem System der betrieblichen und unternehmensbezogenen Mitbestimmung, das auch heute noch äußerst positive Auswirkungen auf den sozialen Frieden und die wirtschaftliche Produktivität hat: Es entspricht dem demokratisch-pluralen Verständnis von Machtteilung und politischer Teilhabe der Bürger. Die Sozialpartner sind unverzichtbarer Bestandteil unserer Gesellschaft, die Demokratie und Sozialstaatlichkeit als ständigen Gestaltungsauftrag begreift. Die Sozialpartner stehen allerdings heute vor großen Herausforderungen, auf neue Entwicklungen neue Antworten zu suchen und Motor von Vielfalt, Differenzierung und Innovation zu sein.

Die heutige Entwicklung unseres Sozialstaats

Die sozialstaatliche Tradition unseres Landes reicht weit zurück ins 19. Jahrhundert. In der Bundesrepublik Deutschland haben wir in fast fünf Jahrzehnten ein Maß an sozialer Sicherheit und Freiheit geschaffen, wie der Staat es bisher nicht kannte. Dieser sozialstaatliche Erfolg hat wesentlich zur Stabilität der politischen Ordnung beigetragen. Das darf besonders dann nicht vergessen und vernachlässigt werden, wenn der Sozialstaat auf neue Herausforderungen und Bedingungen eingestellt werden muß.

Fortentwicklung und Umbau unseres Sozialstaats sind im Grunde eine kontinuierliche Aufgabe. Daß die Sozialpolitik diese ernstnimmt, hat sie schon in der Vergangenheit bewiesen. Bereits in der Zeit vor der Wiedervereinigung hat die Sozialpolitik seit 1982 alte Zöpfe abgeschnitten, den Sozialstaat konsolidiert und zugleich Antworten auf neue Herausforderungen gegeben. Wir haben keine Kahlschlagpolitik betrieben, die blindwütig Sparauflagen erfüllt hätte. Die Konsolidierungsmaßnahmen erfolgten mit Augenmaß. Es wurde nicht nur gespart, sondern auch gestaltet. So wurde ein ganzes Bündel von Maßnahmen zur Belebung der Wirtschaft und zur Bekämpfung der Arbeitslosigkeit umgesetzt. Dadurch konnte die Sozialleistungsquote von 33,3 % (1982) auf 29,3 % (1990) zurückgeführt werden. Daß die Quote seit der Wiedervereinigung auf 34,1 % (1995) in Gesamtdeutschland anstieg, ist im wesentlichen einigungsbedingt. Ein Vergleich der ostdeutschen (57,8%) mit der westdeutschen (31,2 %) Sozialleistungsquote zeigt dies eindringlich.

Das zentrale Problem in Deutschland ist heute, wie in den meisten anderen europäischen Staaten auch, die hohe Arbeitslosigkeit. Sie ist ein menschliches und gesellschaftliches Problem, das weitreichende Auswirkungen hat. Für die Sozialversicherungen bringt steigende Arbeitslosigkeit höhere Ausgaben und Beitragseinbußen mit sich. Wenn dies zum Anstieg der Beitragssätze und damit der Personalnebenkosten führt, werden Chancen für neue Arbeitsplätze verschüttet. Ein Teufelskreis!

Sozialpolitik kann keine Arbeitsplätze schaffen. Sie kann allerdings durch die Veränderung von Rahmenbedingungen (Senkung der Personalnebenkosten, arbeits- und steuerrechtliche Beschäftigungsimpulse) wesentlich dazu beitragen, daß Arbeitgeber in neue Arbeitsplätze investieren. Außerdem kann sie durch gezielten Einsatz arbeitsmarktpolitischer Instrumente die Beschäftigungschancen von Arbeitslosen verbessern und ihnen Brücken in den Arbeitsmarkt bauen.

Mit dem Programm für mehr Wachstum und Beschäftigung vom April 1996 sind wesentliche Weichen dafür gestellt worden, daß die Finanzierbarkeit des sozialen Netzes auch für die Zukunft gewahrt bleibt. Das soll allerdings nicht bedeuten, daß wir die Hände jetzt in den Schoß legen können. Vor dem Hintergrund der zu erwartenden demographischen Entwicklung kommt es zum Beispiel darauf an, die Rentenversicherung und andere Alterssicherungssysteme weiter auf diese Herausforderungen einzustellen.

Im Gegensatz zu vielen Kritikern des Sozialstaates bin ich davon überzeugt, daß unser soziales Sicherungssystem die aktuellen und zukünftigen Herausforderungen bestehen wird. Es hat sich auch in der Vergangenheit als flexibel und anpassungsfähig erwiesen. Damit die Bewältigung der Probleme tatsächlich gelingt, dürfen wir allerdings zwei Punkte nicht aus dem Auge verlieren: Zum einen ist ein „Controlling" der sozialpolitischen Maßnahmen und Instrumente auf Möglichkeiten der mißbräuchlichen Leistungsinanspruchnahme, auf Mitnahmeeffekte und Fehlsteuerungen eine permanente Aufgabe der Sozialpolitik. Zum anderen müssen wir darauf achten, daß der Gesamtumfang der Sozialleistungen und die damit einhergehende Finanzierungslast die wirtschaftliche Leistungsfähigkeit nicht überfordert. Deswegen ist eine laufende Überprüfung der sozialen Leistungen hinsichtlich ihrer Berechtigung und Effizienz erforderlich.

Da unser System sozialer Sicherung auf dem Vertrauen von Millionen von Bürgerinnen und Bürgern beruht, die ihre Lebensplanung darauf abstellen, muß jedes Umsteuern behutsam erfolgen. Soziale Ordnung ist auf breite Akzeptanz angewiesen. Diese Tatsache darf aber eine Weiterentwicklung nicht verhindern.

Demokratische Ordnung und Lösung der Probleme

Demokratie kommt nicht ohne Macht aus, die sich aber immer wieder legitimieren muß. Wer Macht ausübt, hat sie vom Bürger, erhalten – und zwar immer nur auf Widerruf! Die Demokratie kennt zwar eine Kontinuität ihrer Organe, aber keine automatische Kontinuität der Mächtigen. Macht muß sich in der Konkurrenz der Ideen und der Fähigkeit zu ihrer Umsetzung behaupten. Leistungen der Vergangenheit müssen sich an den Alternativen für die Zukunft messen lassen. Die Mächtigen in der Demokratie brauchen die Zustimmung und das Vertrauen des Volkes, die sie nur dann gewinnen oder erhalten, wenn sie am Puls der Zeit bleiben. Dazu gehört die Sensibilität, neue Probleme rechtzeitig zu erkennen und Lösungen vorzuschlagen. Dazu gehört auch die Fähigkeit, Probleme vorwegzudenken, die im Bewußtsein der Bürger noch nicht verankert oder noch unterentwickelt sind.

Eine Gefahr demokratischer Herrschaftsformen liegt in der Versuchung, sich auf der Woge von Tagesstimmungen treiben zu lassen. Das wäre gewissermaßen eine „Herrschaft paradox", weil sie ohne eigene Gestaltungskraft zum Spielball der Stimmungen würde. Deshalb kann ein solcher Populismus auf Dauer nicht erfolgreich sein. Er wäre auch perspektivenlos, weil Weichenstellungen für die Zukunft im Hin und Her der Emotionen nicht möglich sind. Wer regierungsfähig sein will, braucht eine längerfristige Konzeption und muß bereit sein, auch schmerzhafte Erkenntnisse zu vermitteln. Exponenten der Gefälligkeitsdemokratie haben nur kurze Lebenszeiten; ihre Täuschung wird schnell entlarvt. Es gehört zum Anstand und auch zur Klugheit der Mächtigen, Rechte und Solidarpflichten der Bürger sorgfältig auszutarieren.

Die öffentliche Meinungsbildung vollzieht sich in einer Demokratie kompliziert und vielschichtig. Vielleicht sind deshalb elementare Neuerungen in demokratischen Staaten auch seltener. Andererseits mobilisiert die Suche nach Konsens in einer pluralistischen, demokratisch strukturierten Gesellschaft viel Erfindungsgabe, Schaffenskraft und Kreativität – nicht nur bei professionellen Lobbyisten, sondern bei allen Bürgern. Die Einbeziehung von Betroffenen in den Entscheidungsprozeß, die Beteiligung von Selbstverwaltungen, die Demokratisierung von Gremien setzen Energien frei, die nicht nur Macht legitimieren, sondern vor allem Kenntnisse, Wissen, Fertigkeiten aktivieren und Kompetenz schaffen. Die kooperative Entscheidungsfindung verbindet in der Demokratie Phantasie und Macht.

Die Bewahrung des Sozialstaats

Demokratie geht von individueller Gestaltungsfreiheit aus und bietet Verfahren an, Interessenkonflikte fair und friedlich zu regeln. Sie lebt vom Widerstreit der Meinungen und Interessen. Aber sie braucht auch den Grundkonsens, daß wir unseren Sozialstaat hüten und bewahren müssen und daß der Staat mehr ist als der Notar von Gruppeninteressen. Jenseits aller Vorfahrt für Eigenverantwortung und für solidarische Selbstverwaltung und Selbsthilfe trägt der Staat Verantwortung für das Ganze und muß deshalb auch handlungsfähig für jene sein, die im Konzert der organisierten Interessen nicht vorkommen.

Soziale Sicherung und sozialer Konsens sind ein integraler Bestandteil unserer Sozialen Marktwirtschaft und unseres demokratischen Gemeinwesens. Beide zu stärken, wird nur gelingen, wenn wir unseren Sozialstaat ständig weiterentwickeln, effizienter gestalten und neben den eigenen Wünschen und Besitzständen auch die Funktionsfähigkeit des Ganzen im Auge behalten.

Viele betrachten heute den Sozialstaat als ein Klotz am Bein der Volkswirtschaft. Kein Zweifel, der Sozialstaat ist ins Gerede gekommen. Unumstritten war er nie. Was jetzt geschieht, ist allerdings mehr als die übliche Diskussion, der in einer offenen Gesellschaft alle Institutionen immer ausgesetzt sind. Jetzt rütteln die Zweifler an den Grundfesten des Sozialstaates. Vor solch fundamentalen Angriffen war unser Sozialsystem lange Zeit vor allem deshalb geschützt, weil die soziale Ordnung zur Legitimationsbasis des Westens gehörte, der in der Auseinandersetzung mit dem Osten auch im Sozialen den Nachweis der Überlegenheit über sozialistische Plansysteme sah.

Es wird Zeit, daß der Sozialstaat wieder Verteidiger findet. Er ist nicht der ungezogene Balg unserer Republik, der endlich domestiziert werden müßte. Im Sozialstaat sind Lebensplanungen, Erwartungen und Sicherheiten eingebaut, auf die eine verantwortliche Lebensführung angewiesen ist. Die Lebensangst ist kein Ratgeber für Kreativität. Deshalb rate ich bei der Weiterentwicklung des Sozialstaates zu Mut und Behutsamkeit, zu Entschlossenheit und Verantwortung, zu Maß und Proportion. Es steht viel auf dem Spiel.

WILLIAM M. BODDE, JR.

GRUSSWORT AN DR. WALLMANN

Dr. Walter Wallmann und ich begegneten uns zum erstenmal 1975 während des Parteitags der CDU, als er Mitglied des Bundestags war. Zu der Zeit war ich in der Politischen Abteilung der Amerikanischen Botschaft in Bonn mit der Aufgabe, über die Politik innerhalb der Bundesrepublik zu berichten. Zwischen Sitzungen sprach ich Wallmann an, um ihm eine Einladung zu einer Studienreise in die USA zu überreichen. Er war begeistert, und die Reise hat sein tiefes Interesse an meinem Land noch bestärkt. Es entwickelte sich daraufhin zwischen uns eine enge Freundschaft.

Wallmann lud mich ein, ihn auf seiner Kampagne in seinem Wahlkreis in Marburg zu begleiten. Es war der erste von vielen Besuchen in dieser schönen Universitätsstadt. Während ich ihn begleitete, war ich von Anfang an von seiner enormen Vitalität beeindruckt und seiner erstaunlichen Fähigkeit, enge persönliche Kontakte zu seinen Wählern herzustellen. Über die Jahre hatte ich die Gelegenheit, viele europäische und amerikanische Politiker zu beobachten, und habe dabei bemerkt: Ein Mann mit Wallmanns Begeisterung für Dialog mit seinen Wählern ist eine große Seltenheit. Diese Eigenschaft trat besonders hervor, als er Oberbürgermeister von Frankfurt war. Er hat mich besonders beeindruckt, da er einem politischen System entstammt, in dem der Einzelpolitiker wenig Bedeutung hat. Im deutschen politischen System wird eher eine Parteiliste als ein bestimmter Politiker gewählt, anders als in den Vereinigten Staaten. In den Jahren, unmittelbar bevor Wallmann Marburg verließ, haben wir seine Familie kennengelernt und die zentrale Rolle, die seine Familienmitglieder in seinem Leben spielen. Obwohl es zur Zeit Mode ist, daß Politiker in Deutschland und den USA sich zu „family values" bekennen, ist das Leben von Walter Wallmann immer von diesen Werten bestimmt worden. Aus diesem Grund ist seine Frau Margarete seine engste und vertrauteste Beraterin. Während der dunklen Tage des Kalten Krieges hat er seine Verwandten in der DDR nicht vergessen und ihnen jede mögliche psychologische und materielle Unterstützung gegeben.

Obwohl er ein treuer und engagierter Christdemokrat ist, hat er sich immer um Unterstützung und Rat jenseits der Parteipolitik bemüht. Diese Eigenschaft machte ihn nicht nur zum effektiven Oberbürgermeister einer der anspruchsvollsten Städte Deutschlands, sondern hat auch wesentlich zu seiner großen Popularität weit über seine Partei hinaus beigetragen. Als internationales Banken- und Finanzzentrum hat Frankfurt viele außerordentlich schwer arbeitende, no-nonsense Profis, die einen Angeber sofort erkennen würden; ihre Achtung und Zuneigung zeugen für Wallmanns hohe charakterliche Qualitäten. Er war im örtlichen Kegelklub wie im Gespräch mit der intellektuellen Elite bei der Frankfurter Buchmesse mühelos und ohne Stichwortgeber in seinem rhetorischen Element. Wallmann war und ist einer der besten Redner im jetzigen deutschen politischen Leben.

Über die Jahre war ich in der Lage, die außerordentliche politische Karriere Walter Wallmanns zu verfolgen – als Mitglied des Bundestags, Oberbürgermeister von Frankfurt, Bundesminister für Umwelt und Ministerpräsident des Bundeslandes Hessen. Kurz bevor ich 1977 Bonn verließ, ist er zum Oberbürgermeister gewählt worden, und wir haben den Kontakt auch danach aufrechterhalten. Wallmann und seine Frau Margarete haben uns in Washington besucht, und wir haben sie in Frankfurt gesehen. Im Jahre 1983 wurde ich amerikanischer Generalkonsul in Frankfurt und hatte die Gelegenheit, mehr von diesem außerordentlichen Mann zu lernen. Walter Wallmann ist nämlich nicht nur ein hervorragender praktischer Politiker, sondern auch ein Mann, der tief und ernstlich über vieles nachdenkt. Ohne Zweifel wurde er einer der engsten persönlichen Freunde und Berater von Bundeskanzler Kohl – sowohl wegen seiner Weisheit und Menschlichkeit wie auch wegen seiner hervorragenden politischen Fähigkeiten.

Selbst während der hektischsten Jahre seines öffentlichen Lebens fand er Zeit zu lesen und sich mit philosophischen wie auch moralischen Fragen zu beschäftigen. In seinem Arbeitszimmer ist er umgeben von Büchern über Geschichte, Recht, Religion, Politik und Philosophie, und er hat dort ein Foto von Konrad Adenauer – einem seiner politischen Vorbilder. Obwohl Wallmann Fachmann für Kommunalpolitik ist, hat er ein starkes Interesse an Außenpolitik, was eine Reihe von amerikanischen Secretaries of State über die Jahre hin stark beeindruckt hat. Als Jurist ausgebildet, erstrecken sich seine Interessen weit über die Grenzen des Rechts und der Politik hinaus. Da Wallmann eine tiefe Zuneigung für das Geben und Nehmen („give and take") in der Politik mit der Ernstheit und Verantwortlichkeit eines wahren Intellektuellen verbindet, ist er unter führenden Politikern eine Ausnahmeerscheinung.

Alle, die Walter Wallmann kennen, erwarten, daß er weiterhin für das Wohl seines Landes tätig sein wird. Er ist ein Mensch, der sein Land, seine Familie, seine Partei und seine Freunde liebt, und es ist eine Ehre, mit ihm befreundet zu sein. Seine Freunde und Bewunderer hoffen auf viele weitere produktive Jahre und wünschen seiner Familie und ihm alles Gute zu seinem 65. Geburtstag.

FRIEDRICH BOHL

SIEBEN JAHRE DEUTSCHE EINHEIT – WAS HABEN WIR ERREICHT?

Am 65. Geburtstag von Dr. Walter Wallmann ist es beinahe sieben Jahre her, daß das Deutsche Volk nach schmerzlichen Jahrzehnten der staatlichen Teilung „in freier Selbstbestimmung die Einheit und Freiheit Deutschlands vollendet" hat; so, wie es die Präambel des Grundgesetzes verlangte. Walter Wallmann hat stets zu denen gehört, die an diesem Ziel noch festhielten, als es bei vermeintlich fortschrittlichen Geistern Mode wurde, die Realisierbarkeit – ja die Wünschbarkeit – einer Wiedervereinigung Deutschlands in Frage zu stellen. Im Gegensatz zu manchen anderen braucht er die Manuskripte seiner früheren Reden zu diesem Thema heute nicht zu verstecken.

Besonders eindrucksvoll hat Walter Wallmann seine Sicht der deutschen Frage und ihrer europäischen Einbettung als Bundesumweltminister am 29. September 1986 in Zürich zusammengefaßt. Dort sagte er, die Grundwerte der europäischen Kultur verböten es uns, „die Teilung unseres Kontinents in eine Zone der Selbstbestimmung und in eine Zone der Fremdbestimmung als unabänderliches Faktum hinzunehmen. Die Polen, die Ungarn, die Tschechen und Slowaken, die Deutschen in der DDR – sie alle haben Teil an jener freiheitlichen Tradition Europas, deren geschichtliche Dynamik ungebrochen ist." Wider Geschichte und Recht beherrsche das sowjetische System der Fremdbestimmung den östlichen Teil des europäischen Kontinents. „Die politische, die umfassende Gemeinschaft der europäischen Völker ist ein Gebot der Selbsterhaltung, wie Konrad Adenauer 1954 vor dem Deutschen Bundestag erklärte – ganz im Geiste jener berühmten

Rede, die Winston Churchill vor fast genau 40 Jahren hier in Zürich hielt."

Gleich in seiner ersten Regierungserklärung als Hessischer Ministerpräsident hob Walter Wallmann am 23. April 1987 als wichtiges Ziel der CDU-FDP-Koalition hervor, daß die von ihm geführte Landesregierung „für das Selbstbestimmungsrecht aller Deutschen, für die Wiedervereinigung unseres Vaterlandes in einem freien Europa und für die Pflege des gesamtdeutschen Kulturerbes eintreten" werde. Als sich knapp drei Jahre später abzeichnete, daß der langgehegte Traum von der Deutschen Einheit in Freiheit Wirklichkeit würde, handelte Walter Wallmann ohne Zögern: „Ich halte es für unsere selbstverständliche Pflicht zu helfen. Wir sind uns wohlbewußt, daß wir damit nicht alle Probleme in Thüringen lösen können. Aber wir können humanitär helfen. Wir können Initialzündungen geben. Wir können Menschen ermutigen."

Mit diesen Worten begründete er am 7. Februar 1990 vor dem Hessischen Landtag das „Aktionsprogramm Hessen-Thüringen". Es ging darum, nach dem Zusammenbruch des SED-Staates dem Nachbarland in der damaligen DDR möglichst schnelle und unbürokratische Hilfe zu leisten. Mit dem Aktionsprogramm hat die Hessische Landesregierung seinerzeit im Geiste nationaler Solidarität geholfen, den Weg zur staatlichen Einheit Deutschlands zu ebnen.

Am 3. Oktober 1997 jährt sich die Deutsche Einheit bereits zum siebten Mal. Mit ihr wurde die Teilung unseres Vaterlandes beendet. Viele Menschen in Ost und West haben sich mit ganzer Leidenschaft für die Verwirklichung dieser Ziele eingesetzt. Dazu gehörte nicht zuletzt die hessische CDU unter der Führung von Walter Wallmann. Sie hatte sich unter dem Vorsitz von Alfred Dregger – wie die CDU insgesamt – nie auf die Politik opportunistischer Anbiederung an die DDR und ihre führenden Köpfe eingelassen – auch nicht, als sich Christliche Demokraten in Hessen und anderswo in den siebziger und achtziger Jahren dafür als „Entspannungsfeinde" verunglimpfen lassen mußten. „Ich glaube, vor uns liegt eine nicht weniger große Aufgabe als damals in der Zeit nach 1945: Nämlich, die Freiheit in diesem Teil unseres

Landes zu bewahren, den freien Teil Europas politisch in Freiheit zu einen und die Fackel der Freiheit nicht untergehen zu lassen für diejenigen, die auf uns warten, die Fragen an uns stellen, die in der Unfreiheit leben müssen." – Das sagte Walter Wallmann 1976 anläßlich seiner Festrede zum dreißigjährigen Bestehen der CDU Marburg-Biedenkopf.

Diese Beharrlichkeit hat sich gelohnt. Als sich im Herbst 1989 in der DDR innerhalb der Ost-CDU, die Anfang der fünfziger Jahre unter massivem Druck zur Blockpartei umfunktioniert worden war, vorsichtige, aber deutliche Kritik an den innerparteilichen Verhältnissen und an den Strukturen des SED-Staats regte, reagierte die CDU schnell. Walter Wallmann gehörte zu denen, die Helmut Kohl auf dem Weg zur Wiedervereinigung tatkräftig zur Seite standen.

Die Politik, die letztlich der Deutschen Einheit den Weg ebnete, erfolgte auf zwei Ebenen: Zum einen wurden die Reformkräfte innerhalb der Ost-CDU, aber auch anderer demokratischer Gruppierungen tatkräftig unterstützt. Schnell war deutlich geworden, daß die Reformer innerhalb der Ost-CDU ernsthaft an der Überwindung des SED-Staats arbeiten wollten, wozu die Durchsetzung demokratischer Grundprinzipien ebenso gehörte wie die Erneuerung der Partei. Zum anderen bekannte sich die CDU im Westen in diesem Herbst ebenso wie die Jahrzehnte zuvor konsequent zur Deutschen Einheit.

Schon bald wurde das Verhältnis zwischen CDU-West und den Reformkräften in der CDU-Ost enger. Diese Annäherung baute auf dem Fundament gemeinsamer christlicher Grundwerte auf, deren Entfaltung im Osten über 40 Jahre zwangsweise verhindert wurde. Walter Wallmann erkannte damals, nicht zuletzt aufgrund seiner zahlreichen Kontakte, die er zu reformorientierten Vertretern der Ost-CDU geknüpft hatte, schneller als manche andere den aufrichtigen Erneuerungswillen vieler Mitglieder der einstigen Blockpartei.

Hilfreich war, daß die Christdemokraten in Hessen und in Thüringen sich auf ihre gemeinsamen kulturellen und historischen Wurzeln besinnen konnten. Ziel der Politik Walter Wallmanns als Hessischer Ministerpräsident und Vorsitzender der hessischen CDU war es, durch eine mustergültige Partnerschaft zwischen Hessen und Thüringen ein Beispiel für das erfolgreiche Zusammenwachsen Deutschlands zu geben.

So war es nur konsequent, daß Wallmann bereits Anfang Dezember 1989 das „Aktionsprogramm Hessen-Thüringen" auf den Weg brachte. Es sah direkte Wirtschaftshilfe und einen Bürgschaftsrahmen der hessischen Landesregierung in Höhe von insgesamt 500 Millionen Mark vor und fügte sich so in das Zehn-Punkte-Programm von Bundeskanzler Helmut Kohl vom 28. November 1989 ein. Das Ziel, mit der engen Partnerschaft zwischen Hessen und Thüringen eine Art regionale Brückenfunktion innerhalb des Vereinigungsprozesses zu schaffen, wurde zwar schnell durch die tatsächliche Vereinigungsdynamik überholt. Das enge hessisch-thüringische Verhältnis hatte jedoch für die Verwirklichung der Deutschen Einheit eine wichtige Katalysatorfunktion.

Herausragend war der Einsatz der hessischen CDU zur Unterstützung der Reformkräfte vor den ersten – und einzigen – freien Volkskammerwahlen am 18. März 1990. Die Unterstützung galt dem Wahlbündnis „Allianz für Deutschland", in dem neben der CDU die Deutsche Soziale Union und der Demokratische Aufbruch antraten. Daß das Wahlbündnis fast 50 Prozent der Stimmen auf sich vereinigen konnte, war nicht nur ein eindrucksvoller Erfolg für die Demokratie, sondern auch für die Wahlhelfer der hessischen CDU unter Walter Wallmann. Mit der Wiedervereinigung am 3. Oktober desselben Jahres wurde die Deutsche Einheit Wirklichkeit.

Die Deutsche Einheit war und ist sicherlich einer der glücklichsten Momente für die Deutschen, zugleich auch eine der größten politischen Herausforderungen in der Geschichte der Bundesrepublik Deutschland. 40 Jahre lang lief eine Grenze aus Beton, Stacheldraht und Todesstreifen mitten durch unser Vaterland. Im Osten Deutschlands existierte über Jahrzehnte ein System, das Menschenrechte und demokratische Grundrechte für die vermeintlich „höhere Idee" des Sozialismus mißachtete. Es überzog Kritiker mit Repressalien bis hin zur Einweisung in psychiatrische Anstalten oder versuchte, sie per Zwangsaussiedlung mundtot zu machen. Ja, es schreckte gar vor kaltblütig geplantem Mord nicht zurück. Für den Prozeß der inneren Einheit muß die Aufarbeitung der DDR-Vergangenheit deshalb auch in Zukunft ein zentrales Anliegen sein.

Mit dem 3. Oktober 1990 wurde ein Startsignal für den wirtschaftlichen Aufbau der neuen Länder gegeben. Viele Jahrzehnte der Kommandowirtschaft im Osten hinterließen dem wiedervereinigten Deutschland eine Hypothek, die bis heute noch nicht abgetragen ist. Für die Bürger in den neuen Ländern bedeutete die Wiedervereinigung eine völlige Umgestaltung ihrer Lebensverhältnisse. Der Mut, mit dem die Menschen im Osten Deutschlands diese Umgestaltung angepackt haben, verdient höchste Anerkennung. Er ist auch ein Beispiel für die Menschen in Westdeutschland. Die notwendigen Veränderungen, die im Westen zweifellos von geringerem Ausmaß sind als im Osten nach der Wiedervereinigung, müssen mit Flexibilität und Zuversicht in Angriff genommen werden.

Der Umwandlungsprozeß in den neuen Bundesländern ist auch nach sieben Jahren noch keineswegs abgeschlossen. Es gibt immer noch schwierige Probleme, die überwunden werden müssen. Viele Menschen in den neuen Ländern sind nach wie vor besorgt um ihre berufliche und persönliche Zukunft. Die weitere Verbesserung der Lebensverhältnisse für alle Bürgerinnen und Bürger in den neuen Ländern bleibt deshalb ein zentrales Ziel der deutschen Politik.

Zugleich gilt es, die solidarische Leistung der Westdeutschen zu würdigen: Sie tragen die finanziellen Belastungen durch die Deutsche Einheit weiterhin mit und leisten so das Ihre zum Zusammenwachsen beider Teile Deutschlands. Dieser langjährige Akt der Solidarität ist in der deutschen Geschichte ohne Beispiel.

Die Ausgangsbedingungen für den wirtschaftlichen Aufbau waren äußerst schwierig. Anders, als es das SED-Regime gerne darstellte, gehörte die DDR keinesfalls zu den führenden Industrieländern. Statt eines Nettonationalvermögens von 1,4 Billionen Ostmark, wie dies noch im Winter 1989/90 von DDR-Ministerpräsident Hans Modrow beziffert wurde, hatte die DDR Schulden, die sich noch heute im Erblastentilgungsfonds auf rund 330 Mrd. DM summieren.

Mit umfangreichen Finanztransfers mußte nach der Wiedervereinigung zunächst die finanzielle Basis für den Aufbau der neuen Länder gelegt werden. 1996 flossen insgesamt 134 Mrd. DM netto in die neuen Länder; seit 1991 belaufen sich die Nettotransfers insgesamt auf die stolze Summe von 750 Mrd. DM. Diese Finanzmittel wurden zu weit mehr als der Hälfte vom Bund bereitgestellt. Allein aus dem Fonds Deutsche Einheit wurden den ostdeutschen Bundesländern und ihren Kommunen von 1990 bis 1994 über 160 Mrd. DM zur Verfügung gestellt. Seit 1995 sind die neuen Länder vollständig in den gesamtdeutschen Länderfinanzausgleich einbezogen. Weitere Maßnahmen steuerlicher Art oder Sonderprogramme wie z.B. das Investitionsförderungsgesetz Aufbau Ost ergänzen diese Finanztransfers.

Zur Unterstützung des wirtschaftlichen Aufbaus in den neuen Ländern sind ferner das Gemeinschaftswerk „Aufschwung Ost“, der Solidarpakt, das Spar-, Konsolidierungs- und Wachstumsprogramm der Bundesregierung sowie Mittel aus den Fonds der Europäischen Union zu nennen.

Ein besonders wichtiger Punkt zur Förderung der ostdeutschen Wirtschaft war für die Bundesregierung die Gründung und der Aufbau mittelständischer Unternehmen, denen in unserer Sozialen Marktwirtschaft eine zentrale Bedeutung zukommt. Nahezu jede zweite Existenzgründung wurde durch öffentliche Mittel gefördert. Aus dem Eigenkapital-Hilfeprogramm und dem ERP-Kreditprogramm flossen bislang rund 66 Milliarden DM zinsgünstige Darlehen an über 210 000 Existenzgründer und 82 000 bestehende Unternehmen. Weitere Programme wie das Investitionszulagengesetz oder das Mittelstandsprogramm der Kreditanstalt für Wiederaufbau komplettieren das Angebot an Förderungsmöglichkeiten zum Aufbau der ostdeutschen Wirtschaft, vor allem des Mittelstandes.

Die Entwicklung der mittelständischen Strukturen ist positiv. Ende 1996 gab es in den neuen Ländern über 500 000 selbständige Unternehmen, die rund 3,4 Millionen Menschen Arbeitsplätze boten. Viele Bürger in den neuen Ländern haben nach der Wiedervereinigung die Chancen, die in einer unternehmerischen Tätigkeit liegen, erkannt und ergriffen. Allerdings reicht der Mittelstand in den neuen Ländern hinsichtlich der Wirtschaftskraft und hinsichtlich der Bedeutung für den Arbeitsmarkt noch nicht an den Mittelstand in den alten Bundesländern heran. Vor allem der industrielle Mittelstand liegt noch zurück, während beim Handwerk ein positiver Trend zu verzeichnen ist.

Ein großes Problem nach der Wiedervereinigung war die einstmalige Abhängigkeit der ostdeutschen Wirtschaft von osteuropäischen Märkten, die mit dem Zusammenbruch der kommunistischen Regime und der zentralverwalteten Wirtschaftssysteme wegfielen. Heute stützen sich die ostdeutschen Exporte mehr und mehr auf die stabilen westeuropäischen Märkte, vor allem auf den Absatzmarkt der Europäischen Union. Ergänzend wurde von der Bundesregierung der Absatz von Produkten aus den neuen Bundesländern gefördert, z.B. durch Vermarktungshilfen im Ausland.

Eine zentrale Rolle bei der wirtschaftlichen Entwicklung kommt der Infrastruktur zu. Die Bundesregierung hat deshalb den Auf- und Ausbau der Verkehrswege sowie der Telekommunikation in den neuen Ländern zu einem Schwerpunkt ihrer Aufbauhilfe gemacht. Vom zweiten Halbjahr 1990 bis Ende 1996 wurden beispielsweise allein in den Verkehrsbereich rund 65 Milliarden DM investiert. Damit floß fast jede zweite Mark für Verkehrsinfrastrukturinvestitionen aus Mitteln des Bundes in die neuen Länder. Die Bundesregierung wird auch künftig diesen Investitionen trotz der angespannten Haushaltslage höchste Priorität einräumen.

Beeindruckend ist auch die Verbesserung des Telekommunikationsbereichs. 1990 gab es in der ehemaligen DDR nur 1,8 Millionen Telefonanschlüsse. Bis Ende 1995 wurden mehr als vier Millionen Anschlüsse neu eingerichtet. Bis Ende 1997 soll das Telefonnetz in Ostdeutschland so ausgebaut sein wie im Westen: 95% aller Haushalte werden dann einen Telefonanschluß haben. Bereits Mitte 1996 waren rund 90% der Ortsnetze voll digitalisiert – weit mehr als in den alten Ländern.

Das erste und wichtigste Ziel aller Maßnahmen zum Aufbau der Wirtschaft in den neuen Ländern ist die Schaffung von Arbeitsplätzen. Dazu gehört auch eine aktive Arbeitsmarktpolitik, mit deren Instrumenten nach dem Arbeitsmarktförderungsgesetz der Arbeitsmarkt 1996 um über 800 000 Personen entlastet werden konnte. Bereits 1991 waren durchschnittlich 183 000 Personen in AB-Maßnahmen tätig. Ein Höchststand wurde 1992 mit 388 000 Personen erreicht, seither schwankt die Zahl um 200 000 in AB-Maßnahmen Beschäftigten pro Jahr. Wichtiges Instrument der aktiven Arbeitsmarktpolitik sind ferner berufliche Weiterbildungsmaßnahmen. Seit der Wiedervereinigung haben 2,7 Millionen Menschen eine solche Schulung durchlaufen. Allein 1996 nahmen jeden Monat 239 000 Personen an Weiterbildungsmaßnahmen nach dem Arbeitsförderungsgesetz teil.

Nach und nach müssen ABM-Beschäftigte in den normalen Arbeitsmarkt integriert werden. Es darf sich kein „zweiter Arbeitsmarkt" in Ostdeutschland verfestigen. Der Übergangscharakter der arbeitsmarktpolitischen Maßnahmen muß gewahrt bleiben, weil nur sich selbst finanzierende Arbeitsplätze sichere Arbeitsplätze sind.

Zu einer aktiven Arbeitsmarktpolitik gehören auch die Bildungs- und Hochschulpolitik sowie die Forschungs- und Technologiepolitik. Seit 1992 wurden rund 140 Forschungseinrichtungen neu gegründet, die rund 13 000 Menschen einen Arbeitsplatz bieten. Allein für die Förderung von Forschung und Entwicklung in Wirtschaftsunternehmen der neuen Länder stellte der Bund von 1991 bis 1996 fast vier Milliarden DM zur Verfügung.

Das Angebot an betrieblichen Ausbildungsplätzen blieb bislang leider hinter den Erwartungen zurück. Um hier Abhilfe zu schaffen, haben der Bund und die Länder im Juli 1996 die „Zukunftsinitiative Lehrstellen" vereinbart, die die Förderung von 14 300 zusätzlichen Ausbildungsplätzen für das Lehrjahr 1996/1997 vorsieht. Der Bund stellt dafür bis zur Jahrtausendwende rund 190 Millionen DM zur Verfügung, das sind 50 % der Kosten. Für berufliche Aus- und Weiterbildung hat die Bundesregierung von 1990 bis 1997 insgesamt über 53 Milliarden DM bereitgestellt.

Für den Bildungsbereich von hoher Bedeutung ist ferner die Sanierung und der teilweise Neuaufbau der Hochschulen. Die Bundesregierung hat hierfür 1991 zusammen mit den Ländern das „Erneuerungsprogramm für Hochschule und Forschung in den neuen Ländern“ aufgelegt. Das Programm umfaßt ein Finanzvolumen von insgesamt 2,43 Milliarden DM, vor allem für die personelle Erneuerung der Hochschulen, für den Erhalt des Wissenschaftspotentials sowie die Sanierung von Hochschulen und außeruniversitären Forschungseinrichtungen. Aus dem Programm wurden Gründungsprofessuren und Stellen für Gastdozenten sowie Lehrbeauftragte finanziert. Die Neuorientierung von Forschung und Lehre wird sicherstellen, daß die Universitäten, Fachhochschulen und außeruniversitären Einrichtungen den Anschluß an internationale Standards finden und halten können.

Eine der bedeutendsten Leistungen nach der Wiedervereinigung war die Verwirklichung der Renteneinheit. 1990, vor der Wiedervereinigung, betrug die monatliche Rente in der damaligen DDR zwischen 470 und 602 Ostmark. Nach der Rentenangleichung stieg die verfügbare Standardrente bis zum 1. Juli 1997 auf rund 1680 DM, das sind 85,2 % des Westniveaus. Für die Renten in Ostdeutschland wurden 1996 rund 73 Milliarden DM aufgewendet, eine Steigerung von 437 %, wenn man die Rentenausgaben der DDR von 1989 (16,7 Milliarden Mark Ost) zugrunde legt.

Nach sieben Jahren Deutscher Einheit können wir eine positive Bilanz ziehen. Wer nüchtern prüft, was erreicht worden ist, wird erkennen, daß wir beim Aufbau der neuen Länder gut vorangekommen sind. Wenn auch das Tempo der wirtschaftlichen Konsolidierung teilweise hinter den Erwartungen zurückbleibt und das mentale Zusammenwachsen sicher noch eine gute Weile brauchen wird, so zeigt die Bilanz doch, daß wir Grund zur Zuversicht haben. Gewiß sind die Jahrzehnte der Teilung und der Umbau der über 40 Jahre lang zentralverwalteten Volkswirtschaft der DDR noch nicht überwunden – sie können es auch gar nicht sein. Wir werden in unseren Anstrengungen aber nicht nachlassen, bis auch die innere Einheit vollendet ist.

Hinter allen materiellen Aspekten dürfen wir nicht vergessen, daß Freiheit und Demokratie den höchsten Gewinn für uns Deutsche darstellen. Über 40 Jahre Sozialismus haben ideologische Altlasten hinterlassen, die es zu bewältigen gilt. Die Einheit muß in den Herzen und Köpfen der Menschen noch stärker als bisher verankert werden.

Wichtig ist der Blick nach vorn, denn es stehen für das vereinigte Deutschland zusätzliche Herausforderungen an. Wir müssen auf die Globalisierung der Märkte reagieren und unsere Wirtschaft auf den immer stärker werdenden internationalen Wettbewerb ausrichten. Mit aller Kraft müssen wir daran gehen, die Weichen für die Zukunft zu stellen, um den Standort Deutschland international wettbewerbsfähig zu halten. Nur so können in Deutschland bestehende Arbeitsplätze gesichert, neue Arbeitsplätze geschaffen und Wohlstand garantiert werden. Auch der Umbau der Sozialsysteme ist unvermeidlich, wenn wir auf den Weltmärkten konkurrenzfähig sein und gleichzeitig unseren Sozialstaat finanzierbar halten wollen.

Schließlich kommt es darauf an, den Weg der europäischen Integration entschlossen weiterzugehen. Deutsche Einheit und europäische Einigung sind für die CDU immer zwei Seiten einer Medaille gewesen. Der Nationalismus hat unserem Kontinent in der ersten Hälfte des Jahrhunderts unermeßliches Leid gebracht. Nie wieder sollen Krieg oder Diktatur entsetzliches Leid über unschuldige Menschen bringen. Gerade wir Deutsche – in der Mitte Europas – haben ein vitales Interesse an der Fortsetzung des europäischen Einigungswerkes. Denn nur gemeinsam haben wir als Völker Europas eine gute Zukunft. Der Zusammenschluß der europäischen Staaten in der Europäischen Union ist der Garant dafür, daß Frieden und Freiheit in Deutschland und in Europa dauerhaft gesichert werden.

WOLFRAM BRÜCK

DIE LIBERALE ERNEUERUNG DER STADT FRANKFURT AM MAIN

Die Befriedung des Westends – ein wichtiger Baustein der Stadtentwicklungspolitik in den Jahren 1977 bis 1986

Als nach dem überraschenden Wahlsieg der Frankfurter Christdemokraten im März 1977 der neugewählte Oberbürgermeister Dr. Walter Wallmann im Juni 1977 mit seiner Antrittsrede in der Stadtverordnetenversammlung die liberale Erneuerung der Stadt Frankfurt am Main als Programmüberschrift einer kommunalpolitischen Wende ankündigte, ahnten wohl nur wenige, daß damit eine neue und – wie wohl heute behauptet werden kann – herausragende Ära Frankfurter Kommunalpolitik begann. In der Stadt vollzog sich überraschend schnell ein Wechsel des gesellschaftlichen Klimas weg von der Auseinandersetzung zwischen gesellschaftspolitischen Ideologien hin zu einer bürgerlich-liberalen offenen Gesellschaft.

Die Gründe für diesen Klimawechsel waren vielfältig, sie im einzelnen zu beschreiben, sprengt den Rahmen eines Beitrages für eine Festschrift zum 65. Geburtstag von Dr. Walter Wallmann. In den Bauwerken jener Zeit, wie dem Konzert- und Kongreßhaus Alte Oper, dem Museumsufer, der Römerbergbebauung, der neugestalteten Zeil, den Sporthallen und den Bürgerhäusern in den Stadtteilen, bleibt der Facettenreichtum des kommunalpolitischen Geschehens erlebbar. Das Wallmannsche Credo, daß die Stadt aus ihrem Kern heraus entwickelt werden müsse, bleibt das sichtbare Vermächtnis dieser Zeit.

In diesem Beitrag nun geht es darum, eine dieser Facetten ein wenig eingehender zu behandeln. Denn die Idee, die Stadt aus ihrem Kern heraus zu entwickeln, stand nicht zuletzt auf dem Prüfstand, als es darum ging, das in den frühen sechziger Jahren zum City-Erweiterungsgebiet erklärte Westend zu befrieden und gleichzeitig in einer städtebaulich vernünftigen Weise zu ordnen. Die Dimension dieser Aufgabe war Walter Wallmann nach einem Gespräch klargeworden, in dem ihm die Anwälte der früheren Westend-Bauherren mitgeteilt hatten, daß sozusagen als Restrisiko aus der früheren ungeordneten Bebauung des Westends zum Ausgleich behaupteter Planschäden Forderungen in der Größenordnung von insgesamt ca. 500 Millionen DM geltend gemacht worden seien.

Zum Verständnis dieses Vorganges muß die Problematik dargestellt werden, die sich als Hinterlassenschaft aus der Westend-Baupolitik in den sechziger und Anfang der siebziger Jahre ergab.

Ziel der früheren Westendbaupolitik war es, das Westend als City-Erweiterungsgebiet einer hochverdichteten Bebauung für Büronutzung zuzuführen. Diese Entwicklung begann Mitte der sechziger Jahre und mündete 1968 in den sogenannten Fingerplan, der die Ziele und Verfahrensgrundsätze für die städtische Baupolitik nicht nur im Westend enthielt. Die Bezeichnung Fingerplan beruhte auf der planerischen Idee, die wie die Finger einer Hand von der Innenstadt ausgehenden Erschließungsachsen für den öffentlichen Personennahverkehr als Verdichtungszonen auszuweisen. Für das Westend sah der Fingerplan Verdichtungszonen entlang der Bockenheimer Landstraße und im Bereich des Kettenhofweges vor. Für die in den Verdichtungszonen gelegenen Grundstücke waren Ausnutzungsziffern mit Geschoßflächenzahlen von 3,0 bis 5,0 zur Errichtung von Hochhäusern vorgesehen. Ziele und Verfahrensgrundsätze des Fingerplans sollten als Richtlinie für die weitere Planung und für alle Einzelentscheidungen dienen. In den Verdichtungszonen sollten Befreiungen gemäß § 31 des Bundesbaugesetzes von den Festsetzungen der bestehenden Bebauungspläne erteilt werden.

Die zunehmende Beunruhigung der Westend-Bevölkerung über die als willkürlich empfundene Zerstörung der Westend-

Wohnquartiere war Anlaß, der Westend-Baupolitik ein verläßlicheres Planungskonzept zugrunde zu legen. Der Magistrat beschloß am 19.10.1970 den Westendstrukturplan, dessen Durchsetzung zugleich durch den Erlaß der Ersten Veränderungssperre für das Westend gesichert werden sollte. Der Ausschuß für Stadtentwicklung und Regionalplanung beschäftigte sich am 2. November 1970 mit der Magistratsvorlage zum Westendstrukturplan und beschloß am 30. November 1970, eine Anhörung durchzuführen.

Am 28. Januar 1971 wurde der Westendstrukturplan durch die Stadtverordnetenversammlung beschlossen, in den Mitteilungsblättern der Stadtverwaltung bekanntgemacht und unter der Überschrift „Die Westendplanung – Die Stadtverordneten haben über das Westend beschlossen“ vom Presse- und Informationsamt der Stadt im Westend verbreitet.

Der wesentliche Inhalt dieses Stadtverordnetenbeschlusses verdient es, noch einmal in das Gedächtnis zurückgerufen zu werden. Er läßt sich in folgenden Grundzügen zusammenfassen:

1. Die Ziele und Verfahrensgrundsätze für die Westendplanung sollten als Grundlage allen weiteren Handelns der Stadtplanung in Bezug auf das Westend angewendet werden.
2. Als zeichnerischer Teil der Ziele und Verfahrensgrundsätze für das Westend wurde ein Strukturplan im Maßstab 1 : 5000 veröffentlicht. Er diente als Richtlinie für die weitere Planung und für alle Einzelentscheidungen.
3. Für Baugesuche, die den Zielen und Verfahrensgrundsätzen nicht widersprachen, konnten bis zum Vorliegen der Bebauungspläne Baugenehmigungen als Ausnahmen von der Veränderungssperre erteilt werden, sobald der Ausschuß für Stadtentwicklung und Regionalplanung und der Bauausschuß dem jeweiligen Projekt zugestimmt hatten.
4. Der Stadtverordnetenversammlung waren alle wichtigen Bauvorhaben aus dem Westend vorzulegen, dies galt immer dann, wenn im Bürogebiet eine Ausnutzung von GFZ 3,0 oder im Übergangsgebiet und im Wohngebiet eine Ausnutzung von 2,0 überschritten werden sollte. Die Befugnisse der Stadtverordnetenversammlung sollten vom Ausschuß für Stadtentwicklung

und Regionalplanung und vom Bauausschuß gemeinsam wahrgenommen werden.

Die zeichnerische Darstellung des Westendstrukturplanes wies die Grundstücke entlang der Bockenheimer Landstraße und im südlichen Teil des Westends in dem Geviert zwischen Bockenheimer Landstraße, Mainzer Landstraße, Guiollettstraße und Feuerbachstraße als hochverdichtetes Bürogebiet aus.

Da als Richtlinie beschlossen, wurde der Westendstrukturplan in der Verwaltung nicht nur als Grundlage für das Planverfahren, sondern auch als Anweisung für Einzelentscheidungen und als Verhandlungsmandat für die Verwaltung angesehen.

Durch Beschluß der Stadtverordnetenversammlung vom 6. Juli 1972 wurde die Handhabung des Strukturplans nochmals bestätigt. Insbesondere wurde nochmals darauf hingewiesen, daß für eine Übergangszeit die anstehenden Bauvorhaben unter Berücksichtigung der vorhandenen planungs- und baurechtlichen Grundlagen bearbeitet und beschieden werden sollten. Vorfragen und Bauanträge für Projekte, deren Verwirklichung aus städtischer Sicht wünschenswert war oder zu denen bereits Vorabsprachen oder Vereinbarungen getroffen waren, sollten entsprechend den §§ 26 bis 36 BBauG behandelt werden, wenn ein öffentliches Interesse anzuerkennen sei, Bebauungsentwürfe vorliegen sollten oder sich die Projekte in die umgehende Bebauung einfügten.

In der Begründung ist zur Handhabung der Strukturpläne ausgeführt: „Zwischen dem Flächennutzungsplan und dem Bebauungsplan sollen die Strukturpläne als vorbereitende Pläne für die Erarbeitung der Bebauungspläne treten. Ihre Entwürfe dienen zur Diskussion mit der Bürgerschaft. Die Darstellung der Strukturpläne gelten nach Beschluß über ihren Inhalt im Sinne einer Verwaltungsverfügung als Richtlinie auch in den Fällen, in denen Befreiungen gegeben werden."

Es heißt dann weiter, „bis zur Erarbeitung der erforderlichen Bebauungspläne müssen die Entwürfe dieser künftigen Bebauungspläne als Grundlagen für das Baugenehmigungsverfahren dienen, vorausgesetzt, daß die Bauvorhaben und die Entwürfe der Bebauungspläne mit den Strukturplänen übereinstimmen oder aus besonderen städtebaulichen Gründen gerechtfertigt sind und die zuständigen Stadtverordnetenausschüsse den Bauvorhaben zugestimmt haben."

Diesem Verfahrensbeschluß entsprechend legte der Magistrat am 4. Juni 1973 mit der M 216 den Bebauungsvorschlag Westend I dem Stadtparlament vor. Der Planentwurf übernimmt im wesentlichen die Ausweisungen des Westendstrukturplanes, begrenzt jedoch in den Bürogebieten die Ausnutzungsziffer auf eine Geschoßflächenzahl von 3,0.

Erst mit dem Beschluß der Stadtverordnetenversammlung vom 28. März 1974 über den Bebauungsvorschlag Westend I wurde die bisherige Baupolitik im Westend aufgegeben und wie folgt formuliert: „Im Kerngebiet ist die obere Grenze für das Maß der Nutzung die Geschoßflächenzahl 2,4. Das gilt vorbehaltlich einer ggfs. am einzelnen Bauprojekt zu treffenden Regelung bei Eckgebäuden, bei der Einhaltung von Trauflinien in besonderen Fällen der geschlossenen Blockrandbebauung und im einzelnen städtebaulich sinnvollen, bei der Vorlage des Bebauungsplans zu begründenden Fällen."

Weiter einschränkend wird dann ausgeführt: „Die MK-Gebiete sind auf den zur Zeit bestehenden Umfang der tertiären Nutzung zu beschränken, entsprechend dem beiliegenden veränderten Plan."

Und schließlich wird festgestellt: „Die in der Neufassung zur M 216 niedergelegten Grundsätze gelten bis zur Rechtskraft des Bebauungsplans Westend I als Konzeption für die bauliche Entwicklung. Insofern wird der Beschluß der Stadtverordnetenversammlung vom 28. Januar 1971, § 2012, Strukturplan aufgehoben."

Diese Zäsur in der Westendbaupolitik führte zwangsläufig zu rechtlichen Auseinandersetzungen mit denjenigen Grundstückseigentümern und Bauherren aus dem Westend, die aufgrund der früheren Baupolitik die Realisierung weiterer Bauprojekte in Angriff genommen hatten. Verwaltungsstreitverfahren wurden eingeleitet, Schadensersatzklagen anhängig gemacht und in einer Vielzahl weiterer Fälle solche gerichtlichen Schritte angedroht. Eine Bewertung der mit der Veränderung der Baupolitik auftretenden rechtlichen Risiken war daher geboten, von der Stadtverordnetenversammlung auch verlangt worden. Ergebnis dieser Bewertungsbemühungen war die Magistratsvorlage M 295 vom 03.09.1976.

Gegenstand dieser Vorlage war die tatsächliche und rechtliche Würdigung der Vorfrage und Bauantragsfälle im Westend, bei denen Bauherren und Magistrat unterschiedliche Auffassungen zur Zulässigkeit des Bauvorhabens mit allen sich daraus ergebenden verwaltungs- und zivilrechtlichen Folgen vertraten. Indessen wurden nur solche Einzelfälle behandelt, in denen aufgrund der Fingerpläne oder des Westendstrukturplans Verhandlungen und Gespräche von der Verwaltung mit Bauherren geführt worden waren, aus denen diese Ansprüche auf Ausnutzungsziffern herleiteten, die über eine GFZ von 3,0 im Bürogebiet oder von 2,0 in den sogenannten Übergangsgebieten hinausgingen.

Zum Westendstrukturplan wird in der Vorlage allgemein ausgeführt: „Der Strukturplan ist kein Bebauungsplan nach § 8ff Bundesbaugesetz. Er wurde aber früheren Beurteilungen zugrunde gelegt. Es ist umstritten, ob und welche verwaltungsrechtlichen oder zivilrechtlichen Folgerungen hieraus hergeleitet werden können. Dies gilt auch für die Frage, ob eine Vorlagepflicht der Verwaltung an den Ausschuß bei Vorhaben mit einer GFZ bis 3,0 und Büronutzung bestand.“

Bei der Bewertung dieser Aussage wie bei der Einzelbewertung anhängiger oder angedrohter Streitverfahren ist außerordentlich zurückhaltend verfahren worden, da es das Ziel sowohl des damaligen Magistrats wie auch der Stadtverordnetenversammlung war, die Aufstellung eines Bebauungsplans mit reduzierten Ausnutzungsziffern nicht zu gefährden.

Die betragsmäßige Darstellung von Einzelrisiken unterblieb deshalb ebenso wie eine ausführliche Darstellung aller sich aus den Fingerplänen und dem Westendstrukturplan ergebenden Risiken.

Eine andere Bewertung wäre indessen notwendig gewesen, nachdem das Landgericht Frankfurt in dem anhängigen zivilrechtlichen Streitverfahren wegen der Schadensersatzforderung der Anspruchsteller für die Grundstücke Niedenau 53 bis 59 einen Hinweisbeschluß absetzte.

Darin hieß es unter anderem wie folgt:

2. Das Gericht hat sich bei der Aufhebung des Aussetzungsbeschlusses von folgenden Überlegungen leiten lassen: Einmal hat die Aussetzung – wie der Bescheid des 6. Widerspruchsausschuß vom 25. 06. 1975 zeigt –, die Kläger der verwaltungsrechtlichen Vorfragen nicht voranzutreiben vermocht, zum anderen ist die zivilrechtliche Seite des Gesamtkomplexes Westendbebauung ohnehin nicht abgeschlossen: In der neu eingegangenen Sache 2/4 0 414/75 (Komplex Café Laumer) muß jedenfalls mündlich verhandelt werden.
3. Die Kammer möchte diese mündliche Verhandlung dazu verwenden, mit den Parteien die Möglichkeiten einer sachgerechten Lösung zu erörtern. Zur Vorbereitung dessen werden die Parteien auf folgende Überlegungen des Gerichts hingewiesen:

4.1 Im Hinblick auf die planungsrechtlichen Unsicherheiten im Westend wäre nach Überzeugung des Gerichts viel gewonnen, wenn zumindest in den Schwerpunktsbereichen, wohin die hier in Rede stehenden Fälle sicher gehören, eine baldige (und für alle Beteiligten akzeptable) Lösung gefunden würde. Es solle dabei nicht übersehen werden, daß die von der Beklagten in ihr Kalkül einzubeziehende öffentliche Meinung sicher mehr und nachhaltiger durch ein langdauerndes Offenhalten dieser Frage beunruhigt wird als durch eine Lösung im Rahmen einer Gesamtkonzeption wie diese auch letztlich immer aussehen mag. Die Kammer denkt dabei z.B. an die bis in die letzten Tage hineingehenden Pressemeldungen (zuletzt etwa zum Schicksal des Café Laumer).

4.2 Im Hinblick auf die Lage der in Rede stehenden Grundstücke, d.h. die übrige Bebauung und die Verkehrssituation erscheint eine Wohnbebauung zumindest keine sich aufdrängende Lösung. Dabei hat allerdings der Kostenfaktor insoweit unberücksichtigt zu bleiben, als entweder die Beklagte schadensersatzpflichtig ist oder die Kläger sich den Schaden selbst zuzuschreiben haben. Nutzt aber eine Wohnbebauung niemandem, sondern führt mit Sicherheit zu einem Millionenschaden (sei es im privaten, sei es im öffentlichen Bereich), so liegt es nahe, nach einem Ausweg zu suchen.

4.3 Bedenkt man dabei, daß – was zwischen den Parteien wohl unstreitig sein dürfte – schon lange Bürohäuser stünden, wenn die Kläger früher entsprechende Bauanträge mit einer GFZ von 3,0 gestellt hätten, so drängt es sich geradezu auf, auf dieser Grundlage eine Einigung anzustreben.

4.4 Die bereits angesprochene Lage der Grundstücke würde wohl – trotz der allgemeinen Lage auf dem Büroraummarkt – eine Bebauung noch sinnvoll erscheinen lassen.

4.4.1 Die Kläger müßten sich dabei zurechnen lassen, daß sie zum jetzigen Zustand (also ihrem Schaden) dadurch ganz erheblich beigetragen haben, daß sie versucht haben, eine GFZ zu erreichen, von der ihnen – wenn nicht von Anfang an, so doch im Zuge der Verhandlungen – klar sein müßte, daß die Beklagte und ihre zuständigen Gremien dem nicht zustimmen würden. Dies geschah möglicherweise, um in den Verhandlungen genügend Spielraum zu haben. Das Risiko, insofern den Verhandlungsspielraum und die Bereitschaft der Beklagten falsch eingeschätzt zu haben, müssen die Kläger selbst tragen. Sie bezahlen also ihren Versuch, einen möglichst großen Gewinn zu erzielen.

4.4.2 Andererseits sollte – um im Bild zu bleiben – für die Kläger nicht das Prinzip des „alles oder nichts“ gelten, sondern die Beklagte sollte ihnen insoweit entgegenkommen, als eine Bebauung mit einer GFZ von 3,0 möglich ist. Dabei würde die Beklagte auch den rechtlichen Unsicherheiten Rechnung tragen, die sich in einer doch nicht von der Hand zu weisenden besonderen Vertrauensposition der Kläger begründet, die sich aus dem Fingerplan mit den dazugehörigen Verlautbarungen, den Baugenehmigungen für vergleichbare Grundstücke und den Verhandlungen mit den Klägern ergeben. Oder in der Terminologie zum Planungsgewährleistungsrecht (vergleiche Oldiges: Grundlagen eines Plangewährleistungsrechts S. 82 ff 84): die aufgrund des früheren Verhaltens der Beklagten als „planintendiert“ anzusehenden Dispositionen, das wären solche im Hinblick auf eine GFZ von 3,0, sollten auch jetzt noch berücksichtigt werden, dagegen nicht die „spekulativen“, die also auf eine höhere GFZ abzielten. Denn zumindest bezüglich der Dispositionen, die auf eine GFZ von 3,0 abzielten, würde sich die Beklagte durch eine strikte Ablehnung in Widerspruch zu ihrem früheren Verhalten setzen. Allerdings – und das sei zur Vermeidung von Mißverständnissen nochmals hervorgehoben – handelt es sich hierbei um Überlegungen zu einer vergleichsweisen Regelung und nicht um die Anerkennung eines Plangewährleistungsanspruches in den vorliegenden Fällen.

Dieser Hinweis war um so alarmierender, als gleichgelagerte Erwägungen das Gericht dazu veranlaßten, auch im Falle Café Laumer einen Vergleich vorzuschlagen. Erwägungen schließlich, die dazu führten, daß im Fall des Café Laumer noch bis zum März 1977 die Absicht bestand, das Café Laumer abzureißen und dort eine Bebauung für ein Bürogebäude mit einer Geschoßflächenzahl von 3,0 zuzulassen, obwohl dieses Grundstück im allgemeinen Wohngebiet des Bebauungsplans 420 lag. Diese Beispiele machen zugleich deutlich, wie schwierig die Abwägungsprozesse waren, die sich im Rahmen des Planverfahrens für die Westendbebauungspläne 320 und 420 ergaben. Zumal auch der Innenminister für Teilbereiche der Westendbebauung im Genehmigungsverfahren die Genehmigung für die Ausweisung von allgemeinen Wohngebieten an der Bockenheimer Landstraße verweigerte, mußte der Magistrat nach der rechtskräftigen Verabschiedung der Westendbebauungspläne darauf bedacht sein, Risiken für die Rechtsbeständigkeit der Bebauungspläne zu vermeiden. Solche Risiken drohten aktuell zu werden, als nach der Rechtskraft der Bebauungspläne eine beträchtliche Zahl betroffener Grundstückseigentümer von der Stadt Frankfurt den Ausgleich von Planschäden unter anderem wegen der Herabzonung behaupteter früherer Baurechte nach § 34 des Bundesbaugesetzes und aufgrund des Westendstrukturplans geltend machten. Ein Teil der Anspruchsteller reichten beim Verwaltungsgerichtshof Normenkontrollklagen gegen die Bebauungspläne ein, deren Ausgang für die Stadt als mindestens ungewiß anzusehen war.

Vor diesem Hintergrund begann zu Ende des Jahres 1979 die Verhandlungen zwischen dem Magistrat der Stadt Frankfurt am

Main und der Deutschen Bank über die bauaufsichtlichen Genehmigungen für das Bauvorhaben auf dem Grundstück des ehemaligen Löwensteinschen Palais, nachdem die Deutsche Bank dieses Grundstück erworben hatte. Der Westendbebauungsplan enthielt auch in der rechtskräftig gewordenen Fassung noch drei Hochhausstandorte für das Westend. Dazu gehörte ein Grundstück gegenüber der Kreditanstalt für Wiederaufbau in der Schumannstraße, weiter das Grundstück in der unmittelbaren Nachbarschaft des sogenannten Pferdestalles und schließlich das Grundstück des ehemaligen Löwensteinschen Palais in der Bockenheimer Anlage. Für das von der Deutschen Bank erworbene Grundstück lagen Teilbaugenehmigungen vor, aufgrund derer die Herrichtung der Baugrube und die Einbringung der Bodenplatte bereits erfolgt waren. Der Baubescheid für das zweitürmige Hochhaus mit gemeinsamen Sockelgeschossen enthielt allerdings die Auflage, daß der Bauherr verpflichtet sei, im Bereich der Sockelgeschosse ca. 4.000 qm Wohnfläche zu errichten. Da diese Auflage sich vor allem unter Sicherheitsgesichtspunkten für den Erwerber Deutsche Bank als völlig unzuträglich erwies, versuchte diese in den Verhandlungen mit der Stadt zu erreichen, auf die Auflage einer Wohnnutzung in den Sockelgeschossen zu verzichten. In den Gesprächen mit der Deutschen Bank wurde dieser einsichtig, daß der Magistrat der Stadt Frankfurt am Main auf die Bereitstellung von Wohnraum in einem entsprechenden Umfang im Westend nicht werde verzichten können. Der Deutschen Bank wurde daher vorgeschlagen, Grundstücke in der Palmengartenstraße, der Bockenheimer Landstraße sowie die Grundstücke Niedenau 53 – 59 zu erwerben, um dort Wohnungen in der geforderten Fläche errichten zu können. Dabei übernahm es die Stadt, mit den Grundstückseigentümern darüber zu verhandeln, bei welcher Preisvorstellung die Grundstückseigentümer, die allesamt von der Stadt Planschadensausgleich verlangt hatten oder im Fall Niedenau 53 – 59 entsprechende Schadensersatzansprüche schon rechtshängig gemacht hatten, zum Verkauf der Grundstücke unter Aufgabe ihrer Planschadensansprüche bereit seien. Der Abschluß dieser Gespräche sowie die Verhandlungen mit der Deutschen Bank über die Übernahme der in den Kaufpreisen zu übernehmenden

Kosten wurden am 24. Dezember 1979 abgeschlossen und als Eilentscheidung des Oberbürgermeisters auch sofort protokolliert. Obwohl damit streitbefangene Grundstücke in einem beträchtlichen Umfang entsprechend den Zielen des Bebauungsplanes für die Wohnbebauung gesichert werden konnten, der Ausgleich von Planschäden seitens der Stadt vermieden werden konnte und das ohnehin im Prinzip genehmigte Bauvorhaben der Deutschen Bank seinen Fortgang nehmen konnte, nahm die Opposition den Vorgang zum Anlaß, einen Akteneinsichtausschuß in der Stadtverordnetenversammlung zu beantragen und einzusetzen. Die Verhandlungen in diesem Ausschuß führten nicht zu einer anderen Bewertung der Vorgänge. Im Zusammenhang mit den vorbereitenden Arbeiten für die Ausschußsitzungen wurde für den Magistrat indessen ein Vorgang aus der Vergangenheit der Westendbaupolitik bekannt, der höchst alarmierend war. Offenbar zur Beruhigung derjenigen Kritiker, die in den eigenen Reihen der früheren Mehrheit die Umwandlung von Wohnraum im Westend in Büroflächen mit einer gewissen Skepsis begleiteten, war man auf eine geradezu absurde Idee gekommen. Die Stadtverwaltung sollte mit den Bauherren im Rahmen des Genehmigungsverfahrens für Bürohochhäuser Verhandlungen mit dem Ziel führen, diese Bauherren zur Hergabe von Grundstücken oder zur Zahlung von Geld zu bewegen, um mit diesen Zuwendungen zumindest in einem beschränkten Umfang den Wohnungsbestand in innenstadtnahen Wohnlagen zu sichern. Zu diesem Zweck wurde die Stiftung „Soziale Wohnhilfe" gegründet, nachdem das anfängliche Stiftungskapital, bestehend aus Grundstücken im Zimmerweg im Westend, von Bauherren bereitgestellt wurde, die über Baugenehmigungen für ihre Vorhaben verhandelten. Grundlage für das Inkasso von Geld oder Sachwerten war das Ausmaß der Überschreitung einer bestimmten Geschoßflächenzahl. Der Stiftung waren in einer Reihe von Fällen Zuwendungen gemacht worden bzw. es waren Zahlungsversprechen abgegeben worden, die allesamt evident gegen das sogenannte Koppelungsverbot verstießen. Das Bestürzendste an diesem Vorgang war indessen, daß an solchen Vereinbarungen mit der Stiftung „Soziale Wohnhilfe" auch solche Grundeigentümer oder Miteigentümer beteiligt waren, die über die im Westend noch verbliebenen Hochhausstandorte des Bebauungsplans verfügten. Mit der Kenntnis von diesem Vorgang mußte der Magistrat davon ausgehen, daß bei Bekanntwerden dieses Vorgangs der Westendbebauungsplan wegen offenkundiger Abwicklungsmängel nicht zu halten war.

Im übrigen geboten es auch die Vergleichsvorschläge des Landgerichts Frankfurt, die Risiken aus den angemeldeten Ersatzansprüchen realistisch einzuschätzen.

Es wurde deshalb eine Strategie festgelegt, in welcher Weise die Problemfälle des Westendes behandelt werden sollten, ohne die Rechtsbeständigkeit der mit Abwicklungsmängeln behafteten Bebauungspläne 320 und 420 zu gefährden. Dabei waren unter anderem folgende Maßnahmen festgelegt:

Das im Bebauungsplan enthaltene Hochhausgrundstück in der unmittelbaren Nachbarschaft des als Bürgertreff vorgesehenen Pferdestalles sollte über die Frankfurter Aufbaugesellschaft gekauft und auf dem Gesamtareal der Wohnungsbestand gesichert werden. Mit den Anspruchsstellern, die Herabzonungsschäden geltend gemacht hatten, sollten Vergleichsverhandlungen mit dem Ziel geführt werden, diese durch marginale Zugeständnisse, die den wesentlichen Zielen der Westendplanung nicht widersprachen, zum Verzicht auf ihre Schadensersatzforderungen zu bewegen. Dabei sollte zuerst der Versuch gemacht werden, sich mit denjenigen Anspruchstellern zu verständigen, die Normenkontrollverfahren anhängig gemacht hatten. Diese Verhandlungen sind insgesamt erfolgreich zum Abschluß gebracht worden, ohne daß die Stadt einen Pfennig Planschadensausgleich bezahlt oder bei der Bebauung der Grundstücke dem Bebauungsplan völlig zuwiderlaufende wesentliche Zugeständnisse gemacht hätte. Der Bau des Hochhauses in der Schumannstraße unterblieb, nachdem auf dem Hintergrund der Erweiterungswünsche der Kreditanstalt für Wiederaufbau dieses Grundstück von der Bank erworben wurde. Die im Bebauungsplan zugestandenen Baumassen für das Grundstück Schumannstraße wurden an der Einmündung zur Zeppelinallee auf beiden Seiten der Bockenheimer Landstraße als Eingangstor zum Westend in einer städtebaulich begrüßenswerten Weise eingefügt.

Insgesamt ist es der Westendpolitik des Magistrats unter der Führung von Oberbürgermeister Dr. Walter Wallmann gelungen, die Westendbebauungspläne in ihrem wesentlichen Bestand zu erhalten, per Saldo im Westend mehr Wohnbauflächen zu errichten, als nach dem Bebauungsplan vorgesehen waren und das Westend insgesamt zu einem Gebiet zu entwickeln, in dem sich Büronutzung und Wohnbebauung in einer städtebaulich ansprechenden Weise so ergänzen, daß die Befriedung des Westendes als außerordentlich gelungen anzusehen ist.

IGNATZ BUBIS

MEINE FREUNDSCHAFT ZU WALTER WALLMANN

Der Name Walter Wallmann ist mir zum erstenmal aus seinem Vorsitz im Guillaume-Ausschuß des Bundestages 1974 bekanntgeworden. Ich konnte dabei feststellen, daß er sich als sachkundiger und objektiver Verhandlungsführer bewährt hat.

Näher bekannt wurde mir Walter Wallmann nach der Frankfurter März-Wahl 1977, bei der die CDU unter seiner Führung mit 51,3% der Stimmen sensationell gesiegt hat. Dabei hat sicherlich weniger sein Bekanntheitsgrad in Frankfurt eine Rolle gespielt als vielmehr der damalige desolate Zustand der SPD mit vielen Enthaltungen der traditionellen SPD-Wählerschaft, die zu Hause geblieben war. Ganz anders sein späterer Wahlerfolg 1981, bei dem die CDU in Frankfurt 54,2% der Stimmen erhielt. Bei dieser Wahl spielte seine Persönlichkeit eine entscheidende Rolle. Es gelang ihm 1981 auch, einen Großteil der bürgerlich-liberalen Wähler der FDP für sich zu gewinnen, ebenso wie solche aus der SPD.

In den ersten vier Jahren seiner Tätigkeit als Oberbürgermeister der Stadt Frankfurt, zu dem er am 15. Juni 1977 mit großer Mehrheit gewählt wurde, habe ich mit Walter Wallmann sehr eng zusammengearbeitet, und zwar nicht nur als damaliger Vorstandsvorsitzender der Jüdischen Gemeinde Frankfurt, sondern auch als Kreisvorstandsmitglied der Frankfurter FDP. Sein Verhältnis zu dem unvergessenen Heinz Herbert Karry, dem damaligen hessischen FDP-Wirtschaftsminister einer sozialliberalen Koalition, war von einer engen Frendschaft der beiden Persönlichkeiten mitgeprägt. Walter Wallmann bot seinerzeit der FDP trotz absoluter Mehrheit der CDU im Frankfurter Stadtparlament eine Koalition an. Sowohl Heinz Herbert Karry als auch ich befürworteten dieses, stießen aber bereits im Kreisverband der FDP auf eine vehemente Ablehnung des mehrheitlich von Sozialliberalen besetzten Kreisvorstandes. Nicht zuletzt diese Diskussion führte 1981 zum Ausscheiden der FDP aus dem Stadtparlament, wo sie erst 1997, also nach 16 Jahren, den Wiedereinstieg schaffte. In seiner mehr als zehnjährigen Tätigkeit als OB setzte Walter Wallmann Akzente, die bis heute sichtbar das Stadtbild verändert haben. Hierzu nur zwei Beispiele: Alte Oper und Museumsufer.

Besonders eng und freundschaftlich war meine Zusammenarbeit als Vorsitzender der Jüdischen Gemeinde Frankfurt mit Walter Wallmann als Oberbürgermeister der Stadt Frankfurt.

Besonders erwähnenswert ist es, daß in der Zeit seiner Führung als Stadtoberhaupt von Frankfurt am Main es zur Verwirklichung des Gemeindezentrums der Jüdischen Gemeinde kam, das ohne finanzielle Unterstützung der Stadt Frankfurt nicht hätte errichtet werden können. Das Land Hessen, das diesen Bau ebenfalls unterstützt hat, machte seinen Beitrag von dem der Stadt Frankfurt abhängig.

Dieses Gemeindezentrum war ein wichtiger Schritt zur Verfestigung jüdischen Lebens in Frankfurt. Heute ist dieses Gemeindezentrum auch ein kultureller Bestandteil der Stadt und gar nicht mehr wegzudenken.

Wallmanns Anregung ist es zu verdanken, daß seit 1980 ehemalige jüdische Bürger Frankfurts regelmäßig jedes Jahr nach hier eingeladen werden, um ihre alte Heimat noch einmal wiederzusehen. Diese Begegnungen wurden auch von allen demokratischen Parteien im Frankfurter Stadtparlament mitgetragen und auch von den nachfolgenden Oberbürgermeistern praktiziert; jedoch kam der erste Anstoß von Walter Wallmann.

Ein zweites geschah ebenfalls unter seiner Führung, nämlich der Abschluß eines Freundschaftsvertrages mit der Stadt Tel Aviv (23. August 1981). Dieser Vertrag wurde durch ihn auch mit Leben erfüllt. Nach regelmäßigen gegenseitigen Besuchen von Schülergruppen und einem regen Informationsaustausch auf der Verwaltungsebene der beiden Städte Tel Aviv und Frankfurt half Walter Wallmann auch bei der Errichtung eines „Frankfurt-Hauses“ mit Bibliothek und eines „Frankfurt-Parks“ mit Sportplätzen sowie beim Bau eines Kindergartens in Tel Aviv.

Sein Beitrag zur Gestaltung des Verhältnisses von Deutschen und Israelis bzw. Christen und Juden in Deutschland setzte positive Zeichen für das Zusammenleben sowie für ein freundschaftliches Miteinander.

Walter Wallmann zeigte auch Sensibilität im Umgang mit der deutschen Vergangenheit und respektierte die Haltung der jüdischen Gemeinschaft in Deutschland.

Bei der Auseinandersetzung um das Faßbinder-Stück „Der Müll, die Stadt und der Tod“ gab es zwischen mir und Walter Wallmann, jedenfalls in einer Beziehung, Unstimmigkeiten. Als Stadtoberhaupt lehnte er es ab, die Aufführung dieses Stückes zu verbieten, obwohl es auch in seinen Augen antisemitische Grundtendenzen enthielt. Er bemühte sich statt dessen, den damaligen Intendanten Günther Rühle davon zu überzeugen, daß dieser von sich aus das Stück nicht aufführen sollte, was ihm letztlich auch gelang.

Walter Wallmann zeigte auch Verständnis für unsere Vorstellungen bei der Bebauung und Gestaltung der Gedenkstätte am Börneplatz. Sein Erscheinen und Sprechen bei den Gedenkveranstaltungen zum 9. November waren ihm Pflicht, aber auch Selbstverständlichkeit.

Das hervorragende, auf Freundschaft basierende Verhältnis der Jüdischen Gemeinde hat sich auch in seiner Zeit als Ministerpräsident des Landes Hessen fortgesetzt. Als die Jüdische Gemeinde als höchste Auszeichnung das „Ehrensiegel in Silber“ schuf, war Walter Wallmann der erste Träger dieser Auszeichnung.

In der Zeit dieser Zusammenarbeit auf den verschiedensten Gebieten entwickelte sich zwischen uns und unseren Familien ein persönliches herzliches Verhältnis, das, wie ich hoffe, durch nichts zu erschüttern sein wird.

ALFRED DREGGER

„WIR KOMMEN!“

Am Ende der Nachkriegsära
Der Wiederaufbau nach dem Kriege wurde politisch vor allem durch die Christlich Demokratische Union bewirkt, einer erst nach der größten Katastrophe Deutschlands gegründeten Partei, deren politische Erfolge sozusagen „aus dem Stand heraus“ schon damals als „das Wunder der CDU“ (Leo Schwering, einer der CDU-Gründer von Köln) bezeichnet wurden. Diese Neugründung war die konstruktive Antwort des deutschen Volkes auf die Brüche und Zusammenbrüche seiner Geschichte. Sie schöpfte insbesondere aus zwei Quellen: Es waren Christen beider Konfessionen, die sich nach dem Versagen der Weimarer Parteien und den Erfahrungen unter der braunen Diktatur dazu entschlossen hatten, diesmal zusammenzustehen und gemeinsam Einfluß auf die Gestaltung eines neuen demokratischen Gemeinwesens zu nehmen. Hinzu kamen Männer und Frauen des Widerstandes gegen Hitler. Der „Katakombengeist in den Widerstandskreisen und Gefängnissen“ hat die traditionellen sozialen, politischen, konfessionellen und landsmannschaftlichen Gegensätze gelöscht und dem Gedanken einer christlich-demokratischen Volkspartei unwiderstehliche Kraft verliehen (Schwering). Eugen Gerstenmaier, evangelischer Theologe, am Aufstand des 20. Juli 1944 beteiligt, später viele Jahre lang Präsident des Deutschen Bundestages, hat einmal gesagt, daß die Konstituierung der CDU in den Gefängnissen von Tegel begonnen habe.

Der Wiederaufbau Deutschlands zu einem modernen sozialen und demokratischen Rechtsstaat und dessen Eingliederung in die Familie der freien Völker war mit zwei führenden Persönlichkeiten dieser Partei verbunden, die ihr ihren besonderen Stempel aufgedrückt haben: Konrad Adenauer mit seiner – allerdings dem ganzen Deutschland verpflichteten (Deutschlandvertrag!) – integrativen Politik der Westbindung zum Schutz gegen die expansive Sowjetmacht, wozu wesentlich die Aussöhnung mit Frankreich gehörte, und Ludwig Erhard mit seiner Sozialen Marktwirtschaft, welche die Verelendungstheorie von Karl Marx klar widerlegt hat. Zusammen haben sie die Deutschen in ihrem vom Krieg verwüsteten Land zu einer ungeahnten Leistung geführt, mit der die Trümmer beseitigt, ein Millionenheer von Flüchtlingen eingegliedert, rasch eine moderne Volkswirtschaft (wieder-)aufgebaut und eine Gesellschaft jenseits allen Klassenkampfes geformt werden konnte, in der die soziale Partnerschaft zur Grundlage für den inneren Frieden werden sollte.

Daß Deutschland, seiner historischen Entwicklung folgend, als Bundesstaat wiederaufgebaut wurde und die Bundesländer im Rahmen ihrer verfassungsgemäßen Zuständigkeiten wichtige eigene Beiträge zum Gelingen des Ganzen leisten konnten, war von großem Vorteil.

Die Nachkriegsära, in der „dieses verelendete und hungernde Volk seinen Weg nach oben ging“ (Paul Sethe) – ein Verdienst der Kriegs- und Aufbaugeneration –, endete am 30. November 1966 mit dem Rücktritt Ludwig Erhards als Bundeskanzler. Der Rücktritt erwies sich als eine Zäsur. Die CDU hatte mit Adenauer ihre Vaterfigur verloren und mit Erhard ihre stärkste Wahllokomotive, den „Vater des Wirtschaftswunders“. Nun verlor sie auch noch (für lange Zeit) ihren natürlichen Koalitionspartner. Die große Koalition von CDU/CSU und SPD geriet zur Brücke in eine neue Grundkonstellation der politischen Verhältnisse im Deutschland der „sozialliberalen Ära“, in der auf der Grundlage des bis dato solide Gewachsenen unter dem Beifall großer Teile des Publikums und insbesondere der in den modernen Massenmedien veröffentlichten Meinung ein Aufbruch zu neuen Ufern versucht werden sollte. Das Ergebnis ist bekannt.

Für die CDU, wollte sie selbst wieder Zukunft haben und die Zukunft unseres Landes mitgestalten, bedeutete dies eine grundsätzliche Herausforderung. Was sie brauchte, war nicht nur „Runderneuerung“, sondern eine Erneuerung an Haupt und Gliedern, in der die Schere zwischen Wählerschaft und Mitgliederschaft überwunden und ihre „drei Erzübel, an der sie litt“, behoben werden konnten: „das Honoratiorenproblem, das Generationenproblem und das Organisationsproblem“ (Kleinmann, „Geschichte der CDU“, S. 258). Man sagte der Partei nach, sie sei „zu alt, zu klein, zu katholisch und zu ländlich“ (FAZ). Andererseits galt es, darauf zu achten, daß die CDU als weiter zu entwickelnde moderne Volkspartei nicht zu einer „Jedermann“-Partei wurde. Sie mußte ihre „leitenden Gedanken und tragenden Ideen“ bewahren, „zu deren Verwirklichung sie ins Leben gerufen worden war“, wie ihr Generalsekretär Dufhues in seinem Nachruf auf Konrad Adenauer auf dem 15. Bundesparteitag in Braunschweig gesagt hat.

Eine solche Reform an Haupt und Gliedern war nicht nur auf Bundesebene nötig, sondern zum Teil noch dringlicher in den einzelnen Landesverbänden, in denen die Union in den fünfziger Jahren an Organisationskraft und Ausstrahlung verloren hatte.

Die Erneuerung in Hessen

Schon 1945 hat es in Hessen Strömungen gegeben, die außerhalb dieses Landes ihresgleichen suchten. Ich erinnere an die „UNA SANCTA“-Bewegung in Darmstadt, die christliche Vorstellungen in Handlungsanweisungen für Realpolitik umsetzen wollte, und an die „CHRISTLICHE NOTHILFE“ in Marburg, eine ökumenisch-caritative Organisation, in der die dortige CDU wurzelte. Auch in Hessen kamen viele ihrer Gründungsmitglieder aus dem Widerstand gegen Hitler, wie Maria Sevenich, die 1934 als ehemalige Kommunistin in Abwesenheit zum Tode verurteilt worden war und seit 1942 in Gestapohaft saß, wie Dr. Cuno Raabe aus Fulda, der zum Goerdeler-Widerstandskreis zählte, oder Dr. Werner Hilpert, der spätere Vorsitzende der CDU in Hessen, der in Buchenwald gelitten hat.

In Hessen entwickelte sich eine heterogene Partei, die sich mit den Frankfurter Leitsätzen ein Programm gegeben hatte, bei dem eine Art „christlicher Sozialismus“ Pate stand. Für die Zukunft sah es die Alternative zwischen marxistischem Klassenkampf oder christlichem Sozialismus voraus, der durch Sozialisierung, Mitbestimmung und Wirtschaftsplanung verwirklicht werden sollte. Die hessische CDU dieser Zeit war überdies von der Sorge geplagt, daß auch in Hessen SPD und KPD zusammengehen könnten. Aus dieser Grundhaltung heraus hat sie an der hessischen Verfassung mitgewirkt, deren Entwurf zunächst vom Chef der amerikanischen Militärregierung, General Lucius Clay, wegen dieser Sozialisierungstendenzen nicht akzeptiert worden war. Auch Konrad Adenauer lehnte diesen Verfassungsentwurf ab. Er meinte, die CDU habe in der Frage der Sozialisierung der SPD zu sehr nachgegeben.

Über diese programmatischen Auseinandersetzungen bröckelte die mit 37,3 % anfangs recht hohe Zustimmung zur CDU bei der Wahl zur Landesversammlung im Juni 1946 ab auf nur noch 30,9 % bei der Wahl zum ersten Landtag am 1. Dezember 1946. In der CDU-Führung blieb man dennoch überwiegend der Meinung, daß für die Aufbauphase ein Zusammengehen mit der SPD notwendig sei, nicht nur in Hessen, sondern auch in Bonn. Wichtiger als Macht und Mehrheit sei die geistige Überlegenheit, hieß es. Es komme darauf an, „daß die mittlere, aber sozial betonte Linie der hessischen Partei zum Prinzip der CDU in der ganzen Bundesrepublik werde. Die Weltgeschichte werde nicht von Majoritäten, sondern von aktiven und geistig überlegenen Minoritäten gemacht" (Hilpert). Natürlich mußte diese Auffassung zu einem scharfen Konflikt mit Konrad Adenauer führen. Grundsätzlich wurde allerdings dieses Konzept bis 1967 weiterverfolgt.

Den Tiefpunkt mußte die CDU 1950 hinnehmen, als sie mit 18,8 % weit hinter die Parteienkombination FDP/LDP zur dritten „Kraft" abfiel. Wenn auch dieser Wahlschock zu einem personellen Neubeginn führte, mit Wilhelm Fay als neuem Vorsitzenden, so blieb die CDU unter dessen Führung gegenüber den sich immer stärker mit dem Land identifizierenden Sozialdemokraten unter Georg August Zinn bis zur Landtagswahl 1966, die zudem im Schatten der Koalitionskrise am Ende der Regierung Erhard in Bonn stattfand, ohne Erfolg.

Die Wahl von Wilhelm Fay zum Bürgermeister im SPD-geführten Frankfurt sollte schließlich zum Auslöser einer vollständigen Erneuerung der CDU Hessens werden. Die Junge Union hatte dies als erste Vereinigung öffentlich gefordert. In einer dpa-Meldung am 20. August 1967 hieß es: „Einen tatkräftigen Landesvorstand wünscht sich die Junge Union für die CDU . . ., sagte der Landesvorsitzende der Jungen Union, Dr. Heinz Riesenhuber . . . In Hessen müsse die CDU von einem entschlossenen Team geführt werden, das der SPD Paroli bieten könne. Für das Amt des Landesvorsitzenden stünden ausreichend geeignete und profilierte Persönlichkeiten zur Verfügung."

Wie es dann weiterging, schildert Christian Schwarz-Schilling anschaulich in einem von Dieter Weirich, Günter Reichert und Werner Wolf herausgegebenen Sammelband „Alfred Dregger: Streiter für Deutschland". Wir haben uns „bei einem Glase guten Weines" über die Führungsfrage geeinigt. Den Vorsitz sollte ich übernehmen und Schwarz-Schilling die Position eines ersten, „herausgehobenen" Stellvertreters mit besonderen Aufgaben in der Planung und Organisation der Parteiarbeit.

In einem Aufsatz für „Die politische Meinung" (Nr. 323 – 10/96) hat Ewald Hetrodt unter der Überschrift: „Wer an die Macht will, muß einen politischen Quantensprung vollbringen" über diesen hessischen Neubeginn berichtet. Manches darin mag zugespitzt sein. Klar war jedenfalls, daß der neue Vorstand in Hessen sich als eine Mannschaft verstand, die auf Biegen und Brechen zusammenhielt. Alle wollten den Erfolg, und alle wußten, daß wir ihn nur gemeinsam erringen konnten.

Deutlich wurde das auch in unserer öffentlichen Darstellung, selbst auf den Wahlplakaten. Zum berühmtesten sollte jenes werden, auf dem wir in Keilformation (Angriffsformation) vor aufbrechendem Morgenlicht auf die Betrachter zu „marschierten". „Wir kommen", stand darüber, und darunter: „Alfred Dregger und seine Mannschaft". Dieses Plakat hat seine Wirkung nicht verfehlt. Rudi Arndt meinte, wer so daherkomme, der schieße auch. Geglaubt hat ihm das zwar niemand, aber er hat uns damit interessant gemacht.

In dieser Mannschaft hatte jeder seinen Platz, und wir hielten zusammen wie Pech und Schwefel. Durch unser Gemeinschaftswerk machten wir deutlich, daß wir unablässig für das Ziel kämpfen würden, das ich der Partei zur Verblüffung selbst wohlmeinender Freunde am 2. Dezember 1967 nach meiner Wahl auf unserem Parteitag in Eltville vorgegeben hatte: Die Mehrheit und damit die Regierungsmacht in Hessen – nicht länger Platz, sondern Sieg! Unsere Gegner haben diesen Anspruch anfangs nicht ganz ernst genommen. Die CDU hatte ja nur 26 %. Uns weniger freundlich gesonnene Journalisten hielten uns gar für arrogant bis unseriös. Aber in den Wahlkämpfen 1970 (nach dem Ende der uns anfangs noch lähmenden großen Koalition im Bund) und 1974 haben wir sie und die Sozialdemokraten das Fürchten gelehrt, als wir unsere Wahlergebnisse von mageren 26 % auf 47,3 % steigern konnten, ein Stimmenzuwachs, der ohne Beispiel in der Geschichte der Bundesrepublik Deutschland ist.

In Eltville habe ich in meiner Antrittsrede zur Mannschaft, ihren Zielen und ihrer Strategie folgendes gesagt:

„Sie haben mich heute zu Ihrem Landesvorsitzenden gewählt und mir gleichzeitig eine Mannschaft zur Seite gestellt, zu der ich Vertrauen habe . . . Diese Mannschaft ist jung, voller Selbstvertrauen und von dem unbedingten Willen erfüllt, die hessische CDU auf ihr Ziel hinzuführen.

Dieses Ziel ist die Mehrheit. Es kann kein anderes Ziel geben . . . Die CDU ist diesem Lande adäquat. Die CDU ist weder eine konfessionelle Partei noch eine bürgerliche Partei, noch eine einseitig orientierte Landpartei. Wir sind vielmehr die große Union, die im protestantischen Schleswig-Holstein ebenso zu siegen versteht wie im katholischen Bayern . . .

Wir wissen, daß der Weg zur Mehrheit in Hessen hart, steinig und möglicherweise lang sein wird. Wir stehen einer SPD gegenüber, deren Mehrheiten in Hessen traditionell sind und die bei den letzten Landtagswahlen die absolute Mehrheit errungen hat . . . Aus dem Getto dieser Minderheitsposition müssen, wollen und werden wir ausbrechen . . .Wir denken nicht daran, uns auf den Bänken der Opposition bequem einzurichten. Und wir denken erst recht nicht daran, uns als Koalitionspartner von einer Partei einkaufen zu lassen, die das politische Kräftefeld dieses Landes mehr oder weniger allein zu bestimmen vermag . . . Dazu gehört, daß wir bereit sind, persönliche Ambitionen der Sache und der Partei unterzuordnen . . .

Neben uns finden wir in der politischen Landschaft Parteien, die vom Sozialismus, Liberalismus und Nationalismus ausgegangen sind. In all diesen Ideen steckt ein richtiger Kern. Es sind Teilwahrheiten, die der Einbindung in eine universale Konzeption bedürfen, die jedoch in ihrer Verabsolutierung unheilvoll werden können. Die Bedeutung sozialer Ideen im Gedankengut der CDU ist unverkennbar . . . Auch für die Zukunft bekennen wir uns aus vollem Herzen zur sozialen Verpflichtung unserer Partei.

Aber auch die liberale Idee enthält Elemente, die wir voll bejahen. Freiheit und Selbstverantwortung des Menschen und auch der kleineren Gemeinschaften gehören zu unseren politischen Grundüberzeugungen. Wer das Liberale oder Freiheitliche nicht als Bindungslosigkeit mißversteht, sondern als Freiheit zur sittlichen Entfaltung der Person begreift, für den ist Platz in unserer Partei, mehr noch, den brauchen wir als vorwärtstreibende Kraft.

Auch in der Liebe zum Vaterland lassen wir uns durch niemanden übertreffen. Das Vaterland ist die Geschichts-, Sprach-, Kultur- und Rechtsgemeinschaft, in der wir leben. Es ist eine natürliche Ordnung, . . . für die wir Verantwortung tragen.

Lassen Sie mich nun unsere langfristigen Ziele in der Deutschland-, Europa- und Außenpolitik formulieren, von denen ich glaube, daß sie übereinstimmen mit den Notwendigkeiten der Geschichte, mit den Gefühlen unseres Volkes und den Überzeugungen unserer Partei. Diese Ziele sind:

1. Ein wiedervereintes Deutschland
2. Ein vereinigtes Europa . . .
3. Die gleichberechtigte Partnerschaft des vereinigten Europas mit den anderen Weltmächten . . .“

Das erste dieser großen Ziele haben wir 1990 erreicht, obwohl viele daran nicht mehr glauben wollten, beziehungsweise es aus anderen Gründen aufgegeben hatten. Das zweite Ziel bestimmt unsere Politik noch heute, ebenso wie das dritte. Aber beiden sind wir in letzter Zeit bedeutend näher gekommen, insbesondere durch die beharrliche Initiative unseres Bundeskanzlers Helmut Kohl, wobei sich die deutsch-französische Zusammenarbeit wieder bewährt hat. In diesem Jahr werden dafür auf vielen Feldern – ich erinnere an die Europäische Währungsunion, an „Maastricht II“ und an die Öffnung der NATO für die beitrittswilligen Reformstaaten in Ostmitteleuropa – die Weichen gestellt.

Zum Schluß meiner Eltviller Rede habe ich an die Delegierten appelliert: „Geben wir ein Beispiel. Einmal durch den Stil unserer Zusammenarbeit, durch unsere Solidarität und Loyalität zueinander und untereinander und durch unser Zusammenwirken als Team, als Leistungsgemeinschaft. Und geben wir ein Beispiel dadurch, daß wir uns in unseren politischen Vorstellungen über den Tag erheben und den Weg in die Zukunft erarbeiten und sichtbar machen. Wenn wir das tun, dann erfüllen wir nicht nur unsere Aufgabe, demokratische Alternative zur Sozialdemokratie zu sein, dann haben wir auch begründete Aussicht, einmal die Mehrheit in Hessen zu erringen. Und nun – ans Werk!“

Walter Wallmanns Weg über Frankfurt und Bonn in die hessische Staatskanzlei

Bereits in den ersten Tagen unserer Zusammenarbeit fragte mich Walter Wallmann, ob auch meiner Meinung nach die hessische CDU sich stärker als liberale politische Kraft zur Geltung bringen solle. Ich habe dies bejaht und ihn auf meine Eltviller Rede hingewiesen. Hessen, das unter der Filzokratie der SPD mit ihren Hilfstruppen litt und unter der illiberalen neosozialistischen Schulpolitik des Kultusministers von Friedeburg, brauchte in der Tat eine liberale Erneuerung. Besonders wichtig war dies für die Städte und Kommunen. Sie wurden einer sogenannten Verwaltungsreform unterzogen, die lange gewachsene Strukturen zerschlug und ebensowenig Rücksicht nahm auf die Bindungen der Bürger an ihr Gemeinwesen. Das berüchtigtste Beispiel dafür war die Auflösung der Städte Wetzlar und Gießen, die zu einem Kunstgebilde, der Stadt „Lahn“, zusammengezwungen wurden.

Die Stadt Frankfurt, für viele in Deutschland nach Berlin die zweitwichtigste Stadt überhaupt, schien unregierbar zu werden. Die Bürger wandten sich entsetzt ab von den Umtrieben an der Universität, die des Namens Goethe, des berühmtesten Sohnes der Stadt, nicht mehr würdig war. Sie litten andauernd unter diversen Demonstrationszügen, die sich immer häufiger in Gewaltaktionen entluden und mit geradezu bürgerkriegsähnlichen Auseinandersetzungen um die „Startbahn West“ einhergingen. Dies war eine der größten Herausforderungen für unseren Rechtsstaat. Von dort bis zu den Terroranschlägen der Baader-Meinhof-Bande, die sich „im Krieg“ mit dem freiheitlichen und demokratischen Deutschland wähnte, war es nur noch ein kleiner Schritt.

Rudi Arndt, der damalige Frankfurter Oberbürgermeister, hatte Öl ins Feuer gegossen, als er dazu riet, die Alte Oper, das schöne Symbol des freien und kultivierten Bürgersinns der Stadt, mit Dynamit zu renovieren.

Im Rückblick erweist sich unsere entschieden freiheitliche Gegenposition zu diesen sozialistischen Wirren der SPD als der eigentliche Schlüssel unseres Erfolges. Walter Wallmann sollte zum Symbol der liberalen Stadterneuerung werden. Er ließ sich von mir davon überzeugen, daß eine Mehrheit für die CDU in Frankfurt für die CDU in ganz Hessen zum Durchbruch führen könnte und nahm diese große Herausforderung an. Zum erstenmal erzielte er 1977 die absolute Mehrheit in Frankfurt, die er dann noch zweimal verteidigen konnte. Die Stadt blühte unter seiner Regierung wieder auf, geistig, kulturell, gesellschaftlich und auch wirtschaftlich, und mit ihr das Selbstbewußtsein ihrer Bürger. Der Wiederaufbau der Alten Oper war dafür ein weithin sichtbares Zeichen. Walter Wallmann hat in Frankfurt nicht nur diese Mehrheit gewonnen. Er hat das in Hessen nach dem Ministerpräsidenten wichtigste Amt mit großem Erfolg ausgeübt und dafür größtes Ansehen erworben, das mit dem Vorsitz im Deutschen Städtetag verdiente Anerkennung gefunden hat.

Im Sog dieser nicht nur auf Frankfurt gerichteten kommunalen Offensive der CDU konnten viele andere Städte erobert werden. Hessen war über Nacht nicht mehr „rot“. Die Wähler der Stadt „Lahn“ haben die Kommunalwahl 1977 als Instrument dafür benutzt, Gießen und Wetzlar politisch wiederherzustellen. Über 30 Prozent hat die CDU dort hinzugewonnen. Auch in Wiesbaden erhielt sie die absolute Mehrheit; in Offenbach und in Darmstadt wurde sie stärkste Fraktion.

Im März 1981 galt es, an diese vorangegangenen Kommunalwahlerfolge anzuknüpfen und weitreichende Entscheidungen für die Landtagswahl im darauffolgenden Jahr zu treffen. Die CDU konnte bei dieser Kommunalwahl ihren Stimmenanteil von über 47 % halten, während die SPD 4,5 Punkte verlor und unter die

40%-Marke sank. Wallmann hat in Frankfurt sogar noch 2,4 Punkte zugelegt auf sage und schreibe 54,2%. Die FDP, die vor der Wahl eine Koalitionsaussage vermieden hatte, stolperte über die Fünf-Prozent-Hürde. Dies wurde der klugen Politik Wallmanns zugeschrieben, mit der er einen tiefen Einbruch in das liberale Lager erzielen konnte. Die Presse sprach vom „Wallmann-Effekt", und einige rätselten darüber, ob dieser sich auch für die Hessen-Wahl nutzen lasse. Walter Wallmann und ich haben uns darüber rasch verständigt, wie die Partei das von ihren führenden Persönlichkeiten mit Recht erwarten konnte. Unsere Formel lautete: „Wallmann für Frankfurt – Dregger für Hessen!"

Daß es dann am 27. September 1982 anders gekommen ist, lag nicht an diesem abgestimmten gemeinsamen Vorgehen, auch nicht an der hessischen CDU und ihrem Kampfgeist, auch nicht an den Inhalten unseres Programms und unserer Politik. Noch im Sommer schien der Wechsel in Hessen eine abgemachte Sache zu sein, zumal die FDP diesmal mit uns koalieren wollte. Alle Welt erwartete überdies, daß nach einer für die Union gewonnenen Wahl in Hessen auch in Bonn die Zeit reif für eine Wende werde.

Doch wieder einmal sollte die Wahl in Hessen für Bonner Zwecke mißbraucht werden. Dort wurde die Partitur geschrieben; nicht nur für Hessen. Das Stück sollte in Bonn aufgeführt werden. Es begann mit einem Paukenschlag. Nach der monatelangen Agonie der „sozialliberalen Koalition" im Sommer und den damit einhergehenden Spekulationen um einen Koalitionswechsel in Bonn drohte zehn Tage vor der Hessen-Wahl Bundeskanzler Schmidt damit, die FDP-Minister zu entlassen. Diese traten daraufhin zurück. Die danach beginnenden Koalitionsverhandlungen führten schließlich dazu, daß am 1. Oktober Helmut Schmidt mit Hilfe eines im Grundgesetz ausdrücklich vorgesehenen konstruktiven Mißtrauensvotums gestürzt und Helmut Kohl zum Kanzler der Bundesrepublik Deutschland gewählt wurde. Das alles waren in einer Demokratie durchaus normale Vorgänge. Aber die SPD machte daraus eine Dolchstoßlegende. „Verrat in Bonn", so plakatierte sie in Hessen an allen Ecken und Enden; pure Demagogie, aber mit großer Wirkung. Jedenfalls hätte ein Wahlsieg der SPD in Hessen deren Forderung nach sofortigen Neuwahlen für

„Bonn" – die nicht nur dort erhoben worden war – nachhaltig unterstützt. CDU und FDP sollten auf diese Weise vom geplanten Mißtrauensvotum gegen die Minderheitsregierung Schmidt abgeschreckt werden.

Dieses Kalkül ist nicht aufgegangen. Zwar wurden viele Wähler der CDU verunsichert, noch mehr die der FDP, die nicht „Verräter" sein wollten, während die SPD-Anhänger durch diese emotional aufgeladenen Vorgänge stark motiviert werden konnten. Doch die CDU blieb mit 45,6 % deutlich vor der SPD stärkste Partei. Die FDP indessen fiel durch, und die Grünen, die überraschend zum Nutznießer dieser für viele undurchschaubaren Entwicklung wurden, konnten mit der SPD die neue hessische Regierung bilden. Die Dachlatte, mit der Holger Börner vorher die „politikunfähigen" Grünen zu traktieren trachtete, wurde von diesem stillschweigend weggelegt.

Für die CDU, die sich noch wenige Tage vorher mit guten Gründen am Ziel eines langen Weges wähnte, war dies eine besonders bittere Enttäuschung. Ich habe deshalb noch am Wahlabend des 27. September öffentlich erklärt, daß die Partei nun eine neue Perspektive und einen neuen Vorsitzenden brauche und den Gremien unserer Partei dafür Walter Wallmann vorgeschlagen. Ihm habe ich zugetraut, den begonnenen Weg erfolgreich weiterzugehen. Mit ihm konnten wir an unser gemeinsames Ziel gelangen. So wie bei einer langen und schwierigen Bergexpedition zum Schluß diejenigen zu Gipfelstürmern ausgesucht werden, die dafür die beste Kondition mitbringen, so mußte auch der bisherige Spitzenmann der hessischen CDU in dieser Lage vor der gemeinsamen Aufgabe zurückstehen, die es weiter zu erfüllen galt.

Walter Wallmann hat allen Anforderungen standgehalten und seine persönlichen und die Ziele der CDU in Hessen erreicht. Nach einem weiteren, ebenso erfolgreichen „Umweg" als erster Umweltminister in Bonn, zu dem ihn Helmut Kohl nach der Reaktorkatastrophe in Tschernobyl ernannt hatte, konnte er 1987, 20 Jahre nach Eltville, die Wahl in Hessen gewinnen und mit Hilfe der FDP zum ersten CDU-Ministerpräsidenten dieses schönen Bundeslandes gewählt werden.

JOACHIM FEST

DAS VERSPÄTETE GEMEINWESEN

Seit den von so überschwenglichen Erwartungen begleiteten Ereignissen von 1989/90 sehen sich die westlichen Industriestaaten nie vermuteten Problemen gegenüber. Das ist in der Bundesrepublik nicht anders als in Frankreich, Italien, Spanien, Portugal oder Belgien. Diese Schwierigkeiten haben mit der Bewegung zu tun, in die alle Verhältnisse geraten sind. Mehr als den meisten bewußt ist, deuten sie auf das Ende einer trotz aller Beunruhigungen stabilen Epoche hin.

Solche Vorgänge haben stets zahlreiche Ursachen, alle Einzelerklärungen helfen nicht weiter. Die derzeitige Krise geht zweifellos zu einem Teil auf einen Umbruch zurück, der zu den einschneidensten Revolutionen der Geschichte zählt. Faßt man ihre Schubkräfte näher in den Blick, entdeckt man ihr merkwürdiges Doppelgesicht. Ihr eines, den Vordergrund beherrschendes Wesen zeigt sich in einer zunehmenden Individualisierung, einem steten Anwachsen der persönlichen Erwartungen und Selbstbestimmungsansprüche. Die andere, verdeckte Seite des Vorgangs ist die wachsende Übermacht des Staates. Was zwischen dem einen und dem andern in Not gerät, ist die Figur des verantwortungsbewußten Bürgers, wie sie unserer Verfassung und unserer gesamten Lebensordnung zugrunde liegt.

Das Verhältnis zwischen Individuum und Gemeinschaft hat sich gegenüber aller europäischen Geschichte bis auf den Grund verändert – man kann sogar sagen, geradezu umgestülpt. In nahezu jedem sozialen Organismus seit dem Altertum hat stets der größere Verbund dominiert, die Familie über den einzelnen, die Stadt über die Familie und so fort bis zum Stand und schließlich zum Staat.

Dieser vertraute Zusammenhang ist heute zerbrochen. Die Idee der Selbstverwirklichung war zumal seit den achtziger Jahren die große Verheißung der offenen Gesellschaften. Inzwischen ist es nicht mehr so, daß der Einzelne seine Ansprüche, sein normabweichendes Verhalten oder die Zurückweisung von Inanspruchnahmen durch die Gemeinschaft rechtfertigen muß: vielmehr muß umgekehrt die Gemeinschaft jede Forderung begründen, die den einzelnen in seinen individuellen Bedürfnissen beschneidet.

Dieser Wandel ist auf allen Ebenen greifbar: in der Debatte über die Wehrpflicht, die Abtreibung oder die Gleichstellung homosexueller Lebensgemeinschaften mit der Ehe. In den gleichen Zusammenhang gehören die erfolgreichen Klagen volljährig gewordener Kinder, die sich aus Gründen der Selbstentfaltung von der Familie lösen wollen und dafür einen angemessenen Unterhalt sei es vom Staat, sei es von ihren Eltern verlangen. Überhaupt hat die Rechtsprechung, bis hin zu den höchstrichterlichen Instanzen, den Individualisierungsschub ungemein befördert. Die tiefere Botschaft hinter der Spruchpraxis, wonach Hausbesetzungen, sogenanntes Kirchenasyl oder Straßenblockaden keine Sanktionen nach sich ziehen, lautet ja doch, daß einzelne oder auch Minderheiten selbst entscheiden dürfen, ob sie dem Gesetz gehorchen wollen oder nicht.

Man könnte lange fortfahren, Beispiele aus allen Lebensbereichen dafür zu benennen. Aber die Einsicht, die daraus folgt, läuft durchweg auf den gleichen Befund hinaus: Immer geht es um die Aufkündigung von Abhängigkeiten und jede Form von persönlicher oder sozialer Verantwortung. Der politische Fortschritt definiert sich unterdessen geradezu danach, in welchem Umfang er diesem Entlastungsverlangen gerecht wird.

Man kann nicht leugnen, daß die individualisierende Tendenz einen erheblichen Freiheitsgewinn für den einzelnen gebracht hat. Aber unterdessen gerät die Kehrseite ins Blickfeld. Denn die strengen Normen und Gruppenzwänge von einst schufen nicht nur Abhängigkeiten und begrenzte Entfaltungsräume, unter denen die Menschen zu leiden pflegen. Vielmehr boten sie zugleich Schutz und eine Vielzahl haltgebender Stützen gegen die Wechselfälle des Lebens. Sie vermittelten, anders gesagt, ein hohes Maß an psychischer Orientierung. Dem Gewinn an Freiheit entspricht aber ziemlich genau ein Verlust an seelischer Stabilität. Wenn die Freiheit tatsächlich dem Menschen eingeboren ist, dann ist es auch das Bedürfnis nach Sicherheit. Und vieles spricht dafür, daß dieses Bedürfnis das stärkere ist.

Damit rückt der Staat ins Bild. Denn die zwangsläufige Folge war und ist, daß der freigewordene Einzelne die Absicherungen, die er auch weiterhin benötigt, von nun an eben dort zu suchen begann. 65 Prozent der Bewohner der Bundesrepublik erwarten unterdessen, daß der Staat ihnen Arbeitsplätze und Wohnraum bereitstellt, zehn Prozent mehr, also 75 Prozent, verlangen von ihm Vorsorge im Krankheitsfall und gar 90 Prozent einen Mindestlebensstandard sowie eine angemessene Sicherung des Alters.

Natürlich nährt und befördert der Staat diese Erwartungen. Der Staat der Bundesrepublik hat im Verlauf weniger Jahre ein riesiges, kaum noch überschaubares System entwickelt, das unablässig eingreift, abschöpft, umverteilt, sichert, betreut und pflegt und damit jedermann, von der Wiege bis zur Bahre, in seine Obhut, und das heißt: in seine Abhängigkeit, zwingt. Weit über vierzig Ämter, labyrinthisch verflochten, verwalten und verteilen rund 150 verschiedene Leistungstypen. Daneben gibt es das Dickicht der Subventionen und Sondervergütungen, die ebenfalls in diesen Transferkatalog gehören. Weil nicht nur die Räson, sondern geradezu die Moral des Sozialstaats in der immerwährenden Gewährung von Wohltaten besteht, dehnt er sich unablässig aus.

Zugleich mit den Wohltaten vermehren und weiten sich aber auch die Ansprüche. Mit wachsendem Nachdruck wird unterdessen vom Staat die Bedienung oder Absicherung des persönlichsten Konsum- und Vergnügungsverlangens gefordert wie der beliebten Stadtteilfeste, öffentlicher Lustbarkeiten oder, in einem berühmt gewordenen Fall, beim Bankrott eines Reiseunternehmens, der Risiken leichtsinnigen Vertragsverhaltens. Auch die Hoteliers und Betreiber von Skilifts in den Winterkurorten verlangten bis unlängst bei ausbleibendem Schnee Ausgleichszahlungen der öffentlichen Hand. Der Staat soll zahlen – wofür hätte man ihn sonst?

Die Kostgängergesinnung, die dahinter sichtbar wird, ist in allen Schichten anzutreffen, beileibe nicht nur bei den Schwarzarbeitern, den Dauerstudenten oder den ungezählten weiteren Vorteilsjongleuren, die das System gebiert. Sondern genauso bei den Unternehmern mit ihren Subventionsforderungen, bei der Landwirtschaft mit ihren Abnahmegarantien und Mindestpreisen, den Handwerksverbänden, die so etwas wie die alten Zunftregeln über alle Debakel der Geschichte gerettet haben – man kommt auch dabei an kein Ende.

Naturgemäß muß ein solches System, das inzwischen von allen Seiten befördert und ausgebeutet wird, zu sozialpsychologischen Veränderungen führen. Es hat einen Typus groß gemacht, der einem neuartigen Bürgerrecht nachkommt, indem er über den Glanzpapier-Katalogen des Warenhauses „Sozialstaat" sitzt und nichts anderes tut, als auf den beigefügten Lieferzetteln seine Wünsche anzukreuzen. Und besitzt er nur etwas Geschick und womöglich sogar Durchtriebenheit, werden sie ihm auch durchweg erfüllt. Jedenfalls fühlt nicht er sich mehr für die eigene Subsistenz zuständig, sondern wälzt die Verantwortung dafür auf das Gemeinwesen ab. Wie groß die Einbuße an Leistungswillen ist, die zwangsläufig daraus folgt, ist unschwer zu ermessen. Mehr als 40 Prozent der Berufstätigen in Deutschland sind der Auffassung, daß ihre Einkünfte nicht nach der Leistung bewertet werden dürften, sondern nach der Bedürftigkeit. Jüngste Prüfungen haben ergeben, daß ein erheblicher Teil der öffentlichen Leistungen mißbräuchlich bezogen wird: Mehr als 150 Milliarden jährlich, lautet eine Schätzung. Und niemand hat ein Unrechtbewußtsein. Der Staat soll zahlen – wofür, wahrhaftig, hätten wir ihn sonst?

Natürlich ist das Bild sozusagen scharf ausgeleuchtet, weil anders die Probleme nicht anschaulich werden. Kein Einsichtiger wird leugnen, daß der Sozialstaat viel für sich ins Feld führen kann. Dazu zählt auf der äußeren Seite der im ganzen gewahrte soziale Frieden sowie auf der inneren der Zuwachs an institutioneller Humanität. Aber nach vierzig Jahren werden auch die Mängel spürbar: die Wucherungen des Systems, die Schwächung des Leistungswillens, das Prinzip der Kostenverschleierung und die Einbuße an Verantwortungsbewußtsein – dies alles überlagert von einer Atmosphäre halbresignierter Zufriedenheit, in der nur noch die Bewahrung eroberter Besitzstände zählt. Seit Jahren und in jüngster Zeit vermehrt, wird vom notwendigen Umbau und sogar Abbau des Sozialstaats gesprochen. Aber im Grunde ist nicht einmal ein Anfang gemacht. An den ringsum errichteten Festungswällen läuft sich jeder Reformwille fest, die Warnrufe dringen nicht einmal in die inneren Sperrbezirke.

Noch immer gibt es, von einstigen Modepsychologen erdacht und von „progressiven" Politikern in die Tat umgesetzt, den Verruf, in dem Leistung und Wettbewerb stehen. Bereits auf den Schulen wird jede Anstrengung als „Leistungsdruck" verpönt und die Unterwerfung der Begabten unter die weniger oder anders Begabten mit Solidaritätsfloskeln drapiert. Bezeichnenderweise lehnt auch die Professorenschaft des Landes den Wettbewerb zwischen den Universitäten und Forschungseinrichtungen nahezu geschlossen ab, das „Ranking" gilt als profane, die akademische Würde verletzende Entartung. Hat man sich einmal gefragt, ob das geringe Ansehen unserer Wirtschaftsverfassung, an deren Segnungen auch die Lehrkörper partizipieren, etwas damit zu tun hat, daß an den Hochschulen Generation um Generation von Lehrern unterrichtet wird, die das Konkurrenzprinzip auf ihrem eigenen Tätigkeitsfeld zurückweisen? Und daß diese Vorbehalte noch dadurch verstärkt werden, daß Millionen Arbeitnehmer im öffentlichen Dienst beschäftigt sind, der noch immer, trotz einiger zaghafter, vom Protest der Betroffenen begleiteter Änderungen in jüngster Zeit, den Leistungsgedanken durch das Laufbahnprinzip ersetzt? Nach einer Umfrage vom August 1995 beurteilt nur die Hälfte der Menschen in der alten Bundesrepublik das System der Sozialen Marktwirtschaft positiv, und immerhin 35 Prozent halten es für ausbeuterisch; in den neuen Bundesländern sind die Zahlen begreiflicherweise noch verheerender. Ganz entsprechend ist die Zahl der Selbständigen schon lange Zeit rückläufig. Vor rund dreißig Jahren betrug sie annähernd vierzehn, heute sind es nur noch neun Prozent.

Die Frage ist, ob eine Gesellschaft, in der solche Tendenzen, wie andeutungsweise sie hier auch skizziert sein mögen, vorherrschen, irgendeine denkbare Zukunft bestehen kann. Zum tiefgreifenden Wandel, der 1989 jedem sichtbar wurde, gehört nicht zuletzt die Globalisierung der Märkte. Sie bedeutet bis zur Überlebensfrage verschärften Wettbewerb, arbeitsteilige Volkswirtschaften, Standortverlagerungen in nicht gekanntem Umfang, kurzum: das absehbare Ende aller nationalen Wirtschaftspolitik. Seit Jahren hallt das Land von den Warnungen wider, die von allen Seiten kommen. Dennoch fällt es ihm unendlich schwer, sie zur Kenntnis zu nehmen und sich Rechenschaft zu geben über den Stand der Dinge. Selbst die Jahr für Jahr steigenden Arbeitslosenzahlen, die immer bedrohlicher anwachsenden Haushaltsdefizite und vieles andere, was den programmierten Kollaps geradezu greifbar macht, haben das Phlegma von Politik und Öffentlichkeit bislang nicht beseitigen können.

Es ist ein statisches Bewußtsein, das sich in alledem anzeigt, Sehnsucht nach Dauer. Aber es täuscht sich über die Dynamik des historischen Prozesses, in dem wir uns befinden. In der Tat war das Land über Jahrzehnte hin von einer Vielzahl glücklicher Umstände begünstigt: dem Schutz vormundschaftlicher Mächte, dem freien Zugang zu den Märkten und einer anhaltenden Weltkonjunktur. Und es war diese seltene Konstellation, die es dazu verführte, jeden Gedanken an die Zukunft zu verdrängen oder ihr allenfalls ökologische Besorgnisse zu widmen.

Ganz im Gegenteil leistet das Land sich eine Technologiefeindschaft, die es in allen Zukunftsindustrien weit zurückgeworfen hat. Aber das ist keineswegs die einzige Verspätung, mit der es sich im Wege steht. Längst an der Zeit wäre eine Bestandsaufnahme alles dessen, was die Zukunftsfähigkeit der Bundesrepublik in Frage stellt. Diese Zukunft wird nicht gesichert werden durch die milliardenschwere Bewahrung von Industrien mit eher musealer Bedeutung wie Bergbau, Stahl, Landwirtschaft oder Werften; nicht mit einem Beamtenrecht, das dem Gemeinwesen wie ein Mühlstein am Halse hängt und, wie man errechnet hat, schon bald nach der Jahrtausendwende, also gleichsam übermorgen, unbezahlbar sein wird; nicht mit einem bürokratischen Regulierungswahn, der alle unternehmerische Initiative erstickt und auf eine stillschweigende Konfiskation der Bürgerfreiheiten hinausläuft; auch nicht mit einer, bei aller Aufblähung des Personals, gänzlich unzureichenden technischen Ausstattung der Behörden; einem absurden Arbeitsrecht, das zum Gespött der Welt geworden ist, undsoweiter. Lothar Späth hat die Bundesrepublik mit einem riesigen Jurassic Parc verglichen, in dem dinosaurierhafte Großorganisationen, schwerfällig und versteinert, herumstehen und jede Bewegung behindern. Längst weiß man, daß der Komplexität moderner Verhältnisse nur mit dezentralen, flexiblen Organisationsformen entsprochen werden kann. Es gibt auch viele Lippenbekenntnisse dafür. Aber die Bewegung geht im Ganzen weiterhin in die entgegengesetzte Richtung.

Bei alledem sind die derzeit noch unabsehbaren Auswirkungen der demographischen Veränderungen nicht berücksichtigt, das heißt die Zunahme der Lebenszeit bei relativer und absoluter Verringerung der Lebensarbeitszeit, oder die destabilisierenden Folgen, die der oft vorausgesagte, zu unserem Glück bislang nicht eingetretene verstärkte Einwanderungsdruck hervorrufen könnte, oder die Veränderungen, die Europa uns abnötigen wird. Auch nicht die wachsende, inzwischen bei über fünfzig Prozent angelangte Staatsquote: Wie überhaupt nicht übersehen werden darf, daß die Mehrzahl der Probleme, die dem Land zu schaffen machen, aus einem Zuviel an Staat herrühren, nicht aus einem Zuwenig. Alle Überlegungen, wie das Land der Zukunft besser gerecht werden kann, müßten zum Ausgangspunkt haben, was Wilhelm von Humboldt in der berühmten Schrift über die Grenzen der Wirksamkeit des Staates für eine andere Zeit formuliert hat.

Der Charakter jedes Staatswesens enthüllt sich in dem Menschenbild, das in den Gesetzen, der Rechtsanwendung sowie in der politischen Praxis zum Vorschein kommt. Darin offenbart es unvermeidlicherweise, worauf es hinaus will. Das unsere zielt, trotz aller wohlmeinenden Begleitreden, am Ende doch auf den bevormundeten Menschen, auf die Bequemlichkeit, Verantwortungsscheu und Vorteilssucht des Einzelnen. Schritt um Schritt hat es den Menschen die Verantwortung für sich selbst, das Bewußtsein wahrgenommener Pflichten sowie sinnvollen Tuns entzogen und ihnen damit jene Befriedigungen vorenthalten, die einzig so etwas wie Glück gewähren. Im Grunde ist es, genau besehen, der alte Obrigkeitsstaat, der bei alledem, wiewohl im demokratischen Kostüm, seine Wiederauferstehung erlebt. Überwunden geglaubte Umstände. Diejenigen, die sie unablässig vorantreiben und gegen jede Besorgnis verteidigen, sind in allen politischen Lagern anzutreffen.

Der ordnungspolitische Ausgangssatz hätte zu lauten, daß dem Staat, neben seinen sichernden und ordnenden Pflichten, die Aufgabe zufällt, die Voraussetzungen und sogar Ermutigungen für die Entfaltung vieler Tätigkeiten und der ausgeübten Verantwortung ungezählter Einzelner zu schaffen, nicht mehr, aber auch nicht weniger. Und den unverschuldet in Not Geratenen rasch und wirksam zu helfen, am besten zur Selbsthilfe. Zu beginnen hätte die Sache mit einer Revision im Verständnis dessen, was der Staat ist: keine allzuständige Zentralinstanz, keine Erziehungsanstalt, kein Lieferbetrieb, auch keine Agentur zur Risikovermeidung und kein Dienstleistungsunternehmen. Sondern die vernünftige Organisation des freien und auf Gegenseitigkeit verpflichteten Zusammenlebens. Niemand sollte sich darüber täuschen, wie viele auch schmerzhafte Umstellungen mit solcher Besinnung auf die Grundlagen verbunden wären. Sie verlangt Eingriffe, die das Dasein unsicherer machen und die Möglichkeiten abgeschobener Verantwortung drastisch einschränken.

Bei alledem steht der Solidaritätsgedanke, der dem sozialstaatlichen System zugrunde liegt, nicht in Frage. Es gibt inzwischen ein soziales Bürgerrecht, das unstreitig zu den Gewinnen der Epoche zählt. Doch hat es Übertreibungen hervorgebracht, und gerade die Bewahrung des gültigen Prinzips verlangt einen neuen Gesamtentwurf. Auch das gehört zur Zukunftssicherung. Das Land hat inzwischen einen gewaltigen Reformstau, aber weit und breit ist niemand zu sehen, der die Sache entschlossen anpackte. Alle gefallen sich statt dessen in einer unendlichen Debatte ausschließlich über das, was nicht geht.

Es gibt einen berühmten Buchtitel, der von dem Deutschland zwischen Kaiserzeit und Drittem Reich als der „verspäteten Nation“ spricht und das Unglück des Landes auf sein Herausfallen aus der Zeit zurückführt. Es ist wiederum dabei, sich zu verspäten. Nicht ohne einleuchtende Gründe hat man den offenen Ordnungen eine Tendenz zum Selbstmord nachgesagt, und tatsächlich sieht derjenige, der nur zwei oder drei Generationen zurückblickt, den Wegrand gesäumt mit den Grabsteinen zugrunde gegangener liberaler Gemeinwesen. Was sie ruinierte, war die Unfähigkeit, einen akzeptierten Ausgleich von Verantwortungen, Rechten und Pflichten herzustellen. Statt dessen folgten sie dem Irrglauben, die Freiheit erschöpfe sich darin, zu tun, zu fordern und zu gewähren, was jeder will.

Zu sagen ist aber auch, daß sich in der Geschichte immer wieder die Selbstbehauptungskraft freiheitlicher Ordnungen erwiesen hat. Sie ist in nichts anderem als ihrer Reformfähigkeit begründet. Das ist ein nie endendes Projekt. Die Bereitschaft zum ständigen Wandel hat diesen Ordnungen auch den Erfolg über die Systeme des Sozialismus eingetragen, die an nichts anderem als an ihren eigenen Versteinerungen zugrunde gegangen sind. Aber nun haben sie selber Versteinerungen ausgebildet: Haltungen, die nur noch in Anspruchskategorien zu denken vermögen, nach Entlastungen rufen oder nach öffentlich finanzierter Selbstverwirklichung – und sich unfähig zeigen, eine Erwartung zurückzuschrauben.

Inzwischen gibt es unübersehbare Anzeichen für eine Ahnung davon, wie bedrohlich der Gang der Dinge ist. Auf verschiedenen Feldern werden erste Reformschritte getan. Aber das meiste geschieht schleppend, unter vielen Aufhaltungen, und noch ist nichts über den Ausgang gesagt. Das öffentliche Bewußtsein wird vielmehr vom Geschrei derer beherrscht, die das in besseren Zeiten Erworbene und inzwischen nicht mehr Erhaltbare verzweifelt festzuhalten versuchen. Was darin zum Vorschein kommt, ist eine Blindheit gegenüber der Wirklichkeit, die womöglich die fatalste Schwäche der deutschen Politik in diesem Jahrhundert war. Mit einer nur geringfügigen Zuspitzung läßt sich sagen, daß an eben dieser Weigerung gegenüber der Realität das Kaiserreich, die Weimarer Republik, das Hitlerregime und schließlich die DDR zugrunde gegangen sind. Das Jahr 1945 war insofern auch ein Wirklichkeitssturz, und einige Jahrzehnte lang konnte man glauben, die Deutschen hätten sich dies zur Lehre dienen lassen. Doch wer die derzeitigen Reformbemühungen verfolgt und wie schwer sie sich tun mit dem Widerstand der organisierten Interessen, gewinnt den Eindruck, als sei die Kraft, der Realität gerecht zu werden, wieder einmal erschöpft.

LOTHAR GALL

FRANKFURTS BÜRGERMEISTER DES 18. UND 19. JAHRHUNDERTS UND DIE POLITISCHE KULTUR DER STADT

Neben den drei Hansestädten hat bekanntlich nur Frankfurt am Main die große politische und territoriale Flurbereinigung in Deutschland zu Beginn des 19. Jahrhunderts überlebt. Als „Freie Stadt" trat sie 1815 in den Deutschen Bund ein mit einer inneren Verfassung, der „Konstitutions-Ergänzungs-Akte", die sich sehr bewußt an den Grundsätzen des Überkommenen und einer jahrhundertelangen Entwicklung orientierte. Von daher bestimmte und definierte sich auch die Stellung und Rolle ihrer Bürgermeister, und die Tradition, an die man dabei anknüpfte, erwies sich, trotz aller Umbrüche der Folgezeit, als ein stark prägendes Element durch das ganze 19. Jahrhundert hindurch, ja, wohl weit darüber hinaus, bis hinein in unsere unmittelbare Gegenwart.

Macht und Einfluß wuchsen den Bürgermeistern hier von alters her nicht von oben, sondern von der Bürgerschaft und ihren Repräsentanten zu, die stets sorgfältig darauf achteten, daß die Grenzen des Amtes gewahrt wurden und niemand ein größeres Maß an Unabhängigkeit und Entscheidungsrechten beanspruchte, als es das Herkommen vorsah. Die Bürgermeister bildeten die Spitze des in einem jahrhundertelangen Prozeß herausgebildeten Selbstverwaltungssystems, nicht mehr und nicht weniger. An dessen Beginn stand die Etablierung des Rats, der eigentlichen Stadtregierung, von dem daher zunächst einmal die Rede sein muß, will man verstehen, in welcher Tradition die Bürgermeister der Stadt standen und wie sich von daher ihre Stellung und Haltung auch unter veränderten Umständen noch lange bestimmte.

Seit der Neuregelung der Verfassung durch kaiserliche Kommissionen am Beginn des 18. Jahrhunderts setzte sich der Rat aus dem Stadtschultheißen, den Schöffen, Senatoren und Ratsherren zusammen. Die drei Ratsbänke bestanden aus je 14 Mitgliedern, die einschließlich des Stadtschultheißen auf Lebenszeit gewählt wurden. An der Spitze des Rats standen wiederum die beiden jährlich wechselnden Bürgermeister, wobei die Schöffenbank den Älteren und die Senatorenbank den Jüngeren Bürgermeister stellten. Insgesamt gehörten dem Rat also 43 Mitglieder an, die selbst darüber entschieden, wer beim Ausscheiden eines Mitglieds aus den Reihen der Bürgerschaft kooptiert werden sollte.

Die Bürgermeister bestimmten als primus inter pares und gestützt auf zahlreiche Privilegien zusammen mit den Ratsmitgliedern über die inneren und äußeren Angelegenheiten der Stadt sowie über Krieg und Frieden.[1] Sie schlossen Verträge, die das Gemeinwesen betrafen, empfingen Gesandtschaften, entsandten Vertreter auf Reichs- und Kreistage und verteilten Titel, Würden und Privilegien. Als Obrigkeit beaufsichtigten sie die Verwaltung. Zu diesem Zweck saßen jedem Amt Deputierte aus jeder der drei Ratsbänke vor. Das Recht zur Gesetzgebung und die Gerichtskompetenz lagen allein beim Rat. Zu seinen Aufgaben gehörten nicht nur die Festlegung der wirtschaftlichen Ordnung, die Besteuerung und die Verwaltung des städtischen Eigentums, ihm oblag auch das Recht, Fremde einzubürgern, und die Aufsicht über Sitte und Moral der Bürger. Der Rat regelte ebenfalls als oberster Kirchenherr, als „summus episcopus", die kirchlichen Angelegenheiten der evangelisch-lutherischen Gemeinde und beaufsichtigte zugleich das Schul- und Bildungswesen.

Zugang zum Rat – und damit zur Chance, bei den jährlichen Wahlen zu einem der beiden Bürgermeister gewählt zu werden – hatte, wer als Mann in Frankfurt geboren war und zur lutherischen Gemeinde gehörte. Er mußte über ausreichend Vermögen verfügen, um nicht „blos allein vom Publico zu leben", und er mußte die nicht näher spezifizierte „Qualifikation für ein öffentliches Amt" besitzen. Ferner durfte sich nach der Verwandtschaftsklausel kein enger Verwandter im Rat befinden. Darüber hinaus mußte sich der Kandidat einem komplizierten Wahlverfahren unterwerfen, bei dem sowohl die Wahlherren aus dem Rat als auch die drei von ihnen vorgeschlagenen Kandidaten ausgelost wurden. Dazu kamen ständische Kriterien. Die „ratsfähigen" Handwerker, das heißt die Metzger, Bäcker, Schuhmacher und Schmiede sowie die Kürschner, Gärtner, „Loher" (Gerber) und Fischer hatten ein Privileg auf zwölf Sitze der dritten Ratsbank, die nach einem bestimmten Schlüssel verteilt wurden.[2] Der größte Teil der Handwerker, darunter so bedeutende Massenhandwerke wie die Schneider oder fast alle Bauberufe, war jedoch nicht im Rat repräsentiert. Auch hatten die Mitglieder der Dritten Bank kein Anrecht darauf, einen Bürgermeister zu stellen, weil dies den Senatoren und Schöffen vorbehalten blieb.

Diese beiden Ratsbänke waren am Beginn des 18. Jahrhunderts fest in der Hand der Patrizier. Die Mitglieder der beiden patrizischen Gesellschaften „Alten Limpurg" und „Frauenstein" besaßen seit den Beschlüssen der kaiserlichen Kommission von 1725 und 1732 ein Anrecht auf 20 der 28 Schöffen- und Senatorenstellen. Die restlichen acht Ratsstellen sollten sich die akademisch Gebildeten, vornehmlich Juristen, mit den Kaufleuten teilen, wobei letztere erst vor den Reichshofrat ziehen und „durch einige nachherige Kaiserliche Rescripte anbefohlen" werden mußte, „daß in Zukunft zwischen den Gelehrten und Handelsleuten burgerlicher Seits im Rath eine Gleichheit beobachtet werden solle".[3] Auf der Grundlage der Verfassungsprinzipien bestand innerhalb der Exekutive ein soziales Ungleichgewicht, das vor allem die Patrizier vor den Kaufleuten, Juristen und Handwerkern privilegierte. Bildungsbürger und Handelsbürger stellten nicht einmal zehn Prozent der Ratsmitglieder. Diese Machtverteilung verschob sich im 18. Jahrhundert, und das wirkte sich auch auf den Typus des Frankfurter Bürgermeisters aus.

Der Grund ist vor allem in den neuen Verfassungsbestimmungen zu sehen, die am Beginn des 18. Jahrhunderts eingeführt worden waren. Denn seit dieser Zeit unterlagen die städtischen Ämter einer strikten Einnahmen- und Ausgabenkontrolle durch die bürgerlichen Kollegien. Verschärft wurde das Problem durch die bereits erwähnten Zugangskriterien zum Rat. So mußte der Kandidat die „Qualifikationen" für ein öffentliches Amt, sprich

Reputation, besitzen und sollte ein gewisses Alter erreicht haben. Diese Maßnahmen waren gegen unfähige Patrizier gerichtet, deren Ansehen im 18. Jahrhundert einen Tiefpunkt erreicht hatte. Ihrer Abkoppelung von der Bürgerschaft und dem Streben nach adeliger Lebensführung wurde zunehmend bürgerliches Selbstbewußtsein entgegengesetzt. So verurteilte der Arzt Johann Christian Senckenberg, Gründer der Dr. Senckenbergischen Stiftung, die Nobilitierungspraxis seiner Zeitgenossen: „Reiche Kaufleute lassen sich nobilitieren, blasen die Backen auf und lassen sich gnädige Herren nennen. Haben sonst die Elle geführt, jetzt tragen sie die Feder auf dem Hut, indem sie sie vom Ohr auf den Hut gesteckt haben.“ [4] Demgegenüber betonte er: „Ein ehrlicher Mann ist mehr als aller Adel und Baron. Wenn mich einer zum Baron machte, ich wollte ihn einen Hundsfott oder auch einen Baron selbst schelten. So lieb sind mir alle Titel.“ [5]

Der Rückgang des Einflusses der Patrizier vergrößerte den Spielraum für die bürgerlichen Juristen, die als Teil des Bildungsbürgertums früh mit einer großen und beständig wachsenden Fraktion im Rat vertreten waren. Die Juristen besetzten nach der Jahrhundertmitte zunehmend die oberste Führungsspitze der Stadt und zogen in dieser Beziehung mit den Patriziern nahezu gleich. Demgegenüber stagnierte die Anzahl der wohlhabenden Kaufleute. Doch auch dies änderte sich. Nach einem energisch geführten Kampf um eine Vergrößerung ihrer Repräsentation im Rat profitierten auch die Kaufleute vom Unvermögen der Patrizier, die freiwerdenden Ratsstellen zu besetzen und vergrößerten im Zeitraum von 1760 bis 1806 ihren Anteil im Rat von 14 auf 24 Prozent. „Es sey“, hieß es in einer Beschwerde des Bürgerausschusses der 51er aus dem Jahre 1786, „wahrzunehmen, daß nun bey fünf Rathswahlen der Handels-Stand gänzl. außer Acht gelassen werde. Es werde dahero Löbl. Herren Deputation aufgetragen hierüber mit den Herren Neunern zu Rathe zu gehen und in Gemeinschaft mit denselben die nötige Vorstellung an h. h. Rath zu projectiren und dahier zur Genehmigung vorzulegen.“ [6] Tatsächlich wurden über die vier ihnen nach der Verfassung zustehenden Ratssitze hinaus nunmehr insgesamt zehn von ihnen in den Rat gewählt. Die politische Führungsschicht im Rat zeichnete sich seither durch einen beständigen Aufstieg neuer Familien aus der wirtschaftlichen Oberschicht aus.

Mit einer gewissen Verzögerung erreichte diese Entwicklung dann auch das Amt des jeweils für ein Jahr gewählten Älteren und Jüngeren Bürgermeisters. Bis zur Mitte des 18. Jahrhunderts dominierten Vertreter des Patriziats in diesen Ämtern. Sie stellten mehr Amtsinhaber als Juristen und Kaufleute zusammengenommen. Im Zeitraum zwischen 1700 und 1800 rekrutierten sich aus ihren Reihen mehr als 40 Bürgermeister. Sie entstammten aus einer überschaubaren Anzahl von rund 18 Familien. Aufgrund der Möglichkeit, mehrmals wiedergewählt zu werden, vereinigten die patrizischen Bürgermeister rund 100 der insgesamt 200 Amtsjahre auf sich.

Als Beispiel für einen typischen patrizischen Bürgermeister sei Johann Carl von Kaib genannt, der 1718 als Senator in den Rat gewählt wurde, sechs Jahre später in die Schöffenbank aufstieg und 1731 erstmals das Amt des Älteren Bürgermeisters übernahm. In den Jahren 1736, 1739 und 1742 wurde er erneut in dieses Amt berufen. Der Gesellschaft Alten Limpurg gehörte er bis zu seinem Tode im Jahre 1760 an.

Während das einflußreichere Amt des Älteren Bürgermeisters noch längere Zeit fast vollständig von den Patriziern beherrscht wurde, gelangten beim Jüngeren Bürgermeisteramt relativ frühzeitig und im Gefolge der Verfassungsauseinandersetzungen andere Kräfte ins Amt. Das galt noch vor den Kaufleuten für die Juristen. So wurde bereits 1699 der Licentiat Johann Philipp Orth zum Jüngeren Bürgermeister gewählt, bevor er in den Jahren 1711 und 1715 sogar das Amt des Älteren Bürgermeisters erreichte. Ab der Jahrhundertmitte riß der Zustrom von Juristen in den Rat und in die beiden höchsten Ämter nicht mehr ab. Waren es in den ersten fünf Jahrzehnten des 18. Jahrhunderts gerade neun bürgerliche Juristen gewesen, die dieses städtische Amt ausgeübt hatten, so in der zweiten Hälfte bereits 17. Zusammen vereinigten sie fast 60 Amtsjahre auf sich. Wenn dies auch deutlich weniger Jahre waren als bei den Patriziern und auch wenn sich die Amtsführung auf das Amt des Jüngeren Bürgermeisters konzentrierte und die Wiederwahlen zudem seltener waren als bei den Patriziern, so müssen die bürgerlichen Juristen doch als die zweite und zunehmend stärker werdende Gruppe unter den Bürgermeistern angesehen werden. Im Gegensatz zu den Patriziern kamen diese bürgerlichen Juristen allesamt aus unterschiedlichen Familien. Von regelrechten Bürgermeisterfamilien wie bei den Patriziern kann nicht gesprochen werden. Weiterhin fällt auf, daß bei den Juristen im Rat gerade die beteiligt waren, die sich zuvor in den bürgerlichen Kontrollkollegien engagiert hatten.

Anders verhielt es sich bei Bürgermeistern aus dem Handelsbürgertum. Vor der Jahrhundertmitte fanden gerade vier Kaufleute Eingang ins Bürgermeisteramt. Nach der Jahrhundertmitte stieg ihre Zahl auf immerhin sieben. Zusammengenommen brachten es Handelsbürger auf dem Stuhl des Bürgermeisters jedoch auf nicht mehr als 40 Amtsjahre. Wenn sie sich somit in der quantitativen Repräsentanz in nicht unerheblichem Maße von den Juristen unterschieden, so teilten sie doch zwei wesentliche Merkmale mit dieser Sozialgruppe: Auch sie entstammten ganz verschiedenen Familien – von einer Konzentration der Macht in einigen wenigen Familienverbänden kann auch bei ihnen nicht gesprochen werden –, und fast alle Kaufleute im Bürgermeisteramt entstammten ganz ähnlich wie viele Juristen den bürgerlichen Kollegien.

Mit Ausnahme der Patrizier bildete sich also weder im Rat noch an seiner Spitze so etwas wie der Klüngel in Köln oder die Herrschaft der Großkaufleute in Hamburg oder Bremen heraus. Eher verteilte sich die Macht auf mehrere Sozialgruppen und auf zahlreiche Einzelpersonen. Damit waren der Rat und mit dem Rat auch die Ämter der Bürgermeister offen für Aufsteiger. Innovation verhieß neben dem Aufstieg der Juristen und Handelsbürger aus den Kontrollkollegien auch die Verbindung zur Loge „Einigkeit“. Immerhin waren im letzten Drittel des 18. Jahrhunderts nicht weniger als sechs Bürgermeister auch Mitglied in dieser ersten überständischen Gesellschaft.

Wichtiger noch waren die zahlreichen Kooptationen der Bürgerausschußvertreter, was die Bedeutung dieses Kontrollkollegiums für die politische Kultur der Stadt unterstreicht. Politisches Handeln erfolgte bereits im 18. Jahrhundert in Mechanismen mit geteilten Gewalten.

Jacob Guiollett war der erste Bürgermeister, der sein Amt anderen Strukturen verdankte. Aber die von Dalberg eingeführte Munizipalverfassung mit Munizipalrat, Adjunkten und Mairie beschränkte sich auf eine kurze Episode – genau auf die Jahre zwischen 1810 und 1813. Nicht nur blieben zahlreiche Reformen bereits im Ansatz stecken – neben der Gleichstellung der christlichen Glaubensbekenntnisse und der Gründung der Museumsgesellschaft hatte allenfalls die Niederlegung der Stadtmauern Konsequenzen für die weitere Entwicklung der Stadt. Die Dalbergschen Reformen wurden nach dem Zusammenbruch des Großherzogtums von den Bürgern auch rasch beiseitegeschoben, und an die Stelle des Munizipalsystems trat die „Konstitutions-Ergänzungs-Akte". Mit ihr wurde die Tradition einer kontrollierten obersten Gewalt nicht nur fortgesetzt, sondern sogar noch verstärkt.

Auf den ersten Blick zeigt sich zwar eine ganz ähnliche Verfassungsstruktur wie bei der reichsstädtischen Verfassung. Die politischen Gremien waren ähnlich organisiert. Statt des Rats gab es nun einen Senat mit drei Bänken. Das Amt des Stadtschultheißen war entfallen, weil mit dem Untergang des Alten Reichs auch die oberste Gerichtsbarkeit abgeschafft worden war, und aus den Reihen der Senatoren und Schöffen wurde wie zuvor der Jüngere beziehungsweise Ältere Bürgermeister gewählt. Aber im einzelnen enthielt die neue Verfassung doch einige grundlegende Veränderungen. Es entfiel das Privileg der Patrizier auf eine bestimmte Anzahl von Ratssitzen. Es entfiel auch das Vorrecht der Lutheraner auf die politischen Ämter – Katholiken und Reformierte wurden ihnen gleichgestellt. Schließlich wurde die Beteiligung der Handwerker an der städtischen Exekutive auf alle Handwerkszweige ausgeweitet. Weiterhin hatte sich die Stellung des Senats im Gesamtgeflecht der politischen Gremien verschoben. Standen ihm im Gefolge der Kommissionsbeschlüsse von 1732 Bürgerausschüsse mit klar umrissenen Befugnissen gegenüber, so gingen diese nicht nur auf die Gesetzgebende Versammlung und die Ständige Bürgerrepräsentation über, sondern wurden auch erheblich ausgedehnt. Vor allem die Gesetzgebung und die erforderliche Zustimmung zu faktisch allen größeren Vorhaben bildeten einschneidende Veränderungen, die sich nicht zuletzt auch auf die Amtsführung der Bürgermeister auswirkten.

Die massiven Veränderungen führten auch in der politischen Führungsschicht zu einem beträchtlichen Wandel. Wie tiefgreifend dieser war, zeigt sich auch am Amt des Bürgermeisters. Die sozialen Verschiebungen, die sich bereits im 18. Jahrhundert beobachten lassen, wurden nun gewissermaßen zum Abschluß gebracht. Als erstes war ein dramatischer Rückgang patrizischer Bürgermeister zu verzeichnen. Zwischen 1700 und 1750 wurden noch 24 Patrizier in die beiden höchsten Ämter der Stadt gewählt und zwischen 1750 und 1800 immerhin noch 17. In den fünf Jahrzehnten zwischen 1816 und 1866 waren es jedoch gerade noch vier. Demgegenüber gewannen die Kaufleute nach Zahl und Amtsjahren deutlich an Gewicht: In den genannten Jahren stieg ihre Zahl von neun über 17 auf 22, und in der freistädtischen Zeit besetzten sie mit 32 Amtsjahren immerhin ein Drittel der gesamten Amtszeit. Die zahlreichen Kaufleute hatten sich also nicht umsonst an der Diskussion um die „Konstitutions-Ergänzungs-Akte“ beteiligt. Die Hauptgewinner des langfristigen Trends aber waren die bürgerlichen Juristen, die im gleichen Zeitraum die Zahl ihrer Repräsentanten von neun über 17 auf 21 steigerten und zusammengenommen 50 Jahre im Amt blieben. Insgesamt ergibt sich über die Jahrzehnte vom Beginn des 18. Jahrhunderts bis weit ins 19. hinein, einem allgemeinen Trend folgend, fast eine Umkehrung der ursprünglichen Konstellation.

Parallel dazu vollzogen sich weitere Veränderungen. Als erstes fällt das gewandelte Verhältnis zu den Katholiken und Reformierten auf, das sich 1822 in der Wahl des ersten katholischen Bürgermeisters seit der Reformation niederschlug. Dieser, Georg Friedrich Guaita, stammte zudem aus einer zugewanderten Familie norditalienischer Herkunft. Somit handelte es sich gleichzeitig um den ersten Italiener auf Frankfurts mächtigstem Stuhl. Guaita war bereits im fürstlichen Primatialstaat als Senator in den Rat eingezogen. Er vertrat im Präfekturrat von 1810 bis 1813 die Interessen der Stadt und beteiligte sich nach dem Zusammenbruch des Großherzogtums an den verschiedenen Verfassungskommissionen, wie der Commission der 13er. An dem eingesetzten provisorischen Rat von 1814 war er genauso beteiligt wie am neu geschaffenen Senat von 1816, in dem er erstmals auf die Schöffenbank vorrückte. Im Jahre 1822 wurde er zum Älteren Bürgermeister gewählt und übte dieses Amt auch in den Jahren 1824, 1826, 1831 und von 1833 bis 1836 aus. Guaita engagierte sich auch intensiv im geselligen Leben der Stadt. Er gehörte zu den Mitbegründern des „Casinos“ und war auch mehrmals Direktionsmitglied dieser Gesellschaft. Außerdem beteiligte er sich an der Senckenbergischen Naturforschenden Gesellschaft, gründete den Geschichtsverein und gehörte auch zu den Theater-Aktionären, die sich zwischen 1821 und 1833 für eine Erneuerung des Theaters einsetzten.

Weiterhin fällt in freistädtischer Zeit die ausgeprägte Verbindung zu den anderen politischen Körperschaften auf. Zahlreiche Bürgermeister hatten lange Jahre in der Gesetzgebenden Versammlung oder in der Ständigen Bürgerrepräsentation verbracht. Dies trifft auf 14 der 21 Bürgermeister zu, die über eine juristische Hochschulausbildung verfügten, und auf acht der elf kaufmännischen Bürgermeister. Damit trat in dieser Periode noch deutlicher als in der reichsstädtischen Zeit die enge Verbindung der Bürgermeister zu der gesamten politischen Struktur der städtischen Selbstverwaltung hervor. Weder handelten und wirkten die Frankfurter Bürgermeister als einsame Entscheidungsträger der Verwaltung, noch allein als Mitglieder des Senats, sondern waren von ihrer ganzen Herkunft her fest in das Geflecht der freistädtischen Gremien eingebunden. Diese in Frankfurt besonders stark ausgeprägte Tradition deutete sich bereits im 18. Jahrhundert in der bei den Juristen und Kaufleuten immer stärker werdenden Durchlässigkeit zwischen Bürgerkolleg und Rat an, in dessen Folge Bürgervertreter aus dem Kolleg bis an die Stadtspitze aufstiegen.

Diese Verbindung galt nach 1816 allerdings nicht nur für die politischen Gremien, es traf auch auf die sich rasch ausbreitenden informellen Organisationen der sich erneuernden stadtbürgerlichen Gesellschaft zu. Die Bürgermeister dieser Periode waren eng eingebunden in das Netz der wirtschaftlichen Interessenorganisationen wie beispielsweise die Handelskammer, den erneuerten beziehungsweise neu aufgebauten Kirchenvorständen der verschiedenen konfessionellen Gemeinden, und vor allem waren sie fest in die sich ausbreitende Vereinsbewegung integriert. So gehörte, um nur ein Beispiel zu geben, der Jurist Ferdinand Maximilian Starck, der seine politische Karriere noch in der Präfektur des Großherzogtums begonnen und im Wahlkolleg fortgesetzt hatte, bevor er in den Senat aufstieg und in den Jahren 1819, 1821, 1828, 1834 und 1836 zum Jüngeren bzw. Älteren Bürgermeister gewählt wurde, nicht nur dem „Casino" an, sondern war auch Konsulent des Vaterländischen Frauenvereins, Mitglied des Geschichtsvereins, des Physikalischen Vereins und der Senckenbergischen Naturforschenden Gesellschaft. Auch gehörte er dem Vorstand der lutherischen Gemeinde an.

In einem aber bestand nach wie vor eine große Ähnlichkeit mit den Verhältnissen in der reichsstädtischen Zeit: Selbst die einschneidendsten Veränderungen der Zeit zwischen 1816 und 1866 wurden nicht mit einzelnen Persönlichkeiten, mit einzelnen herausragenden Bürgermeistern in Verbindung gebracht. Dabei fehlte es in jener Zeit nicht an solchen großen, das Gesicht der Stadt entscheidend prägenden Leistungen, die sich bei genauerem Hinsehen durchaus einzelnen Personen zuordnen lassen. Aber sie wurden sozusagen als Leistungen der politischen Führungsgruppe insgesamt verstanden und gewertet. Zu diesen Leistungen zählten nicht nur die Beendigung der Verfassungskrise und die Fortsetzung der Aktivitäten im Bildungs- und Kulturbereich, die Reform des Schulwesens, die Einrichtung der Musterschule und des Philanthropins oder der Aufbau der Bibliothek, sondern auch der Umbau der Stadt, die Umwandlung der Festungsbollwerke in die Wallanlagen und Wallstraßen und der Ausbau des Mainkais zur Promenade. Die befestigte Stadt am Beginn des Jahrhunderts wandelte sich in eine ausgesprochene Gartenstadt mit einem Kranz von Gartenarealen und prächtigen Villen.

Besonders wichtig für die Zukunft Frankfurts wurde vor allem der Eisenbahnbau, und auch hieran waren vier Bürgermeister entscheidend beteiligt; neben dem schon erwähnten Georg Friedrich Guaita Johann Eberhard Christian Thomas, Johann Eduard Ludwig Harnier und der Jurist Eduard Franz Souchay. Insbesondere Souchay setzte sich in den Verhandlungen mit den umliegenden

Staaten neben dem Senatsvertreter und Weinhändler Adam Beil vehement für das neue Verkehrsmittel ein. Vorhaben wie der Eisenbahnbau waren allein in ihren Dimensionen und in ihrer Tragweite zu groß, als daß sie das Werk eines einzelnen hätten sein können. Sie konnten nur gelingen, indem die Bürgermeister als die führenden Repräsentanten des Frankfurter Bürgertums zusammen mit den Bankiers und unter reger Anteilnahme der gesamten Bürgerschaft ihre Realisierung in die Hand nahmen.

Grundlegend neugestaltet wurden Regierung und Verwaltung Frankfurts nach der Besetzung der Stadt durch die Preußen und infolge der Einführung des Gemeindegesetzes von 1867. An die Stelle der Gesetzgebenden Versammlung, der Ständigen Bürgerrepräsentation und des Senats traten die Stadtverordnetenversammlung und der Magistrat. Diese Reform hatte auch eine Änderung im Typus des Bürgermeisters im Gefolge. Das soziale Spektrum der Amtsinhaber verschob sich noch weiter vom Patriziat zum bürgerlichen Juristen und Handelsbürger, und die Erfahrung in und mit den Kollegien wurde noch mehr als bisher schon als entscheidende Bedingung auf dem Weg in das Amt betrachtet.

Befanden sich doch die Bürgermeister jetzt in einer noch größeren Abhängigkeit vom Stadtparlament als die Bürgermeister der Freien Stadt. Hinzu kam der Souveränitätsverlust der Stadt, seines Magistrats und damit auch der Bürgermeister durch die Inkorporierung in den preußischen Staat. Nach der Gemeindeordnung mußte der Oberbürgermeister auf der Grundlage eines Dreiervorschlags der Stadtverordnetenversammlung vom preußischen König bestätigt werden. Insgesamt sah die Gemeindeverfassung einen Dualismus der Macht vor, auf den die Bürgermeister der Stadt Rücksicht nehmen mußten.

Anders als zuvor werden die Epochen der Frankfurter Stadtgeschichte in preußischer Zeit nach ihren Bürgermeistern bezeichnet, unter denen sich so bedeutende Persönlichkeiten wie der spätere preußische Finanzminister Johannes von Miquel und Franz Adickes befanden. Dies lag natürlich vor allem daran, daß die Oberbürgermeister nun für einen sehr viel längeren Zeitraum gewählt wurden, sich also als Persönlichkeiten sehr viel stärker entfalten und einprägen konnten. Die Kontinuität der Amtsführung legte es von daher sehr nahe, das persönliche Element in den Vordergrund zu rücken. Damit war dann allerdings nicht selten eine starke Blickverengung verbunden. So wird dabei nur selten hinreichend gewürdigt, welche engen Grenzen der Arbeit der Oberbürgermeister durch die Stadtverordnetenversammlung gezogen waren.[7] Immer noch nahm das Bürgertum direkt Einfluß auf die Geschicke der Stadt und nutzte das Kommunalparlament als eine der wenigen seiner realen Machtbastionen. Nichts ging letztlich ohne die Stadtverordneten. Erst wenn sie zustimmten, wurde Realität, was für die Kommune an Maßnahmen für notwendig erachtet wurde, und nicht selten scheiterten selbst massiv vorgetragene Wünsche der preußischen Regierung am Veto der Abgeordneten: „Man dürfe nicht dulden, daß sich der Magistrat über die Bürgerschaft erhebe", so hieß es hier, „Diejenigen, die dem Magistrat am wirksamsten den Daumen aufs Auge hielten, seien ihm am liebsten."[8] Selbstbewußt entschied die Versammlung sowohl im Falle Miquels als auch im Fall von Adickes, wer das Amt des Oberbürgermeisters einnehmen sollte.[9] Es gab faktisch keine Möglichkeit für den Magistrat, an der Stadtverordnetenversammlung vorbei zu agieren. Das zeigen die Auseinandersetzungen um die Steuern, um Großinvestitionen wie Kanalisierung, Theater-, Krankenhaus-, Schlachthof-, Brücken- und Straßenbau, um die Wasserversorgung und um das Schulsystem. Auch bei der Initiierung von sozialpolitischen Einrichtungen wie dem Gewerbegericht, dem Wohnungsbau oder einer Arbeitsvermittlungsstelle griffen die Abgeordneten direkt in die Kontroversen um die Lösung der sozialen Frage ein und bewiesen damit hier ihre durchaus progressive und reformfreudige Einstellung zu den großen Problemen der damaligen Gesellschaft. Die Rolle der Oberbürgermeister muß deshalb im Gesamtkontext der städtischen Selbstverwaltungsgremien betrachtet werden. Dabei treten überraschende Kontinuitätslinien zutage.

Der erste Oberbürgermeister der preußischen Zeit, Daniel Heinrich Mumm, wurde 1867 von der ersten liberal-konservativ geprägten Mehrheit der Stadtverordnetenversammlung gewählt. Mumm erkannte die Zeichen der Zeit und initiierte ein großzügiges Zukunftsinvestitionsprogramm. Die beeindruckende Liste von realisierten Projekten umfaßt beispielsweise den Aufbau einer städtischen Kanalisation, die Wasserleitung aus der weiteren Umgebung Frankfurts, zwei neue Brücken über den Main, die Restrukturierung des Schienennetzes sowie den Bau eines Bahnhofs, der für mehr als ein Jahrzehnt der größte in Europa war, ganz zu schweigen vom Palmengarten und der Oper. Trotz dieser insgesamt beeindruckenden Bilanz seiner Tätigkeit wurde ihm die Wiederwahl 1879/80 mit einer Mehrheit von sieben gegen 32 Stimmen verweigert.[10]

Was auf den ersten Blick nicht recht verständlich erscheint, erklärt sich im Blick auf die Stadtverordnetenversammlung. Nicht nur hatte Mumm die sich seit 1868 rasch wandelnden Mehrheitsverhältnisse in diesem Gremium mißachtet, sondern er verkannte auch das Fortwirken der politischen Traditionen der Stadt, die seit dem Beginn des 18. Jahrhunderts gegen alle Tendenzen von Alleinherrschaft der Obrigkeit gerichtet waren. Mumm mied die Sitzungen und beschränkte sich auf den schriftlichen Verkehr mit dem städtischen Parlament. Diese Mißachtung der Stellung der gewählten Bürgervertreter führte in einer Zeit, in der es auf allen Ebenen um die Ausgestaltung und Erweiterung der parlamentarischen Rechte ging, zwangsläufig zu einem schweren Zerwürfnis und damit nahezu unvermeidlich dazu, daß die Versammlung ihm die Wiederwahl versagte.

Im Gegensatz zu Mumm, der aus einer traditionsreichen Kaufmannsfamilie der Stadt kam, stammte sein Nachfolger Johannes Miquel[11] aus einer Arztfamilie, hatte Jura studiert und sich in den Jahren zwischen 1848 und 1854 sozialrevolutionären beziehungsweise radikal-demokratischen Kreisen angeschlossen, die ihn zeitweilig in engen Kontakt zu Karl Marx brachten. Im Jahre 1859 arbeitete er im Nationalverein mit und wurde Mitte der sechziger Jahre ein Anhänger der Genossenschaftskonzepte von Schulze-Delitzsch.

Im Jahre 1865 übernahm er in Osnabrück das Amt des Bürgermeisters, wechselte aber bereits 1869 als Direktor zur Disconto-Gesellschaft und bewarb sich dann, inzwischen auch Reichstagsabgeordneter, im Jahre 1876 in Osnabrück erfolgreich um das Amt des Oberbürgermeisters. Von dort stieg er 1880 zum Oberbürgermeister Frankfurts auf.

Nach den erheblichen Investitionen der „Ära Mumm“ leitete Miquel eine Zeit der „Sparsamkeit und Sammlung“ ein und strebte nach klaren und sicheren Grundsätzen in der Finanzpolitik. Die einzelnen Kassen wurden schärfer beaufsichtigt und eine Reform des Rechnungs- und Steuerwesens eingeführt. Dem Wunsch der Stadtverordnetenversammlung nach Kommunalisierung verschiedener Versorgungsunternehmen trat Miquel deshalb entschieden entgegen und scheute vor dem Wagnis eigener städtischer Betriebe sowohl beim Palmengarten und der Oper als auch bei der Straßenbahn und den Gasgesellschaften zurück.[12] Diese Politik des „Atemschöpfens“ bedeutete zwar das vorläufige Ende der stürmischen Expansionspolitik unter Mumm, aber durchaus nicht unbedingt eine Stagnation auf sämtlichen Gebieten. So wurden ein Schlacht- und Viehhof sowie mehrere Markthallen gebaut und auch der Bau der Wasserleitung fortgesetzt. Als eines der größten Infrastrukturprojekte in der Zeit seiner Amtsführung kann die Mainkanalisation und der Bau eines Hafens im Westen der Stadt angesehen werden.

Trotz zahlreicher Konflikte im einzelnen gelang es Miquel, erfolgreich mit der Stadtverordnetenversammlung zu kooperieren, indem er die Souveränität des Parlaments achtete. Insofern nahm er die Fäden der freistädtischen Konsenspolitik wieder auf. „Gewandt und schmiegsam vermied er die Reibungen mit dem Stadtparlament, die seinen Vorgänger behindert hatten“, so einer der besten Kenner dieser Epoche der Frankfurter Geschichte.[13]

Sein Nachfolger wurde im Jahr 1891 Franz Adickes.[14] Gelernter Jurist wie Mumm und Miquel hatte der 1846 geborene Adickes seine Laufbahn im Jahre 1873 in der Kommunalverwaltung begonnen, als Magistratsmitglied in Dortmund. Er hatte dort vor allem das Armen- und Stiftungswesen der Stadt reorganisiert. Drei Jahre später wurde er Bürgermeister, dann Oberbürgermeister von Altona. Vor den Toren Hamburgs sammelte er Erfahrungen mit großen Infrastrukturprojekten, wozu insbesondere der Hafenbau und die Reorganisation des Eisenbahnnetzes zählten.

Anfangs stand ihm wie schon Miquel der in der Stadt tief verwurzelte Carl Johann Moritz Heußenstamm als Bürgermeister zur Seite. Kurz vor der Jahrhundertwende schied dieser jedoch aus, und an seine Stelle traten erst Adolf Varrentrapp und später Otto Wilhelm Grimm. Mit ihnen kamen Bürgermeister ins Amt, die im Gegensatz zu Heußenstamm den Nationalliberalen nahestanden. Bei der städtischen Elite fand Adickes mit seinen weitsichtigen Plänen nachhaltige Unterstützung. Gerade sie hatten Miquel zuletzt vorgeworfen, zu starr an seiner Konsolidierungspolitik festgehalten zu haben. Vor dem Hintergrund der außerordentlichen Expansion der Stadt, so die Meinung der Führungsschicht, bedürften die Strukturen einer grundlegenden Reorganisation. Dazu gehörte nicht nur die Stadterweiterung, sondern auch eine umfassende Neuorganisation der Verkehrsführung in allen Bereichen, sowohl im Hinblick auf die Flußschiffahrt als auch auf Straße und Schiene. Bedeutendstes Vorhaben der „Ära Adickes" aber wurde das Projekt einer kommunalen Elektrizitätsversorgung, das 1892 zum Bau des ersten Elektrizitätswerkes der Stadt in Bockenheim führte.

Zu den bedeutenden Leistungen auf kulturellem Gebiet gehörte zweifelsohne die Unterstützung des Aufbaus einer Stiftungs-Universität und auf sozialem Gebiet der Kampf gegen die Mietskasernen, die Förderung des gemeinnützigen Wohnungsbaus durch Vergabe von Land in Erbpacht. Vor einer Förderung des Wohnungsbaus in Eigenregie scheute Adickes genauso wie Miquel zurück, obwohl er sich ausführlich mit dem sogenannten Munizipalsozialismus beschäftigt hatte. Aufgrund seiner Erfahrungen in Dortmund vertraute er auf die Selbstheilungsfähigkeit der Gesellschaft, wenn er auch im Gegensatz zu Schulze-Delitzsch oder Raiffeisen in der Staatsintervention ein unverzichtbares Mittel der Sozialpolitik sah.

Im Mittelpunkt seines Wirkens aber stand nicht die Sozialpolitik, sondern die Infrastrukturpolitik. Mit ihrer Hilfe wollte er die aus dem sozialen Umbruch resultierenden Probleme angehen. Dazu gehörte der Bau von zahlreichen Straßen, Brücken, Parkanlagen, eines Netzes von Straßenbahnen oder große Bauprojekte wie das der Festhalle. Als größtes Unternehmen in dieser Hinsicht muß die Erschließung des gesamten Ostens der Stadt und der Bau des Osthafens gelten, bei dem er seine Erfahrungen von Altona nutzen konnte. Bei seiner Infrastrukturpolitik scheute Adickes auch vor Eingriffen ins Bodenrecht nicht zurück und nutzte die Grundstückspolitik als Instrument der Stadtplanung. Am bekanntesten in dieser Hinsicht ist sein von der Reichsgesetzgebung übernommenes Umlegungsgesetz („lex Adickes“). Das führte zu vielfachen Interessenkollisionen zwischen Grundbesitzern, Hauseigentümern und Bauunternehmern auf der einen Seite und der Stadtverordnetenversammlung auf der anderen.[15] Auch bei der Ausdehnung der Stadt in die Region und der Einführung neuer Massenverkehrsmittel oder bei dem fehlgeschlagenen Versuch, die Altstadt mittels umfangreicher Straßendurchbrüche für den Verkehr „aufzuschließen“, Geschäfte anzusiedeln und sie in eine City umzuwandeln, zeigten sich rasch die Grenzen der Autonomie des Oberbürgermeisters. Nicht nur wurden die strategischen Planungen immer wieder durch langwierige Rechtsprozesse mit den Grund- und Hausbesitzern in die Länge gezogen, sondern manchmal verschob sich auch durch Umschwünge des Zeitgeistes ihre ganze Zielsetzung.[16] Die Selbstverwaltungsgremien der Bürgerschaft, neben der Stadtverordnetenversammlung das breit ausgefächerte Vereinswesen, wirkten in derartigen Fällen als notwendiges Korrektiv und sorgten dafür, daß die Planungen sich nicht allzuweit vom Willen des Souveräns der Stadt entfernten.

Wenn die Wissenschaft das Wirken von Adickes mittlerweile auch kritischer betrachtet, so ist dennoch seine große Bedeutung für die Stadt unbestritten. Ohne Zweifel wollte Adickes den Problemen der Zeit Rechnung tragen. Doch dabei setzte ihm das Umfeld, in dem er wirkte, enge Grenzen. Ganz wie Mumm und Miquel mußte auch er auf die entwickelten Selbstverwaltungsstrukturen Rücksicht nehmen. Es waren genau die Strukturen, die in Frankfurt auf eine jahrhundertealte Tradition zurückgingen und in der wilhelminischen Epoche ihren Rückhalt in einem mit weitreichenden Rechten ausgestatteten Kommunalparlament fanden, das sich immer wieder entschieden und erfolgreich gegen ein allzu obrigkeitliches Vorgehen der Verwaltung zu wehren gewußt hatte.

Anmerkungen

1 Einen Überblick über die Privilegien liefert Johann Anton Moritz, Versuch einer Einleitung in die Staatsverfassung der Oberrheinischen Reichsstädte. 2 Bde. Frankfurt am Main 1785/86, Bd. 1, 91ff. und 249ff.

2 Vgl. ebd. 283ff.

3 Ebd. 287.

4 Johann Christian Senckenberg, zit. n. August de Bary, Johann Christian Senckenberg, Frankfurt am Main 1947, 162.

5 Ebd.

6 Vgl. Extractus Protocolli Löbl. Bürgerausschuss vom 23. Martii 1786. IfSG, Einundfünfzigerkolleg, Akten Nr. 4.092.

7 Vgl. jetzt v.a. Karl Maly, Die Macht der Honoratioren. Geschichte der Stadtverordnetenversammlung. Band I, 1867 – 1900. Frankfurt am Main 1992.

8 Ebd. 100. Vgl. a. ebd. 124f.

9 Vgl. ebd. 150 und 279f.

10 Zum Investitionsprogramm vgl. Ralf Roth, Stadt und Bürgertum in Frankfurt am Main 1760 – 1914. Ein besonderer Weg von der ständischen zur modernen Bürgergesellschaft. München 1996, 542ff.

11 Vgl. zu ihm Heinrich Heffter, Johannes Miquel 1828 – 1901, in: Hermann Heimpel u.a. (Hg.), Die großen Deutschen. Bd. 5. Frankfurt/Berlin/Wien 1986, 341 – 352, und v.a. Hans Herzfeld, Johannes von Miquel. Detmold 1938, 39 – 58.

12 Vgl. Herzfeld, Miquel (wie Anm. 11), 520f.

13 Wolfgang Klötzer, Franz Adickes, Frankfurter Oberbürgermeister 1891 – 1912, in: Klaus Schwabe (Hg.), Oberbürgermeister. Boppard 1981, 45.

14 Vgl. zu ihm Klötzer (wie Anm. 13).

15 Jörn R. Köhler, Städtebau und Stadtpolitik im Wilhelminischen Frankfurt. Eine Sozialgeschichte. Frankfurt am Main 1995, 208ff.

16 Vgl. ebd. 265ff.

ALEXANDER GAULAND

DAVID LLOYD GEORGE (1863-1945)

Politik und Macht sind zwei eng verflochtene Begriffe, die zu trennen kaum möglich ist. Politik ist Gestaltung der Lebensgrundlagen eines Volkes nach innen wie nach außen. Zur Gestaltung aber bedarf es der Macht, Entscheidungen herbeizuführen. Zwar ist Politik immer mehr als bloßes Machthaben, doch ohne Macht ist alles nichts, verkommt Politik zur folgenlosen Diskussion. Vor diesem Hintergrund ist die Staatsphilosophie wie die politische Theorie immer wieder der Frage nachgegangen, welche Mittel erlaubt sind, um die zur Gestaltung notwendige Macht zu erhalten und ab welchem Punkt die Bedenkenlosigkeit der Mittel des Machterhalts auch den Zweck ruinieren, ihn moralisch diskreditieren.

In unserem föderativen Staatswesen gilt seit jeher die Regel, daß der Machterhalt in einem Bundesland aufgrund der geringen Wahrnehmungsfähigkeit von Landespolitik nur durch ein „Reiben an Bonn“ möglich ist. Dies ist einfach, wenn die in Bund und Land regierenden Parteien von unterschiedlicher Farbe sind; es ist schwieriger bei gleichfarbenen Regierungen. Franz Josef Strauß und Lothar Späth haben die Kunst der Reibung im eigenen Lager vollendet beherrscht. Für die vier Jahre der ersten CDU-Regierung in Hessen unter Ministerpräsident Walter Wallmann war dieses eine Grundfrage, die aber nur selten thematisiert wurde. Daß Rot-Grün 1991 knapp gewann, hat mehrere Ursachen, zuvörderst wohl den Golfkrieg, der für kurze Zeit einen neuen Pazifismus entstehen ließ. Doch mitursächlich für die Niederlage in Hessen war auch die Tatsache, daß Walter Wallmann zu keiner Zeit und unter keinen Umständen bereit war, die Schwierigkeiten des Bundeskanzlers zu vergrößern. Über politische Freundschaften wird zu Recht viel gewitzelt; die Wallmanns mit Kohl war eine, die diesen Namen auf Wallmanns Seite (und nur das kann ich beurteilen) verdient.

Ein persönliches Erlebnis sei hier angeführt: Als die Koalition in Bonn in der zweiten Legislaturperiode die Steuerreform durch die Auseinandersetzung zwischen Blüm und Strauß um ihre Glaubwürdigkeit zu bringen drohte, mußte auch die Haltung des hessischen Kabinetts festgelegt werden. Die Staatssekretärsrunde, welche die Kabinettssitzung vorbereitete, hatte sich unter meinem Vorsitz auf eine Abstimmung im Bundesrat geeinigt, wie sie viel später nach manchen Volten in Bonn Gesetz wurde, aber zu diesem Zeitpunkt noch nicht der Regierungsvorlage entsprach. Als das hessische Kabinett einen Tag später zusammentrat, nahm der Ministerpräsident unsere Einigung vom Tisch und folgte der Regierungsvorlage. Kurz darauf bestellte er mich zu sich und sagte: „Ich bin nicht hessischer Ministerpräsident geworden, um die Schwierigkeiten Helmut Kohls zu vergrößern."

An dieser Begebenheit wird deutlich, wie Walter Wallmann Politik verstand und machte, weit entfernt von jenem Ziel-Mittel-Konflikt, der in seiner extremsten Ausprägung in dem Satz gipfelt: „Der Zweck heiligt die Mittel." Die naheliegende Möglichkeit einer Profilierung auf Kosten des Parteivorsitzenden und Bundeskanzlers war für ihn keine denkbare Option. Die Macht in Hessen war für ihn kein Wert an sich, sondern ein Baustein im politischen Gefüge der Bundesrepublik, der dazu dienen mußte, die politischen Ziele der Union zu fördern, auch wenn sein eigener Handlungsspielraum sich dabei verringerte.

Ich denke, ich kann Walter Wallmann nicht besser ehren als durch die biographische Skizze eines Mannes, der hierin sein vollkommenes Gegenteil war und der durch die Bedenkenlosigkeit seiner politischen Mittel am Ende auch seinen Zielen geschadet hat – des britischen Kriegspremiers David Lloyd George.

*

Zwei außerordentliche Persönlichkeiten haben England in den beiden Weltkriegen des 20. Jahrhunderts zum Siege geführt. David Lloyd George und Winston Churchill waren einander sehr ähnlich. Beide waren Kämpfernaturen bis zur puren Rauflust. Beide waren Außenseiter im Parteigetriebe ihrer Zeit und Verächter der Orthodoxie. Beide fühlten sich wohl im Kreise von Außenseitern, von Geschäftsleuten oder Pressezaren, die selbst gegen die gesellschaftliche Konvention zu Macht und Einfluß gekommen waren. Der eine – Winston Churchill – starb hochgeehrt und erhielt von der dankbaren Nation ein Staatsbegräbnis. Der andere – David Lloyd George – starb nach 45 Jahren ununterbrochener, rastloser, politischer Arbeit vergessen und geschmäht. Der eine war als Nachfahre des Herzogs von Marlborough durch seine Herkunft für die Politik bestimmt, der andere mußte sich als Sohn eines walisischen Dorfschullehrers in der englischen Klassengesellschaft zu Einfluß und Macht emporarbeiten. Und doch sind diese Unterschiede nicht ursächlich für die so unterschiedliche Wertschätzung beider durch die englische Nation. Churchill starb als Bewahrer der Institutionen, als der Mann, der das Land in der Stunde der Not gerettet hatte.

Lloyd George war für viele trotz seines Sieges über den Kaiser der Zerstörer einer Welt, der seine eigene Partei zerbrochen und den nur Baldwin an der Vernichtung auch der Tories gehindert hatte. Die Bewunderer Lloyd Georges machen für dieses Fehlurteil der Nation die englische Klassengesellschaft, die Aristokratie und die großen konservativen Institutionen des Landes verantwortlich. In ihren Augen wurde der Freund des Volkes, der Verteidiger des „kleinen Mannes“ Opfer einer konservativen Verschwörung. Für sie ist Lloyd George der erste moderne Staatsmann Britanniens, der Überwinder von Parteien und Klassen, der einzige, der früh den Ausweg aus dem Elend des Kapitalismus wies, der Mann, der Keynes und das Deficit spending begriff und damit die Mittel in der Hand hielt, die Massenarbeitslosigkeit zu beseitigen. Sie preisen ihn als den Erfinder des Sozialstaates, der den einfachen Leuten etwas von dem zurückgeben wollte, was ihnen jahrhundertelang vorenthalten worden war, und der eine wahrhaft demokratische und gerechte Gesellschaft bauen wollte.

Dieser Huldigung steht das vernichtende Urteil Lord Keynes' gegenüber, der von ihm sagte: „Lloyd George wurzelt im Nichts.“ Als Lloyd George auf dem Höhepunkt seines Ruhmes stand – kurz nach der Versailler Friedenskonferenz –, wurde ein Kollege gefragt, wie das sei, wenn Lloyd George allein in einem Raum ist?

Die grausame Antwort war: „Wenn Lloyd George allein in einem Raum ist, ist niemand da.“ Opportunismus, Wandelbarkeit der Ansichten war beiden – Churchill wie Lloyd George – eigen. Lloyd George begann als radikaler Demokrat und Pazifist. Er bekämpfte den Burenkrieg und wurde bald darauf zum Anwalt des britischen Empire. Noch 1914 wollte er den Flottenbau zugunsten sozialer Wohltaten begrenzen; wenige Monate später war er der erste, der Deutschland den „Strauchdieb Europas“ nannte und Haß bis zum Sieg predigte. Der Autor des radikalen Budgets, das 1909 den Verfassungskampf mit den Lords auslöste, wurde zum treuen Weggenossen reaktionärer Hochtories. Auch Churchill hat sich vom Konservativen zum Liberalen und wieder zum Konservativen gewandelt und seine politischen Ansichten gewechselt. Doch was man bei dem Nachfahren des Herzogs von Marlborough vergeblich sucht, ist die absolute Ich-Besessenheit, für die alles nur Vorwand ist, die keine Bindung an Kultur und Geschichte kennt und für die es nichts als die Politik gibt.

Für David Lloyd George waren alle Überzeugungen dem einen Ziel untergeordnet, „wie komme ich nach oben und wie bleibe ich dort?“ Er war nicht geprägt vom Gladstoneschen Liberalismus wie ihn Asquith, Haldane oder Grey verkörperten. Lloyd George glaubte an nichts außer sich selbst. 1886 wollte er sich Chamberlains Absage an Home Rule anschließen. Nur eine Zugverspätung ließ ihn die Gründungsversammlung der Liberalen Unionisten verfehlen. Balfours Erziehungsgesetz bereitete ihm sowenig Kopfzerbrechen wie die Schutzzollkampagne Chamberlains. Freihandel, der Kern des liberalen Programms von 1906, war für ihn so entbehrlich wie der soziale Ausgleich, wenn er nicht zu Amt und Würden führte. Als er 1895 hinter dem Rücken seiner Partei aus der Gesetzesvorlage zur Entstaatlichung der walisischen Kirche ein Gesetz zur Selbstverwaltung von Wales machen wollte, bemerkte Asquith sarkastisch: „Petrus war ein Kelte.“

Lloyd George kannte keine Freunde, wenn sie ihm nicht nützlich waren. Er war der erste, der Churchills kühne Dardanellenexpedition gutgeheißen hatte, und er war auch der erste, der sich von Churchill absetzte, als das Unternehmen fehlschlug. „Er hatte keine Freunde, und er verdiente keine“, schrieb der britische Historiker AJP Taylor über ihn. Der Mann, dem er die Grundlagen seines Gesetzes über die britische Krankenversicherung verdankte, verschwand von der politischen Bühne als Steuerinspektor. Der Mann, der ihn zum Premierminister gemacht hatte, wurde beim ersten Fehler mit Spott und Undank entlassen. Asquith, der ihn im Marconi-Skandal gedeckt hatte, wurde drei Jahre später brutal beiseite geschoben. Über einen anderen Mitarbeiter, dem Fehler bei der Aufstellung des Wählerverzeichnisses für die Wahlen von 1918 unterlaufen waren, befand Lloyd George: „Es ist mir gleichgültig, ob man ihn in einem Faß Malvasier-Wein ertränkt; er muß heute Nacht noch ein totes Hühnchen sein." Seine radikalen walisischen Anfänge ließ er hinter sich, als sie seiner weiteren Karriere schädlich wurden. Nachdem Asquith den Kampf mit den Lords um sein radikales Budget gewonnen hatte, trat er in geheime Verhandlungen mit den geschlagenen Konservativen über die Bildung einer Koalitionsregierung ein. Wenige Jahre später verdrängte er Asquith mit Hilfe der Tories als Premierminister und spaltete die Liberale Partei.

Der radikale Gegner der Aristokratie wurde zum Empire-Loyalisten, der Pazifist zum Kriegspremier. Lloyd George verachtete die Institutionen und Traditionen Englands. Als Premierminister richtete er sich ein Küchenkabinett ein, das mehr Macht hatte als die dem Parlament verantwortlichen Minister. Balfour, Curzon und Bonar Law waren für ihn Handlanger, die an der Formulierung der Politik keinen Anteil hatten. Am liebsten regierte er durch ihm genehme Zeitungsmagnaten. Als es eine Zeitung wagte, einen Gegner, der ihn im Parlament der Lüge geziehen hatte, zum Kriegskorrespondenten zu machen, ließ er durch befreundete Geldgeber die Zeitung kaufen und deren Herausgeber entmachten. Die persönliche Diplomatie des Premierministers war für den Fehlschlag der Konferenz von Genua 1922 ebenso verantwortlich wie für die Fehleinschätzung des türkischen Revolutionsführers Mustapha Kemal. In der Chanak-Krise stand England allein, weil Lloyd George die Warnungen des Foreign Office wie seiner Kollegen mißachtet hatte. Seine Neigung zu Alleingängen, zur Gründung einer eigenen Partei und zur Schaffung einer persönlichen Machtbasis prägte sich immer stärker aus. In der „Coupon-Wahl" von 1918 spaltete er die Liberalen, zerstörte den Anhang von Asquith und schuf sich eine eigene, auf schwachem Fundament stehende Partei von sogenannten Koalitionsliberalen. Um dieses Fundament zu verbreitern, vergab Lloyd George Adelstitel an seine Geldgeber und erniedrigte damit das Oberhaus und die Aristokratie.

Immer lauter wurde der Vorwurf, Lloyd George strebe eine Diktatur an. Sichtbaren Ausdruck fand dies in der Einberufung einer Kabinettsitzung in die Stadthalle von Inverness im September 1921, um dem Premierminister eine Fortsetzung seiner Ferien im schottischen Hochland zu ermöglichen. Daß Lloyd George nach seinem Sturz sich nicht nur mit Hitler traf, sondern ihn auch den „George Washington Deutschlands" nannte, wurde nicht nur von seinen Feinden als ein Liebäugeln mit der Diktatur verstanden. Zwar hat Lloyd George die Weltanschauung des Nationalsozialismus nie interessiert, doch instinktiv fühlte er sich zu den Phrasen von der Aufhebung des Gegensatzes zwischen Kapital und Arbeit und der Versöhnung von Nationalismus und Sozialismus hingezogen. Der Mann, der 1918 das Unterhaus in der Debatte um die Enthüllungen des ehemaligen Geheimdienstchefs Maurice schamlos belogen hatte, mußte erleben, daß seine Mischung aus Populismus und Wählertäuschung auf tiefes Mißtrauen bei den traditionellen Parteien stieß. Als 1922 die konservativen Hinterbänkler gegen den Premierminister rebellierten, war dies nicht der Aufstand der Besitzenden – denn gerade die großen Herzöge der konservativen Partei, Balfour, Birkenhead, Curzon und Austen Chamberlain hielten weiter zu Lloyd George –, es war der Aufstand des Anstandes und der demokratischen Instinkte gegen einen Mann, dessen Regierungsstil die britische Demokratie zu zerstören drohte. Lloyd George fiel ins Bodenlose. Einmal von der Macht gefallen, konnte er seine Landsleute nichts mehr glauben machen. Auch wo er recht hatte – wie bei der Beseitigung der Arbeitslosigkeit durch Deficit spending – fanden seine Vorschläge kein Gehör. Die Wahl der Mittel hatte seine Zwecke verdorben.

Lloyd George ist der Begründer des englischen Sozialstaates. Er hat den Krieg gegen Deutschland zum siegreichen Ende geführt und doch die zivile Kontrolle über die Militärs behauptet. Er war in den Verhandlungen von Versailles auf Ausgleich bedacht, setzte die Anerkennung Sowjetrußlands durch und beendete wenigstens zeitweilig den irischen Bürgerkrieg. Man hat es ihm nicht gedankt. Denn Lloyd Georges Regierungsmaxime: „Laß Dir niemals in die Karten schauen" hat seine Leistungen bis zur Unkenntlichkeit verdunkelt. Zu oft hatte er seine Anhänger mit Trompetenschall so lange in eine Richtung geführt, bis sie – zu spät – entdeckten, daß sie am anderen Ende angekommen waren. Der Ausgleich mit Deutschland wurde durch den Schlachtruf: „Hängt den Kaiser und laßt die Deutschen zahlen" eingeleitet. Die sowjetischen Führer wurden als Unberührbare verdammt, bis sie mit Lloyd George ein Handelsabkommen unterzeichnet hatten. Der Frieden mit Irland wurde durch den blutigen Einsatz paramilitärischer Verbände vorbereitet, und während Lloyd George im Unterhaus ausrief: „Wir haben die Mörder an der Kehle gepackt", verhandelte er mit ihnen über das Ende des Mordens. Der britische Historiker AJP Taylor hat über die Wirkung dieses Verhaltens auf die Zeitgenossen das Urteil gefällt: „Die Menschen mögen es nicht, wenn sie hinters Licht geführt werden, selbst nicht für die beste Sache der Welt."

So hatte Lloyd George am Ende alle gegen sich. Die Tories warfen ihm die Freigabe Irlands und die Anerkennung Sowjetrußlands vor, die Sozialisten die englische Intervention im russischen Bürgerkrieg und die Grausamkeiten in Irland. Wenn Lloyd George einen edleren Charakter gehabt hätte und ein weiserer Politiker gewesen wäre, könnte man sein Ende tragisch nennen. So bleibt es die verdiente Tristesse eines zynischen Opportunisten.

ERNST GERHARDT

DAS VERHÄLTNIS DER STADT FRANKFURT AM MAIN ZU DEN CHRISTLICHEN KIRCHEN

Das Verhältnis der Stadt Frankfurt am Main zu den Kirchen gilt als normal, als partnerschaftlich, als von den Prinzipien der Subsidiarität geprägt. Dies entspricht der gesellschaftlichen Situation, auch als Anerkennung der Leistungen der Kirchen für soziale und pädagogische Aufgaben, und ist gleichzeitig Ausdruck von Respekt für ihre hohe kulturelle Bedeutung.

Die Überlassung und die bauliche Unterhaltung der im städtischen Eigentum stehenden wichtigsten Kirchen in der Innenstadt ist das am meisten herausragende Merkmal der Beziehungen zwischen der Stadt und den Kirchen.

Mancher mag sich fragen, weshalb sich die Stadt in solcher Weise – vor allem finanziell – engagiert. Dies hat Konsequenzen beim Bau, Wiederaufbau und der fortlaufenden Unterhaltung von Dom, Liebfrauen, St. Leonhard, St. Katharinen, der Dreikönigskirche, St. Peter, dem Dominikanerkloster, St. Nikolai und Heiliggeist. Es könnte gefragt werden, warum die Stadt die Unterhaltung der Gotteshäuser nicht den Kirchen selbst überläßt. Mancher städtische Amtsträger mag der Versuchung erliegen zu meinen, daß man hier der Kirche aus einer unangemessenen Großzügigkeit heraus überreichlich Geschenke bereite. Nichts dergleichen ist richtig: Weder sind die städtischen Leistungen ein besonderes Privileg, noch sind sie unangemessen. Die Kirchen sind hierbei auch keine Bittsteller.

Vielmehr erklärt sich alles aus der Kirchen- und Rechtsgeschichte der Stadt Frankfurt am Main, vor allem aus den Folgen der Säkularisation in der napoleonischen Zeit und den Enteignungsmaßnahmen gemäß Reichsdeputationshauptschluß aus dem Jahr 1803. Erhebliche Vermögensbestände der Kirchen, der kirchlichen Stifte und Klöster – weitaus mehr, als heute noch sichtbar ist – fielen der Stadt Frankfurt zu. Darunter befanden sich riesengroße Grundstücksflächen, zahlreiche Häuser, Weinberge – sie wurden damals den kirchlichen Eigentümern entzogen.

Die ins Wanken geratenen Rechtsbeziehungen zu den protestantischen Kirchen seit der Reformation und die Enteignung der katholischen Stiftskirchen und Klöster machten in der Folgezeit eine Rechtsbeordnung erforderlich. Dies geschah mit der Dotationsurkunde aus dem Jahre 1830, die bis zum heutigen Tag – von Modifikationen abgesehen – ihre Gültigkeit hat.

Die Kirchen betrachteten damals die Regelungen als nicht ausreichend. Die Vertreter der Stadt galten keineswegs als kirchenfreundlich. Sie ließen sich alle Rechte zäh abringen. Vor allem hielt man sich mit den Leistungen an die katholische Kirche zurück, die sich daraufhin mit einer Beschwerde an den Deutschen Bund wandte. Die Dotationsurkunde von 1830 wurde durch die Dotationsurkunde von 1854 ergänzt.

Wenn damals auch nicht alle Ansprüche der Kirchen berücksichtigt worden waren, so muß aus heutiger Sicht indessen anerkannt werden, daß es nach 1854 keinen wesentlichen Streit mehr über die Rechtswirksamkeit der Dotationsverpflichtungen gab – von mancher Diskussion über die jeweilige Auslegung abgesehen – und die Stadt Frankfurt am Main ihre Leistungsverpflichtung immer korrekt erfüllte. Dies gilt sogar für die nationalsozialistische Zeit. Zwar wurde zwischen 1933 und 1945 staatlicherseits – Land Preußen – mehrmals nachgefragt, weshalb städtische Leistungen für die Kirchen erbracht würden. Aber nach korrekter Beantwortung durch die Stadt und unter Hinweis auf die rechtlichen Grundlagen haben sich die damaligen Machthaber dann offensichtlich mit der Situation abgefunden.

Allerdings sind bis heute die Ansprüche aus den Dotationsverpflichtungen für die ehemaligen kirchlichen Schulen nicht geregelt. Eine Lösung gestaltet sich zweifellos schwierig, weil sich ab 1945 und mit der Gründung des Landes Hessen die schulischen Verhältnisse und deren rechtlichen Grundlagen stark verändert haben. Dies heißt aber nicht, daß kein Regelungsbedarf mehr besteht. Die alten Ansprüche sollten mit der Sicht auf die Zukunft abgewandelt werden in eine Form, die den Kirchen eine Chance gibt, auf einer abgesicherten wirtschaftlichen Basis freie Schulen mit europäischem Rang zu begründen, zu betreiben und zu finanzieren. Freie Schulen, die dem Ruf der Stadt Fankfurt am Main und der Verpflichtung der Kirchen für die qualifizierte Ausbildung der Jugend gemäß sind.

Von dieser Sonderbetrachtung abgesehen, hat sich die Stadt Frankfurt am Main in der Erfüllung ihrer Dotationsverpflichtungen bewährt. Vor allem die Wiederaufbauleistungen nach dem Zweiten Weltkrieg wären ohne diese Rechtsbasis nicht denkbar gewesen. Der Dom St. Bartholomäus und St. Katharinen sowie alle übrigen Dotationskirchen sind ein dokumentarisches Zeugnis dafür. Sie prägen noch immer das Stadtbild in großartiger Weise.

Für Frankfurt und seine Bürger sind die Dotationsleistungen auch ein Beitrag zum kulturellen Wert der Stadt. Die Kirchen konnten auf der ihr abgesicherten Grundlage segensreich wirken. Sie gehören seit Jahrhunderten zur äußeren und inneren Struktur der Stadt. Sie haben das Leben in Frankfurt geistlich und geistig mitgeprägt. Sie konnten sozial und kulturell bürgernah wirken. Sie haben dazu beigetragen, die Menschen unsere Stadt als Heimat erleben zu lassen. Immer haben sie – trotz aller geschichtlichen und gesellschaftlichen Veränderungen – zeitgerecht ihre Dienste den Menschen angeboten. So soll es bleiben!

Es mag auch Ansporn für die Kirchen sein, unabhängig von ihrem eigenen besonderen Auftrag, herausgefordert durch die Leistungen der Stadt, immer von neuem ihren Dienst an den Menschen in Frankfurt zu erfüllen, damit Frankfurt für immer eine christliche Stadt bleibe.

Walter Wallmann vor dem Frankfurter Römer (1977; Foto: WEREK)

Margarethe und Walter Wallmann (1987; Foto: Gerig)

In der Turnhalle der Frankfurter Jüdischen Gemeinde: Wolfram Brück, Walter Wallmann und Ignatz Bubis (1986; Foto: Günther)

Walter Wallmann auf der Baustelle der Alten Oper (1981; Foto: Grosse)

Walter Wallmann überreicht Bundespräsident Carstens eine handbemalte Vase aus Höchster Porzellan (1978; Foto: Joppen)

Hans-Dietrich Genscher und Walter Wallmann beim Opernball (1986; Foto: dpa)

Alfred Grosser und Walter Wallmann bei der Überreichung der Goethe-Plakette der Stadt Frankfurt (1986; Foto: Scheffler)

Walter Wallmann zu Besuch bei Eintracht Frankfurt (1988; Foto: Czech)

Helmut Kohl, Norbert Blüm und Walter Wallmann vor einer CDU-Präsidiumssitzung in Bonn (1986; Foto: AP)

Alfred Dregger applaudiert Walter Wallmann zur Wiederwahl als hessischer CDU-Landesvorsitzender (1986; Foto: dpa)

Ernst Jünger und Walter Wallmann bei der Überreichung des Goethepreises der Stadt Frankfurt (1982; Foto: AP)

Walter Wallmann bei seiner Vereidigung als Bundesumweltminister (1987; Foto: WEREK)

Helmut Kohl und Walter Wallmann (1986; Foto: Simon)

Neujahrsempfang bei Bundespräsident Richard von Weizsäcker und Frau Marianne (1987; Foto: dpa)

Ministerpräsident Walter Wallmann und sein Vorgänger Holger Börner (1987; Foto: AP)

Das Hessische Kabinett mit Ministerpräsident Wallmann (1987; Foto: Simon)

Ministerpräsident Walter Wallmann und sein Stellvertreter Wolfgang Gerhardt (1987; Foto: dpa)

Wolfgang Schäuble und Walter Wallmann (1989, Foto: teutopress)

Petra Roth und Walter Wallmann (1995; Foto: Nahke)

WOLFGANG GERHARDT

MUT STATT MISSMUT

Der Prozeß, in dem wir uns jetzt befinden, der kostet nicht nur Geld. Er wird uns Veränderungen im eigenen Verhalten kosten und einen Wandel im Denken erzwingen. Im Zwang dazu wird aber auch eine große Chance sichtbar, nämlich unsere eigenen verdrängten Versäumnisse und Schieflagen aufzudecken und zu überwinden.

Es sind, ganz verkürzt vier Befunde, die unsere Kräfte lähmen und Energien vergeuden:
- der Mangel an Flexibilität,
- der Hang zum Handeln auf Kosten Dritter,
- die Überbeanspruchung des Staates und
- der Verlust an Wirklichkeitsorientierung.

Wir müssen allmählich nach den großen Veränderungen der letzten Jahre innenpolitisch und außenpolitisch in der neuen Realität ankommen. Es gibt eine zu große Erwartungshaltung an die Politik. Sie schlägt in Verärgerung um, sobald sichtbar wird, daß die großen politischen Veränderungen auch von jedem einzelnen geänderte Verhaltensweisen verlangen. Täglich wird vom Staat erwartet, daß er nahezu alle Probleme – und zwar möglichst umgehend – löst. Viele schieben Verantwortung ab. Eigene Verantwortung wird dagegen weniger selbstkritisch bewertet.

Seit Jahren sind die mächtigsten Gruppen in Verteilungskämpfe verwickelt. So sind auch Wahlkämpfe geführt worden. Wir wissen alle, daß die vielfältigen Ansprüche an die wirtschaftliche Leistungsfähigkeit jetzt an die Grenze der Gefährdung der Substanz geht. Wenn wir jetzt nicht entscheiden, geraten wir politisch und gesellschaftlich in ein Nullsummenspiel.

Freiheitliche Gesellschaften müssen auch zu Anstrengungen fähig sein, die jenseits von materiellen Anreizen liegen. Welche Energien sie freisetzen und ob es ihnen gelingen kann, an die Stelle demotivierender und lähmender Perspektiven auch motivierende Problemlösungskompetenzen zu setzen, wird ganz entscheidend für ihre demokratische Zukunft sein. Es werden nur die Gesellschaften am Ende erfolgreich sein, die den Wandel kompetent bewältigen.

Wir sollten klar öffentlich sagen, was unumgänglich ist, was viele wissen und andere verdrängen. Wir stehen im weltweiten Wettbewerb. Wir organisieren soziale Sicherungssysteme. Wir organisieren Infrastruktur. Wir erheben Steuern und entscheiden damit, ob das mobile Kapital kommt oder geht. Das Ende des Ost-West-Konflikts und die Globalisierung der Märkte haben den Wettbewerbsdruck in den Hochlohnländern verstärkt. Die Folgen spüren wir in Deutschland. Arbeit ist weltweit handelbar geworden. Wo sich der Verlust an geographischen Schutzzöllen nicht in Löhnen niederschlägt, gibt es Arbeitslosigkeit.

Beschäftigungsrückgang und demokratische Entwicklung haben unsere lohnbezogenen Sozialversicherungssysteme vor eine immer größere Zerreißprobe gestellt. Kein Rentensystem der Welt wird es verkraften, daß die Lebenserwartung steigt und das Renteneintrittsalter sinkt.

Die soziale Sicherung ist eine Sondersteuer auf Arbeit geworden. Arbeitslosengeld, Arbeitslosenhilfe, Lohnfortzahlung und Sozialhilfe definieren ein Mindesteinkommen ohne Arbeit. In unserem Gesundheitswesen hat beitragssteigernde Selbstbedienungsmentalität von Versicherten und Dienstleistern eine Explosion der Kosten herbeigeführt. Darauf ist überwiegend defensiv reagiert worden, mit noch mehr Regulierung, mit noch mehr Umverteilung. Mit einem ständigen Reparaturservice an verkrusteten und ineffizienten Systemen. Immer mehr Wohltaten, im Gegenzug dazu immer mehr Abzüge, als Kompensation dafür mehr Lohn, als Konsequenz Arbeitskosten, die schneller steigen als die Produktivität, am Ende Arbeitslosigkeit. Und die Arbeitslosigkeit verfestigt sich, je starrer und betriebsferner die Ordnung des Arbeitsmarktes ist.

Wer Arbeitsplätze schaffen will, wer eine wirkliche Umkehr der Kostenentwicklung in Deutschland haben will, der muß mehr Freiraum für Flexibilität und Eigenverantwortung schaffen. Die soziale Begleitung von Problemen kann am Ende nie die Lösung sein. Für Ludwig Erhard war Marktwirtschaft keineswegs um so sozialer, je mehr Umverteilungsträume erfüllt werden konnten. Die Rahmenordnung einer Marktwirtschaft, die im übrigen wirtschaftliche Macht begrenzt, sorgt dafür, daß eigennütziges wirtschaftliches Handeln nicht in Widerspruch zu sozialen Zwecken und der Freiheit anderer gerät.

Die freiheitliche Ordnungspolitik der Marktwirtschaft ist der einzige Weg, die Produktion an Verbraucherwünschen auszurichten. Über die Preise lenkt sie knappe Ressourcen und erfüllt ökologische Zwecke, verhindert also Verschwendung, schafft Anreize für Leistung und belohnt den wahren Unternehmer im „Wettbewerb als Entdeckungsverfahren". Sie kann sozial sein, wenn sie effizient ist.

Unsere Sozialpolitik verstößt gegen diese Erkenntnis. Sie wurde subsidiär zur Marktwirtschaft organisiert, sie hat sich zum dominierenden Faktor in der falschen Ethisierung zur Sicherheit entwickelt und ist zu einer Barriere gegen Beschäftigung geworden.

Das Spar- und Beschäftigungspaket ist nur ein erster Schritt zu Veränderungen. Es zielt auf die Beseitigung der Arbeitslosigkeit. Sie ist die größte Verteilungsungerechtigkeit. Sie kann nur behoben werden, wenn die dauernde Mißachtung von Grundsätzen beendet und kurzatmiges Denken, das die Folgen eigenen Tuns ausblendet, beseitigt werden.

Die OECD hat Deutschland zu einem konsequenten Spar- und Reformkurs geraten. Nur eine unverwässerte Reformpolitik kann nach Meinung der OECD dazu beitragen, daß die Wirtschaft wieder wächst, die Zahl der Arbeitslosen abgebaut und die Stabilisierungskriterien für die Wirtschafts- und Währungsunion erfüllt werden. Sie erfordert:

– Flexibilisierung auf dem Arbeitsmarkt und Deregulierung
– weitergehende Einschränkung der Lohnfortzahlung
– Anreize zur Arbeitsaufnahme
– wegen Veränderungen keinen Kündigungsschutz
– sofortige Abschaffung der Frühverrentung in der heutigen Form
– praxisorientierte Bildungsreform
– Steuerreform.

Grundlegende Reformen sind aber nicht nur deswegen unumgänglich, weil Globalisierung und beschleunigter technologischer Wandel zu Reformen zwingen. Wir Deutschen müssen Reformen auch aktiv wollen, damit der Mittelstand weiterhin seine Rolle für demokratische Stabilität und für Arbeitsplätze, für Kultur und die ethischen Grundlagen unserer Nation spielen kann.

Auf dem Weg in die Arbeitswelt der Informationsgesellschaft werden Tugenden wie Selbständigkeit, Risikobereitschaft und Verantwortungsbewußtsein immer wichtiger, und das nicht nur bei den Unternehmen selbst: Mittelstand und Selbständigkeit gewissermaßen als Charaktereigenschaften bzw. Lebenshaltung müssen auch konkreter Ausdruck von Teilhabe der leistungsbereiten Mitarbeiter sein, noch stärker als bisher in mittelständischen Betrieben, aber selbstverständlich auch bei den in dieser Frage oft noch etwas rückständigen Großunternehmen.

Diese neue Wagniskultur gehörte auch zum Menschenbild der Gründerväter der Marktwirtschaft in Deutschland. So war z. B. für Ludwig Erhard die Beteiligung breiter Schichten der Bürger am Produktivkapital ein notwendiges Element einer dauerhaft stabilen Marktwirtschaft, für die Bürger sich engagieren. Zu diesen Elementen gehören aber auch eine Fülle anderer ordnungspolitischer Rahmenbedingungen, die seit der deutschen Einheit an Gewicht gewonnen haben. Die Tarifpartner tragen auch große Verantwortung für die Beschäftigungsentwicklung in unserem Land. Im Ergebnis hat der bisher gewohnte Gang von Tarifverhandlungen die Kluft zwischen Arbeitsplatzbesitzern und Arbeitssuchenden vergrößert. Eine Tarifpolitik, die Arbeitsplätze aus dem Land treibt und zum Ausgleich nach Beschäftigungsgarantien, nach neuen Subventionen und nach Arbeitsbeschaffungsmaßnahmen ruft, überlebt sich selbst.

Das deutsche System der Lohnfindung wird trotz seiner unbestreitbaren Verdienste nicht nur von der Freien Demokratischen Partei zunehmend in Frage gestellt. Arbeitgeberverbände und Gewerkschaften müssen sich etwas einfallen lassen, um ihre Mitgliederverluste zu korrigieren. Es geht nicht nur um Lohnstückkosten, Arbeitskosten oder Produktivität. Die Dominanz des Flächentarifvertrages mit der Tarifführerschaft gut verdienender

Branchen und der Dominanz von Großunternehmen in den Verbänden trägt nicht mehr.

Die auf Branchenebene ausgehandelten Tariflöhne haben ihre ursprüngliche Rolle als Mindestlöhne verloren. Die weitverbreitete Orientierung der Tariflohnerhöhungen an Pilotabschlüssen behindert die Differenzierung nach Regionen, Branchen und Qualifikationen. Verbandstarifverträge haben zu viele Einzelheiten geregelt und betriebliche Flexibilität verhindert.

Angesichts massiver Wettbewerbs- und Beschäftigungsprobleme brauchen wir eine moderate, flexible und betriebsnähere Lohnpolitik. Den Betrieben muß ein flexibles Reagieren auf wirtschaftliche Probleme und auf wirtschaftliche Lagen ermöglicht werden.

Öffnungsklauseln muß es geben. Sie bedeuten, daß Unternehmensleitung und Betriebsrat tarifliche Regelungen ergänzen oder abändern können. Optionen könnte es geben. Das bedeutet, daß zwischen mehreren Alternativen auf Betriebsebene ausgesucht werden könnte. Rahmenregelungen müssen Rahmenregelungen sein. Grundsätze, Spannen- und Reichweite reichen aus. Systemreformen der Flächentarife sind jetzt an der Zeit. Das Tarifkartell muß sich renovieren. Es trägt Verantwortung für Beschäftigung.

Neben der Steuerreform ist diese Reform bedeutsam für die Zukunft der Arbeit in Deutschland. Wer sie leugnet, der verschließt die Augen vor der „Insider“-Tendenz der Lohnfindung in den Betrieben. Wichtig sind jetzt Veränderungen, vor allem für die Zukunftschancen der Betriebe im ostdeutschen Strukturwandel und für mittlere und kleinere Betriebe in strukturell nicht besonders begünstigten Regionen.

Kapital ist weltweit mobil, und wirtschaftliche Aktivitäten konzentrieren sich dort, wo sie die besten Investitionsbedingungen finden. Wo die Steuerlast mäßig und berechenbar ist und – so einfach es klingt – wo die Menschen auch die Früchte ihrer Arbeit ernten können, dort läßt es sich nieder. Das war schon vor über 200 Jahren eine Kernbotschaft von Adam Smith – Wohlstand der Nationen.

Wir propagieren keine Steuersenkungen, um Unternehmen einen Gefallen zu tun. Wir propagieren Steuersenkungen, damit Unternehmen wieder für Arbeitsplätze investieren können, und wir vertreten Steuersenkungen, um Investoren zu veranlassen, in Deutschland zu investieren. Wir sind für Steuersenkungen, um Arbeitsplätze in Deutschland zu schaffen.

Einem Kapitalanleger kann es letztlich gleichgültig sein, ob sich die Standortqualität in Deutschland verschlechtert. Er kann sein Geld auch anderswo investieren. Einem Arbeitnehmer kann dies nicht gleichgültig sein. Er sucht und braucht in der Bundesrepublik Deutschland einen Arbeitsplatz.

Die Steuerlast zu senken, den Solidaritätszuschlag abzubauen, die Unternehmenssteuerlast zu verringern, steuerliche Rahmenbedingungen für Arbeitsplätze in privaten Haushalten zu schaffen und ein frühzeitiger Beginn der Reformen der Lohn- und Einkommensteuer in einer großen Tarifreform, das sind Vorhaben für Beschäftigung.

Ob wir von Innovationskrise, von Kostenkrise oder Beschäftigungskrise sprechen, dem umfassenden Daseinsvorsorgestaat ist die Puste ausgegangen. Die vielen Sozialaufgaben des Staates sind kaum noch zu bezahlen. Nicht nur in Deutschland, in vielen anderen europäischen Nachbarländern gibt es die Notwendigkeit zu einer neuen Bestimmung des Verhältnisses zwischen Staat und Privat. Die sozialistische Regierung Portugals, seit 1995 an der Macht, betreibt eine nicht weniger rigide Sparpolitik als der erst in diesem Mai gewählte konservative spanische Ministerpräsident Aznar.

In den siebziger Jahren galt Schweden als Modell für einen erfolgreichen Sozialstaat. Heute haben schwedische Arbeitnehmer drastische Kürzungen des Kranken-, Arbeitslosen- und Mutterschaftsgeldes hinter sich. Urlaubstage wurden gekürzt, und bei Stipendien, Renten und Wohnungssubventionen wurden Abstriche vorgenommen. Der Blick auf andere Länder könnte helfen, die Dimension des Wandels in Deutschland besser einzuschätzen. Vor allem könnte er deutlich machen, warum er unerläßlich ist. Denn es geht um mehr Beschäftigung und um Bewältigung des Wandels der Arbeit und damit auch um Zukunftschancen.

Mit der Verbesserung der Wettbewerbsfähigkeit verbinden sich in ganz Europa die Hoffnungen vieler EU-Länder, mit insgesamt

20 Millionen Arbeitlosen. Es ist deshalb nicht gerechtfertigt, angesichts eines hohen deutschen Sozialbudgets von gut einem Drittel der Staatsausgaben vom Ende des Sozialstaats zu sprechen. Manche überhöhte Schuldzuweisung relativiert sich beim Blick auf die Nachbarn. Weiterhin nahezu jede dritte Mark des Sozialprodukts für Soziales auszugeben, das zeigt die große Kraft dieses Landes. Der Sozialetat bleibt der größte Ausgabenposten im Bundeshaushalt. Die sozialen Sicherungssysteme dort zurückzuschneiden, wo sie sich als Barrieren gegen Beschäftigung entwickelt haben, das ist die logische und notwendige politische Aufgabe. Die Soziallastquote sinkt um 0,4 %. Der Sozialetat bleibt im Bundeshaushalt mit 122 Milliarden DM der mit Abstand größte Ausgabenposten. Er sinkt gegenüber 1996 lediglich um 2,5 Milliarden DM. Das sind gerade mal 2 %. Noch immer werden in Deutschland über 37 verschiedene Anlaufstellen für 153 Sozialleistungen pro Kopf der Bevölkerung angeboten.

Deutschland kann sein relatives und absolutes Wohlstandsniveau nur halten, wenn es ihm gelingt, auch in Zukunft zur Weltspitze zu zählen, und dies bedeutet, modernste Technik in Produkte und Produktionsverfahren umzusetzen, moderne Dienstleistungen zu erbringen und zur Produktinnovation fähig zu sein.

Es geht nicht nur um Lohnnebenkosten und die Erfüllung der Maastricht-Kriterien, sondern es geht um einen Anpassungsprozeß, um die Fähigkeit zu technischen Höchstleistungen gegenüber vielen Modellen der Verteilung von Arbeit und des sozialen Transfers.

Wenn wir nicht hinter neue Wettbewerber zurückfallen wollen, müssen wir für den Strukturwandel offener sein als bisher, wir müssen einiges abbauen, was zu Lasten von Innovation und Investition geht, und wir müssen deutlich zwischen Branchen mit und ohne Zukunftsperspektive unterscheiden.

In Deutschland gehen Pioniergewinne durch bürokratische Verfahren zu oft verloren, das Konglomerat von Vorschriften lähmt, strukturerhaltende Subventionen in der Gegenwart behindern die Vorbereitung auf die Zukunft.

Privatisierungspotentiale gilt es auszuschöpfen. Entsorgung, Vermessung, Planung, Bau, Wohnungs- und Grundstücksverwaltung, Flughafenbeteiligungen, vieles ist privatisierbar. Mehr als 50% der kommunalen Dienstleistungen, mindestens noch 200 Bundesbeteiligungen und das große Beteiligungspotential der Länder.

Die F.D.P. hat nicht die Illusion, daß Deregulierung und Privatisierung und ein schlanker Staat schnelle Besserung bringen, aber wir wissen, daß sie begünstigend wirken für neue Kräfte und für Zukunftsorientierung. Es gibt deshalb keine Alternative: Steine müssen aus dem Weg geräumt werden, Forschung, Entwicklung und Qualifizierung von Menschen sind unsere einzige Chance. Die Bewältigung des strukturellen Wandels wird abhängig sein von der Fähigkeit, Forschungs- und Entwicklungspotentiale aufzubauen, technologische Veränderungen einzuleiten, Grundlagenforschung in großer Breite und mit Bewußtsein für Risiko durchzuhalten und Infrastrukturmaßnahmen bei anwendungsbezogener Forschung und Entwicklung vorzubereiten. Die Politik muß darauf verzichten, wissenschaftliche Neugier zu begrenzen, Forschung in gut und böse einzuteilen, Forschungs- und Entwicklungsmaßnahmen zu untersagen oder mit landesrechtlichen Genehmigungsverfahren zu gängeln.

Das nationale Innovationssystem muß die wissenschaftlichen Stärken besser als bisher mit den technischen Innovationen verknüpfen. Forschungsintensive Industrien fördern die Expansion innovativer, unternehmensorientierter Dienstleistungen. Ein durch moderne Technologien produktiver Industriesektor schafft Voraussetzungen für Beschäftigung auch in neuen Dienstleistungsfeldern. In diesen forschungsintensiven Branchen bündelt sich nicht nur die Chance für Beschäftigung. Hier wächst ein erheblicher Teil der Problemlösungskompetenz einer Gesellschaft, und dies nicht nur auf wissenschaftlich-technischem Gebiet.

Dazu gilt es, die Überregulierung, die Unterfinanzierung und die Unausgewogenheit des Hochschulsystems zu beenden. Die Berufsschule muß wieder stärker zu einem Partner von Betrieben gemacht werden, die Überfrachtung der Ausbildungsrahmenpläne muß beendet und die Vielfalt im Schulsystem mit vertretbarer pädagogischer Leistungsfeststellung in den Ländern praktiziert werden. Die junge Generation wird heute nicht ausreichend beraten. Die Angebote sind nicht überzeugend strukturiert und der Ernstfall ist zu spät geplant. Viele Strukturen sind bei gewachsenen Apparaten, verfestigtem Dienstrecht und mentalen Vorbehalten versteinert, wie Bundespräsident Roman Herzog kürzlich festgestellt hat.

Wir sind nicht allein auf der Welt. Es gibt nicht nur deutsche Branchen und deutsche Befindlichkeiten und deutsche Themen. Es gibt europäische Reibungsverluste, es gibt die mühsame Suche nach europäischen Schnittmengen, deren Hauptthemen zwar Geldtransfer und Warenhandel sind. Die viel größeren Themen sind aber die des psychologischen und politischen Denkens aus großen geschichtlichen Tiefen.

Nicht, daß Nationalstaaten trotz beachtlicher politischer Integrationserfolge ihre Rechte behaupten. Es kehrt auch manches wieder, was bisher von uns abgeschieden worden war. Nach Jahrzehnten einer fatalen Unterschätzung trifft uns die atemberaubende Geschwindigkeit, mit der sich nationale Bewegungen ausbreiten, wie ein Kulturschock. Neue Unverträglichkeit bildet sich heraus und verlangt nach Problemlösungskompetenz europäischer Institutionen.

Eine Generation, die die nationalsozialistische und die stalinistische Diktatur nicht erlebt hat und die sich militärisch kaum bedroht fühlt, neigt dazu, Europa als ein Ärgernis anzusehen, und eine ältere Generation, die zwei Hyperinflationen erlebt hat, neigt dazu, Bedenken gegen eine einheitliche europäische Währung stärker zu betonen.

Deutschland wird seine Rolle nur international stabil finden, wenn es europäisch eingebettet ist und bleibt. Seine geographische Lage und seine Geschichte lassen ihm dazu keine Alternative. Für die Wirtschaft und für die Beschäftigung in Deutschland liegt die Beseitigung von Hemmnissen in unserem Interesse. Der freie Verkehr von Waren, Dienstleistungen und Kapital ist zu unserem Nutzen und sichert bei uns Arbeitsplätze. Die europäische Union ist für uns und für Beschäftigung in Deutschland ein riesengroßer Markt.

Mit einer einheitlichen Währung geben wir die vermeintliche psychologische Dominanz deutscher Geldpolitik auf, während unsere Nachbarn daran gehindert werden, Weichwährungspolitik zu unseren Lasten zu machen.

Die Währungsunion verlangt von allen Mitgliedstaaten den Abbau struktureller Defizite. Sie verlangt von allen Mitgliedstaaten Haushaltskonsolidierung und Rückführung der Staatsverschuldung, und sie verlangt von allen Mitgliedstaaten Reformen der sozialen Sicherungssysteme und den Abbau von hohen Steuer- und Abgabenlasten.

Wenn man sich heute Westeuropa ansieht, dann weiß man, daß die Nationalstaaten auf manchen Ebenen überholt sind, nicht nur wegen der Wirtschaftsräume, sondern auch in Fragen der Verteidigung, der Verbrechensbekämpfung und bei den Verkehrs- und Kommunikationsnetzen ohnehin. Grenzüberschreitende Umweltprobleme haben heute hinsichtlich des Einsatzes der Kernkraft für manche Länder ein Bedrohungspotential bei Schrottreaktoren, wie das früher Kriege hatten.

Wir müssen mit der langen Geschichte der Nationen, ihren Sprachen und ihren Staaten rechnen. Wir müssen die Grenzen durch Austausch von Gedanken, von Personen und Gütern immer weniger beschränken und einen Prozeß fördern, der Platz für europäische Dimensionen und für zukünftige europäische Entscheidungen macht. Europa ist ein Teil eines unvollendeten und mit vielen Rückschlägen versehenen Werkes. Aber Kritik und Einwände sollten eines berücksichtigen: Es hat uns die längste Friedensperiode in diesem Jahrhundert gebracht, und das ist das Wichtigste. Es hat unsere Freiheit gesichert, und das ist bedeutsamer als Ärger über manche Brüsseler bürokratische Entscheidung. Und es hat uns in eine internationaler werdenden Welt eingebunden, und das ist besser als Abschottung.

ALFRED GROSSER

DIE FRAGE NACH DEN IDENTITÄTEN

Wer schreibt hier für wen? Die Frage ist kein Vorspann zum Thema. Sie betrifft das Thema selbst. Dieses ist nicht neu.

„Wer sagt Ihr, daß ich sei?", heißt es in den Evangelien. Aber selten hat die Befragung über die Identitäten eine so zentrale Bedeutung im politischen und gesellschaftlichen Leben eingenommen. Sei es nur, weil nur wenige gewillt sind, die schlichte Realität wahrzunehmen: Jeder von uns hat viele Identitäten oder hat eine mannigfaltige Identität.

Ich bin Mann und nicht Frau, was mir in der französischen wie in der deutschen Gesellschaft noch manche unverdienten Vorteile gibt – weniger als vor einigen Jahrzehnten, aber immerhin . . . Ich war Professor, also Beamter, was mir mehr Ähnlichkeit mit einem italienischen, deutschen, britische Beamten verschafft als mit einem französischen Arbeitslosen, der seinerseits dem deutschen, italienischen, britischen Arbeitslosen in seiner gesellschaftlichen Existenz näher steht als einem Franzosen, einem Landsmann, der nicht arbeitslos werden kann.

Ich bin Pariser, d.h. daß der französische Staat mir für meine privaten kulturellen Freuden zehnmal mehr Zuschuß gibt, wie wenn ich in der Provinz wohnte. Ich bin alt, d.h. daß jüngere Menschen weitgehend mein Ruhestandsgeld erarbeiten. Das bedrückt mich nicht allzusehr, weil ich vier Söhne habe, die da mitarbeiten, aber meine kinderlosen Kollegen sollten sich Fragen stellen! Ich bin Franzose, was etwas anderes bedeutet, als Deutscher zu sein: Frankreich hat keine „völkische" Auffassung der Nation. Ich bin ein Franzose deutscher Herkunft. Wenn der Bundesinnenminister beschließt, sogar die in Deutschland geborenen türkische junge Leute bräuchten eine Aufenthaltsgenehmigung, so muß das in

Frankreich umständlich erklärt werden, trotz neuer französischer Ausländergesetze, denn diese Türken wären in Frankreich schon längst, d.h. seit dem Alter von 16, normale französische Staatsbürger.

Mein Beitrag ist Walter Wallmann gewidmet. Was ist seine Identität, welche sind seine Identitäten? Er ist zunächst ein 1932 geborener Deutscher. Eine einfache Feststellung? Keineswegs. Der französische Philosoph Emmanuel Levinas hat einmal geschrieben, die Identität sollte nicht durch den Finger, der auf einen zeigt, definiert werden. Aber oft hat dieser Finger eine große Bedeutung. Anfang 1994 habe ich an der Universität Singapur unterrichtet. Daneben habe ich auch mit den Primanern des deutschen Gymnasiums diskutiert. Eine Siebzehnjährige sagte mir, mit einiger Bitterkeit: „Wenn ich eine Tochter haben werde und die siebzehn wird, darf sie dann keinen Argwohn und keine Anklage im Blick ihres Gesprächspartners mehr antreffen, wenn sie sagt, sie sei Deutsche?" Das ist der Finger, der im Fall der Deutschen heute viel kleiner ist, als viele Deutschen es oft glauben, weil sie den deutschen Lieblingssport betreiben, nämlich Selbstbemitleidung! Aber es gibt den Finger noch, so daß ich weiterhin, wie seit dreißig Jahren, eine Antwort aus Amerika erwarten darf. Ich hatte den heiligen Tempel der Quantifikation in den Sozialwissenschaften, nämlich Michigan State University in Ann Arbor, besucht. Alles ließe sich quantifizieren, wurde mir gesagt. Ich fragte: „Wie messen sie die Machtverminderung, die der Bundesrepublik daraus entsteht, daß es Hitler in ihrer Vergangenheit gegeben hat?"

Walter Wallmann ist 1932 geboren und nicht 1918. Letzteres Datum ist nicht zufällig gewählt. Es ist das Geburtsjahr von Helmut Schmidt. Dieser hat 1986 in seiner schönen Abschiedsrede im Bundestag klar geschildert, was die Schizophrenie junger Offiziere, wie er es war, gewesen war, als sie tagsüber für Hitler kämpften und abends sich nach seiner Niederlage sehnten. Wie dumm waren doch die Vorwürfe an Helmut Kohl, als er auf die „Gnade der späten Geburt" hindeutete! Wenn man 1945 wie der Kanzler 15, wie Wallmann 13 gewesen war, dann ist einem jede Selbstkritik erspart. Das soll nicht heißen, daß man keine Verpflichtungen verspürt, an keine Haftung glaubt, die Last der Vergangenheit ohne weiteres abschütteln will. Gerade Walter Wallmann hat dies, insbesonders als Frankfurter Oberbürgermeister, nie getan. Ein solches Amt verleiht übrigens nicht jedem, der es ausübt, dieselbe Identität: Als es die harte Auseinandersetzung um den Börne-Platz gab, durfte ich behaupten, daß es nie zu solcher Zuspitzung gekommen wäre, wenn Walter Wallmann noch im Rathaus gesessen hätte.

Andere Identitäten deuten auf gesellschaftliche Zugehörigkeiten, ohne dabei notwendigerweise Wesentliches auszusagen. Walter Wallmann wurde als Jurist ausgebildet und wurde Richter. Juristen können trockene Menschen sein, die an feste Kategorien glauben und z.B. nicht verstehen können, daß die Europäische Union zugleich weniger ist als eine Konföderation und schon mehr als eine Föderation: Sie hat noch keine einheitliche Außen- und Verteidigungspolitik, und zugleich gibt es mehr gemeinsame Gesetze, Regelungen, Verpflichtungen, Verquickungen, als es mancher Bundesstaat zulassen würde. Europäer sein wie Wallmann bedeutet zu verstehen, daß die Gemeinschaft etwas Niedagewesenes, daß sie sui generis ist. Richter in Deutschland zwischen 1933 und 1945, in Frankreich zwischen 1940 und 1944, in der DDR bis 1989, das waren Menschen, die auch unmenschliche Gesetze als positives Recht auslegten. Weiß jeder Richter in der Bundesrepublik, welch Glück er hat, sich auf Gesetze beziehen zu dürfen, deren Konformität mit den Grundrechten und -freiheiten vom Bundesverfassungsgericht überprüft werden?

Walter Wallmann hat in seiner Partei eine große Rolle gespielt, auf Landes- wie auf Bundesebene. In einer Partei sein heißt, unter den Mitwirkenden an der Politik zu sein. Das bedeutet, daß man erkannt hat – oder hätte erkennen sollen –, daß die Politik das Größte ist, was es in einer Gesellschaft gibt: Ist sie nicht die Summe der Ziele und der Mittel, die sich eine Gemeinschaft gibt, um zu versuchen, ihre Zukunft zu meistern?

Allerdings ist es nicht sicher, ob die CDU nicht oft der Versuchung erlegen ist, nicht zuletzt zur Zeit der Wiedervereinigung, die Politik als reine Begleiterscheinung der spontanen Kräften des freien Markts zu betrachten. Auch kann der Außenstehende nicht klar sehen, was das „C" in der konkreten politischen Entscheidung bedeutet.

Zur Identität von Walter Wallmann gehört auch, daß er evangelisch ist. Von Frankreich aus gesehen, sagt das wenig aus. In Deutschland evangelisch sein, heißt das nicht, daß man an die evangelische Kirche die Kirchensteuer zahlt und nicht an die katholische? Mit sehr unterschiedlicher Intensität im Glauben! Mit mehr oder weniger Verständnis für andere Zugehörigkeiten, darunter nicht nur Religionen und Weltanschauungen, sondern auch der Humanismus ohne Gott, wie er von Millionen ehemaliger DDR-Bürger gelebt wird. Wallmann gehörte und gehört wohl zu den Verständnisvollen.

Schaffen Präsidentschaften Identitäten oder drücken sie Identitäten aus? Als Oberbürgermeister einer Großstadt glaubt man sowieso an die Rolle der Städte. An der Spitze des Städtetags kann man diese Rolle verstärken. Die Wahl zum Präsidenten entspricht eher einer persönlichen Eigenschaft, einer gewissermassen privaten Identität: vertrauenerweckend zu sein. Das gilt auch für den Bühnenverein und den Turnerbund – wobei der Präsident sich mit der Sache des Verbands weitgehend zu identifizieren hat. Nicht jede städtische Kulturpolitik dient dem Theater. Nicht jeder Sport entspricht so gut dem Begriff der Körperkultur – wenn er auch bei einigen, die Spitzenleistungen anstreben, die Gefahr der Gefährdung des Körpers beinhaltet.

Vieles des Erwähnten kam direkt oder indirekt zum Ausdruck bei der Einweihung der Börne-Ausstellung von 1986. Mir war die Ehre widerfahren, die einleitende Rede zu halten und bei dieser Gelegenheit von Walter Wallmann die Goethe-Plakette der Stadt Frankfurt überreicht zu bekommen. Die Trennung zwischen Demokratie als Herrschaft der Mehrheit und Rechtsstaat, die für Demokraten wie Wallmann so wichtig ist, Börne hatte sie vor anderthalb Jahrhundert vehement dargestellt:

„Und wenn alle dreißig Millionen Franzosen in der Kammer säßen und sie alle stimmten Mann für Mann für ein Gesetz, das der Regierung verstatte, die persönliche Freiheit, die Freiheit der Presse aufzuheben, das heilige Asyl des Hauses zu verletzten – sie hätten das Recht nicht dazu."

In seiner Rede hat der Frankfurter Oberbürgermeister die positive Entwicklung der deutsch-französischen Beziehungen gerühmt. Ich konnte meinerseits zeigen, daß seit 1945 der Traum von Ludwig Börne sich langsam erfüllt hatte. Schrieb er doch:

„Wir gewähren noch ein Jahrhundert, bis die Völker Europas, bis besonders die Franzosen und die Deutschen zur Einsicht gelangen, daß von ihrer Einheit ihr Glück und ihre Freiheit abhängen ... Sollte mir unglücklicherweise nicht gelingen, die Sympathie der Franzosen für mein Vaterland zu gewinnen, dann würde ich mich an ihren Egoismus und an ihren Vorteil wenden, indem ich ihnen zeigte, daß ihre Freiheit und ihr Glück nur unsicher sind, solange nicht auch die Freiheit und das Glück Deutschlands festgestellt sind und daß die Säule der französischen Freiheit nicht auf dem Platze der Bastille, sondern an den Ufern der Elbe einen festen Grund findet."

„Mein Vaterland" schreibt Börne in Paris. In bezug auf die Identitäten sollte man zwischen Emigrant und Immigrant unterscheiden. Heine und Börne waren nur vorläufig in Frankreich, wenn sie auch beide in Paris gestorben sind. Sie warteten auf ein freies Deutschland, um zurückkehren zu können. So wie Adolf Ludwig, Pfälzer Sozialdemokrat und Gewerkschafter, der 1933 Deutschland verlassen mußte, aber gleich nach Kriegsende nach Deutschland zurückkehrte, um in der Pfalz Partei und DGB mitaufzubauen, wofür er seinen Sohn Werner aus Frankreich zurückrief, wo dieser noch 1947 einen Universitätsabschluß gemacht hatte – bevor er später Oberbürgermeister von Ludwigshafen wurde. Mein Schicksal ist die eines Immigranten gewesen, der Franzose wurde, weil die französische Nation sich aus Bürgern zusammensetzt und nicht, wie bereits erwähnt, auf einem völkischen Prinzip beruht.

Seit Januar 1995 lese ich oft eine andere Stelle von Börne, die ich 1986 zitiert habe:

„Daß ich ein Jude geboren, das hat mich nie erbittert gegen die Deutschen ... Ich wäre ja nicht wert, das Licht der Sonne zu genießen, wenn ich die große Gnade, die mir Gott erzeigt, mich zugleich ein Deutscher und ein Jude zu werden, mit schnöden Murren bezahlte."

Damals dachte ich dabei an meinen Vater, der 1933 beschloß zu emigrieren, weniger weil er von der Universität und von seinem Kinderhospital vertrieben worden war, sondern weil ihn der Verband der Träger des Eisernen Kreuzes hinausgeworfen hatte, wo er doch von 1914 bis 1918 ständig an der Front gestanden hatte für das Vaterland, das ihn nun nicht mehr als Deutschen anerkannte.

Am 27. Januar 1995 ist dann der schönste Akt der Vergangenheitsbewältigung vollzogen worden. Der Bundespräsident erschien schlicht und schweigsam am Tor des Lagers Auschwitz-Birkenau, wo er von Jean Kahn, Präsident der Koordination der jüdischen Gemeinden Europas, würdig empfangen wurde, um bei der Erinnerungsfeier an die Befreiung der wenigen Überlebenden dabei zu sein. Roman Herzog wurde begleitet vom jüdischen Deutschen Ignatz Bubis. Zu dessen 70. Geburtstag hat er ihm zurecht genau diese Identität zugeschrieben, was eine indirekte Antwort auf die schlimme Rede des israelischen Präsidenten darstellte, der gesagt hatte, man dürfe als Jude nicht in Deutschland leben. Die Wähler, die bei den hessischen Wahlen im März 1997 der Frankfurter FDP ihre Stimme gaben, eben weil Bubis die Liste anführte – sie haben Roman Herzog recht gegeben.

Und Bubis ist auch Frankfurter, weil er Frankfurt zu seiner Heimat gemacht hat, während ich in meiner Laudatio für Marion Dönhoff in der Paulskirche 1971 sagen konnte, Frankfurt sei mein Geburtsort und nicht meine Heimatstadt, denn mit acht Jahren hat man noch keine echte Heimat. Deswegen ist mir heute noch unklar, wieso jemand, der 1959 in Bayern geboren wurde, Generalsekretär des Bundes der Vertriebenen sein kann, als hätte er die Vertreibung erlitten.

Noch weniger kann ich mir den Erfolg des Buches von Daniel Goldhagen in Deutschland erklären, das in doppelter Hinsicht die Problematik der Identitäten völlig entstellt. Weil „gewöhnliche Deutsche“ zu Massenmördern wurden, waren alle „gewöhnlichen Deutschen“ potentielle Mörder. Und weil so viele Juden ermordet wurden, werden die Opfer auf die jüdische Identität reduziert, was u.a. die Millionen ermordeten sowjetischen Kriegsgefangenen, andere Millionen Polen verneint und andererseits den

Antisemitismus zur einzigen Ursache der Massenmorde macht. Es wäre zu lange, hier alle Ungereimtheiten, logischen Verzerrungen, alles Unwissen über die Mordgelüste des französischen Antisemitismus aufzuführen. Die Hauptfrage ist, warum so viele junge Deutsche diesen Rückfall in eine Art völkisches Antideutschtum beklatscht haben. Eine mögliche Antwort ist, daß sie glauben, sie hätten, wenn sie damals gelebt hätten, die Identität des Helden eingenommen. Aber Helden sind in jeder Gesellschaft eine Seltenheit.

Eben gerade deshalb soll man die Helden verehren, so wie der Bundesminister für Verteidigung es am 5. Januar 1995 tat, als er der ersten Kaserne der Bundeswehr in Berlin den Namen Julius Leber verlieh und dabei betonte, der Widerstand gegen Hitler bestimme die Ethik der Bundeswehr. Dies muß um so mehr erwähnt werden, weil im März 1997 der Münchner Kampf um die Wehrmacht-Ausstellung stattgefunden hat. Die Aufregung bewies, daß man wieder einmal versäumt hatte, die unbestreitbaren Resultate der historischen Forschung zur Kenntnis zu nehmen, denn immerhin ist u.a. das Buch von Christian Streit: „Keine Kameraden“ bereits 1978 erschienen. Für mich schien sich die Auseinandersetzung weitgehend auf eine Identitäts-Unterscheidung zu reduzieren, die ich Jahre davor gemacht hatte und dann Alfred Dregger nicht. 1974 hielt ich im Plenarsaal des Bundestags die Rede zum Volkstrauertag. Ich darf wohl folgendes Selbstzitat machen:

„Es gibt Tote, die ihr Leben absichtlich geopfert haben, um für etwas zu sterben, was uns heute noch als ein echter, hoher Wert erscheint. Es gibt Tote, die sich aufgeopfert haben für eine Sache, von der heute niemand mehr sagen würde (oder wenigstens nicht mehr sagen sollte), daß sie eine gute oder schöne Sache war. Und es gibt eine Unmenge Tote, die geopfert wurden, ohne irgend einen Willen zur Aufopferung zu haben. Ich möchte mit Nachdruck sagen, daß die Trauer um alle von ihnen berechtigt ist.“

Leider sagte Alfred Dregger zum gleichen Anlaß 1986: „Verdienen alle Toten des Krieges und der Gewaltherrschaft die gleiche Ehrfurcht? Ich bin dieser Ansicht.“

In bezug auf die Vergangenheit gibt es „die Deutschen“ ebensowenig wie in der Gegenwart. Vor allem seit 1990, denn die staatliche Wiedervereinigung hat ja gewiß nicht eine Vereinheitlichung zwischen den beiden Teilen Deutschlands ergeben. Manchmal habe ich sogar den Eindruck, der geistige Graben habe sich in den letzten zwei Jahren wieder vertieft. Leider muß ich meinen an Deutschland interessierten Landsleuten ständig sagen: „Ihr wißt nichts von Ostdeutschland, weil ihr nur euren alten westdeutschen Bekannten begegnet, die auch nichts von Ostdeutschland wissen."

Darf ich gestehen, daß dies einer der Gründe ist, weswegen ich so beklage, daß Walter Wallmann die Politik verlassen hat? Ich bin sicher, er hätte die verbindende Funktion besser ausgeübt wie die meisten anderen. Aber ist man mit 65 wirklich zu alt, um Neues zu beginnen? Mein Geburtstagswunsch geht in diese Richtung!

CLAUS HELMER

DEM THEATERFREUND ZUM 65.

Es ist schon immer so gewesen, daß ein 65. Geburtstag Wehmut erweckt, wenn man den Jubilar lange genug kennt; da neigt man dazu, den Anfängen der gemeinsamen Beziehung den Hauch jener guten alten Zeit beizumengen, nach denen der Mensch, je älter er wird, nun mal sehnsüchtig Ausschau hält. Im Falle von Walter Wallmann ist die Verlockung besonders groß, eine vergoldete Rückschau zu halten. Waren die Zeiten, als er Oberbürgermeister in Frankfurt war, nicht so sehr viel unkomplizierter als die heutigen, reicher – nicht nur in finanzieller Hinsicht – und auf alle Fälle positiver? Ließ sich da nicht mit der berühmten Linken die Spontaneität eines guten Gedankens unmittelbar in die ebenso gute Tat umsetzen? Mag sein, aber auf Wehmut allein kommt es nicht an, wenn man auf die Zeit zurückblickt, da Wallmann das Gesicht der Stadt in einer Art prägte, von der bei den Zeugen des Geschehens heute noch mit legitimem Schwärmen die Rede ist.

Wallmann hat es nämlich nicht verdient und schon gar nicht nötig für seine Bedeutsamkeit in Vergangenheit, Gegenwart und Zukunft, daß er aus der verengenden Perspektive der Nostalgie gewürdigt wird. Dazu war er zu sehr Persönlichkeit und ist es geblieben – als Frankfurter OB und bis heute.

Wer wie ich zeit seines Lebens darauf halten muß, die Wirklichkeit des Theaters herauszukristallisieren und nicht nur den schönen, schnellebigen, zum raschen Tod verdammten Schein zu präsentieren, dieser Theatermensch lernt auch beizeiten, eben zwischen dem Schein und dem Sein zu differenzieren. Theaterintendanten können es nicht lassen, Bilanzen zu ziehen.

Die Bilanz, die für Walter Wallmann erstellt wird – selbst an dem Tag, der Anlaß zu diesen Betrachtungen gibt –, braucht keine großen Worte. Die großen Worte waren gerade seine Sache nie. Als ich entdeckte, und das war schon nach der ersten Begegnung und danach immer wieder, daß er ein offenes, sehr empfindsames und bereitwillig die Möglichkeiten abwägendes Ohr für uns Theatermenschen hatte, die in einer Stadt zu Werke gingen, die lange Zeit mit einem amusischen Stempel versehen wurde, merkte ich beglückend rasch, wie sehr ich mich auf Wallmanns Wort verlassen konnte. Ein Ja bedeutete bei ihm immer nur das ersehnte Zweibuchstabenwort, nie ein unbestimmtes Vielleicht und schon gar nicht ein späteres entschuldigendes Nein.

Leicht hat er sich dieses Ja nicht gemacht, das Nein, das es geben mußte, weil Wille und Verwirklichung gerade im Fall des Theaters sich schwer tun, zum gemeinsamen Nenner zu finden, noch viel weniger. Doch leicht hat er es mir immer gemacht, mit ihm ins Gespräch zu kommen. Da gab es keinen umständlichen Instanzenweg, keine Sekretärin, die am Telefon bedauerte, daß der Chef derzeit und vielleicht auch in aller Zukunft unabkömmlich sei: Es gab keine leeren Vertröstungen, keine Ausflüchte. Der Frankfurter Bürger, der ich war, ließ sich zum Frankfurter OB durchstellen, und der hörte zu – ich kann mich an kein einziges Gespräch erinnern, in dem er die garstig gängigen Vokabeln gebrauchte, man müsse die Angelegenheit noch einmal bedenken, durchleuchten, auf die Möglichkeit der Akzeptanz prüfen und „sich bald einmal zusammensetzen, um noch eine neue Möglichkeit zu ventilieren“.

Wallmann ist ein Musischer, der nie vorgibt, mehr vom Theater zu verstehen als die, die es machen. Ihm reicht die Freude an der Kunst; das Können, die harte Arbeit der Künstler imponiert ihm. Er ließ es uns immer wissen. Solche Freunde wissen wir Künstler zu schätzen. Sie schützen uns vor der Verdächtigung, daß wir unsere Tage im Lehnstuhl verbringen, unsere Abende im heiteren Spiel der Verkleidung vertun und dafür Gagen bekommen, von deren Höhe der arbeitende Normalverbraucher nur träumen kann.

Wann immer dieser Freund des Theaters in die „Komödie“ kam, war es ein besonderes Ereignis. Nicht nur für mich als Intendanten, sondern für die Schauspieler, das technische Personal, für jeden, der auf seinen Schultern die Last für das abendliche Gelingen trägt, ohne daß das Publikum von der Bürde ahnt. In den

Gesprächen, die er da mit uns Künstlern führte, gab er jedem einzelnen das Gefühl, er kenne ihn persönlich – bei seinem phänomenalen Personengedächtnis und seinem stets spürbaren Interesse für Menschen dürfte es auch tatsächlich so gewesen sein.

Es ist viel und oft davon die Rede gewesen, daß Walter Wallmann mit seiner Ausstrahlung, seinem Optimismus und seiner Energie der Stadt Frankfurt ein neues Gesicht gegeben hat. Er hat diese, unsere Stadt vom dem Ruf erlöst, ihre Bürger wären nur materiell, raffgierig und unfähig zum Genuß. Während Wallmann Oberbürgermeister war, wurde es den Frankfurtern wieder selbstverständlich und ein Bedürfnis, sich mit ihrer Stadt zu identifizieren. Was das im Kern bedeutete, merkte ich, als ich gar nicht in Frankfurt war. Um die Weihnachtszeit traf ich WW und seine Gattin zufällig in Innsbruck. Wir standen am Goldenen Dachl, bewunderten die Dekorationen der Jahreszeit, unterhielten uns, wie Touristen das tun. Und ich, der ich Österreicher bin, hatte mit einem Mal das beglückende Gefühl, mitten in der „Fremde" sei mir ein Stück Frankfurt begegnet.

Wallmann, auch kein Frankfurter von Geburt, ist für mich immer ein Stück Frankfurt gewesen. Und geblieben.

ROMAN HERZOG

REDE ZUM 50. JAHRESTAG DER KONSTITUIERUNG DES LANDTAGS NORDRHEIN-WESTFALEN UND ZUM FÖDERALISMUS IN DEUTSCHLAND AM 2. OKTOBER 1996 IN DÜSSELDORF

I. Daß das Land Nordrhein-Westfalen heute seinen 50. Geburtstag feiert, ist schon mehrfach gesagt worden und wird, wie die Dinge liegen, auch im weiteren Verlauf noch zu wiederholten Malen betont werden. Daran brauche ich mich also nicht unbedingt zu beteiligen.

Unerläßlich erscheint es mir aber, das Land aus diesem Anlaß im Namen aller Bürger unserer Bundesrepublik Deutschland zu beglückwünschen. Schließlich ist Nordrhein-Westfalen das bei weitem bevölkerungsreichste Land Deutschlands, war von allem Anfang an eine der Säulen unserer Wirtschaft und ist das auch in den tiefgreifenden Umstrukturierungsprozessen der vergangenen Jahrzehnte geblieben, die ihm und seinen Bürgern unendlich viel abverlangt haben und immer noch abverlangen.

Was mir aber am allerwichtigsten erscheint, ist dies: Daß Nordrhein-Westfalen stets einer der zentralen Stabilitätsfaktoren unseres Staates war. Wer immer das Land regiert hat und was immer man über einzelne politische Entscheidungen und Entwicklungen sagen mag – im Vordergrund seiner Politik stand stets ein stattliches Maß an gesundem Pragmatismus, der nicht nur dem Land selbst, sondern unserem gesamten Gemeinwesen gut getan hat. Wir haben also allen Grund, nicht nur zu gratulieren, sondern auch Dank zu sagen.

Nun will es das Schicksal, daß in diesen Monaten nicht nur Nordrhein-Westfalen, sondern fast alle deutschen Länder ihr fünfzigjähriges Bestehen oder zumindest den 50. Jahrestag ihrer Verfassung feiern, und das gilt nicht nur für die westlichen, sondern ebenso für die östlichen Bundesländer, deren Existenz zwar „durch autoritären Machtspruch" in der Zwischenzeit aufgehoben war, die sich aber im ersten möglichen Zeitpunkt sofort wieder konstituiert haben und die deshalb jedes Recht besitzen, in dieser Runde mitzufeiern.

Für den Bundespräsidenten, zu dessen Gestaltungsinstrumenten ja bekanntlich auch das scharfe Schwert der Festrede gehört, bedeutet das ein böses Dilemma. Entweder bleibt er allen Festlichkeiten fern und erregt damit bundesweites Kopfschütteln, oder er geht zu allen und eröffnet damit eine marathoneske Reihe von Reden, die sich nur noch mit dem Marathon seiner Antrittsbesuche kurz nach Amtsantritt vergleichen läßt. Beides wäre keine gute Lösung, und so bin ich auf eine – freilich nicht minder bedenkliche – Kompromißlösung verfallen: Ich habe, wie Sie mühelos sehen können, die Einladung zur nordrhein-westfälischen Geburtstagsfeier als einzige angenommen, aber ich werde hier dann eben nicht über Nordrhein-Westfalen reden, sondern über den ganzen deutschen Föderalismus, bei dem es sich, wenn man einer verbreiteten Redensart Glauben schenken darf, ohnehin um einen unserer gängigsten verfassungspolitischen Exportartikel handelt.

Nun mag es uns allen mit dem deutschen Föderalismus ja ähnlich ergehen wie Lessing mit den Werken Klopstocks: „Wer wird nicht unseren Föderalismus loben, doch wird ihn jeder kennen? Nein!" Und so kann es recht sinnvoll sein, diese Grundidee unserer Staatsorganisation einmal von beiden Seiten her zu betrachten: von der positiven, aber auch von der negativen her, die zumindest ich für reformbedürftig halte.

II. Wer heute in Deutschland vom Föderalismus spricht, der betont meist vor allem dessen gewaltenteilende Wirkungen, die in der Tat vorhanden sind und in unserem Gemeinwesen in dem Maße an Bedeutung gewonnen haben, in dem die klassische, montesquieusche Gewaltenteilung durch verfassungsrechtliche Phänomene wie das parlamentarische Regierungssystem und durch verfassungspolitische Entwicklungen wie die Parteiendemokratie an Kraft einbüßte. Die gewaltenteilende Funktion des Föderalismus besteht dagegen – besteht auch in der Wirklichkeit – und sie wirkt sogar in zwei Richtungen: vertikal und horizontal.

Der vertikale Effekt, auf den ich hier nicht allzu nahe eingehen möchte, hängt mit der bundesstaatlichen Kompetenzverteilung zusammen, die selbstverständlich auch gewaltenteilend wirkt, die in der Bundesrepublik Deutschland faktisch aber so gut wie aufgehoben ist, weil die Verfassungsartikel über die konkurrierende und die Rahmengesetzgebung des Bundes in den vergangenen fünfzig Jahren 1. immer wieder – und zwar mit Zustimmung der Länder! – erweitert, weil sie 2. in der Staatspraxis – und zwar mit Billigung des Bundesverfassungsgerichts! – fast bis ins Unendliche ausgedehnt und weil sie 3. in dieser Interpretation vom Bundesgesetzgeber auch ausgefüllt worden sind.

Mehr im Blickwinkel des öffentlichen Interesses steht die horizontale Gewaltenteilung, die von der Institution des Bundesrates ausgeht. Daß die Einrichtung und Ausgestaltung dieses „föderativen Bundesorgans“ eine der gelungensten Hervorbringungen des Parlamentarischen Rates ist, habe ich stets betont, wenn auch mein gewichtigstes Argument für dieses Urteil in der Öffentlichkeit kaum einmal gewürdigt wird. Deswègen wiederhole ich es hier. Dadurch, daß die Hauptarbeit des Bundesrates noch mehr als die des Bundestages in den Ausschüssen geleistet wird und in diesen nicht die genuinen Bundesratsmitglieder, also die Regierungschefs und Minister der Länder, zu sitzen pflegen, steht der Ministerialbürokratie des Bundes die kontrollierende Kraft der Landesministerialbürokratien gegenüber. Ich kenne kein Land auf der weiten Erde, in dem es zu einer solchen gegenseitigen Kontrolle mächtig gewordener Bürokratien käme. Von den Amtsbruderschaften, die sich allerdings dort auch entwickeln und in denen einer dem anderen den Ball vor die Füße spielt, will ich lieber schweigen.

Schwieriger sind die politische Arbeit und vor allem der jeweilige politische Stil des Bundesrates zu beurteilen, besonders natürlich dann, wenn die parlamentarische Opposition im Bundesrat über die Mehrheit der Stimmen verfügt. Ich habe in einer solchen Situation selbst fünf Jahre lang dem Bundesrat angehört und weiß also, wovon ich rede. Zwei Argumente habe ich in diesem Zusammenhang stets für falsch gehalten: Erstens, daß die Landesregierungen im Bundesrat nur landes- und nicht auch bundespolitische Motive verfolgen dürften; denn eine solche Grenzziehung ist weder möglich, noch hängt sie auch allzu nahe mit der verfassungsrechtlichen Kompetenzverteilung zusammen. Das ist ein weitverbreiteter Irrtum. Und zweitens, daß im Bundesrat überhaupt nur „sachliche" und keine „politischen" Argumente zu gelten hätten; denn diese Grenzziehung ist noch weniger möglich. Und wer es einmal versucht hat und ein ehrlicher Mensch ist, weiß, daß ich recht habe. Im übrigen aber gilt es sich hier zwischen Scylla und Charybdis zu bewegen. Weder braucht sich der Bundesrat auf eine stillschweigende große Koalition einzulassen, noch darf er jemals aus dem Auge verlieren, daß er ein Bundesorgan ist und als solches auch dem verfassungsrechtlichen Gebot der gegenseitigen Fairneß und der sogenannten „Organtreue" unterliegt. Die Grenze mag hier schwer zu ziehen und im Einzelfall auch heftig umstritten sein. Aber niemand kann die Verantwortlichen – auf beiden Seiten! – aus der Pflicht zum rechten Maß entlassen.

Ich will das Thema nach diesen wenigen Bemerkungen verlassen, weil es bei allen Überlegungen zu horizontalen und vertikalen Gewaltenteilungseffekten genau genommen nicht um das Interesse der Länder, sondern „nur" um das – wenn auch „wohlverstandene" – Interesse des Bundes geht.

Betrachtet man die Sache „Föderalismus" aber von der Länderseite her, so macht man zunächst einmal die erstaunliche Entdeckung, daß sich in den vergangenen Jahrzehnten – selbst in den erst nach 1945 und überdies durch die Besatzungsmächte geschaffenen sogenannten „Bindestrich-Ländern" – ein Landesbewußtsein, ja eine Liebe zum jeweiligen Land herausgebildet hat, die im umgekehrten Verhältnis zu den üblich gewordenen und auch nicht völlig unberechtigten Klagen über die Auszehrung der Länderkompetenzen steht. Man muß sich fragen, woher das kommt. An der breitgefächerten Verwaltungszuständigkeit, die das Grundgesetz den Ländern zugewiesen hat, kann es ja schwerlich liegen; denn die Verwaltung liebt keiner, und sie kann in unserer Verfassungsordnung zumeist auch nur das, was ihr der Gesetzgeber vorgibt; in der Legislative aber dominiert, wie schon gesagt, bei weitem der Bund. Woran liegt es also dann?

Zur Beantwortung dieser Frage wird oft auf die größere „Bürgernähe" der Länder verwiesen. Daran mag manches Wahre sein, zumal in kleinen, sowohl für den Bürger wie die Staatsorgane noch überschaubaren Ländern. Genaugenommen ist hier durchaus auch das Richtige getroffen, nur ist es nicht eigentlich die Nähe der Landesorgane zu ihren Bürgern, sondern vielmehr ihre Nähe zu den Problemen. Man pflegt heute etwa die Zersplitterung des Heiligen Römischen Reiches Deutscher Nation, die politisch ja sicher kein Segen war, wegen der kulturellen Nebenwirkungen zu lobpreisen, die mit ihr verbunden waren – kein Fleck auf unserer Landkarte, in dem es nicht sakrale und weltliche Bauten gäbe, die man anderswo bestenfalls in Metropolen oder in großen Provinzhauptstädten erwarten kann.

Genau das ist die Wirkung des deutschen Föderalismus auch heute noch, und es wird nunmehr auch klar, warum er diese Wirkung trotz des eindeutigen legislativen Übergewichts des Bundes noch haben kann: Fragen dieser Art – Standortfragen im weitesten Sinne des Wortes – werden auch heute nicht gesetzlich geregelt, sondern sie sind dem gestaltenden Ermessen der Landesregierungen und -parlamente überlassen. „Der Himmel ist hoch, und der Zar ist weit", solche Gefühle können hierzulande nur ausnahmsweise auftreten; denn da gibt es ja auch noch die „Landesfürsten". Sie hören vielleicht, daß ich Landesfürsten sage und nicht Bojaren, denn ich sage es mit Respekt.

Das eigentliche Bewährungsfeld der Länder ist aber ein ganz anderes. Es ist die Strukturpolitik, und zwar ebenfalls im weitesten Sinne des Wortes verstanden. Die Ansiedlung neuer Industrien und Wohngebiete, die gleichmäßige Erschließung aller Gebiete mit Straßen und Verkehrsmitteln, die Dislozierung der

Theater, Museen und Forschungseinrichtungen, vor allem die gleichmäßige Verteilung der Bildungschancen durch ein enges Netz von weiterführenden Schulen und sonstigen Bildungseinrichtungen – ich will die Reihe der Beispiele hier nicht weiter ausdehnen. Am wichtigsten erscheint mir das zuletzt genannte. Ich bin der felsenfesten Überzeugung, daß man von diesem Teil unserer Bildungsreformen – der Erstreckung eines fast gleichgearteten dichten Netzes von Bildungseinrichtungen über die gesamte Fläche unseres Landes – noch rühmend sprechen wird, wenn es – eines gar nicht so fernen Tages – über unsere leidenschaftlichen Debatten zur Schul- und Hochschulorganisation, zu Lehrerbildung und Lehrerbesoldung nur noch ein Kopfschütteln geben wird.

Wenn man nicht nur auf die Gesetzgebungskompetenzen, sondern auch auf die Gestaltung unseres Landes „in der Fläche" achtet, findet man also durchaus noch Wirkungsfelder des Föderalismus, die deutlich über dessen bundespolitische Segnungen hinausgehen. Und an diesen sollten wir mit aller Kraft festhalten, übrigens auch gegenüber Attacken, die gerade gegen diese strukturpolitischen Zuständigkeiten unserer Bundesländer mitunter aus Brüssel geritten werden.

Übrigens hat der deutsche Föderalismus auch in der europäischen Einigung seine ganz besondere Rolle. Ich rede jetzt nicht von der Mitsprache der Länder bei deutschen Integrationsentscheidungen, ja noch nicht einmal von ihrer Mitsprache bei Entscheidungen europäischer Gemeinschaftsorgane. Statt dessen möchte ich auf zwei ganz andere Sachverhalte aufmerksam machen.

1. Unseren Partnern in der Europäischen Union wäre das wiedervereinigte Deutschland nicht nur dann wenig geheuer gewesen, wenn es nicht zugleich der europäischen Einigung einen neuen, kräftigen Anstoß gegeben hätte, sondern es wäre ihnen auch dann nicht geheuer gewesen, wenn es – wie etwa zur Weimarer Zeit und noch mehr zur NS-Zeit – ein ungegliederter und nicht dezentralisierter Einheitsstaat gewesen wäre. Hier hatte die innere Organisation unseres Landes gewiß auch erhebliches außenpolitisches Gewicht. Und 2. darf man nicht übersehen, daß die deutschen Bundesländer – bei allen Grenzverwischungen im einzel-

nen – stets auch die landsmannschaftliche Vielfalt unseres deutschen Volkes repräsentiert haben und immer noch repräsentieren. Und die deutschen Stämme, angesiedelt zwischen insgesamt neun ausländischen Staaten und Völkern, hatten deshalb niemals nur Beziehungen zu den anderen deutschen Stämmen, sondern genau so gut auch zu den Nachbarvölkern – jeder zu seinen unmittelbaren Nachbarn. Die Norddeutschen und Hanseaten haben stets auch nach England, Skandinavien und in den Ostseeraum geblickt, die Sachsen nach Polen und Böhmen, die Westdeutschen nach Frankreich, Belgien, Luxemburg und in die Niederlande, die Schwaben und Alemannen in die Schweiz und das Elsaß, die Bayern nach Südosteuropa und Norditalien. So betrachtet sind die deutschen Stämme stets Rücken an Rücken gestanden, jeder auch mit dem Blick zu seinen äußeren Nachbarn, wenn sie sich natürlich stets auch so verhalten haben, wie es die Präambel der Weimarer Reichsverfassung so unübertrefflich zutreffend gesagt hat: „Das deutsche Volk, geeint in seinen Stämmen . . .“

Im zusammenwachsenden Europa ist das ein nicht zu unterschätzendes Kapital – wir nennen es Regionen oder auch Euregios und was dergleichen mehr ist. Ich glaube nicht, daß sich in diesen Regionen eine weitere Entscheidungsebene zwischen EU, Bund, Ländern und Kommunen etablieren wird. Aber eine Quelle der europäischen Zusammenarbeit, ja des europäischen Zusammenlebens werden diese Regionen mit Sicherheit sein. Sie werden diesseits und jenseits der Grenzen Gebiete zum Leben erwecken, die jahrhundertelang unter diesen Grenzen entsetzlich gelitten haben, und sie werden einen Kitt der europäischen Einigung und damit des europäischen Friedens bilden, den die schönsten Verträge und die arbeitsfreudigsten Gemeinschaftsorgane so nicht schaffen können.

III. Wer aus meinen bisherigen Ausführungen eine positive Einschätzung des deutschen Föderalismus herausgehört hat, dem kann bestimmt kein grundlegender Irrtum zum Vorwurf gemacht werden. Das darf aber natürlich nicht darüber hinwegtäuschen, daß das Grundgesetz insoweit auch Strukturmängel aufweist, über die man einmal in Ruhe und Unvoreingenommenheit nachdenken sollte. Meist handelt es sich dabei um Altüberkommenes, das ursprünglich mehr Sinn hatte, als man ihm heute noch zubilligen möchte.

Ich beginne mit der Verteilung der Gesetzgebungs- und damit der Entscheidungszuständigkeiten. Die einschlägigen Verfassungsartikel sind zwar – und zu Recht – mit jeder neuen technischen Entwicklung den veränderten Gegebenheiten angepaßt worden, im Kern beruht das gesamte Verteilungssystem aber immer noch auf den einschlägigen Bestimmungen der Bismarckschen Verfassung und damit letztlich sogar auf denen der Verfassung des Norddeutschen Bundes von 1867. Seither hat sich aber manches grundlegend verändert, teils in der gesellschaftlichen Wirklichkeit, teils in den Köpfen der Menschen. Ich will auch dazu nur zwei Beispiele nennen:

1. Die berufliche Bildung der jungen Menschen wird heute – anders als 1867 und 1871 – als eine einheitliche Aufgabe der staatlichen Reglementierung betrachtet, und das ist richtig so. Nicht so freilich unsere Verfassungsordnung. Sie weist den praktischen Teil der Berufsausbildung dem Bund zur Regelung zu, weil es sich dabei angeblich um „Recht der Wirtschaft" im Sinne des Art. 74 Nr. 11 GG handelt; der theoretische Teil dagegen gehört den Ländern, weil diese ja bekanntlich die Kompetenz zur Schulgesetzgebung haben. Ich will nun nicht behaupten, daß man die Folgen dieses merkwürdigen Deals in den vergangenen Jahren nicht mit einigem Erfolg umschifft hätte. Gleichwohl steht der unbefangene Betrachter – und dazu schwinge ich mich gelegentlich auf – staunend vor diesem Sachverhalt und zitiert bei sich den Dichter: „Erkläret mir, Graf Oerindur, diesen Zwiespalt der Natur!"

2. Das Grundgesetz weist, wie alle seine Vorläufer, dem Bund die Gesetzgebung über das „Post- und Fernmeldewesen" zu (Art. 73 Nr. 7 GG). Darunter fällt, wie frühzeitig auch das Bundesverfassungsgericht anerkannt hat, u.a. der technische Teil des Rundfunkwesens; der kulturelle Teil aber verbleibt bei den Ländern, die deshalb alle ihre Rundfunkgesetze erlassen haben. Die Folge sind pausenlose Verhandlungen der Länder untereinander, die meist zu sogenannten Staatsverträgen führen, sind – vorsichtig gesprochen – Ungleichheiten in der Finanzkraft der einzelnen Anstalten, sind

permanente Verhandlungen oder zumindest Gespräche zwischen den Ländern einerseits und dem Bund andererseits und ist ein in sich nur noch schwer verständlicher „Rundfunkbegriff", dessen rechtliche Dignität zwar keineswegs unangreifbar ist, aus dem aber doch immer neue Konsequenzen hervorgezaubert werden – wie die berühmten Kaninchen aus dem nicht minder berühmten Zylinder.

Ich will, wohlgemerkt, zu allen diesen Fragen nicht inhaltlich Stellung nehmen; dazu fehlt mir erstens die Zeit – nicht die Lust – und außerdem die Amts- wie auch die Sachkompetenz. Was ich dargestellt habe, ist aber merkwürdig genug und ist, wie ich schon sagte, irgendwann einmal einer ernsthaften Überprüfung wert.

Dasselbe gilt natürlich auch für die Grundprinzipien unserer bundesstaatlichen Finanzverfassung, zu der ich aber schon so oft Stellung genommen habe, daß ich sie hier nur noch nachrichtlich erwähnen möchte. Auf die Dauer kann es, wie ich auch heute noch meine, nicht angehen, daß in vielen Fällen der Bund als Gesetzgeber „anschafft", die Länder und Kommunen als Exekutierende aber „zahlen". Ich glaube nicht, daß sich die Länder von einer Reform dieses Sachverhalts große finanzielle Spielräume erhoffen könnten. Aber einerseits wären sie vor künftigen Zumutungen des Bundes sicher, die es unter allen Bundesregierungen gegeben hat, und andererseits würde das ganze System dadurch in sich schlüssiger, was seiner Überzeugungskraft ganz bestimmt nicht schaden könnte, vor allem in Zeiten finanzieller Engpässe.

Damit bin ich aber bei einer weiteren Eigenart unserer bundesstaatlichen Kompetenzverteilung, die zwar historisch begründet, heute für mich aber nicht mehr ohne weiteres überzeugend ist.

Wer in die USA blickt, der stellt fest, daß dort – jedenfalls dem Grundsatz nach – die Sachmaterien jeweils in ihrem vollen Umfang zwischen der Union und den Staaten verteilt werden. Ist der Staat für einen Gegenstand zuständig, so erläßt er dafür die Gesetze, vollzieht sie durch seine Behörden, finanziert sie aus seiner eigenen Kasse – und über Streitigkeiten, die sich auf diesem Gebiet ergeben, entscheiden dann auch die Staats- und nicht die Bundesgerichte. Für den Bund in den Vereinigten Staaten gilt das spiegelbildlich ebenso. Bei uns ist das ganz anders. Hier liegt der

Schwerpunkt der Gesetzgebung beim Bund, der des Gesetzesvollzugs dagegen bei den Ländern, die Finanzierungslast ist nach einem weitgehend ganz anderen System auf beide Seiten verteilt, und über entstehende Streitigkeiten entscheidet ein Gerichtssystem, dessen erste Instanzen die Länder stellen, während die Revisionsinstanz meist vom Bund gestellt wird, durch einfaches Bundesgesetz dann aber auch wieder gestrichen werden kann.

Der Klarheit der Verantwortlichkeiten, die das erste Gebot einer Demokratie sein sollte, dient das alles nicht. Und die diversen Mischfinanzierungen, die teils schon im Grundgesetz, teils aber in einfachen Bundesgesetzen und Staatsverträgen festgelegt sind, tun das ihre dazu, um die Verantwortlichkeiten weiter zu verwischen.

Ich weiß, das ist alles leicht kritisiert und schwer zu beheben. Aber das darf kein Grund sein, es gar nicht mehr zu erwähnen, und schon gar nicht darf es ein Grund sein, es gar nicht mehr zu empfinden.

Der entscheidende Hinweis kommt aber jetzt erst noch! Würde man – was ich für wünschenswert hielte – die staatlichen Kompetenzen auf Bund und Länder (und, als Dritte im Bunde, auf die EU) halbwegs gleichmäßig verteilen und würde man diese Verteilung nach amerikanischem Muster vornehmen, so würde das eine erhebliche Stärkung der Länder bedeuten. Aber diese stünden dann vor einer Frage, die es zwar bisher schon gibt, die dann aber ganz neues Gewicht bekäme. Würden sie sich sofort zusammensetzen, um im Namen einer angeblichen Gleichheit oder – wie es neuerdings heißt – Gleichwertigkeit der Lebensverhältnisse doch wieder bundeseinheitliche Regelungen zu schaffen, oder würden sie, zumindest in wichtigen Bereichen, den Mut zur Indiviualität aufbringen, den unsere bundesstaatliche Verfassung eigentlich voraussetzt – gewiß manches Mal als Last, oftmals aber auch als Chance? Und unsere Bürger – würden sie es ertragen, daß es dann mehr als bisher verschiedene Lebensverhältnisse in den verschiedenen Ländern gäbe? Daß das eine eher ein Industrieland mit allen sich daraus ergebenden Konsequenzen und das andere eher ein Agrarland oder ein Tourismusland, ebenfalls mit allen daraus resultierenden Folgen, würde? Daß das eine sich eher mit modernen

Technologien, das andere mehr mit kulturellen Spitzenleistungen befaßt? Und das alles womöglich noch mit einem limitierten Finanzausgleich, d.h. unter bewußter Inkaufnahme auch mancher Nachteile solcher Entscheidungen über den Charakter eines Landes?

Worin liegt eigentlich der Segen einer zu weitgehenden Angleichung zwischen allen Ländern, großen und kleinen, Stadtstaaten und Flächenstaaten, „alten" und „neuen"? Ich bin gespannt, ob das Ziel der Verfassungsänderung von 1994, die Gesetzgebungsbefugnisse wieder stärker auf die Länder zurückzuverlagern, wirklich erreicht wird und ob sich wirklich mehr Vielfalt und mehr Wettbewerb daraus ergibt.

IV. Zu Recht dürfen Sie in diesem Zusammenhang einige Worte zur Neugliederung des Bundesgebietes erwarten, die mit schöner Regelmäßigkeit immer wieder einmal diskutiert wird, fast zeitgleich mit dem Ungeheuer von Loch Ness.

Ich habe zu dieser Frage keine pointierte Meinung, weil ich mir solche Meinungen nicht l'art pour l'art bilde, sondern immer erst dann, wenn sich am Horizont wenigstens die Chance einer Lösung abzeichnet. Aber vielleicht sollte ich ja doch ein paar der gängigsten Argumente etwas genauer unter die Lupe nehmen, um mit Ihnen gemeinsam nachzusehen, was sie wirklich wert sind.

Da ist zunächst das Argument, daß 16 Länder für einen Bundesstaat von 80 Millionen Einwohnern einfach zu viel seien. Eigentlich leuchtet das auch mir ein. Aber die USA, ein gewiß effektiver Bundesstaat, haben etwas mehr als das Dreifache unserer Bevölkerungszahl und – dem genau entsprechend – auch etwas mehr als die dreifache Zahl an Gliedstaaten. Das Argument scheint also doch nicht ganz so zugkräftig zu sein, und dabei habe ich von der Schweiz mit ihren 26 Kantonen noch gar nicht gesprochen.

Dann gibt es mit schöner Regelmäßigkeit Berechnungen darüber, was man alles an Geld sparen könnte, wenn es nur acht oder neun Bundesländer gäbe. Aber trotzdem warne ich auch da die Neugierigen. Die Zahlen entspringen entweder reiner Phantasie, oder sie umfassen gleich auch noch die angeblichen Effekte von

Verwaltungsreformen, die man natürlich auch ohne Länderneugliederung machen könnte. Natürlich könnte man ein paar Ministergehälter, Staatssekretärsgehälter und die Organisationskosten für ein paar Parlamente einsparen. Wenn das aber alles ist, kann man es auch billiger haben: durch wirkliche Abschlankungen in den Verwaltungen und in den Parlamentsorganisationen.

Ich will nur noch ein einziges Argument ansprechen, das hier immer auch gleich aufgetischt wird: die Probleme, die man als Vater oder Mutter schulpflichtiger Kinder hat, wenn man von einem Land ins andere zieht. Den Ärger, der hinter diesem Argument steht – vor allen Dingen bei unseren Soldaten –, kann ich gut verstehen; immerhin bin ich in meinem Leben auch sechs- oder siebenmal von einem Land ins andere gezogen. Nur: ich bin von München nach Berlin, von Berlin nach Heidelberg, von dort nach Bonn und schließlich nach Stuttgart gezogen, solange meine Kinder bei mir lebten, und in allen diesen Städten fand ich mühelos genau die Schulen, die ich für meine Kinder brauchte; denn zumindest auf der Ebene der Gymnasien ist die Angleichung der Typen doch weitgehend geglückt. Ein einziges Mal mußte ich mir allerdings meine Wohnung gerade dort suchen, wo sich die geeignete Schule befand.

Das war also das Problem nicht; problematisch wäre die Sache lediglich dann geworden, wenn ich innerhalb eines Bundeslandes von einer großen in eine kleine Stadt hätte ziehen müssen, in der es nur ein Gymnasium gegeben hätte, und zwar einen Typ, auf den ich meine Kinder gerade nicht schicken wollte. Mit der Bundesstaatlichkeit hat das Thema also höchstens am Rande zu tun, und das gilt übrigens auch von den Schulbüchern, die hier so oft ins Feld geführt werden. Die werden überhaupt nicht vom jeweiligen Kultusministerium ausgewählt, sondern – aus welchen Gründen auch immer – von der Schule selbst. Und ich möchte bezweifeln, daß das eine Bundeskultusverwaltung anders machen könnte.

Natürlich ist es ein Problem, daß es bis 1990 in unserer bundesstaatlichen Finanzverteilung sechs oder gar sieben „arme" Länder gegeben hat, die durch das Hinzutreten der fünf „neuen" Länder auch noch komplettiert wurden, weil diese noch ärmer sind – übrigens ein treffliches Abbild unserer Gesellschaft, in der es ja allmählich auch nur noch Arme und Unterprivilegierte zu geben scheint.

Ich will aber auch hier die naheliegenden Folgen für eine wirkliche Reform Ihrer eigenen Phantasie überlassen und nur auf das Grundproblem hinweisen: auf den Zusammenhang zwischen Länderneugliederung und Finanzausgleich. Wirklich unabweisbar wäre die Länderneugliederung nämlich dann, wenn dadurch der Finanzausgleich überflüssig würde. Ergäbe eine Neugliederung wirklich Länder, die, wenn schon nicht nach Fläche und Bevölkerungszahl, so doch jedenfalls nach Finanzkraft und berechtigtem Finanzbedarf annähernd gleich wären, so daß kein horizontaler Finanzausgleich mehr notwendig wäre, und ließe sich das überdies für die nächsten zwanzig oder dreißig Jahre voraussagen, so wäre das schon eine Reform, für die auch ich auf die Barrikaden gehen würde. Wenn aber alles beim alten bleibt, wenn auch mit etwas kleineren Zahlen, dann können wir uns das Abenteuer gleich sparen.

Und es bleibt alles beim alten, wenn die Länder wie bisher nicht imstande sind, zwischen sich selbst einen fairen Finanzausgleich zu schaffen, wenn sie die Entscheidung, die eigentlich ihre ureigenste Sache sein müßte – wenn es auch im Grundgesetz anders steht –, wie bisher nicht nur rechtlich, sondern auch materiell dem Bund zuschieben, wenn dieser seinerseits den Weg des geringsten Widerstandes geht und schließlich das Bundesverfassungsgericht aus der Tiefe seines Gemüts das tun muß, was eigentlich Sache der Ländersolidarität wäre.

Mit einem Wort: Nur wenn der horizontale Finanzausgleich überflüssig würde, hätte für mich die Länderneugliederung Reiz. Ganz abgesehen von der Frage, ob die Landesvölker, die, wie ich schon gesagt habe, inzwischen alle ihr spezielles Landesbewußtsein entwickelt haben, dieses Spiel mitspielen würden.

V. Nun habe ich in der zweiten Hälfte meiner Geburtstagsrede eine Menge Probleme vor Ihnen ausgebreitet, keine Lösungen angeboten, das darf ich gar nicht und das gehört zum Reiz meines Amtes. Ich finde, ich war das der Sache schuldig. Sie brauchen nicht alles für richtig zu halten, was ich gesagt habe, und daß die

Lösungen, ja selbst die Lösungsbereitschaft heute schon vor der Türe stehen, glaube ich selbst nicht. Ich will auch nichts von dem zurücknehmen, was ich eingangs sagte: daß wir nämlich mit unserem föderalen Staatssystem im großen und ganzen ausgezeichnet bedient sind.

Aber dafür, daß wir uns aus diesem Anlaß nur gegenseitig belobigen und auf die Schultern klopfen, sind mir Tage wie der heutige doch auch wieder zu schade. Wer hindert uns eigentlich, gelegentlich einmal außer uns selbst zu treten, uns von außen her zu betrachten und gerade daraus zu lernen?

HILMAR HOFFMANN

UNSER GEMEINSCHAFTSPROJEKT MUSEUMSUFER

Vielleicht konnte das Frankfurter Museumsufer gar nicht anders entstehen als in dieser einmaligen Situation gegen Ende der siebziger Jahre. Am Anfang war die Idee: Das Flußufer des Maines auf der südlichen Seite beherbergte von alters her mehrere Museen, es war auch von seinem parkartigen Charakter, seiner leichten Erreichbarkeit und seiner städtebaulichen Struktur ein einzigartiges und beliebtes Terrain. Die vorhandenen Häuser auszubauen und ihnen systematisch noch einige Museen hinzuzugesellen, das konnte in dieser parkähnlichen Flußlandschaft ein „Jahrhundertprojekt" (Frankfurter Allgemeine Zeitung) werden.

Die Frankfurter sozialdemokratische Stadtregierung hatte bis 1977 eher Interesse an einer kommunalen Gesamtentwicklungsplanung und verweigerte sich aufwendigen Kulturprojekten. Als Walter Wallmann mich nach seiner Wahl zum Oberbürgermeister Frankfurts 1977 das erste Mal empfing, kamen wir rasch auf meine Pläne für das Museumsufers zu sprechen, die vor der Wahl für eine Utopie gehalten wurden und die ich nach der Wahl endlich zu realisieren hoffte. Der neue Oberbürgermeister mochte sich die Bemerkung nicht verkneifen, ein derart ehrgeiziges Projekt hätte unter seinem Vorgänger aber doch wohl kaum eine Chance gehabt. Das war wohl wahr.

Mit Ende der siebziger Jahre begann in vielen Städten der Bundesrepublik eine „Stadtkronenpolitik". Ihre hochgesinnten Protagonisten waren bereit, in die Aufwertung und ästhetisch ansprechende Gestaltung der städtischen Kernbereiche durch attraktive Architektur und interessante Einrichtungen zu investieren. Den Standortvorteil auszubauen war eine reelle Maxime ihres enthusiastischen Handelns.

Für die Kulturpolitik galt es, diesen günstigen Augenblick für die Zukunftsplanung zu nutzen. Mit der gerade entstehenden Architektur der Postmoderne, für die Heinrich Klotz aus Marburg im von ihm neugegründeten Architekturmuseum ein Bewußtsein entwickelt hatte, gelang es, dem Projekt durch renommierte Architekten die krönende Zuspitzung zu geben. Für Wettbewerbe zu den Neu- bzw. Erweiterungsbauten konnten ausgewiesene Fachleute in die Jurys berufen werden, die mit Richard Meier, Hans Hollein, Paul Kleihues, Gustav Peichl, Oswald Ungers die international erste Garnitur ausgewählt haben. Die Aufwertung des Mainufers durch den Bau des Speerschen Holbeinsteges als einer museumsnahen zweiten Fußgängerbrücke verstärkte die gewünschten Effekte.

Unter der Hand entwickelte unsere gemeinsame Kulturpolitik des Fortbaus des Museumsufers zu Frankfurts Arkadien eine Eigendynamik. Es ging nicht mehr wie beim Neubau des einflußreichen und vieldiskutierten Historischen Museums zu Anfang der siebziger Jahre nur um Nachholbedarf und Defizitausgleich, sondern es entstand etwas einzigartig Neues.

Was die Frankfurter Museumsarchitektur der achtziger Jahre bekannt gemacht hat, war jene neue Architekturauffassung, die mit dem Begriff „Postmoderne“ undifferenziert bezeichnet wird. Bei allen Unterschieden in Form und Konzeption sollten diese Bauten der Sprach- und Hilflosigkeit der spätmodernen funktionalistischen Architekturanschauung etwas radikal Neues entgegensetzen.

Schwellenangst beseitigen und Barrieren aufheben, das war für Walter Wallmann und mich ein Ziel der demokratischen Kulturpolitik im Museumswesen. Diese Vorgabe hat sich auch auf die architektonische Gestaltung ausgewirkt. Ich erinnere mich einiger Diskussionen in der Planungsphase des Museums für Kunsthandwerk, wo die damalige Leiterin mit Selbstverständlichkeit davon ausging, daß um ihr Haus mit seinen Kostbarkeiten auch nach dem Neubau ein undurchlässiges Stahlgitter ungebetene Gäste von den heiligen Museumsmauern fernhalten sollte. Natürlich hat der Museumspark heute keinen Zaun, ja er hat gerade seine Attraktivität deswegen, weil er jederzeit für jedermann frei und offen zugänglich ist. Nächtens genügend ausgeleuchtet, läßt der Park bei Passanten keine Angst aufkommen.

Früher wollten die Museen ein Ort des Lernens sein – „Lernort kontra Musentempel“ hieß eine wichtige Tagung im Frankfurter Historischen Museum 1972. Später entstand bei manchen das Vorurteil, Museen seien nur noch eine bessere Unterhaltungsveranstaltung ohne tiefere Wirkung. Darauf reagierte die interne Diskussion der Museumsszene mit einem Kompromiß: Man wollte jetzt Ort des Pläsiers und Lernort gleichzeitig sein. Das antike „prodesse aut delectare“ als Funktion der Künste wurde in der „Kultur für alle“, freilich richtig verstanden, immer interpretiert als sowohl – als auch und nicht als entweder – oder. Die Devise „Kultur für alle“ folgte dem sokratischen Impuls, mit der Kunst einen ständigen „inneren Dialog“ zu führen, der über den akademischen Zirkel hinaus zur Teilnahme animieren soll.

Wie sehr es zu den Aufgaben der Museen gehört, Publikum und Kunst zur Chance einer Begegnung zusammenzubringen, das hat der 1994 ernannte Leiter des Frankfurter Städelschen Kunstinstituts, Herbert Beck, erneut bestätigt (Markus Heller: Hinsehen! Und fragen. Die Zeit v. 21.10.1994): Er will nicht mit sensationellen Angeboten anlocken, sondern zum Hinsehen und Fragen ermutigen. Vierhundert Kunstwerke in einer Sonderausstellung innerhalb einer Stunde anschauen, das könne nicht Sinn der Sache sein. Viel wichtiger sei der humane Aspekt, der mit der Kunst unveräußerlich verbunden sei. Das Testament der Aufklärung in einer demokratischen Bildungsinstitution einzulösen gehört zur Pflichtaufgabe der Museen. Aus ähnlich aufklärerischem Geist ist das Frankfurter Museumsufer konzipiert.

In Frankfurt konnten wir mit dem Museumsufer deswegen einen beispielhaft hohen Standard der kulturellen Infrastruktur entwickeln, weil es gelungen war, den prozentual höchsten Haushaltsanteil aller europäischen Städte für Kultur als konstante Größe festzuschreiben: Satte elf Prozent des Frankfurter Verwaltungshaushaltes wurden für Kultur ausgegeben, und das bis zum Jahr 1990. Natürlich befand sich diese neue und hohe Wertung der Kultur in einer Gemengelage mit der Instrumentalisierung von Kultur als weichem Faktor der Standortqualität und der Umwegrentabilität. Aber ist es denn für eine Gesellschaft nicht sinnvoll, wenn sie in die Lebensqualität ihrer Menschen investiert, statt ihre finanziellen Kapazitäten für zerstörerische Expansion in Raum und Zeit zu verplempern?

Weil in den neunziger Jahren gespart werden mußte, ist das letzte potentielle Kleinod des Museumsufers, der Neubau des Völkerkundemuseums, erst ad calendas graecas vertagt und schließlich ganz aufgegeben worden. Dabei ist eine Stadt wie Frankfurt mit einem Ausländeranteil von 25 Prozent auf die anschauliche Präsenz der vielen Kulturen angewiesen, mit denen die darin munter agierenden Banken und Dienstleistungsunternehmen professionell kommunizieren. Gerade in der jüngsten Zeit ist der Kulturdialog als Flankenschutz für die Exportwirtschaft und als Mittel des Konfliktmanagements wieder neu ins Gespräch gekommen. Wenn heute nicht nur die Museen, sondern auch alle anderen Kultureinrichtungen mit dem Notwendigsten auskommen müssen, dann ist das ein herber Rückschlag für den Kulturstandort Deutschland. Aber eines kann auch die rigideste kulturfeindliche Sparpolitik nicht rückgängig machen: Das Museumsufer selbst. Es steht und hält sich im Bewußtsein der Frankfurter Bürger und der Museumsfreunde von weither.

Wie ich kürzlich in einem Gespräch mit Walter Wallmann erfahren habe, stehen wir beide auch heute noch zu dieser expansiven Kulturpolitik. Manche werfen uns Kulturpolitikern der achtziger Jahre vor, wir hätten ohne Rücksicht auf die Folgekosten aus dem Vollen geschöpft. Aber wir haben darin nicht anders gehandelt als die Straßenbauer, Schuldezernenten, Sozialpolitiker oder Wirtschaftsförderer.

Es gibt eine kulturspezifische Logik in solch offensivem Handeln: Man kann nicht ausgehen von fixierten, ein für allemal feststehenden Bedürfnissen. Alle Bedürfnisse werden individuell und gattungsspezifisch im Verlaufe der Geschichte erst entwickelt. Die Semantik der Kulturbedürfnisse ist dabei vielleicht noch elastischer als die anderer Bedürfnisse (vor allem als die sogenannten Grundbedürfnisse). Angesichts der Vielfalt des Kulturangebotes ist es noch schwieriger als beim Essen und Trinken, des Guten zuviel zu tun: Kulturkonsum läßt sich im Gegensatz zu

Nahrungskonsum nahezu unbegrenzt steigern. Und, wenn wir die Rolle der Kultur für Kreativität, soziale Integration und gesellschaftliche Elastizität berücksichtigen, kann es eigentlich zuviel Kultur nie geben.

Hohe Standards der kulturellen Infrastruktur wollten wir in der Wallmann-Ära in Frankfurt setzen. Dafür nutzten wir den „Kairos" der Situation klug, aber auch rasch. Festgeklopft werden sollte ein kultureller Standard, den preiszugeben künftigen Banausen am Hebel der Macht schwer gemacht werden mußte.

Was einmal als sinnvoll geschaffen wurde, hat die interessante Eigenschaft, auch in Krisenzeiten nicht völlig verloren zu gehen. Kulturfixierung nennen es die Kulturtheoretiker, wenn die vielen zu Kulturhabitués gewordenen Nutzer darauf beharren, nicht hinter einmal gewonnene und gelebte Standards zurückzufallen.

Hätten wir nicht konsequent die damalige Chance genutzt, geriete uns das als Versäumnis nachträglich erst recht zum Vorwurf. In der Zwischenzeit sind die gravierendsten Probleme ja nicht deswegen entstanden, weil zuviel investiert wurde, sondern weil – warum auch immer – der Grundkonsens über „Kultur als Ferment der Stadtentwicklung" (Walter Wallmann) verloren gegangen ist und im Paniksparen keine Struktur, geschweige denn eine Konzeption zu erkennen ist. Auch früher hat Kultur Geld gekostet, nur waren damals die Politiker bereit, in die Kultur als sinnvolle Amortisation in die Zukunft zu investieren.

Vor den Folgekosten war uns einst, als wir das Museumsufer bauten, wegen der Elastizität der Nachfrage nach Kultur nicht bang. Ist diese Nachfrage erst einmal mit den richtigen Mitteln, also dem attraktiven lebendigen Milieu, geweckt, dann wird sie, im Gegensatz zu anderen Nachfragepotentialen, eher steigen als stagnieren oder gar zurückgehen. Auf die öffentliche Grundfinanzierung werden die Museen nicht verzichten können. Aber eine zeitgemäße Konzeption für Museen kann heute, ohne deswegen Freiheit und Qualität der Gestaltung aufs Spiel zu setzen, durch Vernetzung und aktiviertes Marketing einiges von den Kosten auch wieder einspielen.

Voraussetzung wäre allerdings, daß die Museen ihre Akzeptanz beim Publikum sichern. Einigen ist dies besonders gut gelungen.

Kunst und Kunstausstellungen, besonders bezogen auf die Moderne und die klassische Moderne, haben in Frankfurt am Main außerordentlichen Zuspruch gewonnen, so daß in Jean-Christophe Ammanns Museum für Moderne Kunst sogar relativ hohe Eintrittspreise möglich wurden (allerdings mit entsprechenden Schwellenproblemen für Minderbemittelte).

Die interessanteste Ressource für die Zukunft von Städten und Regionen und für unsere Republik sind kreative und zuverlässige Menschen mit entsprechendem kulturellem Horizont. Sie zu entwickeln und zu fördern hilft das anregungsreiche Milieu der Kulturpolitik, und darin haben die Museen für die Menschen selbst ihren Sinn. Das wird auch in Zukunft aber nur dann so bleiben, wenn das Bewußtsein der Politiker mit Vorbildern wie Walter Wallmann fortentwickelt wird.

ERNST JÜNGER

AUS DEN TAGEBÜCHERN

Für Walter Wallmann – Mit herzlichem Glückwunsch

Wilflingen, 9. Juli 1991

Der Machtkampf zwischen Göttern und Titanen reicht vor die Geschichte, ja vor die Menschheit bis ins Chaos zurück. Sie können nicht ohne einander sein. Die Erschaffung des Menschen, von den Göttern ungern gesehen, leitet eine der Episoden dieses Kampfes ein, der sie überdauern wird. Noch heute ist zu erkennen, wer auf Seite der Götter und wer bei den Titanen steht. Allerdings gibt es kein reines Entweder-Oder, sondern auch den prometheischen Wechsel im Leben von Einzelnen.

Den Allvater berührt das nicht. Er hat sogar seine Freude am Schauspiel gleich dem homerischen Zeus, auch wenn die Arena, wie im nächsten Jahrhundert, den Titanen anheimfallen wird.

*

Die Ausrottung der zoologischen Schlange kommt der Midgardschlange zugut.

*

Wir leben in einem Interregnum, in einer Höhle namens Zeit mit einem Schimmer von Licht. Vorher war es besser, nachher wirds besser sein – zum mindesten schmerzlos, das läßt sich sicher voraussagen. Wozu also der Umweg – das ist die Lebensfrage für den Dichter, den Philosophen, den Theologen, den Regenwurm in seinem Staub.

Wilflingen, 29. Juli 1991

Wir waren viel unterwegs – so vorige Woche bei Dufners in Bern. Im Park der Botschaft ausführliches Gespräch mit Golo Mann, unter anderem über seinen „Wallenstein“. Ich rechne es zu den guten Zeichen, daß in unserer Zeit eine Geschichtsbetrachtung von solchem Rang entstehen konnte, und mehr noch, daß sie trotz ihrem Umfang diese einhellige Zustimmung gefunden hat. Was uns entgleitet, wird besonders begehrt – vielleicht erklärt sich so unser Natur- und Geschichtshunger.

Während der Hinfahrt machten wir bei Jean Rudolf von Salis auf Brunegg Besuch. Der Haus- oder, besser: der Burgherr empfing uns auf zwei Stöcke gestützt; er steht vor der Operation eines Hüftleidens. Ich konnte ihm für seine Lageberichte danken, die ich während des Krieges in Kirchhorst „sous le manteau" gehört habe. Das ist wörtlich zu nehmen, denn wie so viele hörte ich die Schweizer Sendungen unter dem Umhang an. So konnte weder Wort noch Ton nach außen dringen von dem, was Goebbels als „geistige Selbstverstümmelung" anprangerte.

Dabei entsinne ich mich, daß während des Ersten Weltkrieges in den Berliner Cafés französische und englische Zeitungen auslagen.

Wilflingen, 18. August 1991

Am Frühstück nehmen um diese Zeit die Wespen teil, behende Husaren in gelb- und schwarzgestreifter Uniform. Auch ihre Taktik erinnert an die leichten Reiter: Sie kommen mit zwei oder drei Kundschaftern, die den Tisch umkreisen, um nach Beute zu spähen. Weder der Honig noch die Marmelade sind vor ihnen sicher; sie finden die kleinsten Schlupflöcher. Sie räumen die Zuckerhörnchen ab, verschmähen auch nicht den gesüßten Tee.

Neu war mir, daß sie auch als Sanitäter hilfreich sind – ich wurde heut morgen dessen belehrt. Zwei Wespen waren unvorsichtig in den Honigtopf geflogen und dort umgekommen; sie rührten sich nicht mehr, als ich sie herausfischte und auf den Tisch legte. Im Nu waren einige Helfer zur Stelle, die sich mit ihnen an den Kiefern und den Bauchringen beschäftigten. Bald begann eine der beiden Leichen die Fühler zu regen und dann die Beine, endlich breitete sie die Flügel aus und flog davon. Die andere folgte ihr nach einiger Zeit.

Das Wunder war leicht zu erklären: Es war der Honig, der die Gefährten anlockte und von dem sie die Scheintoten genüßlich säuberten. Dank ihrer Sorgfalt wurden die Tracheen von der Verstopfung befreit, und die Erstickten konnten Luft schöpfen. Es war also kein Liebesdienst, der sie wiederbelebt hatte, doch der erfreuliche Ausgang eines Unfalles.

Derartiges belebt auch im Anblick, als ob man zufällig ein Buch aufschlüge und auf ein gutes Zitat stieße.

Wilfingen, 14. September 1991

Zu den Notizen über Nietzsches wachsendes Mißbehagen an Descartes und insbesondere an dessen Fehlgriff, daß die Tiere belebte Maschinen seien, kommt mir zufällig bei Leibniz eine bezügliche Stelle vor Augen – freilich gibt es kaum einen Zufall ohne Bezug.

Leibniz erwähnt, daß sich in Holland selbst das Volk über die cartesianischen Narren amüsiere, „weil sie sich einbilden, daß ein Hund, den man schlägt, aufschreie wie etwa ein Dudelsack, auf dem man spielt.“

Auch Nietzsches Verhältnis zu Leibniz wird, freilich nicht in dem Maße wie jenes zu Descartes, mit der Zeit ambivalent. Zwar bewundert er die „unvergleichliche Einsicht“, mit der Leibniz sich gegen die Cartesianer durchsetzt, erkennt ihn aber als typischen Deutschen, Sohn des „gemischtesten Volkes der Welt“. Als solcher nehme er eine Vermittlerrolle zwischen dem Platonismus und dem Christentum ein.

Wilflingen, 3. Oktober 1991

Zum ersten Mal wird der neue Nationalfeiertag begangen zum Gedächtnis an die Nacht vom zweiten zum dritten Oktober, in der vor dem Reichstag in Berlin die deutsche Fahne als Symbol der Wiedervereinigung gehißt wurde.

Die Frankfurter Zeitung bringt aus diesem Anlaß ein Résumée unter dem Titel: „Der Nationalrausch war erfunden, der Kater ist echt.“

*

Auch eine Art von Parasitismus: den Achtungsverlust eines anderen, besonders bei tiefem Sturz, ausbeuten. Die meisten reiben sich die Hände, viele leben davon. Das war schon immer so und selbst bei den Hühnern, wenn eines sich mauserte. Merkwürdig ist es angesichts einer Gesellschaft, in der die Menschenwürde angeblich den Vorrang genießt. Dazu der „Schutz der privaten Sphäre" zu einer Zeit, in der man noch nie so gründlich durchleuchtet werden konnte wie jetzt und hier. Die Angst vor den Schnüfflern und Ausgräbern ist verständlich, vielleicht prophetisch sogar. Siehe Orwells Vision.

*

Ich blättere wieder einmal im Grillparzer und stoße auf den Vierzeiler:

Will unsre Zeit mich bestreiten,
Ich lass' es ruhig geschehn:
Ich komme aus andern Zeiten
Und hoffe in andre zu gehn.

*

Das Wandelnde Blatt, das ich in Weiden erstanden habe, beginnt sich am Fenster in der Sonne zu wiegen: So äußert sich bei den Netzflüglern das Wohlbehagen – entsprechend bei den Katzen dem Schnurren oder bei den Hunden dem Schweifwedeln.

Wir „weben" beim Schwingen im Tanze und im Gesang aus Wohlbehagen und auch zur Andacht vor dem Altar. Die Webebrust (3.Mose 10, 15) wurde vom Priester geschwungen; sie konnte genossen werden, nachdem sie symbolisch gespendet worden war. Die Zuwendung ist immateriell.

„Weben" ist eines der Synonyme für „Dasein" überhaupt. „In ihm leben, weben und sind wir." (Apg. 17, 28) Eine dreifache Belichtung der Existenz.

Wilfingen, 21. Juni 1993

Kleine Fakten stützen ein hohes Gerüst. Daß Jona von einem großen Fisch verschlungen wurde, ist unglaubwürdig, doch ein Bericht, den man wie jede Fabel als Gleichnis akzeptieren kann. Ein Gleichnis ist auch die Arche Noah, doch wiederum so treffend, daß es sich unserer heutigen Problematik beängstigend anbietet.

Dagegen macht die Wunde, die dem ungläubigen Thomas vorgewiesen wird, nicht nur die Erscheinung, sondern auch den Lanzenstich mehr als glaubhaft – hier muß Tatsächliches geschehen sein. Die Reihenfolge ist der Lanzenstich, die Wunde, das Kreuz. Das wirkt sich, und wäre es ein Traum gewesen, historisch aus. Mit seiner Leibhaftigkeit beschäftigt sich ausführlich Augustin.

*

„Kleine Fakten stützen ein hohes Gerüst." Die Wirkung liegt darin, daß sie wie bei einem Samenkorn, das sich verwurzelt, von unten nach oben geht. Das ist auch ein Vorteil der aphoristischen Betrachtung gegenüber der systematischen. Die eine gründet, während die andere Begründung sucht. Hierzu in den „Vermischten Bemerkungen" von Novalis eine Bestätigung:

„Eine merkwürdige Eigenheit Goethes bemerkt man in seinen Verknüpfungen kleiner, unbedeutender Vorfälle mit wichtigen Begebenheiten. Er scheint keine andere Absicht damit zu hegen, als die Einbildungskraft, auf eine poetische Weise, mit einem mysteriösen Spiel zu beschäftigen. Auch hier ist der sonderbare Mann der Natur auf die Spur gekommen und hat ihr einen artigen Kunstgriff abgemerkt."

Novalis spricht aus eigener Erfahrung: Dem Aphoristiker rankt sich aus einem Einfall ein Geflecht empor. Ein Bild oder eine flüchtige Begegnung genügt, und die poetische Energie entlädt sich zu einem Blitz, der eine Landschaft erhellt:

„Alle Zufälle unseres Lebens sind Materialien, aus denen wir machen können, was wir wollen. Wer viel Geist hat, macht viel aus seinem Leben. Jede Bekanntschaft, jeder Vorfall wäre für den durchaus Geistigen erstes Glied einer unendlichen Reihe – Anfang eines unendlichen Romans."

Überlingen, 28. Juni 1993

Ich kann in Überlingen nur wenig Bücher unterbringen, doch einige davon sind sogar Dupla meines Wilflinger Bestandes wie „Tausendundeine Nacht", der Große Hegi, Nietzsches und Schopenhauers Nachlässe. So bin ich hinsichtlich der Lektüre nicht in Verlegenheit.

Zu Schopenhauers handschriftlichem Nachlaß zählen die „Cogitata", die anfangs 1830 in Berlin begonnen worden sind. Indem ich sie aufschlug, stieß ich auf die Notizen des Philosophen zu

Kerners „Seherin von Prevorst“. Der Eindruck, den dieser Bericht auf ihn geübt oder, wie zeitgenössische Kritiker meinten, verübt hat, ist bedeutend; gewisse Absonderlichkeiten legt er der „Leichtgläubigkeit und dem schwachen Urtheil“ Kerners zur Last.

Wilfingen, 14. August 1994
Spät wächst noch mein Bedürfnis, mich gründlicher über den Geschichtsabschnitt zu unterrichten, in den ich geraten bin. Ein Jahrhundert früher oder später hätte mir besser behagt. Andererseits ist nicht zu leugnen, daß das Geburtsdatum zu unserem Karma gehört.

Am Einschlafen hindern mich vor allem die beiden Figuren, die uns so unheilvoll geworden sind: Hitler durch seinen Antisemitismus und der Kaiser durch seine Flottenpolitik. Ich habe mir die beiden Standardwerke bestellt, die kürzlich erschienen sind:

Joachim Fest: „Staatsstreich. Der lange Weg zum 20. Juli“ – und Robert K. Massie: „Die Schalen des Zorns. Großbritannien, Deutschland und das Heraufziehen des Ersten Weltkrieges“.

Damit will ich beginnen, da in diesen Konflikt alle folgenden Übel wie in eine Pandorabüchse eingeschlossen sind. Die Ähnlichkeit mit dem Peloponnesischen Krieg zwischen Athen und Sparta ist zwingend, der die griechische Polis vernichtete. Vom Attentat in Sarajewo an wird jeder Tag zum Albdruck für mich. Das gilt allerdings nur post festum, wenn ich an die Begeisterung zurückdenke, mit der in allen Hauptstädten die Mobilmachung begrüßt wurde.

Ich lese in Sven Hedins „Ein Volk in Waffen“ (1915): „Alle politischen Probleme der nächsten Zukunft müssen ohne Zweifel ihre Wurzeln in diesem großen deutschen Krieg haben. Gehen beide kämpfenden Machtgruppen mit stark verringerten Kräften aus dem Streit hervor, so ist er in seinen erlöschenden Funken der Keim zu einem neuen, vielleicht noch verheerenderen Weltbrande.“

Wilflingen, 16. September 1994
Bei Sonnenschein Wind in großer Höhe – leichte Wolkenschleier

waren nicht nur flüchtig in der Bewegung, sondern schienen auch flüchtig in der Substanz. Manche lösten sich auf zu Archipelen, von denen eine Insel nach der anderen versank.

Der Schreck darüber, daß etwas da ist und verschwindet, so daß nichts mehr da ist, wird durch die Einsicht gemildert, daß die Erscheinung Stufen der Sichtbarkeit durchläuft. Im Niemandsland harren die Abenteuer, und die verschwundene Wolke spendet vielleicht Regen im Sahel.

*

Umwelt. Daß etwas sehr teuer werden kann, das wir bisher kaum beachtet haben, ist eine Erfahrung, die zum Teil auch auf Übervölkerung beruht. Stoffe wie Wasser und Luft, die umsonst waren, werden uns zugemessen; ein Unland wird Parkplatz und mit Uhren bestellt. Da tropfen die Minuten und verwandeln sich in Geld.

„Time is money" – der Spruch soll von Franklin stammen, der, wie mein alter Unteroffizier Nolte zu sagen pflegte, „mir schon mehrfach unangenehm aufgefallen ist". Könnte auch von Edison sein, amerikanisch jedenfalls. Franklin war unter anderem Banknotendrucker; heut richten die Banken auf jedem Bauerndorf Zweigstellen ein. Der Geldfluß wird rasant. Das ist eine Tatsache. Ideen laufen nebenher.

Das Müllproblem. Waschzwang, Geschwindigkeitsfuror und Wohlstand tragen dazu bei. Wer heute kein Auto hat oder ein Hotelzimmer ohne Bad oder wenigstens Dusche mietet, ist schon halb deklassiert. Ein Buch für hundert Mark ist zu teuer, während ein Gebrauchtwagen für deren zehntausend als preiswert gilt. Daß die Erfindung des Papiergeldes die Inflation einschließt, ist selbstverständlich; man kann es verbrennen, doch nicht umschmelzen, siehe Faust, Zweiter Teil.

Bauschutt und andere Abfälle könnten in einer regenlosen Wüste zu einem Gaurisankar aufgetürmt werden, von einem Standbild des uralten Proteus gekrönt.

Autowracks und andere vernutzte Maschinen könnten, entölt und verdrahtet, mit porösen Steinen gefüllt, vor und zwischen den Friesischen Inseln versenkt werden. Marine Pflanzen und Tiere verwandelten sie bald in ein blühendes Riff.

Wilflingen, 10. Januar 1995

Friedrich Nietzsche fühlte sich, wie er sagte, im 21. Jahrhundert zu Haus, vor dessen Schwelle wir stehen. Dort ist auch das Zeitalter des Übermenschen zu erwarten, dessen Ankunft sein Prophet verkündete.

Vom Übermenschen ist keine Annäherung an das Göttliche zu erhoffen, wie sie Leonardo als Künstler oder Alexander als Feldherr verkörperte. Der Übermensch ist ein Titan. In ihm triumphiert der Wille zur Macht. Seine Lust will Ewigkeit, aber sie reicht nicht an das Zeitlose hinan.

Die Weltgeschichte wird von Menschen und ihren Völkern ausgetragen; sie stellt im geologischen Maßstab nur eine winzige Spanne dar. Die Erdgeschichte dagegen übergreift den Zeitraum, in dem es Menschen gab und geben wird. Und vor ihr wechselten sich Götter und Titanen in der Herrschaft ab. Ihr Kampf greift immer wieder in die Geschichte ein. Im Übermenschen zeichnet sich wieder einmal eine der Wenden dieses Streites ab.

Nietzsche hat sich gründlich mit Darwin beschäftigt – er kommt zu dem Schluß, daß dieser den Typus „der englischen Mittelmäßigkeit" repräsentiert:

„Es gibt Wahrheiten, die nur von mittelmäßigen Köpfen erkannt werden können – wir wollen die Nützlichkeit davon, daß solche Geister zeitweilig herrschen können, nicht anzweifeln."

In diesem Sinne hat Darwins „Entstehung der Arten" Nietzsche wohl den Anstoß zur Konzeption des Übermenschen gegeben, ihm jedoch letzthin nicht genügt. Der Übermensch ist für ihn keine Variante, sondern eine neue Spezies. Er ist weniger eine zoologische als eine geistige Mutation. Mit ihr verknüpfen sich große Erwartungen.

Das 21. Jahrhundert wird nach der Ablösung der Götter („Gott ist tot") ein titanisches Zeitalter sein. Heimat und Spielraum des Übermenschen ist der Kosmos; er ist ein Raumfahrer. Und auch als Art wird er zu einem neuen Geschöpf der Erde; sie streift wieder einmal die Haut ab und wechselt ihr Kleid. Dabei leistet der Mensch mit seinem Wissen ihr Beistand – das ist sein Schicksal –, er kann, ob es ihm nützt oder schadet, nur zu dem beitragen, was die Erde will.

Magadino, 29. Mai 1995

Der Ausflug zu den Smaragd-Eidechsen wiederholt sich seit nunmehr zehn Jahren, und auch heuer wurden wir nicht enttäuscht. Die Tiere sind hier etwas größer und lebhafter gefärbt als innerhalb ihrer begrenzten nördlicheren Vorkommen. Man muß sich ihnen behutsam nähern; wir sahen ein prächtiges Männchen, das sich auf einer Felsplatte sonnte, und im Grase ein zweites, das sich durch seinen blauen Kehlsack abzeichnete.

Der Anstieg beginnt bei der Brücke über die schäumende Verzasca und führt am Hang bis zum Dörfchen Corippo hinauf. Zur Rechten steht ein Mahnmal, das einer Dame und ihrem Sohn gewidmet ist, die an dieser Stelle „auf grausame Weise" ermordet worden sind. Ich lese den Text, der, ohne die näheren Umstande zu schildern, an die Tat erinnert, jedes Mal, wenn ich vorbeikomme.

Links ist der Hang zu einem kleinen, ummauerten Friedhof abgeflacht. Wenn ein Holzkreuz dazukam, ist es im nächsten Jahr durch eine Marmortafel ersetzt, meist mit dem Photo darauf. Ältere Platten mit verwitterter Inschrift sind an die Mauer gelehnt. In der Mitte des Platzes steht der Steintisch, auf dem der Sarg während der Aussegnung ruht.

Oben in der Kirche gedenke ich bei einer Kerze der Mutter; sie hätte sich hier wohl gefühlt. Ich war nicht mit ihr in dieser Landschaft, wohl aber in Südtirol. Sie liebte die Bilder Segantinis und hätte gut in ein Gemälde Feuerbachs gepaßt. Eheu fugaces – – –.

Wilflingen, 23. Januar 1996

Die besten Gedanken kommen von selbst: Einfälle.

*

Auch die Materie empfindet – die Kinder wissen es besser als wir. Sie streicheln das Fell, als ob noch das Lamm drin wäre, und schlagen den Tisch, der sie gestoßen hat.

*

Der kleine Widder aus Kalkstein im Schlafzimmer. Azteken gruben ihn, um das Schwellen der Maiskolben zu fördern, auf ihren Feldern ein. Auch hier sorge ich dafür, daß er sein Zweiglein bekommt. Ich schneide es im Garten vom Lebensbaum.

*

Nachdem die Grablampe an ihrem Ort gedient hat, lasse ich sie noch ein wenig abseits brennen – es steht ihr auch Freizeit zu.

*

Noël Tamini: „Schweizer Nomadin von 58 Jahren, Bibliophilin, Freie Journalistin und écrivain diariste", schreibt mir zum „Sanduhrbuch":

„In Griechenland werden auch die Sanduhren ‚Clepsydren' genannt. Clepsydra war dort der Spitzname einer Courtisane, die ihre jeweiligen Dienste nach der Laufzeit ihrer Sanduhr bemaß."

Wilflingen, 5. Februar 1996

Ich begleite jetzt wieder Dostojewski in den „Dämonen" und lebe dann nächtlich in einer zweiten Gesellschaft, einer anderen Welt. In ihr träume ich weiter – so hörte ich den Stefan Trofimowitsch sagen: „Marmorsäulen bemalt man nicht." Das ist gut, steht aber nicht im Roman.

Den „Raskolnikoff" lernte ich als Fünfzehnjähriger kennen; mit jeder neuen Lektüre ändert sich die Gestalt. Das Kriminelle im Leser wird angeregt. Widrig ist aber, daß eine Alte, eine „Laus", und dazu noch mit dem Beile, getötet wird. Die Berufung auf Napoleon ist absurd, doch eben die geistige Verwirrung andeutend. Der verbummelte Student brütet so lange in seiner dunklen Kammer, bis unbedingt etwas geschehen muß. Er muß, um sich Luft zu schaffen, jemand umbringen.

Doch warum kein Bankeinbruch? Einmal, weil es ihm nicht um Geld geht, und dann weil er im Grund ein Feigling ist. Nietzsche bewunderte an Dostojewski die psychologische Finesse – aus seiner Sicht gehört Raskolnikoff natürlich zur Dekadenz.

Stawrogin ist der Übermensch in nuce: er stürzt nicht wie Nietzsches Seiltänzer in die Tiefe – der Fürst wählte den Strick.

Wilflingen, 3. März 1996

Die Hölle existiert nicht, wohl aber das Fegfeuer. Die letzten Sekunden können sehr lang werden: am Rande der Ewigkeit. Auch die Ewigkeit ist nur eine Vorstellung.

Wilflingen, 15. März 1996

Beendet: Dominique Venner: „Terreur et Crimes Politiques au XXe Siècle". Das Buch wurde mir vor Jahren vom Autor übersandt. Er zitiert mich mit einem Satze, der mir entfallen ist: „Le terroriste ne frappe pas seulement sa victime, il s'inflige une blessure définitive." Ich habe dabei wohl an Ernst von Salomon gedacht, der von Venner auch erwähnt wird, und zwar wegen seiner Verstrickung in den Rathenaumord.

*

Poincaré, ein kleiner frigider Rechtsverdreher mit geschwollenen Backen, verdankte seine politische Fortune dem antideutschen Revanchismus, der in Frankreich nach der Niederlage von 1870 das politische Hauptproblem war. Die beiden in Trauerflor gehüllten Statuen von Metz und Straßburg auf der Place de la Concorde hielten mahnende Wacht.

*

Der Typ des Königsmörders. Oswald, der den Präsidenten Kennedy erschoß, fällt in dieselbe Sparte wie Ravaillac und Damiens. Es gibt stets ein Umfeld, dem die Tat eines Einzelnen entwächst – eine Spannung, der ein Funke entspringt.

*

Der Bericht über die Folterung Damiens vom ersten bis zum achten und letzten Coin und dann über die Einzelheiten der Hinrichtung ist grauenhaft; er erschien zu Paris 1757, noch im Jahre der Tat. Ich besitze ihn in der Ausgabe, die auch der Alte Fritz gelesen hat.

*

Bei solcher Lektüre muß man sich die Katastrophe vor Augen halten, die ein Regizid auslösen kann. Unser Jahrhundert bietet das eklatante Beispiel von Sarajewo. Dem Erzherzog und seiner Gattin folgte ein endloser Trauerzug. Jeder meiner Generation ist ein Mitverwundeter. Prinzip, der Attentäter, wurde zu zwanzig Jahren Gefangenschaft verurteilt; er starb in der Haft.

Wilflingen, 17. März 1996

Morgens im Garten – ein heiterer Vorfrühlingstag. Der Winterling blüht rings um die Laube und unter der Blutbuche; der Winterjasmin ist verblüht. Der Krokus steckt noch kaum die ersten Spitzen heraus. Auf dem Weiher zwei Schwäne, Bläßhühner und viele Enten, im Lebensbaum picken die Grünfinken.

Gestern Abend war Schlachtfest im „Löwen“ – in der Nacht unruhige Träume, unter anderen in Gesellschaft mit Florence Gould. Mir gegenüber ein Nobile in eleganter Kleidung; er gehörte nicht zum Traum, sondern stand greifbar im Raum. Vielleicht macht mich meine intensive Dostojewski-Lektüre für solche Erscheinungen anfällig.

MANFRED KANTHER

FREUNDSCHAFT UND SPANNUNG

Im politischen Leben wird immer um den besten Weg gerungen, oft auch gestritten. Das ist zwar grundsätzlich nicht vermeidbar, aber der Stil der Begegnung kann sehr unterschiedlich sein. Auch in den eigenen Reihen einer politischen Partei ist die Auseinandersetzung über den besten Lösungsweg unverzichtbar; deshalb wird unter politischen Freunden die Form des Austrags noch wichtiger. Grundsätzliche Übereinstimmung bei seltenen Meinungsverschiedenheiten müssen das Zusammenleben in einer vernünftigen politischen Führungsgruppe prägen, die Erfolg miteinander haben will und nicht Eifersüchteleien gegeneinander pflegt.

So haben es auch Walter Wallmann und ich miteinander gehalten. In mehr als einem Vierteljahrhundert der Begegnungen ist Gemeinsamkeit auf der Basis gleicher Grundanschauungen über Gesellschaft, Staat und das Menschenbild vom einzelnen gewachsen. Aber Unterschiede in der Methodik des Anpackens, beim Aussprechen notwendiger Wahrheiten oder bei der zeitlichen Reihung von Entscheidungen unter urpersönlichen Einschätzungen hat es natürlich auch gegeben. Meistens konnte das Gespräch Übereinstimmung schaffen.

In wenigen anderen Fällen hat sich die auch in der Politik unerläßliche Hierarchie bewährt: Walter Wallmann war Landesvorsitzender und ich Generalsekretär, er hessischer Ministerpräsident und ich Finanzminister; er hatte die Richtlinienkompetenz. Weil unsere Differenzen nie ins Grundsätzliche gingen und für beide die Loyalität gegenüber der Sache und das Wissen um die gegenseitige Ergänzung vorhanden waren, ist meine Erinnerung an die gemeinsamen Jahre eine glückliche. Nie wäre ein öffentliches Wort der Kritik gegeneinander über unsere Lippen gekommen – noch je im persönlichen Gespräch ein Zweifel unterdrückt worden. Wie überall im Leben ist auch in der Politik Fairneß im Umgang miteinander ein so hohes Gut, daß ihre Beachtung nahezu jede Brücke schlägt.

Gelegentlich gab es Dissens, wenn ich als „Zahlenmensch“ versuchen mußte, einem weitreichenden Ideenansatz die materiellen Grenzen zu ziehen, in Wahlkämpfen, bei Werbekampagnen ebenso wie später in der Finanzpolitik des Landes. Im ganzen gesehen hat auch im Rückblick diese Spannung immer zu tragfähigen Kompromissen geführt.

Wichtig ist auch noch etwas anderes: Es war immer wieder das Schicksal der Hessischen CDU, große Erfolge zu erzielen, aber auch unerschüttert Niederlagen verkraften zu müssen; daraus entstand ein besonderer Kitt zwischen den politischen Akteuren.

Es bleibt dabei, Freundschaft und Spannung haben sich in einem langen gemeinsamen politischen Leben nicht im Wege gestanden, sondern jene gelungene Mischung der Gefühle und Verhaltensweisen erzeugt, die jetzt und für alle Zukunft sagen läßt, daß es nie langweilig und immer fair hergegangen ist und gehen wird.

OTTO RUDOLF KISSEL

GERICHTE ALS ERSATZGESETZGEBER?

Das Thema erscheint auf den ersten Blick, selbst nur als Frage, schon bedenklich und eindeutig zu verneinen zu sein: Unser Grundgesetz geht vom Grundsatz der Gewaltenteilung als tragendem Prinzip des gesamten Staatswesens aus, wonach alle Staatsgewalt in Wahlen und Abstimmungen durch das Volk selbst sowie durch besondere Organe der Gesetzgebung, der vollziehenden Gewalt und der Rechtsprechung ausgeübt wird (Art.20 Abs.2 GG). Wenn auch der Inhalt der Rechtsprechung im Grundgesetz selbst ausdrücklich nicht näher bestimmt wird, so wird man doch im allgemeinen Verständnis es als Aufgabe der Rechtsprechung anzusehen haben, Streitfälle in Anwendung des geltenden Rechts zu entscheiden, sei es zwischen Privatpersonen, bei Verdacht strafbarer Handlungen wie auch in Konflikten zwischen dem einzelnen und Hoheitsträgern wie auch zwischen diesen – im weitesten Sinne verstanden.

Handlungsorientierung, Bindung und Grenze für die Tätigkeit der Rechtsprechung ist das Gesetz, wie es die Art.20 Abs.3 und 97 Abs.1 des Grundgesetzes ausdrücklich vorschreiben. Dabei ist unser Denken vom „Parlamentsgesetz“ geprägt, das in dem von der Verfassung vorgeschrieben Verfahren ergangen ist – unbeschadet der verfassungsgerichtlichen Kontrolle der Gesetzgebung (Art.93 GG).

Der Gesetzgeber setzt also zur Verwirklichung seiner sich im Rahmen der Verfassung bewegenden, politischen Vorstellungen und politischen Ziele Rechtsnormen, und es gehört dann zur verfassungsmäßigen Pflicht der Gerichte, die ordnungsgemäß zustande gekommenen Gesetze anzuwenden, nicht nur dem Buchstaben, sondern auch dem ihnen erkennbar beigegebenen Sinn nach, emotionsfrei und ohne zusätzliche Sympathiebekundungen oder Korrektur der gesetzgeberischen Intention.

Der Gesetzgeber kann aber aus vielerlei Gründen nicht für alle möglichen Konfliktsituationen im voraus ausdrückliche, sozusagen automationsgerechte Regelungsnormen schaffen. Der zulässige (Aus)Weg der Grundsatzregelung durch Generalklauseln und ausfüllungsbedürftige Begriffe wird in vielen Fällen die Richtung für die richterliche Entscheidung angeben, enthält jedoch mit Rücksicht auf die notwendige einzelfallbezogene Auslegung durch den jeweils entscheidenden Richter erhebliche Gefahren für die Rechtssicherheit wie die Gefahr des Einfließens subjektiver richterlicher Vorstellungen in die Auslegung. Aber auch der Regelung durch Generalklauseln und unbestimmter Rechtsbegriffe sind immanente Grenzen gesetzt.

Andererseits kann ein angerufenes Gericht nicht bei Fehlen eines „passenden" Gesetzes eine inhaltliche Entscheidung verweigern. Es unterliegt dem verfassungsrechtlichen Rechtsverweigerungsverbot und muß aus diesem Grund versuchen, im geltenden Recht eine zutreffende Entscheidungsgrundlage zu finden, vor allem im Wege der Auslegung und Analogie, wie sie systematisch durch die Jahrhunderte in Voraussetzung und Folge entwickelt worden sind.

Aber auch das stößt gelegentlich an Grenzen. Für das so entstehende rechtliche Vakuum im Widerspruch zum Rechtsstaatsprinzip hält Art.20 Abs.3 GG mit seiner Formulierung, daß die rechtsprechende Gewalt an „Gesetz und Recht" gebunden ist, einen Auffangtatbestand bereit: Nach der schon legendär zu nennenden Soraya-Entscheidung des Bundesverfassungsgerichts vom 14.2.1973 decken sich Gesetz und Recht zwar faktisch im allgemeinen, aber nicht notwendig und immer: „Das Recht ist nicht mit der Gesamtheit der geschriebenen Gesetze identisch. Gegenüber den positiven Satzungen der Staatsgewalt kann unter Umständen ein Mehr an Recht bestehen, das seine Quelle in der verfassungsmäßigen Rechtsordnung als einem Sinnganzen besitzt und dem geschriebenen Gesetz gegenüber als Korrektiv zu wirken vermag; es zu finden und in Entscheidungen zu verwirklichen, ist Aufgabe der Rechtsprechung". Die aus dieser Überlegung sich ergebende Zulässigkeit der vieldiskutierten Rechtsfortbildung stellt die wohl schwierigste und gefährlichste Nahtstelle zwischen Gesetzgebung und Rechtsprechung dar: Nichtregelung durch den Gesetzgeber, aus welchen Gründen auch immer, führt leicht zur eigenständigen Normfindung durch das Gericht, letztlich zur Übernahme rechtsetzender Befugnis in Widerspruch zur Gewaltenteilung; andererseits gerät das Gericht in Auseinandersetzungen um hochstreitige politische Fragen und Zweckmäßigkeitsüberlegungen, systemwidrig und für die Neutralität gefährlich. Wenn auch nicht unvermeidbar, so ist doch bei Rechtsfortbildung größte richterliche Zurückhaltung geboten. Indessen ist aber der Primat der Gesetzgebungskompetenz des Parlaments dadurch gewahrt, daß der Gesetzgeber jede mißfällige Rechtsfindung eines Gerichts durch Gesetz für die Zukunft korrigieren kann.

Die Rechtsprechung in Anwendung der Gesetze durch Auslegung und Analogie wie auch die Rechtsfortbildung auf der Grundlage des Sinnganzen der Rechtsordnung, wie schwierig und auch unterschiedlich die dogmatische Abgrenzung im einzelnen sein mag, ist von ganz erheblicher Bedeutung für unser Rechtsleben und hat eine Fülle von Rechtsinstituten und Regelungsbereichen entwickelt, die längst fester Bestandteil der Rechtspraxis sind bis hin zu möglicherweise schon Gewohnheitsrecht (z.B. culpa in contrahendo, Wegfall der Geschäftsgrundlage, Verkehrssicherungspflicht, Sicherungseigentum, ja auch das vom Bundesverfassungsgericht kreierte informationelle Selbstbestimmungsrecht), wenn auch manche nicht immer unumstritten. Auch ist nicht zu verkennen, daß dem Gesetzgeber diese substitutive Rechtsprechung keineswegs ungelegen kommt und ihm manche „Kastanie“ aus dem Feuer holt, wenn man etwa an die Rechtsprechung der Arbeitsgerichte zum Arbeitskampf denkt. Es hat sich teilweise eingebürgert, diese gesetzesergänzende Tätigkeit der Gerichte als „Richterrecht“ zu bezeichnen und die Gerichte insoweit als „Ersatzgesetzgeber“ zu verstehen. Davor muß gewarnt werden: Auch eine noch so gefestigte Rechtsprechung ist und bleibt Rechtsprechung jeweils nur für den Einzelfall, hat keine normative Wirkung – und darf sie nach dem Grundsatz der Gewaltenteilung nicht haben.

Auch spielt die Rechtssicherheit in der Abgrenzung zwischen Gesetzgebung und Rechtsprechung hier eine bedeutungsvolle Rolle: Rechtssicherheit und Rechtsbeständigkeit sind nach der Rechtsprechung des Bundesverfassungsgerichts neben der materiellen Gerechtigkeit wesentliche Elemente der Rechtsstaatlichkeit; Verläßlichkeit der Rechtsordnung und damit auch ihrer Interpretation durch die Rechtsprechung sind wesentliche Voraussetzungen für die Freiheit. Rechtssicherheit bietet im Grunde nur das Gesetz, auch wenn zunehmend die (wenn auch nur partielle) Änderungs- und Novellierungshektik der aktuellen Gesetzgebung (nicht nur im Abgabenrecht) manche Bedenken im Zusammenhang mit der Rechtssicherheit aufwirft. Die Rechtssicherheit ist jedoch, rein rechtsförmlich betrachtet, nur durch Gesetze gewährleistet, in der Rechtsprechung aber insoweit grundsätzlich nicht.

Denn jede richterliche Entscheidung erschöpft sich, von wenigen Ausnahmen abgesehen, in den Grenzen ihrer jeweiligen Rechtskraft. Gerichtliche Entscheidungen, und mag eine Rechtsprechung noch so „ständig" sein, gelten nur für den entschiedenen Einzelfall, sind keine Rechtsquelle und stehen unter dem Risiko jederzeitiger Änderung der Rechtsauffassung in der Zukunft. Es gibt, von wenigen Sonderfällen abgesehen, keine Bindung an Präjudizien. Auch höchstrichterliche Urteile sind kein Gesetzesrecht und erzeugen keine damit vergleichbare Rechtsbindung. Weder verbreitete Rechtsansichten noch eine Rechtsprechung verändern die objektive Rechtslage. Jeder Richter muß, auch wenn er in einem anderen Prozeß vor die gleiche Rechtsfrage gestellt wird, neu die Rechtslage überdenken und nach seiner Rechtsauffassung entscheiden. Die Gerichte haben das Recht so anzuwenden, wie es der jeweils zuständige Spruchkörper im konkreten Streitfall als richtig erkennt. Jeder Richter muß seiner Entscheidung die Erkenntnisse zugrunde legen, die er hier und heute gewinnt. Das gilt für das erkennende Gericht der früheren Entscheidung wie für alle anderen Gerichte, mögen sie auch im Instanzenzug nachgeordnet sein. Selbst an eine feststehende Rechtsprechung sind die Gerichte nicht gebunden, wenn sich diese im Lichte neuerer Erkenntnisse oder veränderter Verhältnisse als nicht mehr haltbar erweist. Der Geltungsanspruch vorliegender, insbesondere höchstrichterlicher Entscheidungen beruht allein auf der Überzeugungskraft ihrer Gründe sowie der Autorität und den Kompetenzen des Gerichts.

Aus dieser mangelnden rechtlichen Bindung an Präjudizien folgt, daß jedes Gericht von früheren Entscheidungen abweichen kann, ohne gegen das aus Art.20 Abs.3 GG folgende Rechtsstaatsgebot zu verstoßen. Indessen hat der Richter bei seinen rechtlichen Überlegungen im Zusammenhang mit einer vorliegenden einschlägigen Rechtsprechung auch die auf dem Rechtsstaatsprinzip beruhende Rechtssicherheit zu bedenken.

Das Gebot der Rechtssicherheit bringt für die Rechtsprechung die Notwendigkeit einer gewissen Stetigkeit und Verläßlichkeit mit sich, da ja durch eine Entscheidung, besonders eine höchstrichterliche, in der Praxis ein Vertrauen auf den Fortbestand dieser Rechtsprechung entsteht – man richtet sich danach, das wirkt langfristig, und dieses Vertrauen darf nicht enttäuscht werden.

Deshalb hat sich die Rechtsprechung im Interesse der Rechtssicherheit eine Art Selbstbindung auferlegt, daß nämlich dann, wenn bei erneutem fallbezogenen Durchdenken einer Rechtsentscheidung für und gegen eine bestehende Rechtsprechung gleich gewichtige Gründe sprechen, es bei der seitherigen Rechtsprechung verbleiben soll; ein Abgehen von der Kontinuität der Rechtsprechung kann nur dann hingenommen werden, wenn deutlich überwiegende oder schlechthin zwingende Gründe dafür sprechen.

Besondere Probleme bietet die Abgrenzung von Gesetzgebung und Rechtsprechung in der dargestellten Systematik gegenüber gesellschaftlichem Wandel, der in der bestehenden gesetzlichen Rechtsordnung (noch) keinen Niederschlag gefunden hat; der Gesetzgeber hat auch bei allem guten Willen angesichts der Schnelllebigkeit der Verhältnisse kaum die Möglichkeit, jeweils zeitgerecht zu reagieren, klarstellend-bewahrend wie fortschreitend. Hier entsteht für die Rechtsprechung eine große Verantwortung: Folgt sie der (wie schwierig auch immer sicher feststellbaren) Entwicklung, oder steuert sie dagegen? Die Wandlung der Rechtsprechung zum Begriff der „Unzucht" wie die partielle rechtliche Anerkennung der „eheähnlichen Lebensgemeinschaft" mögen hier als Beispiel genügen für einen Wandel in der richterlichen Interpretation eines Allgemeinbegriffs und der rechtsschöpferischen Rechtsfortbildung.

Versucht man, dieses Problem auf die Grundlagen der richterlichen Funktion zurückzuführen, dann wird man sagen müssen: Es ist nicht Sache des Richters, jede faktische Entwicklung oder stets den Zeitgeist zu akzeptieren; wenn es um die Wahrung grundlegender gesellschaftlicher Werte, vor allem von Verfassungswerten geht, aber auch eindeutiger gesetzgeberischer Wertentscheidungen, erscheint „Gegensteuern" als richterliche Pflicht, auch wenn es unpopulär ist.

Mit aller Schärfe ist dieses Problem zutage getreten in den Kontroversen der Rechtsprechung um die Blockadeaktion vom 9.5.1983 gegen ein Sondermunitionslager der Bundeswehr in der Nähe von Mutlangen: Der Bundesgerichtshof (NJW 1988 S.1739) hatte die Verurteilung der Blockierer wegen Nötigung bestätigt, das Bundesverfassungsgericht hat entgegengesetzt entschieden (NJW 1995 S.1141).

Entgegen den dargestellten Vorbehalten gegen eine allzu freie Stellung des Richters gegenüber bestehenden Gesetzen und auch dem Fehlen von Gesetzen ist die weitreichende Auslegung, Analogie und Rechtsfortbildung durch die Gerichte ein fester Bestandteil der Staatspraxis.

Das gilt einmal für viele vor die Gerichte getragene Prozesse, wo es nicht um die notwendige Entscheidung von streitig gewordenen Fragen des geltenden Rechts geht, sondern um die Durchsetzung politischer Ansprüche und Vorstellungen im Scheingewand der Rechtsanwendung, und wo besonders in der Verfassungsgerichtsbarkeit nach kontroversen parlamentarischen Auseinandersetzungen der Unterlegene im Gewand der Verfassungsinterpretation die eigene Situation der Abstimmungs-Minderheit umzukehren sucht. Dabei soll die Frage der zeitbezogenen fehlenden Kompromißbereitschaft wie der der fehlenden (demokratisch notwendigen) Bereitschaft zur Respektierung fremder Mehrheiten nicht näher problematisiert werden. Jedenfalls drängt sich der Eindruck einer zunehmenden Justizialisierung des gesamten staatlichen und gesellschaftlichen Lebens auf. Diese gefährdet einerseits die Gestaltungsfreiheit der politisch legitimierten Gesetzgebung – man denke nur an die parlamentarischen Schlangenlinien bei der Gesetzgebung um den Schwangerschaftsabbruch entlang den verschiedenen Entscheidungen des Bundesverfassungsgericht in allen ihren Nebensätzen und obiter dicta oder an die katalogähnlichen Vorgaben in steuerrechtlichen Entscheidungen. Diese Entwicklung zeigt aber auch, daß dabei die Rechtsprechung leicht in den Strudel politischer Auseinandersetzungen, auch Zweckmäßigkeitserwägungen hineingerät, was ihre notwendige Neutralität ebenso in Frage zu stellen geeignet ist wie es Zweifel an ihre Legitimation für solche Entscheidungen aufkommen läßt.

Viele Mißverständnisse um die Rechtsprechung in ihrem Verhältnis zum Gesetzgeber lassen sich auf vier Kernprobleme zurückführen:

a. Was politisch gewollt, aber nicht (noch nicht) Gesetz geworden ist, das ist den Gerichten verschlossen. Manches wird schon als „Recht" deklariert, was noch Politik ist.
b. Rechtsanwendung gerät leicht in den Verdacht des Politischen, weil Politik eben die Voraussetzung in zeitlicher und materieller Hinsicht ist, weil sie Entstehungsgrund für das Recht ist. Rechtsanwendung ist eben nicht nur die Anwendung der einzelnen Norm, sondern auch der im Gesetzeswortlaut (wenn auch oft nur unvollständig) zum Ausdruck gekommenen Grundentscheidung des Gesetzgebers, die naturgemäß primär politischer Natur war, aber durch den Gesetzgebungsakt in Recht umgeschlagen ist.
c. Auch gesetzesfreie oder gesetzeslose Konfliktfälle bedürfen der richterlichen Entscheidung nach vom Gericht im Sinnganzen der Rechtsordnung zu suchenden rechtlichen Maßstäben ohne eigene politische Gestaltungsversuche durch den Richter, mögen sie auch mittelbar solche Folgewirkungen haben.
d. Oft bleibt das einmal geschaffene Recht hinter den sich fortentwickelnden Lebensverhältnissen zurück, aber die Gerichte sind unverändert an das fortbestehende Recht gebunden.

Als Gesamtergebnis dieser Überlegungen bleibt zusammenzufassen:

Gewaltenteilung ist nicht absolut durchführbar, zwischen den einzelnen Staatsgewalten bestehen vielfältige Überschneidungen. Diese sind in der Staatspraxis im Interesse der Effektivität und inneren Glaubwürdigkeit der Gewaltenteilung als freiheitsgewährendem Prinzip stets möglichst gering zu halten. Das bedeutet im Grunde trotz aller Forderungen nach Deregulierung die Notwendigkeit möglichst eindeutiger gesetzlicher Regelungen für alle auftretenden und voraussehbaren Konfliktfälle durch den Gesetzgeber. Bei Fehlen solcher Regelungen haben die Gerichte zwar nach rechtlichen Lösungsmaßstäben innerhalb der Gesamtheit der Rechtsordnung zu suchen. Dabei müssen sie jedoch innerhalb der bestehenden, vom Gesetzgeber vorgegebenen Rechtsordnung, dem Sinnganzen, bleiben und müssen darauf verzichten, ja schon jeden Anschein vermeiden, nicht in diesen Grenzen der Rechtsordnung und ihrer Wertentscheidungen zu bleiben, sondern sich an die Stelle des Gesetzgebers im Sinne einer eigenen persönlichen politischen Gestaltung zu setzen. Aber auch selbstkritische Überlegungen sind erforderlich, ob jede Unzufriedenheit und jede Abstimmungsniederlage, aber auch jede nichterfüllte, subjektiv als berechtigt erachtete Forderung zum Gegenstand eines Rechtsstreits gemacht werden muß.

ROLAND KOCH

DIE MÄR VOM ROTEN HESSEN

Sieg in der Nacht

Der Jubel war unbeschreiblich, als das völlig Unerwartete festgestellt wurde. Die Wahl war vorbei, die Union hatte am 5. April 1987 die Landtagswahl gewonnen. Walter Wallmann war Ministerpräsident.

Tagelang hatten die Demoskopen ein Kopf-an-Kopf-Rennen zwischen Union und F.D.P. einerseits und Rot-Grün andererseits vorausgesagt. Bei der letzten Umfrage kurz nach Schließung der Wahllokale schlug das Pendel hin zu Rot-Grün. Die ersten Hochrechnungen schienen dem auch recht zu geben, wenngleich immer wieder Hoffnung in den Räumen der CDU-Landtagsfraktion aufkam. Die Spannung stieg immer mehr, an der Mimik der Wahlbeobachter war schneller als an den Zahlen die aktuelle Ergebnislage abzulesen. Weit über die übliche Zeitspanne hinaus herrschte Unklarheit über den Ausgang. Erst weit nach 21.00 Uhr begann sich der Trend zu festigen, war die Entscheidung gefallen. Der Ehrenvorsitzende der Hessischen CDU, Alfred Dregger, erklärte in der Wahlnacht: „Was in Eltville 1967 begonnen wurde, hat Walter Wallmann vollendet."

An diesem Abend im Nassauer Stadtschloß in Wiesbaden war etwas geschehen, was in Hessen eigentlich überhaupt nicht hätte vorkommen dürfen. Rund 1.500 Stimmen machte der Vorsprung von CDU und F.D.P. beim letzten Landtagsmandat, zum 56. von 110, aus. Diese Landtagswahl war in vieler Hinsicht eine „historische Wahl", denn zum erstenmal in der Geschichte des Bundeslandes Hessen würde es eine Landesregierung ohne Beteiligung der SPD geben. Dazu kam, daß alle bis dahin gültigen Gesetzmäßigkeiten außer Kraft gesetzt wurden. „Die Hessen-Wahl ist in ihrer Bedeutung gar nicht zu überschätzen. Die Sozialdemokraten müssen die Macht in einem Land abgeben, das sie seit 40 Jahren regiert haben. Dieser Schlag ist schon schwer genug. Aber mehr noch: Zum ersten Mal in der bundesdeutschen Nachkriegsgeschichte ist es einer Bonner Koalition gelungen, in einer Landtagswahl die Regierung an Ort und Stelle aus dem Sattel zu heben; bisher galt die umgekehrte Regel: Wer in Bonn regiert, kann in den Ländern fast nur Wähler verlieren", schrieb „Die Zeit" am 10. April 1987. Gerade die hessische SPD hatte mit ihrer ausdrücklich so propagierten Gegengewichtspolitik über viele Jahre Wählerstimmen auf sich vereinen können.

Erst in der Rückschau wird deutlich, welch gravierender Wandel mit dem Wahlsieg Walter Wallmanns verbunden war. Neben programmatischen Unterschieden zog auch ein neuer Stil in die hessische Politik ein. Unmittelbar an die Wahl schlossen sich die Koalitionsverhandlungen zwischen CDU und F.D.P. an, die ruhig und harmonisch verliefen und so deutlich machten, daß die „hessischen Verhältnisse", die Rot-Grün zum Negativ-Markenzeichen entwickelt hatten, mit einem Schlag beendet waren. Bereits 18 Tage nach der Wahl wurde Walter Wallmann als Ministerpräsident vereidigt. Daß er bei seiner Wahl eine Stimme mehr erhalten hatte, als Union und F.D.P. an Sitzen hatten, war sichtbarer Ausdruck für das hohe Ansehen, das er sich über alle politischen Lager hinweg erworben hatte.

Der triumphale Sieg Walter Wallmanns war der Höhepunkt einer Entwicklung, die die Hessische Union seit Jahren genommen hatte. In der legendären Landesversammlung in Eltville am 2. Dezember 1967 war mit einem neuen Landesvorsitzenden auch eine junge Mannschaft mit neuen Namen angetreten, so auch der „35-jährige Landgerichtsrat Walter Wallmann", der damals zum stellvertretenden Landesvorsitzenden gewählt wurde und der knapp zwei Jahrzehnte später mit seinem Wahlsieg das deutlich sichtbare Zeichen für das Ende der „Mär vom roten Hessen" setzte.

Der Weg zur stärksten Partei

„Wir kommen" war das Plakat überschrieben, mit dem die neuformierte Hessische Union in den Landtagswahlkampf 1970 gezogen war und das wie kaum ein anderes jedem hessischen Unionsmitglied in Erinnerung ist. Selbst wer es – wie viele jüngere –

nicht selbst vom Ansehen her kennt, weiß zumindest aus vielen Gesprächen darum. Dieser Slogan war, im Gegensatz zu vielen früheren und späteren – mehr als nur ein Werbespruch. Selten zuvor hatte sich eine Kampagne so konkret umsetzen lassen wie bei der Landtagswahl im Jahr 1970. Nach dem schlechten Ergebnis von 1966, bei dem die Union bei nur noch 26,4 % gelandet war, gelang 1970 ein sensationeller Sprung auf 39,7 %. Diese Wahl hatte auch bundespolitische Bedeutung, da der Stimmenzuwachs, den die sozial-liberale Koalition von SPD und F.D.P. auf Bundesebene in den Jahren zuvor in Bund und Ländern verzeichnen konnte, damit nicht nur beendet, sondern der bisher große Abstand zur SPD auch weitgehend eingeebnet wurde. Wie groß der Sprung der Union nach vorne war, zeigt neben den Prozentgewinnen die Tatsache, daß die Union insgesamt mehr als 503.000 Stimmen aus allen Wahlkreisen dazugewinnen konnte. 20 Mandate mehr und 17 Mandate direkt gewonnen – seit 1950 waren noch nie mehr als sechs Sitze direkt gewonnen worden.

Wahlbeobachter kommentierten das Ergebnis: „Die Wahl beendete das besonders krasse Ungleichgewicht im politischen Kräftespiel des Landes und damit eine extreme Unterrepräsentation der CDU. Zum ersten Male gab es ein tatsächliches Gegenüber und ein ungefähres Gleichgewicht zweier Großer. Die Wahl 1970 war der Beginn einer entscheidenden Veränderung der politischen Landschaft Hessens“ (H. Lilge, in: Wahlatlas Hessen. 1976 – 1985).

Daß diese Wahl kein singuläres Ereignis, sondern der Beginn einer stetigen Stärkung und Aufwärtsentwicklung war, zeigte die Landtagswahl 1974. Die Union erreichte in einer Situation, die durch eine zunehmende Radikalisierung und Linkslastigkeit der SPD gekennzeichnet wurde nach einem hart geführten Wahlkampf eine weitere Steigerung auf 47,3 % und konnte fast 300 000 Stimmen gegenüber dem letzten Ergebnis dazugewinnen. Wie intensiv die Auseinandersetzung geführt wurde, läßt sich auch an der extrem hohen Wahlbeteiligung von 84,8 % ablesen, der höchsten, die bis dahin in Hessen zu verzeichnen war. 35 von 55 Wahlkreisen wurden direkt gewonnen. In Frankfurt, damals eine der Hochburgen der hessischen SPD, gingen sieben von acht Wahlkreisen an die Union. Die Union war erstmals stärkste Partei in Hessen geworden.

Das Wunder am Main

„Wer ist schon Wallmann?" hatte der Frankfurter SPD-Fraktionsvorsitzende Michel im August des Jahres 1976 mit kaum zu überbietender Arroganz in einer Debatte im Römer zu einer Zeit gefragt, als die Kandidatensuche der Union für die damals als schwierig geltende Stadt Frankfurt am Main begann.

Von heute aus betrachtet ist die Großspurigkeit der Frankfurter Sozialdemokraten kaum mehr nachzuvollziehen. Frankfurt am Main galt als „roter Erbhof". Wie sehr Stadt und SPD damals in Frankfurt am Main verwoben waren, zeigt ein in der Satzung festgehaltener Automatismus, daß der Oberbürgermeister zum SPD-Unterbezirksparteitag automatisch eingeladen wurde – zwar nicht als ordentlicher Delegierter, aber mit beratender Stimme und Rederecht. „Als die Sozialdemokraten vor Jahren ihre Satzung neu berieten, wurde der Einwand, daß der Frankfurter Oberbürgermeister nicht automatisch Mitglied der SPD sein müsse, nicht ernst genommen." (Frankfurter Rundschau v. 30. März 1977)

„Bankfurt", „Chicago am Main" oder „Krankfurt" waren geflügelte Worte, in denen zwar Respekt vor der wirtschaftlichen Leistungsfähigkeit dieser Stadt mitschwang, die aber zugleich die Distanz erahnen ließen, welche die Bürger damals zu ihrer Stadt hatten.

Walter Wallmann galt damals als „einer der tüchtigsten Junioren in der CDU" (FAZ), der nicht nur früh in die Führungsetage der Hessen-Union gekommen war, sondern sich bereits als Bundestagsabgeordneter bundesweit als Vorsitzender des Guillaume-Ausschusses einen Namen gemacht hatte. Angesichts solcher glänzenden Bonner Karriere-Chancen ist es nicht weiter verwunderlich, daß in den Kommentaren viel darüber gerätselt wurde, weshalb er sich wohl in die Pflicht habe nehmen lassen; von einem „Gestellungsbefehl", den ihm der Oppositionsführer Helmut Kohl „höchsteigen" gegeben habe, war die Rede. Wie diese Beobachter seine Chancen in Frankfurt beurteilten, kommt in einer Zeile zum Ausdruck, die für viele ähnliche stand: Der „Parlamentarisch-politische Pressedienst“ des Deutschen Bundestages überschrieb im Oktober 1976 eine Meldung mit der Zeile: „CDU-MdB wurde ‚Zählkandidat‘ gegen Frankfurts OB Arndt“.

Diese Wahl war für die im Aufwind befindliche Hessen-Union von erheblicher Bedeutung. „Ein CDU-Oberbürgermeister in Frankfurt – das wäre wahrhaftig die Fortsetzung der Trendwende im Quadrat . . .“ (FNP v. 29. Oktober 1976). Das Unglaubliche geschah wirklich, wobei wahrscheinlich niemand überraschter war als Walter Wallmann selbst, als er mit der Union in Frankfurt am Main nicht nur einen Sieg, sondern gleich die absolute Mehrheit im Römer errang. Die Kommunalwahl vom 20. März 1977 hat wahrscheinlich mehr als jede andere Wahl die politische Stimmung in Hessen verändert. Der Sieg Walter Wallmanns war das glänzende und herausragende Licht dabei, das den neuen Kurs unterstrich. „Nach dieser Wahl gab es das einstmals ‚rote‘ Hessen nicht mehr (. . .)“. Ein Journalist schrieb damals von einem „katastrophenähnlichen Zusammenstürzen der Machtgebäude der SPD und die CDU feierte kaum für möglich gehaltene Triumphe“ (Alfred Behr, in: Wahlatlas Hessen).

Daß sein Erfolg keine Eintagsfliege war, bewies Walter Wallmann trotz aller Widrigkeiten und Schwierigkeiten des Anfangs innerhalb kürzester Zeit. Trotz der Welle an Zustimmung, durch die er getragen wurde, ließ er sich nicht zur Hybris verleiten, sondern agierte mit kluger Zurückhaltung. Entgegen vieler Erwartungen hatte er dem politischen Gegner eben nicht den Gefallen getan, als „schwarzes Monster“ seine absolute Mehrheit zu exekutieren, sondern behutsam und dennoch zielstrebig führte er einen neuen Stil ein, der ihm nicht zu Unrecht das Attribut liberal eintrug. Getreu dem Motto „suaviter in modo, fortiter in re“ – nicht das wütende Anrennen gegen die Wand, sondern eine auf das Ziel bedachte Strategie führte dazu, daß sich innerhalb kürzester Zeit das verschriene „Mainhattan“ wieder in eine liebenswerte Stadt wandeln konnte. Der Wiederaufbau der Alten Oper, der Römerberg oder das Museumsufer sind Symbole für diese grundlegende Metamorphose, die die Kommunalpolitik für diese Stadt einleitete. Zur Verblüffung vieler galt die Stadt plötzlich nicht mehr als nur wirtschaftsstark, sondern zugleich als lebenswert.

Die Tradition der alten freien Reichsstadt schimmerte in der Wiedererweckung von Bürgerstolz und in neuer Identifikation der Bürger mit ihrer Stadt durch. Kunst und Kultur erlebten einen Bedeutungszuwachs wie in keiner anderen deutschen Stadt, nicht nur im Hinblick auf die zur Verfügung gestellten Mittel, sondern auch dadurch, daß sie wie z. B. bei der Verleihung der Goethe-Plakette an Ernst Jünger oder bei der Inszenierung eines Faßbinder-Stückes Themen wurden, die die Stadt wirklich bewegten. Mit „Kultur als Ferment der Kommunalpolitik“ hatte Walter Wallmann die Motivation seines Handelns beschrieben.

Der Weg zur Regierungsverantwortung

Im Jahr 1978 konnte die CDU auf Landesebene noch einmal ihre absolute Stimmenzahl um rund 50 000 auf 1 575 000 Stimmen ausbauen. Wegen der auf 87,7 % angestiegene Wahlbeteiligung sank allerdings der Stimmenanteil auf 46 %. Der SPD war es in diesem Wahlkampf gelungen, bundespolitische Themen so stark zu konturieren, daß die fortdauernde landespolitische Problematik – vor allem die des Schulkampfes – teilweise überdeckt werden konnte. Obwohl die Union damals nicht die Regierungsmacht übernehmen konnte, sprechen Wahlbeobachter dennoch bereits von einer „Dominanz“ der Union.

Die Landtagswahl am 26. September 1982 stand unter ganz besonderen Vorzeichen. In den Umfragen der verschiedensten Meinungsforschungsinstitute stiegen die Werte der Union von 48 % im Juni 1982 kontinuierlich bis zur zweiten September-Woche an, in der 51,2 % der Wähler sich für die Union entscheiden wollten. Der Einzug in die Staatskanzlei war greifbar nahe. Doch innerhalb eines Zeitraumes von nur 14 Tagen gelang es der SPD, die Wende in Bonn in einem extrem emotional geführten Wahlkampf zu einem „Verrat in Bonn“ umzuetikettieren. Von einem Tag auf den anderen waren alle landespolitischen Themen, die bis dahin im Wahlkampf eine Rolle gespielt hatten, vergessen. Eine von der SPD geschickt inszenierte Legende. Obwohl die CDU bei der Wahl absolut weiter anwuchs und über 1 580 000 Stimmen erzielte, reichte es bei der hohen Wahlbeteiligung von 86,4 % am Ende nur zu einem Ergebnis von 45,6 %. Die SPD, der die Demoskopen einen Fall in die 30%-Ränge vorhergesagt hatten, schaffte eine überraschende Mobilisierung und am Ende 42,8%. Die F.D.P. verfehlte mit 3,1% den Wiedereinzug in den Landtag, die Grünen waren mit 8% und neun Sitzen erstmals in den Landtag eingezogen. Die Union erreichte die höchste Stimmenzahl, die bisher je eine Partei in Hessen erzielte. Noch am Wahlabend erklärte Alfred Dregger seinen Rücktritt und nannte Walter Wallmann als geeigneten Nachfolger.

1982 war in vielerlei Hinsicht eine Zäsur in der hessischen Landespolitik. Der Erosionsprozeß innerhalb der sozialdemokratischen Partei konnte bis zu dieser Landtagswahl dadurch überdeckt werden, daß sie es mit Hilfe ihres damaligen Koalitionspartners F.D.P. immer knapp geschafft hatte, die Regierungsmehrheit zu erhalten. Dies war nach 1982 beendet. Im Hessischen Landtag standen sich die Union mit 52 und die SPD mit 49 Sitzen als große Fraktionen gegenüber. Die Union hatte die Wahl nicht gewonnen, die SPD hatte sie verloren und war dennoch nicht bereit, im Interesse des Landes den Weg zu stabilen Regierungsverhältnissen einzuschlagen, obwohl Walter Wallmann aus staatspolitischer Verantwortung zu weitgehenden Konzessionen bereit war. Die Folge der sozialdemokratischen Verweigerung war eine endlose Hängepartie einer zahnlosen geschäftsführenden SPD-Regierung zum Schaden für das Land. Ohne Mehrheit war die Regierungspolitik zum Stillstand verurteilt; nicht einmal ein ordentlicher Haushalt konnte verabschiedet werden. Da sich die SPD ihrer Schwäche bewußt war, verweigerte sie sich auch dem Drängen der Union auf rasche Neuwahlen, die dem Land wieder eine stabile Regierung bringen sollten. Aus taktischen Gründen wurde der Wahltermin von der SPD auf den 25. September 1983 festgesetzt, da man möglichst weit entfernt von der glanzvollen Bestätigung der Bonner Wende in der Bundestagswahl vom März 1983 wählen wollte. Diese Taktik ging teilweise auf, da die Aufräumarbeiten der neuen CDU/F.D.P.-Bundesregierung den Bürgern große Veränderungen abverlangte, ohne die die Konsolidierung in Bonn nicht erfolgreich hätte durchgeführt werden können. Der neue Spitzenkandidat Walter Wallmann reagierte auf diese Entwicklung mit einer ungewöhnlichen Wahlkampfführung, indem er öffentlich zur Unterstützung der F.D.P. aufforderte: „Jede Stimme für die F.D.P. – auch eine Stimme für Wallmann." Nur vor diesem Hintergrund ist das Ergebnis der Union von 39,4 % zu verstehen, dem allerdings ein Sprung der Liberalen von 3,1 % auf 7,6 % im Jahr 1983 gegenüberstand. Die SPD konnte in dieser besonderen Situation erhebliche Stimmengewinne realisieren und verbesserte sich auf 46,2 %, sie verfehlte aber ihr Ziel einer Alleinregierung. Die genaue Betrachtung der Entwicklung in den Wahlkreisen, in denen die Grünen besonders gewonnen hatten, zeigte, daß zwischen SPD- und Grünen-Wähler starke Austauschbeziehungen bestanden. Allerdings waren durch diese Wahl die „hessischen Verhältnisse" nicht beendet, sondern nur auf eine andere Ebene gehoben. Von der zunächst öffentlich verkündeten Ablehnung der Grünen über eine Tolerierung bis schließlich hin zur Regierungsbeteiligung reichte die rasante Räumung von Grundsatzpositionen bei den Sozialdemokraten, – allein begründet durch die Absicht, den Machterhalt um jeden Preis zu gewährleisten.

Doch die Differenzen innerhalb der rot-grünen Koalition konnten nicht dauerhaft überdeckt werden. Obwohl die SPD inzwischen weitgehend selbst auf grünen Kurs gegangen war, beendete der Streit um die Hanauer Betriebe mit der Entlassung des grünen Umweltministers die rot-grüne Koalition vorzeitig. Mit der Wahl am 5. April 1987 war die Union mit Walter Wallmann erstmals in Hessen an ihr Ziel gelangt, nicht nur stärkste Partei zu sein, sondern zugleich die Regierung übernehmen zu können. Mit dem triumphalen Erfolg Walter Wallmanns hatte die hessische SPD endgültig ihre vermeintliche Rolle als „Staatspartei" ausgespielt.

Die folgende Landtagswahl im Jahr 1991 stand unter einem ungünstigen Stern. Nachdem die Union bei der kurz zuvor stattgefundenen Bundestagswahl 41,3 % erhalten hatte und die SPD mit einem Rückgang von 38,7 auf 36 % ihr schlechtestes Resultat hinnehmen mußte, wirkte sich wieder einmal der Einfluß der Bundespolitik negativ auf die hessische Landtagswahl aus. Entgegen allen Erwartungen zogen sich die Koalitionsverhandlungen weit über die Weihnachtspause – mit der Folge, daß in diesen Tagen allerlei absonderliche Vorschläge, von der Einführung einer Autobahngebühr bis hin zur Erhöhung der Telefongebühren, diskutiert wurden. Aber letztlich war auch dies nicht der entscheidende Faktor, denn die Entwicklung am Golf überlagerte damals alles und bestimmte die Nachrichten für Tage. Es fand eine Landtagswahl „im Schatten der Weltpolitik“ statt, wie die „Frankfurter Rundschau“ schrieb. Mit einem denkbar knappen Vorsprung konnte sich Rot-Grün durchsetzen, aber trotz der ungünstigen Ausgangslage betrug der Unterschied zwischen SPD, die 40,8 % erzielen konnte und der Union nur 0,6 %-Punkte. In der nachfolgenden Bundestagswahl 1994 festigte die CDU ihre Stellung als stärkste bundespolitische Kraft in Hessen und – obwohl die Wiedererlangung der Regierung in Hessen nicht erreicht wurde – auch auf Landesebene bei der Wahl 1995, bei der die SPD mit 38 % ihr schlechtestes Wahlergebnis seit 1946 auf Landesebene hinnehmen mußte.

Die Entwicklung der letzten Jahre zeigt, daß es die SPD in Hessen zwar geschafft hat, nach dem Verlust der Regierung 1987 wieder in die Staatskanzlei einzuziehen – dies war aber nur um den Preis einer fortschreitenden Erosion möglich. Nur durch die Stärkung der Grünen war der Erhalt der Regierung möglich. Die Hinwendung zu den Grünen und deren Programmatik führte nicht nur dazu, daß sich immer mehr Wähler von der SPD abwandten. Dieser Weg ging nicht nur hin zu den Grünen, sondern führte auch zur Wahlenthaltung und zu solchen Gruppierungen, die allein von der Verdrossenheit an Politik generell leben. Auf der anderen Seite konnte sich die Union, trotz aller Wechselfälle und Schwierigkeiten, nach ihrer rasanten Aufholjagd früherer Jahre als stärkste landes- und bundespolitische Kraft in Hessen fest etablieren.

Wie weit aber die Strukturen der einstigen „Quasi-Staatspartei“ SPD gerade im vorpolitischen Raum noch nachwirken, kommt immer wieder schlaglichtartig zum Vorschein. Die Durchdringung gesellschaftlicher Funktionsstellen wirkt weit über Wahltage hinaus. Zuletzt wurde dies beim Untersuchungsausschuß im Hessischen Landtag zum sogenannten „Henrichs/von Plottnitz-Skandal“ deutlich, der bei der Untersuchung der Frage, wie bei der Erteilung einer Nebentätigungsgenehmigung für Hessens obersten Richter bemerkenswerte persönliche Bekanntschaften und zufällige Zugehörigkeit zur Arbeitsgemeinschaft sozialdemokratischer Juristen doch anscheinend eher dienlich als hinderlich waren und daß es großer Anstrengungen bedarf, den Weg weg von parteipolitischer Inbesitznahme wieder hin zur Neutralität und an der Sache orientierter Entscheidungen einzuschlagen.

Die Stärke der Union in Hessen als kontrollierende Kraft, die jederzeit in der Lage ist, selbst die Regierung zu übernehmen, ist aber auch hier die Garantie dafür, daß diese langfristig nachwirkenden Ausläufer in Hessen ihr Ende finden werden. Die auf den ersten Blick kaum zu bemerkende Mutation der SPD-Wahlslogans von „Wir Hessen" in ein sehr viel bescheideneres „Wir in Hessen" zeigt mehr als viele Abhandlungen, daß diese Entwicklung inzwischen auch in der Psyche der Sozialdemokraten in Hessen angekommen ist.

Größere Bürgerbeteiligung

Der Vorschlag von Walter Wallmann zur Einführung der Direktwahl in Hessen, der im Zuge der von ihm angestoßenen Diskussion über eine Parlamentsreform in Hessen unterbreitet wurde, sorgte bereits kurze Zeit nach der Veröffentlichung für heftige Diskussionen, nicht nur in anderen Parteien. Es liegt auf der Hand, daß eine so erhebliche Korrektur der hessischen Kommunalverfassung, mit der die Politik in Hessen über 40 Jahre lang gelebt hatte, ein erhebliches Umdenken erforderte, daß dieser Vorschlag allergrößte Zurückhaltung bei genau den Parteien ausgelöst hatte, die über Jahre engagierte Diskussionen zur Thematik einer größeren Bürgerbeteiligung („Mehr Demokratie wagen") geführt hatten. Während es bei den Grünen zustimmende Tendenzen gab, verweigerte und verschloß sich die SPD den Überlegungen von Walter Wallmann. Offenbar passen sehr wohl die sonntäglichen Reden, nicht aber die gelebte Wirklichkeit einer größeren Bürgerbeteiligung und mehr Mitsprache in das zementierte Denken einer Funktionärskaste, der es in erster Linie um den Erhalt der eigenen Machtposition zu gehen scheint.

Selbst nach dem überzeugenden Wählervotum von 82% bei der Volksabstimmung, die zusammen mit der Landtagswahl 1991 stattgefunden hatte, weigert sich die SPD bis heute, eine entsprechende Anpassung der hessischen Gemeindeordnung vorzunehmen. Ganz im Gegenteil gibt es Strömungen, durch flankierende Maßnahmen die Bedeutung und Eigenständigkeit der Direktwahlen von Landräten, Oberbürgermeistern und Bürgermeistern durch andere Regelungen zu beschneiden. Dazu zählt z. B. die Absicht, nach der solche Direktwahlen mit anderen allgemeinen Wahlen zusammengelegt werden können. So wird ganz offensichtlich versucht, das klare und eindeutige Votum bei Persönlichkeiten zu verringern und sie in die Gemengelage vieler anderer Themen, die bei solchen Wahlen zur Abstimmung stehen, zu verwässern. Es ist mehr als symptomatisch, daß der SPD-Oberbürgermeister der hessischen Landeshauptstadt aus Verärgerung über die Haltung seiner Partei nicht mehr zur Wiederkandidatur bereit war.

Im Gegensatz zu diesen eher kleinen parteitaktischen Winkelzügen steht die hohe Akzeptanz, die trotz aller fehlenden Anpassungen der Gemeindeordnung die inzwischen direktgewählten Landräte und Oberbürgermeister erzielen konnten. Ganz offensichtlich wird der Legitimation, die durch die Direktwahl erreicht wird, ein so hoher Wert beigemessen, daß direktgewählte Stadtoberhäupter trotz mancherorts fehlender Mehrheiten in den Stadtverordnetenversammlungen nicht nur äußerst erfolgreiche Arbeit leisten, sondern vielerorts zur bestimmenden Figur der lokalen Politik geworden sind.

Obwohl die Hessische Union auf der kommunalen Ebene sich immer noch im Ringen um die Erlangung der Position der stärksten Kraft befindet, so zeigt sich doch, daß gerade auf dieser Ebene die zur Wahl stehende Persönlichkeit von entscheidender Bedeutung ist. Es gehört mit zu den großen Erfolgen der Hessischen Union nach 1991, daß es ihr gelungen ist, in 14 der 20 größten hessischen Städte in Direktwahlen die Stadtoberhäupter zu stellen. Ausgelöst durch den Anstoß von Walter Wallmann regieren inzwischen nicht nur in den ehemals als „rote Bastionen" geltenden Städte Kassel, Marburg, Rüsselsheim oder Hanau CDU-Oberbürgermeisterinnen und -Oberbürgermeister, sondern auch in Frankfurt am Main ist es mit einem überzeugenden Votum der Wähler bereits im ersten Wahldurchgang Petra Roth gelungen, als Herausforderin den sozialdemokratischen Oberbürgermeister zu schlagen. Hier zeigt sich, daß die Union die moderne Großstadtpartei ist; dies kommt nicht zuletzt in der ausgesprochen hohen Zustimmung zum Ausdruck, welche die Oberbürgermeisterin in dieser Stadt, die Walter Wallmann besonders am Herzen liegt, in kurzer Zeit erzielen konnte. Von Walter Wallmanns triumphalem Erfolg 1977 bis hin zum Erfolg der Union in der Kommunalwahl 1997 in Frankfurt am Main zieht sich eine Entwicklung, die es inzwischen schlichtweg absurd erscheinen ließe, wenn noch jemand von Frankfurt am Main als roter Hochburg sprechen würde.

HANS-HELMUT KOHL

MIT SANFTER BEHARRLICHKEIT

„Ich bin ein sehr unbefangener Mann. Ich frage nicht danach: Ist etwas durchsetzbar oder nicht? Wenn ich von einer Sache überzeugt war, habe ich sie durchzusetzen versucht." Es ist kaum möglich, Walter Wallmanns Selbstverständnis als Politiker treffender als mit seinen eigenen Worten zu beschreiben. Er wählte sie 1992 während eines ausführlichen Gespräches mit der „Frankfurter Rundschau" als Antwort auf die Frage, ob er in der Rückschau auf seine Zeit als Frankfurter Oberbürgermeister neben der oft zitierten „Vorsicht" auch die „Kühnheit des Handelns" für sich in Anspruch nehmen würde. Nein, so lautete die Botschaft, er wolle sich nicht selbst diese Tugend zuweisen – wenn in späteren Jahren einmal ein solches Urteil über ihn entstehen sollte, werde er allerdings kaum etwas dagegen einzuwenden haben, klang es unausgesprochen mit.

Sich als Person zurücknehmen und dabei, wie häufig beschrieben, mit „federnder Härte" konkrete Politik zu machen: Walter Wallmann hat dies als Parlamentarier in Land und Bund und während seiner Amtsjahre als Oberbürgermeister, Bonner Minister und Regierungschef in Wiesbaden mehr als ein Vierteljahrhundert lang bewiesen. Dabei ist es natürlich nur ein Zufall, daß die Jahre 1967, 1977 und 1987 jeweils besondere Einschnitte markieren, auch wenn die Würdigungen des Jahres 1997 aus Anlaß seines Geburtstages nun dazu sehr gut passen. Der junge Marburger CDU-Landtagsabgeordnete war es, der Ende 1967 den bis dahin von der Opposition geschonten sozialdemokratischen Ministerpräsidenten Georg August Zinn persönlich attackierte und damit ein Tabu brach. Die Aktion brachte dem landespolitischen Nobody erstmals überregionale Beachtung ein, aber auch seinen Ruf als stramm konservativer Flügelmann der hessischen Union, der ihn lange nachgesagt werden sollte.

Nach Frankfurt und damit in die Stadt, der er Jahre später wie kein anderer Oberbürgermeister seit Walter Kolb seinen Stempel aufdrücken sollte, schickte ihn die CDU Anfang der siebziger Jahre, als es darum ging, massiven Streit innerhalb des dortigen Kreisverbandes zu schlichten. Zeitgenossen schilderten sein Vorgehen aus diesem Anlaß mit Bewunderung und lobten seine „straffe, nach allen Seiten offene Verhandlungsführung, den unbeirrbaren Griff nach dem Wesentlichen und eine hartnäckige Ausdauer, die auch beharrliche Verweigerer allmählich mattsetzte und nachgeben ließ“. Es waren dies Fähigkeiten und Eigenschaften, die Walter Wallmann – nach seinen Jahren als Bundestagsabgeordneter zwischen 1972 und 1977 – vor allem im Amt des Frankfurter Oberbürgermeisters optimal ausspielen konnte.

Die Erinnerungen an diese Wahlbewerbung des „Wunschkandidaten der Frankfurter SPD“ (so hatten ihn die am Main seit Kriegsende regierenden Sozialdemokraten zum Wahlkampfauftakt willkommen geheißen) sind selbst 20 Jahre später noch äußerst präsent. Ein eher zögerlicher Walter Wallmann, der sich der Parteiräson gebeugt und kandidiert hatte, ein Aufmarsch der CDU-Bundesprominenz, wie er erstmals während eines Kommunalwahlkampfes beobachtet werden konnte, schließlich ein Erdrutsch-Wahlsieg, dessen Bedeutung für die gesamte deutsche Innenpolitik sich erst Jahre später offenbaren sollte: An der Spitze der Finanzzentrale am Main stand nun ein Mann, der daran ging, ein in der Vergangenheit besonders „rotes“ Rathaus umzukrempeln. Dazu gehörten symbolträchtige Handlungen wie das Anlegen der Amtskette bei offiziellen Anlässen, aber auch eine die eigenen Parteifreunde manches Mal enttäuschende Personalpolitik. Die CDU, die sich gerne „zugreifender“ gegeben hätte, mußte damit leben, daß Walter Wallmann den republikweit renommierten Kulturdezernenten Hilmar Hoffmann ebenso im Amt beließ wie andere SPD-Dezernenten, die in ihren Funktionen seine Politik umzusetzen hatten – und dies auch taten.

Daß es keinen „Kulturkampf“ gab, daß der Versuch, das „unregierbare Frankfurt“ zu regieren, über einen Zeitraum von beinahe zehn Jahren scheinbar mühelos gelang, daß die 1977 so vollkommen überraschend gewonnene absolute Mehrheit für die CDU zunächst sogar ausgebaut und dann noch einmal verteidigt werden konnte: Für Walter Wallmann (dies hat er inzwischen ungezählte Male bestätigt) sollten diese Jahre zu den „besten“ und erfolgreichsten seines Politikerlebens werden. Er selbst sprach von einer „liberalen Erneuerung“ der Stadt. Tatsächlich folgten eine schier endlose Reihe von Detailentscheidungen, aber auch grundsätzliche Festlegungen, die er rückblickend in dem eingangs erwähnten Gespräch mit der „Frankfurter Rundschau“ in ein Glaubensbekenntnis goß: „Ich bin der Überzeugung gewesen, daß eine Stadt aus dem Zentrum heraus entwickelt werden muß. Ich habe weiter gesagt, Kulturpolitik ist das Ferment der Kommunalpolitik. Die Kulturpolitik schafft eine Bindung, eröffnet eine Möglichkeit der Bürger, sich zu erfahren. Im Theater wird die Möglichkeit eines anderen Lebens, das Gegenbild eröffnet. Dem muß sich politische Führung aussetzen, und dies muß politische Führung ermöglichen.“

Wie Walter Wallmann in dieser Zeit führte, wie er seine Politik formulierte und dann ins Werk setzte, hat Parteifreunde, Beobachter, Gegner und Kritiker gleichermaßen fasziniert. Da war vom „aufgeklärten Absolutismus“ die Rede, den er pflege; andere, sonst durchaus wohlwollende Publizisten sprachen gar unverhohlen davon, daß er lediglich „Frankfurt poliert“. Er selbst setzte sich als Ziel, die Stadt aus den – weit überwiegend negativen – Schlagzeilen herauszuholen, um dann ein Stück weit zu ihrer Identitätsfindung beizutragen. Das Führungsmuster des Oberbürgermeisters unterschied sich deutlich von dem anderer Spitzenpolitiker. Wallmann, kein „Parteimeier“ oder „Kumpeltyp“, pflegte die klassische Kabinettspolitik: die kleinen Runden, die Vier- oder Sechs-Augen-Gespräche, gestützt auf solche Tugenden in seiner persönlichen Arbeitsumgebung wie unbedingte Loyalität und Diskretion. Er wollte und mußte selten vor großen öffentlichen Ansammlungen um seine Politik werben, sondern zog es vor, mögliche Konflikte schon im Ansatz zu erkennen und mit sanfter Beharrlichkeit aus dem Weg zu räumen.

Dabei stellt eine wiederkehrende Konstante des Politikerlebens von Walter Wallmann das Bild des „Opferganges“ dar, den er gleich mehrfach anzutreten hatte. Er, der sich einst vornahm, mit

55 Lebensjahren aus der aktiven Politik auszuscheiden, um eine akademische „Zweitkarriere“ anzustreben, mußte die Erfahrung machen, daß Parteifreunde über sein Schicksal entschieden und dies der Öffentlichkeit mitteilten, bevor er selbst dazu gehört wurde. Nachdem Alfred Dregger, der die hessische CDU über 15 Jahre lang bis kurz vor die Wiesbadener Staatskanzlei geführt hatte, 1982 gegen alle Erwartungen den Wahlsieg nicht schaffte, hatte der Frankfurter Oberbürgermeister den Vorsitz der Landespartei zu übernehmen – und damit auch die nächste, scheinbar ähnlich aussichtslose Kandidatur um das Amt des Ministerpräsidenten 1987 wie zuvor in Frankfurt als OB. Daß Walter Wallmann in der Zwischenzeit schon zum wiederholten Male Angebote zur Übernahme von Bonner Ämtern abgelehnt hatte, daß er gleichwohl nach einer Dekade als Frankfurter OB und seinem Intermezzo als Bundesumweltminister lieber in Bonn geblieben wäre, wo er nach einem äußerst knappen Wahlergebnis 1987 zum Chef der ersten und bislang einzigen CDU/FDP-Koalition in diesem Land gewählt wurde, ist ein offenes Geheimnis. Parteiräson und Disziplin: Walter Wallmann gab sich danach nur selten eine Blöße, wenn er etwa leise darüber nachdachte, daß seine eigentlichen politischen Vorlieben von Beginn an auf dem Feld der Außen- und Sicherheitspolitik gelegen hatten, seine Ämter ihn allerdings in alle anderen Politikbereiche geführt hätten.

Es war die Mischung aus wohltemperierten Politikinhalten und vollendeten Formen, die das Geheimnis des „aktiven“ Amtsinhabers Walter Wallmann ausmachte. Kritiker, die ihn, etwa in seiner Rolle als Bundesumweltminister nach der Ökokatastrophe von Tschernobyl, als reinen „Verpackungskünstler“ abtun wollten, wurden ihm nicht gerecht, sondern mußten erleben, daß er auch diese Aufgabe nach kurzer Zeit in den Griff bekam. Dabei blieb sich der Mann, der seine beruflichen Ambitionen immer den Wünschen seiner Partei unterordnete, seine politischen Überzeugungen aber mehr als einmal gegen diese durchzusetzen wußte, über seine gesamte Karriere treu in seinem Hang zum Understatement. Er sei, so sagte Wallmann auf die Aufforderung zur öffentlichkeitswirksamen Einmischung, nun einmal nicht der Typ Politiker, der Statements „aus heruntergelassenen Autofenstern abgibt“.

HELMUT KOHL

WALTER WALLMANN ZUM 65. GEBURTSTAG

Zu seinem 65. Geburtstag gratuliere ich meinem Freund Walter Wallmann sehr herzlich. Walter Wallmann gehört zu den herausragenden politischen Persönlichkeiten unseres Landes. Wer ihn kennt, schätzt seine Nachdenklichkeit, sein kluges Urteil und seine Menschlichkeit. Als Oberbürgermeister von Frankfurt am Main, als erster Umweltminister der Bundesrepublik Deutschland und als Hessischer Ministerpräsident hat Walter Wallmann sich um unser Land verdient gemacht.

Walter Wallmann vereint zwei wesentliche Eigenschaften auf ideale Weise: die Fähigkeit, den Dingen mit philosophischem Scharfblick auf den Grund zu gehen, sowie den Willen zum Handeln und die Freude am Gestalten. Am liebsten – so hat er einmal gesagt – wäre er Philosophieprofessor an einer alten Universität geworden. Er hat sich jedoch für den Weg in die Politik entschieden. Dort hat er sich immer wieder neuen Aufgaben gestellt und viel bewegt. Er ist „homo politicus“ im besten Sinne des Wortes – ein Mann der „Polis“, ein Vorbild an gelebtem Bürgersinn.

Walter Wallmanns Denken und Handeln wurzelt tief in der christlich-humanistischen Tradition. Diese Prägung hat er schon in seinem Elternhaus erhalten. Die Werte, die ihm dort vermittelt wurden, sind Richtschnur seines Handelns.

Jeder Mensch – dies gehört zu seinen Überzeugungen – „ist das, was er ist, nicht nur aufgrund von Erfolgen, sondern auch von Niederlagen und Rückschlägen“. Diese Aussage ist charakteristisch für Walter Wallmanns Denken. Er weiß, wie wichtig es ist, daß der einzelne zu seiner persönlichen Entwicklung mit all ihren Höhen und Tiefen und ein Volk zu seiner Geschichte mit ihren hellen wie mit ihren dunklen Kapiteln steht: „Zu wissen, was vor uns war, sich zur eigenen Geschichte und damit zur Kontinuität zu bekennen, hilft uns, unsere Grenzen zu erkennen, erzieht uns zur Bescheidenheit, entwickelt unseren Sinn für das, was möglich, was realistisch ist . . . Politik aus solchem Geist zielt auf das Bewahren und das Erneuern . . .“

Aus diesem Spannungsverhältnis schöpft Walter Wallmann Kraft und Inspiration. Neue Aufgaben und Fragestellungen sind für ihn immer auch eine persönliche Herausforderung. Seinen Grundsätzen bleibt er auch dann treu, wenn ihm in der politischen Auseinandersetzung der Wind ins Gesicht bläst. Begriffe wie Freundschaft, Achtung vor Andersdenkenden und Toleranz sind für ihn keine leeren Worte. Walter Wallmann lebt diese Werte. Damit gibt er vielen ein Beispiel, wie unser Land es braucht: Eine Gesellschaft, die sich der Bedeutung grundlegender Werte nicht mehr bewußt ist, hat keine Zukunft. Glaubwürdigkeit und Verläßlichkeit, für die Walter Wallmann einsteht, sind Fundamente eines friedlichen und gedeihlichen menschlichen Miteinanders.

Mit der ihm eigenen Zurückhaltung hat Walter Wallmann seine politische Laufbahn einmal als „ein ganz normales Politikerleben“ bezeichnet. Aber nur wenige haben auf kommunaler, auf Landes- und Bundesebene so Ungewöhnliches geleistet wie er.

1932 in Uelzen geboren, gehört Walter Wallmann zu jener Generation, die schon alt genug war, um die Schrecken der Diktatur und das Leid des Krieges sehr bewußt wahrzunehmen. Diese Erfahrung war und ist ein entscheidender Grund für sein öffentliches Engagement in unserer freiheitlichen Demokratie.

Nach dem Abitur ging Walter Wallmann nach Marburg, wo er Rechts- und Staatswissenschaften sowie Politikwissenschaft studierte. Seinen Unterhalt verdiente er sich während der Semesterferien selbst. Er promovierte und wurde Richter. 1972 wurde er als hessischer Abgeordneter in den Deutschen Bundestag gewählt. Bereits 1973 kam er in den Vorstand der CDU/CSU-Bundestagsfraktion. Sowohl in den eigenen Reihen als auch beim politischen Gegner erlangte er sehr schnell Anerkennung und Respekt. Bundesweit machte er sich erstmals einen Namen als Vorsitzender des Untersuchungsausschusses zur Guillaume-Affäre, den er mit äußerster Gewissenhaftigkeit leitete.

1977 verließ Walter Wallmann Bonn, um im Alter von 45 Jahren Oberbürgermeister der Stadt Frankfurt am Main zu werden. Sein unerwarteter, ja spektakulärer Wahlsieg vor 20 Jahren wurde in der Presse als „Wallmanns Wunder“ gefeiert: Zum erstenmal war es einem Kandidaten der Christlich Demokratischen Union Deutschlands gelungen, das höchste Amt in der Mainmetropole zu gewinnen. Dieses Wählervotum wurde später zweimal eindrucksvoll bestätigt.

Viele konnten sich im Laufe der Zeit die Stadt Frankfurt am Main ohne einen Oberbürgermeister Walter Wallmann gar nicht mehr vorstellen. Hier setzte er neun Jahre lang Maßstäbe in der Kommunalpolitik, wurde zu einem Inbegriff für Bürgernähe und liberal-konservative Urbanität. Nur dort, wo Bürger ihre Angelegenheiten in eigener Verantwortung vor Ort regeln, können Städte und Gemeinden den Menschen eine liebenswerte Heimat bieten. Diese Erkenntnis in Frankfurt am Main mit neuem Leben zu erfüllen, ist Walter Wallmann auf vorbildliche Art und Weise gelungen.

Als Walter Wallmann seine Arbeit als Oberbürgermeister aufnahm, galt Frankfurt am Main als unregierbar. Er setzte den „Frankfurter Zuständen“ die zukunftsweisende „Philosophie einer Stadt“ entgegen und hatte damit durchschlagenden Erfolg: Walter Wallmann wurde zum Oberbürgermeister *aller* Frankfurter. Er führte die Stadt innerhalb weniger Jahre zu neuer Blüte. Die Innenstadt wurde wieder attraktiv, und die Kulturpolitik erhielt den Rang, der ihr zusteht. Der Aufbau der Ostzeile des Römerbergs, das Museumsufer und der Messeausbau, die weitsichtige Verkehrsplanung, die Stadtteil-Sanierung und die Ausweitung der Grün- und Sportanlagen – all dies sind nur einige der vielen Veränderungen, durch die Walter Wallmann die Lebensqualität in Frankfurt am Main wesentlich verbessert hat. Von symbolischer Bedeutung war der Wiederaufbau der Alten Oper. Sie hat das Fluidum dieser Stadt maßgeblich wiederbelebt.

Frankfurt am Main hat unter Walter Wallmann seinen Charme zurück- und an Ausstrahlung hinzugewonnen. Die Frankfurter sind zu Recht stolz auf ihre Stadt, die schon bald Sitz der Europäischen Zentralbank sein wird. Sie wissen, daß Walter Wallmann gute Grundlagen für die Zukunft ihrer Stadt gelegt hat, und sie haben ihn für seinen unermüdlichen Einsatz bis heute in ihr Herz geschlossen.

1986 bat ich Walter Wallmann, die Leitung des neu gegründeten Bundesministeriums für Umwelt, Naturschutz und Reaktorsicherheit zu übernehmen. Er trat dieses Amt in schwieriger Zeit an. Die Reaktorkatastrophe von Tschernobyl und später dann auch noch das Brandunglück bei der Firma Sandoz/Basel hatten auf dramatische Weise deutlich gemacht, daß die Sicherheit kerntechnischer Anlagen und der Schutz unserer Umwelt längst keine Fragen mehr waren, die sich im nationalen Rahmen zufriedenstellend beantworten lassen. Viele Menschen in Deutschland wurden damals von der Angst vor Strahlenschäden umgetrieben – einer Angst, die die Gegner einer friedlichen Nutzung der Kernenergie zu schüren und politisch auszunutzen versuchten.

Auch durch sein überzeugendes Auftreten gelang es Walter Wallmann sehr schnell, deutlich zu machen, daß für diese Bundesregierung die Bewahrung der Schöpfung im Blick auf kommende Generationen eine vorrangige Aufgabe ist und bleibt. Die Gründung des Bundesumweltministeriums selbst war ein wichtiger Schritt, um diese Priorität sichtbar zu machen und zugleich der Umweltschutzpolitik durch Zusammenfassung ihrer verschiedenen Bereiche in einem Ressort größere Schlagkraft zu verleihen.

Nicht einmal ein Jahr war Walter Wallmann Bundesumweltminister – und doch schaffte er es in dieser kurzen Zeit, auf nationaler, europäischer und internationaler Ebene eine ganze Reihe zukunftsweisender Regelungen und Maßnahmen durchzusetzen. Diese Pionierarbeit verdient besonderen Respekt, weil sie zeitgleich mit dem Aufbau des neuen Ministeriums geleistet und nicht zuletzt mit der Spitzenkandidatur im hessischen Landtagswahlkampf in Einklang gebracht werden mußte.

Bereits 1987 zog es Walter Wallmann wieder zurück nach Hessen, diesmal in die Landeshauptstadt Wiesbaden; erneut war es ein unerwarteter Wahlsieg, der diesen Orts- und Aufgabenwechsel herbeiführte. Nach dem Zusammenbruch der rot-grünen Koalition in Hessen nutzte er als Ministerpräsident die Chance für eine Neugestaltung der hessischen Landespolitik. Er war auch hier der erste Repräsentant der Christlich Demokratischen Union Deutschlands, der einen sozialdemokratischen Amtsinhaber ablöste. Und auch hier führte er den ihm eigenen Führungsstil ein, diesmal gegen die „hessischen Zustände". Mit Kooperationsbereitschaft, Sachlichkeit und Werteorientierung setzte er neue Maßstäbe im Umgang mit dem politischen Gegner. Damit prägte er die politische Kultur über Hessen hinaus.

Walter Wallmann polemisierte nicht, er gestaltete für die Zukunft. Unter ihm ist das Bundesland Hessen ein gutes Stück vorangekommen. So korrigierte er langjährige Fehlentwicklungen in der Schulpolitik, führte die Direktwahl von Bürgermeistern, Oberbürgermeistern und Landräten als ein neues demokratisches Element der Kommunalpolitik ein und erreichte die Verankerung des Umweltschutzes in der hessischen Verfassung.

In seine Wiesbadener Regierungszeit fiel der Zusammenbruch der DDR. Er hatte nie Zweifel daran aufkommen lassen, daß für ihn die deutsche Teilung ein widernatürlicher Akt kommunistischer Machtpolitik war. Gleich nach dem Fall der Mauer leistete er konkrete Hilfe für die Menschen in Ostdeutschland. Unter seiner Führung brachte die hessische Landesregierung umgehend ein Aktionsprogramm für Thüringen mit erheblichen finanziellen Mitteln auf den Weg.

In jedem politischen Amt, das Walter Wallmann innehat, geht es ihm um den Dienst an der Sache. Etwas aus Pflicht und zugleich aus Neigung tun – das ist für ihn kein Widerspruch. Die Menschen spüren das. Sie vertrauen ihm. Walter Wallmann ist heute vor allem kommunalpolitisch tätig, aus Überzeugung und aus Leidenschaft – für die Zukunft seiner Wahlheimat Frankfurt am Main.

Ich möchte Walter Wallmann für viele Jahre der Freundschaft, der engen persönlichen Zusammenarbeit und für so manchen guten Rat herzlich danken. Auf Walter Wallmann ist Verlaß. Er ist seinen Überzeugungen und Werten, seinen Weggefährten und Mitstreitern immer treu geblieben. Die deutsche Politik wird auch in Zukunft Persönlichkeiten wie ihn brauchen.

HORST KRÜGER

HUNGER AUF WELT

Wandlungen meines Frankfurtbildes

Nie werde ich die Zeit vergessen, als ich Bürger dieser Stadt wurde, sozusagen. Anfang der sechziger Jahre war das. Es war meine beste Zeit. Ich war voller Hoffnung. So viel Zukunft erwartete mich hier. Ich kam aus dem stillen, vornehmen, etwas verschlafenen Baden-Baden, wo ich fünfzehn Jahre lang als Funkredakteur gewirkt hatte. Das kannte ich, das war ich jetzt satt, gründlich. Immerhin war ich schon Anfang Vierzig. Ich war ein Berliner, den die Kriegswirren in den Westen verschlagen hatten. Seit Jahren hatte ich mit wachsendem Unmut gespürt: Du mußt raus aus dem grünen Salon. Du verschläfst hier die Welt und das Leben. Hau' ab – für immer!

Es war einer jener Entwicklungspunkte, wo wir in unserem Leben plötzlich spüren: jetzt oder nie. Noch einmal hast du die Chance, dein Leben zu ändern. Ergreife sie. Es wäre natürlich bequem, für den Rest des Lebens hier am Ort diesen sicheren, auch gut dotierten Funkjob zu betreiben. Aber wäre das dann dein Leben gewesen, hinterher? Kannst du, gottlos und ungläubig wie du bist, beim Jüngsten Gericht so vor Gott treten: Herr, ich bin ein Leben lang morgens brav zum Funkhaus hoch gefahren, im zweiten Gang. Ich habe ein Leben lang abends meinen Spaziergang durch die Lichtenthaler Allee gemacht, im Kurschritt und meistens mit Hund. Mehr war nicht drin. Das war mein Leben!

Ich spürte einfach die Stimme der Großstadt, und wie sie mich rief, jetzt. Du gehörst nicht ins Ländliche. Du brauchst wieder eine Metropole. Du bist eine Asphaltpflanze. Es hätte damals auch Köln oder Stuttgart seien können, aber sicher. Frankfurt war einfach von Baden-Baden aus die nächste Großstadt. Die suchte ich jetzt: die Umtriebigkeit, die Unruhe und schöne Verwirrung aller Metropolen. Ich hatte so viel Hunger auf Welt. Die Stadt war wie maßgeschneidert für mich. Ich fühlte mich hier nicht zu Hause. Zu Hause ist immer Berlin, aber am richtigen Platz jetzt, wo ich im Westen lebte.

Frankfurt war noch Anfang der sechziger Jahre eine ganz andere Stadt, als sie sich heute darstellt. „Klein-Chicago" sagten die Deutschen, die nie in Chicago gewesen waren. Schlachthöfe und Börsenkurse, den Rest kannst du vergessen. Tatsächlich war hier ein etwas grotesker Tanzplatz der neuen Freiheiten nach Hitler entstanden: wild, wirr, ziemlich chaotisch. Es war ein Marktplatz, wo überall das schnelle Geld gemacht wurde. Deutschland im Aufbaufieber. Das Wirtschaftswunder rotierte. Neckermann hatte überall das Sagen. Er bot den Deutschen den ersten Supermarkt für Lebensmittel, die ersten Kaufhausetagen fürs Gelsenkirchner Barock, die erste Flugreise in den Süden. Es war wieder eine Lust zu leben. So schien es wenigstens den Westdeutschen. Die DDR gab es nur als fernes Gerücht: lauter Flüchtlingsgeschichten, die man schnell wieder vergaß.

Ich ging durch die Frankfurter Zeil, die damals noch eine normale, etwas schäbige Verkehrsstraße war, von Straßenbahnen und Autoschlangen verstopft. Ich bog rechts in die Hasengasse ein. Dort, Ecke Töngesgasse, wurde eben ein neues Apartmenthaus feilgeboten. Der Bau war kaum halbfertig, aber blühte schon als Objekt. Unten zu ebener Erde, wo einmal die Probierstube einer großen Kaffeefirma einziehen sollte, hatte ein Maklerbüro seine Tische aufgeschlagen. Auf den Tischen lag ein Stoß frischer Mietverträge. Gegen 5000 DM „verlorener Baukostenzuschuß", cash, versteht sich, und lumpige 130 DM Monatsmiete konnte man hier ein winziges Apartment anmieten, immerhin mit Bad und Küche, drei Wohnungsschlüssel inklusive. Ich griff zu. Zwischen Bauschutt und Betonmischmaschinen stehend, unterschrieb ich meinen ersten Frankfurter Mietvertrag. Das Projekt war in zehn Minuten erledigt.

Ich ging zum Hauptbahnhof, fuhr nach Baden-Baden zurück, dachte: So, den ersten Fuß hast du jetzt drin in der neuen Stadt. In zwei oder drei Jahren wirst du dann ganz übersiedeln. So ist es gekommen. Es sind noch andere Mietverträge gekommen, aber immer blieb ich der Frankfurter City treu. Ich spürte: Dies ist nun dein neuer Standort. Hier liegt du richtig, mitten im steinernen Bett dieser knallharten Republik.

Sicher, meine Sympathie, ja heimliche Liebe zu dieser Stadt damals war eine wunderliche, etwas skurrile Marotte. Ich stand sehr allein. Ganz Deutschland war sich damals einig, daß dies hier der abscheulichste Wohnort sei: kalt, chaotisch, ordinär, ein Marktplatz des häßlichen Deutschen, den man nach Möglichkeit zu umgehen suchte. Wer konnte, zog weg. Jedenfalls unter meinen literarischen Freunden genoß die Stadt einen Grad wilder Verachtung, der unüberbietbar war. Wer etwas auf sich hielt, siedelte damals nach München über. München war einfach die Traumstadt, der Musentempel der Intellektuellen. Auch das feinere, reiche Hamburg war denkbar etwa als Pressestadt für die neuen Medien, die jetzt entstanden. Köln und Düsseldorf zogen Künstler an. Berlin, damals noch keineswegs so stabil und gesichert wie heute, fand seine ersten Liebhaber eigener Art. Frankfurt war in diesem Stadtensemble einfach das Letzte. Hier zog man nicht hin. Hierher wurde man höchstens strafversetzt, oder man wurde schlicht ausgehalten vom großen Geld, das der Bankenplatz bot. Ich aber war eher ein armer Hund, nachdem ich meine Funkposition gekündigt hatte. Ich wollte doch tatsächlich als freier Schriftsteller im Bankenzentrum leben.

1966 bin ich dann von der Töngesgasse auf die Zeil gezogen, die berühmte Einkaufstraße, wo Deutschlands größter Umsatz auf engstem Raum getätigt wird. Noch zentraler ging es nun wirklich nicht. Zehn Jahre lebte ich hier in einem blitzneuen Apartmenthaus, das mir damals totschick schien in seiner modernen Architektur. Wir waren ja nicht sehr verwöhnt im Häuserbau. Zu ebener Erde dominierte ein großes Warenhaus die Szene, wo Kühlschränke, Staubsauger, Radios, Fernseher, Campingmöbel verkauft wurden. Ich wohnte im obersten Stock zwischen allerlei Orientalen, Farbigen, Israelis und Damen, die sich schon damals als „Hostessen“ zu bezeichnen pflegten. Das Dienstleistungsgewerbe florierte.

Aber nicht nur. Neben mir residierte zum Beispiel ein waschechter Fürst, dessen Familie einmal halb Schlesien und Polen gehört hatte. Reichsgraf war er auch noch, jetzt in einer Drei-Zimmer-Wohnung. Der Verlust seiner riesigen Ländereien schien ihn nicht zu schmerzen, im Gegenteil. Der Fürst spielte den ganzen Tag Bridge im Kreis von Freunden, die deutlich minderer Herkunft schienen. Immer, wenn ich an seiner Wohnungstür vorbeikam, hörte ich Gelächter und fröhliches Stimmengewirr. Wenn sich seine Wohnungstür öffnete, jagte manchmal ein putziges Äffchen, das sich der Fürst als Spielzeug hielt, atemlos durch die Flure. Über das englische Königshaus kamen manchmal größere Apanagen, die der Fürst in schnelle Autos und Kaviar umsetzte. Welch eine Versammlung grotesker Existenzen bevölkerte damals die City! Richtige Frankfurter gab es kaum. Alles war noch Versuch und Improvisation. Die Stadt war ein Schmelztiegel, kosmopolitisch. Alles kam hier zusammen.

Ich sah das alles und begann, darüber zu schreiben. Ich war fasziniert. Das also war Deutschland jetzt? Hier lebten sie ungeniert, wie sie nach Hitler geworden waren: tüchtig, traumlos, schamlos nackt und doch liebenswert in Einzelfällen. Die Stadt wurde mir zum aufregenden Planquadrat der Gesellschaft. Ich lief durch die Straßen, zeichnete auf, was mir wichtig schien. Notizen vom deutschen Alltag, Bilder aus meinem Vaterland. Ich skizzierte lauter „deutsche Augenblicke" – so hieß denn auch ein Buch, das damals entstand. Nein, die Stadt war noch immer nicht schön. Sie war wie ein großer Steinbruch, aus dem man sich seine Stücke zusammensuchen mußte. Was immer ich damals sah, was immer ich anfaßte, es wurde ein deutsches Selbstporträt, mit etwas privaten Girlanden drumrum. Was war denn zu sehen in meinem Album aus Frankfurt?

Ich sah den Auschwitzprozeß zum Beispiel, der damals noch im Frankfurter Römer stattfand. Fritz Bauer, Generalstaatsanwalt in Hessen, hatte mich dazu eingeladen. Ich saß im Verhandlungssaal, hörte die Stimmen der Angeklagten und der Zeugen und schrieb später ein Buch darüber, das mich mehr betraf als die Welt der Angeklagten. „Das zerbrochene Haus" war sein Titel. Manchmal, in frühen Abendstunden, sah ich die Nitribitt, Rosemarie, mit ihrem offenen Mercedes langsam durch die Kaiserstraße gleiten. Sie schien mir mit ihrer kindischen Stubsnase auf läppische Weise schön. Ich sah die schwarze Ruine der Alten Oper: vergessen, verbrannt, von Unkraut verwuchert. Nur ein herrliches Klagelied der Marieluise Kaschnitz erinnerte daran. Ich saß bei Adorno in der Vorlesung, sah sein erschrecktes Kindergesicht mit den großen, aufgerissenen Augen darin, die sich zu fürchten schienen vor der Revolution, die er kommen sah.

Freitag mittags traf ich mich meist mit Alexander Besser zum Essen. Ich bewunderte seine maßvolle, preußisch-bedachtsame Art, mit der er all die Aufgeregtheiten der Zeit ins Vernünftige glättete. Wirklich ein Preuße und Anwalt des Rechts, der, aus Israel zurückgekehrt, wieder unter den Deutschen leben wollte. Nur einmal sah ich den bedachtsamen Mann in seiner Anwaltskanzlei in der Taunusstraße in heller Aufregung. Er war ganz aus dem Häuschen: Sie haben ihn, rief er atemlos ins Telefon. Es ist nicht zu fassen: Die Israelis haben ihn tatsächlich dingfest gemacht! Wer war Adolf Eichmann? Ich hatte den Namen nie gehört. Erst später begriff ich alle Zusammenhänge.

Das verachtete, häßliche Frankfurt begann sich dann am Ende der sechziger Jahre langsam zu verändern. Da war die Studentenrevolte, die einmal auf dem Kettenhofweg begonnen hatte, längst abgeklungen. Sie hatte dem Wüten des Kapitals da und dort Einhalt geboten. Die Stadt trat langsam aus ihrem pubertären Wildwuchs heraus. Sie begann erwachsen zu werden. Sie trat in eine erste Phase der Selbstreflexion ein. Zum erstenmal stellten die Stadtväter die Frage: Warum hat die Stadt diesen schlechten Ruf? Was lief hier falsch? Und wie kann man es ändern, jetzt? Wie kann man die Stadt wieder bewohnbar und freundlich machen für die Menschen, die hier leben? Es begann in den siebziger Jahren jene Phase der Stadtbilderneuerung, die ich nicht Restauration, sondern Besinnung auf die eigene Geschichte nennen möchte.

Der Mann im Römer

Sechs Oberbürgermeister hat die Stadt seit 1945 vor ihm verbraucht. Es war immer ein harter, männermordender Job. Verdienstvolle Sozialdemokraten wie Walter Kolb, Werner Bockelmann, Rudi Arndt waren darunter. Sie konnten trotzdem nicht den Eindruck verwischen, daß Frankfurt allmählich zu einer unregierbaren Stadt verkam – fast wie New York. Ab 1977 war hier Walter Wallmann Hausherr. „Wer ist schon Wallmann?“ hatte ein Frankfurter Komunalpolitiker noch 1976 eher herablassend im Römer gefragt. Damals stand hier der noch wenig bekannte Jurist aus Marburg zur Wahl. Heute weiß man die Antwort: Er war der Mann, der die unregierbare Stadt wieder regierbar machte. Und zwar mit leiser, trotzdem fester Hand. Er war seit langem der erste, der dieser Stadt gewachsen war und zwar mühelos, fast immer mit einem Lächeln, das gewinnend ist.

Natürlich hatte das Umdenken im Römer schon vor ihm begonnen. Die meisten Projekte zur Humanisierung der Stadt fallen noch in die letzte Phase der Sozialdemokraten. Nur er setzte sie dann durch: intelligent, geschmeidig und mit einer Energie, die bald spüren ließ: Hier ist einer, der weiß, was er will und was die Stadt braucht, künftig. Dann und wann scheute er nicht unpopuläre Entscheidungen: etwa in der verfahrenen Situation des „Theaters am Turm“ damals, oder als es um die Verluderung gewisser Kindertagesstätten hier ging, später noch einmal in der Asylantenfrage. Im allgemeinen aber war sein Arbeitsstil kooperativ und offen. Ein Mann, der überzeugen will, so gar nicht der Typus des Parteipolitikers. Profilierte Sozialdemokraten wie der damalige Kulturdezernent Hilmar Hoffmann arbeiteten mit ihm loyal zusammen. Seine integrative Kraft für diese Stadt der Gegensätze war beträchtlich. Ausgleich, nicht Streit ist sein Stil. Zusammenarbeit mit allen sein Wunsch. Seine Popularität bei den Bürgern ist heute noch unbestritten. Ein Politiker liberalkonservativer Herkunft, der Zukunft hatte, nicht nur in dieser Stadt.

Was war geschehen? Man legte die eigenen Ursprünge frei. Die Alte Oper entstand in neuem Glanz. Die ganze Innenstadt wurde durchrenoviert. Die Banken setzten ihre Bürotürme dazwischen. Am Main entstand jenes Museumsufer, das heute berühmt und beliebt ist. Die Fressgass’ lockte die Feinschmecker wieder. Die Buchmesse wuchs ins Gigantische. Sie macht im Oktober Frankfurt zur literarischen Hauptstadt der Republik.

Und ich? Bin ich ein Mitläufer, ein Anpasser, ein Konformist? Ich ging mit der Zeit. Mein Enthusiasmus für den wilden, rüden Marktplatz hat sich nach gut zehn Jahren täglicher Erfahrung langsam beruhigt. Der U-Bahnbau zuvor auf der Zeil ließ meine

Fenster erzittern. Ich floh in die Stille nach Sachsenhausen. Ein paar Jahre wohnte ich in dem schmalen Hochhaus am Hainerweg, wo ich im 21. Stock die höchste Privatwohnung bezog, die Frankfurt damals zu bieten hatte. Die Aussicht war tatsächlich überwältigend. Vor allem des Abends, wenn die Dämmerung über dem Rhein-Main-Raum hereinbrach, wenn die Lichter von Höchst und Wiesbaden, von Offenbach und Hanau aufflammten, war es ein Schauspiel von weltstädtischem Ausmaß. Fabelhaft, phantastisch! sagten immer die Freunde, die mich besuchen kamen.

Trotzdem wurde mir dieser Adlerhorst nie zum Heim. Ein Rest von Unbehaustheit, sozusagen ein spirituelles Schwindelgefühl blieb. Ein Hauch von Vereinsamung auch. Nur mutige Einzelgänger, Bergsteigernaturen sozusagen, wagten sich bis in meine Höhen. Nach ein paar Jahren himmlischer Euphorien spürte ich zunehmend: Etwas stimmt nicht. Es ist nicht geheuer, so fern von der Erde zu hausen. Der Schlaf war unruhig, die Gesundheit anfällig geworden. Ich hustete oft. Und als ich eines Nachts mit einem Asthmaanfall erwachte, um Luft rang, zu ersticken meinte, war mein Auszug beschlossene Sache. Ich spürte: Du hast dich verstiegen. Du mußt wieder runter, dorthin, wo die anderen leben.

Also: Vor gut einem Dutzend Jahren habe ich jenen wohltätigen Sturz in die Tiefe vollzogen, der meinem Leben dann noch einmal einen neuen Impuls gab. Taumele ich immer in Extremen? Ich zog jedenfalls von meinem Neubau im 21. Stock in eine winzige, hundert Jahre alte Villa ins Frankfurter Westend um, dorthin, wo noch Reste von Jugendstil und Wilhelminismus zu finden sind. Hier bröckelt alles. Der Kalk rinnt, der Mörtel zerplatzt. Der Balkon erinnert in seiner schönen Gebrechlichkeit an Pompeji, vor seinem großen Brand. Die Erde hatte mich wieder, die deutsche Geschichte auch. Ich stand auf jeden Fall wieder mit beiden Beinen in der Gesellschaft und hatte inzwischen schon mit meinem dritten Frankfurter Leben angefangen, das jetzt fällig war: Zeit des Reisens, Zeit der späten, hellwachen Welterfahrung. Du kennst nun die Stadt einigermaßen, aber kennst du die Welt draußen wirklich? Wie willst du die Epoche verstehen, wenn du nicht wenigstens ihre wichtigsten Länder und Völker kennst? Fahr hin und sieh es dir an!

Es begann jene ausschweifende Reisezeit, für die ich inzwischen ja hinreichend bekannt, auch berüchtigt bin. Wo ist der? Er ist wieder auf Reisen, weiß der Himmel wo! Schon richtig. Ich wollte nun endlich die Welt entdecken, die mir so lange durch Hitler und die Nachkriegsepoche verwehrt worden war. Also: Ich entdeckte Amerika zunächst in immer neuen Besuchen. Einmal flog ich in die Sowjetunion. Mir genügte das. Ich flog nach Indien und China: schön und gut; aber zu fern für uns, um es uns wirklich zueigen zu machen. Wichtig waren für mich die vielen alten Kulturlandschaften Europas, aus denen sich dieser schöne Kontinent zu seiner einmaligen Vielfalt gebildet hatte. Immer wieder fuhr ich nach Venedig und in die Provence, nach Spanien und Portugal. Zwei Staaten waren es, in die ich immer wieder zurückkehrte, zwei ganz junge Staaten, die auf besondere Weise zu mir gehörten, biographisch. Das waren Israel und die DDR, meine jungen Zeitgenossen sozusagen, für die man sich ein klein wenig mitverantwortlich fühlte. Wie sieht es dort aus? Es ging mir auch hier immer ums Konkrete! Sehen, hören, riechen. schmecken. Wie schmeckt denn die Fremde dem Deutschen aus Frankfurt?

Noch einmal bewies Frankfurt seine spezifische, ganz eigene Qualität. Keine zweite Stadt hierzulande ist als Standort zur Welteroberung geeigneter. Es ist als Sprungbrett ins Meer der Völker ziemlich ideal. Gern bricht man hier auf, gern kehrt man auch wieder zurück. Alle Fremdenverkehrsbüros und Tourismuszentralen sind hier am Ort versammelt. Mühelos kann man jedes Land dieser Erde buchen. Der Frankfurter Flughafen ist eine immerwährende Einladung nach draußen. Wenn ich in Berlin, in Hamburg oder in Bonn gewohnt hätte, ich bin nicht sicher, ob ich dann so oft und so leicht den Absprung nach draußen gewagt hätte. Ich aber saß nun mittendrin im mobilen Zentrum der Republik. Meine alte Liebe zur verrufenen Stadt zahlte sich noch einmal und höchst konkret aus. Die Stadt läßt einen klaglos gehen. Sie weint einem keine Träne nach. Sie nimmt einen genauso freundlich wieder auf. Also? Was soll ich sagen nach fast dreißig Jahren? Die Welt zu erkennen, das Leben zu verstehen, meine Zeit zu bezeugen war immer mein Ziel gewesen. Frankfurt ist mir dabei sehr hilfreich gewesen.

MICHAEL MERTES

GLOBALISIERUNG, KULTURPESSIMISMUS UND DIE WESTBINDUNG DEUTSCHLANDS

Es gibt Sätze, die sich dadurch einprägen, daß sie quer zu einem gängigen Klischee liegen. Walter Wallmann hat mir gegenüber einmal seinen politischen Standort so zusammengefaßt: „Damit Sie es wissen: Ich bin ein Konservativer, aber kein Rechter!" Hier werden zwei Begriffe einander entgegengesetzt, die nach landläufiger Ansicht austauschbar sind. Der scheinbare Widerspruch löst sich aber zwanglos auf, wenn man das Wort „konservativ" auf die bewahrenswerten Traditionen der zweiten deutschen Demokratie – vor allem auf die Integration der Bundesrepublik in die europäisch-atlantische Staatengemeinschaft – bezieht und das Wort „rechts" auf stramme nationale Gesinnung. Romantische Träumereien von einem deutschen Sonderweg zwischen Ost und West, die man ja auch im linken Spektrum findet, waren und sind Walter Wallmann fremd.

Zu Beginn dieses Jahrhunderts hatte Friedrich Meinecke den Weg der Deutschen als Aufstieg vom Weltbürgertum zum Nationalstaat gefeiert. Am Ende des Jahrhunderts blicken wir auf eine Entwicklung zurück, die mit der von vielen (sei es wehmütig, sei es verächtlich) so genannten Bonner Republik untrennbar verbunden ist: den Weg der Deutschen vom Nationalstaat zum Weltbürgertum[1]. Die einen fürchten, die anderen hoffen, daß die Berliner Republik eine erneute Kehrtwende vollziehen wird. Dabei liegt die Auflösung des vermeintlichen Dilemmas auf der Hand: Der seit dem 3. Oktober 1990 wiederhergestellte deutsche Nationalstaat darf sich nicht als Selbstzweck, er muß sich – in den Worten von Joseph Rovan – als „ein Instrument zur Verwirklichung allgemeiner humaner Werte“[2] verstehen.

Von einem Kritiker wurde Walter Wallmann vor einigen Jahren verdächtigt, Exponent eines „protestantischen Revisionismus“[3] zu sein, für den der Nationalsozialismus gewissermaßen den Gipfelpunkt der Moderne darstellt. Hiernach hätte der Weg ins Unheil mit der Aufklärung begonnen und über die Entchristlichung der Kultur geradewegs in die totalitäre Gottlosigkeit geführt. Dies ist nun das genaue Gegenteil der Überzeugung, die Walter Wallmann vertritt: In vielen seiner Reden hat er eindringlich hervorgehoben[4], daß der Nationalsozialismus nicht zuletzt das Ergebnis jener völkisch-antiliberalen Strömungen im Deutschland des 19. und frühen 20. Jahrhunderts war, die im Glauben an die humane Kraft der Vernunft die Wurzel aller neuzeitlichen Übel sahen und deshalb eine Abkehr vom kosmopolitischen Ideal der Aufklärung propagierten.

Fehlurteile über Andersdenkende wie das hier zitierte sind wohl typische Produkte jener schlechten alten Zeit, als der Ost-West-Konflikt manichäisch-übersichtliche Weltbilder auf der rechten wie auf der linken Seite des politischen Spektrums förderte und moralische Selbstgefälligkeit die Urteilskraft vieler Zeitgenossen trübte. Inzwischen dürfte sich herumgesprochen haben, daß nicht jeder Antikommunist ein Anwalt der Menschenrechte und nicht jeder Antifaschist ein aufrechter Demokrat (gewesen) ist. Der Krieg im ehemaligen Jugoslawien hat vollends die alte Erkenntnis bestätigt, daß die entscheidende politisch-moralische Grenze eben nicht zwischen Rechts und Links verläuft, sondern zwischen den Freunden und den Feinden der offenen Gesellschaft – noch allgemeiner: zwischen Zivilisation und Barbarei.

Zu den erfreulichsten Entwicklungen seit 1989/90 gehört, daß immer mehr Linke in Deutschland den zivilen und zivilisierten Charakter der von ihnen einst geschmähten, unter permanenten Faschismusverdacht gestellten Bundesrepublik entdecken. Einige ihrer Exponenten – wie Jürgen Habermas – müssen sich heute fragen lassen, ob sie nicht selbst dazu beigetragen haben, den von ihnen heute gelobten Prozeß der Verwestlichung deutscher politischer Kultur zu verlangsamen. So kommt der amerikanische Politikwissenschaftler Mark Lilla[5] in einem bemerkenswerten Essay zu folgendem Ergebnis:

„Auf der einen Seite war Habermas ein unnachsichtiger Kritiker der Sonderwegsidee in der deutschen Kultur – er trat für eine uneingeschränkte deutsche Teilnahme an der Aufklärungskultur des Westens ein. Da auf der anderen Seite jedoch kein existierender westlicher Staat seinen radikaldemokratischen Ansprüchen genügte, verharrte er in Ablehnung gegenüber dem Liberalismus, der Deutschland nunmehr mit dem Westen verband. Es sah so aus, als ob Habermas Deutschland die Mitgliedschaft in jedem Club verweigere, der bereit war, es aufzunehmen. So wurde er – ohne es zu merken – zu einem Philosophen des ‚dritten Weges', zum Befürworter eines neuen Sonderweges, der auf der Ablehnung des Liberalismus und der Hinwendung zu einer idealen, utopischen Aufklärung beruhte."

Die alte Doppelmoral lebt weiter. Sie hindert noch manchen, der sich über den Splitter im Auge seines Gegenübers ereifert, daran, den Balken im eigenen Auge wahrzunehmen. Das gilt vor allem für die links- und rechtsneutralistischen Erben eines Ulrich Noack, der Ende der vierziger Jahre mit rührender Naivität verkündet hatte: „Wenn die anderen unbedingt schießen wollen, dann machen wir uns klein und lassen sie über uns hinwegschießen." Aus konservativer Perspektive wird zu Recht darauf hingewiesen, daß in Deutschland heute ausgerechnet entschiedene NATO-Gegner von einst ihre innenpolitischen Widersacher antiwestlicher Einstellungen verdächtigen und deren prowestliches Handeln als Ergebnis rein machtpolitischer Nützlichkeitserwägungen abqualifizieren: „Die schärfsten Kritiker der Elche / Waren früher selber welche." Die spätberufenen Prowestler übersehen gern, daß zur europäisch-atlantischen Aufklärungskultur neben Pluralität, Bürgerfreiheiten und Bürgertugenden konstitutiv eben auch Bürgerpflichten und der Wille „zur wehrhaften politischen Selbstbehauptung (gehören); Selbstbehauptung mit dem Konzept der ‚wehrhaften Demokratie' nach innen und militärisch nach außen"[6].

Für Länder wie Großbritannien, Frankreich oder die Vereinigten Staaten besteht die entscheidende außenpolitische Lehre aus der Vorgeschichte des Zweiten Weltkriegs jedenfalls nicht nur in der Forderung „Si vis pacem, para bellum", sondern auch in dem Imperativ „Nie wieder Appeasement à la München 1938!" Es reicht nicht aus, die weichen Inhalte westlicher Zivilisation herauszupicken, und es sich dann im Namen eines postmodernen Anything goes als Gaffer bequem zu machen. Von dieser Einstellung bis zur machtgeschützten Innerlichkeit unseligen Angedenkens ist es nur ein kurzer Weg. Den Mitmenschen Zivilcourage predigen kann jeder, doch braucht es heute kein bißchen Mut, Polizeibeamte, Verfassungsschutz oder Bundeswehrsoldaten verächtlich zu machen.

Es gehört zu den Merkwürdigkeiten der Geschichte der Bonner Republik, daß Teile der westdeutschen Linken – namentlich in den Reihen der Achtundsechziger und Ökopazifisten – zivilisationskritische Traditionen der antidemokratischen Rechten aus Weimarer Zeit übernahmen und fortführten. Ihren simpelsten Ausdruck fand solche Zivilisationskritik in einem arroganten, von Kulturchauvinismus triefenden Antiamerikanismus:

„1968 . . . die Bemerkung von Jochen Steffen, dem damaligen schleswig-holsteinischen Oppositionsführer, zum Einmarsch der Russen in die CSSR: ‚Die Amerikaner brauchten bei uns gar nicht einzumarschieren. Sie sind schon da.' Ein Schlüsselsatz. – Tatsächlich. Eine Kolonie sind wir, Motto: Cola war gut, Jeans waren gut, Jogging war gut, warum sollte Pershing schlecht sein? Das Ganze mit Freundschafts- und Einheitsidee verbrämt. Folge: Fernsehen amerikanisch, Lieder im Radio angelsächsisch, McDonalds, Kentucky fried chicken."

Diese tiefschürfenden Erkenntnisse aus dem Frühjahr 1989 sind nicht etwa einer rechtsradikalen Postille, sondern dem altehrwürdigen VORWÄRTS[7] entnommen! In die gleiche, zwischen Links und Rechts oszillierende Kategorie gehört auch die „antiimperialistische" Klage über den unwiederbringlichen Verlust an Würde und Identität, den die Siegermächte des Zweiten Weltkriegs, allen voran natürlich die Amerikaner, den Deutschen durch Re-education im Geiste eines schnöden Mammonismus zugefügt hätten. „Freiheit und Democracy" – so verhöhnte schon Bertolt Brecht in seinem Kampfgedicht „Der anachronistische Zug" 1947 die üblen Mitbringsel von Uncle Sam und seinen französischen und britischen Verbündeten: „Allons, enfants, god save the king / Und den Dollar, kling, kling, kling.“

Freiheit und Democracy – ein brutaler Anschlag auf unser kollektives Selbstwertgefühl? Für diese Sicht der Dinge lieferte noch vor kurzem Martin Walser durch den Mund seines Romanhelden Stefan Fink ein besonders drastisches Beispiel[8]. Seit dem Golfkrieg 1990/91, als manch wackerer deutscher Pazifist meinte, in Saddam Hussein eine Art Robin Hood im Kampf gegen den US-Imperialismus erkennen zu können und Israel im Stich lassen zu dürfen, und vor allem seit dem erfolgreichen amerikanischen Beitrag 1995 zur Beendigung des Blutvergießens in Bosnien ist es freilich still geworden um diese Variante des Antiamerikanismus – sieht man von den alten SED-Kameraden Fidel Castros einmal ab.

Können es sich die Freunde der offenen Gesellschaft nach alledem leisten, in ihrer Wachsamkeit nachzulassen? Das Scheitern des Kommunismus hat Francis Fukuyama bereits vor dem Fall der Berliner Mauer zu der vieldiskutierten These inspiriert, daß die Menschheit ans „Ende der Geschichte“ gelangt sei – natürlich nicht in dem Sinne, daß es keine historischen Ereignisse und Entwicklungen mehr geben werde, sondern in dem Sinne, daß die freiheitliche Demokratie sich als Endpunkt der ideologischen Evolution der Menschheit, als endgültige menschliche Regierungsform erwiesen habe. Dieser Gedanke dürfte keineswegs so abwegig sein, wie mancher Kritiker Fukuyamas voreilig meinte; dennoch leidet er an einer entscheidenden Schwäche – nämlich der von Hegel inspirierten Grundannahme, daß es so etwas wie eherne historische Notwendigkeiten gebe. Karl Popper, der bedeutendste Theoretiker der offenen Gesellschaft in diesem Jahrhundert, würde diese deterministische Interpretation des Triumphs der freiheitlichen Demokratie gewiß nicht gelten lassen.

Dem widerspricht keineswegs, daß sich bestimmte globale Trends erkennen lassen, die im übrigen so neu gar nicht sind: Es kennzeichnet die Entwicklung großer Teile der Welt seit über 200 Jahren, daß der moderne Nationalstaat einerseits neue politische Grenzen schafft, andererseits jedoch geographischen Hindernissen durch fortschrittliche Transport- und Kommunikationsmittel ihr trennender Charakter mehr und mehr genommen wird. Der Kapitalismus treibt die Internationalisierung von Wirtschaft und Lebenswelt kräftig voran. Was Heinrich Heine als „furchtbare Nivellierung Europas“ durch den von ihm zum Revolutionär ernannten James Rothschild pries[9], wäre besser beschrieben als allmähliche Angleichung der europäischen Lebensverhältnisse auf steigendem Niveau: Noch immer hat freier Handel über Grenzen hinweg die Wohlfahrt der beteiligten Nationen erhöht. Dies ist auch eine wesentliche europäischen Erfahrung während der vergangenen Jahrzehnte; sie sollte uns ermutigen, dem Prozeß der Globalisierung weniger mit Angst als mit konstruktiver Neugier und wachem Sinn für neue Chancen zu begegnen.

Dieser seit Beginn der neunziger Jahre sich beschleunigende Prozeß ruft indes zunehmend Gegenkräfte auf den Plan, die sich – bei allen Unterschieden – zu einer unheiligen Allianz formieren und zu einer ernsten, wohl auch von Fukuyama nicht vorhergesehenen Herausforderung für die Grundwerte der westlichen Zivilisation werden könnten. Jenseits von Angebot und Nachfrage kommen verstärkt so konfliktträchtige Themen wie die Identität und das Selbstwertgefühl von Menschen und Völkern sowie die Problematik des gesellschaftlichen und politischen Zusammenhalts von Nationen ins Spiel. Diese Themenpalette erinnert in vieler Hinsicht an die romantische Klage über den „Aufkläricht“ und dessen „zersetzende“, verflachende Wirkung. Und in der Tat gibt es ja auch unwiederbringliche Verluste zu betrauern, wie sie etwa Claude Lévi-Strauss in seinem grandiosen Werk „Tristes tropiques“ schon 1955 beschrieben hat. Kaum etwas verdeutlicht den weltweiten Trend zur kulturellen Standardisierung so sehr wie das massenhafte Aussterben von Sprachen. Vor einem halben Jahrtausend gab es noch 9000 verschiedene Sprachen, heute sind es 6000 – und am Ende des 21. Jahrhunderts werden es möglicherweise 600 sein.[10]

Zu den Wirtschaftsprotektionisten gesellen sich Kulturprotektionisten, die im Wettbewerb nur das zerstörerische Potential, nicht aber die schöpferischen Kräfte zu sehen vermögen. Der Protektionismus ist heute wahrscheinlich die am weitesten verbreitete Erscheinungsform des Nationalismus. Im Gegensatz zum expansiven Chauvinismus früherer Zeiten entspringt der nationale Sacro egoismo unserer Tage zumeist defensiven Reflexen – der Angst vor wirtschaftlichem Niedergang und vor dem Verlust kultureller Eigenart. Eine wesentliche Rolle spielt wohl auch das Gefühl politischer Ohnmacht gegenüber Veränderungen, die uns einfach zu überrollen scheinen. Dieser defensive Nationalismus „drückt eine Wendung nach innen aus, eine Angst vor jener Welt, die uns entgleitet, der wir aber nicht entfliehen können. Es ist daher keineswegs überraschend, daß die nationalistische Verkrampfung der post-totalitären Welt eher fremdenfeindlich als imperialistisch ist.“[11] Ähnliches gilt für den separatistischen Regionalismus à la Lega Nord, der ja ebenfalls darauf abzielt, den eigenen Wohlstand hinter neuen Mauern in – vermeintliche – Sicherheit zu bringen.

Solche Tendenzen sind auch zu beobachten in Ländern wie den Vereinigten Staaten, von denen es immer heißt, sie verkrafteten die Globalisierung wesentlich besser als die trägen Europäer mit ihren vergleichsweise hohen Löhnen, ihren ausufernden Sozialbudgets und ihrem bürokratischen Perfektionismus. Hauptadressat der Vorwahlkampagne Patrick Buchanans 1996 mit ihrer protektionistischen, oft sogar isolationistischen Rhetorik waren die von Abstieg betroffenen oder bedrohten Teile der amerikanischen Mittelklasse, die sich darüber empörten, daß viele heimische Unternehmen ihre Rekordgewinne durch sogenanntes Downsizing – also durch systematischen Personalabbau – erwirtschaften. Es sollte zu denken geben, daß so manche in Europa heute Seit’ an Seit’ mit amerikanischen Rechtspopulisten schreiten, während Schwellenländer und Staaten der Dritten Welt den alten Vorwurf erneuern, die westlichen Industrienationen vertieften durch immer raffiniertere Abschottung ihrer eigenen Märkte die Kluft zwischen armen und reichen Ländern.[12]

Zur unheiligen Allianz der Globalisierungsgegner zählt nicht zuletzt jene bunte Truppe, die die „mondialistische“ Verschwörung des Westens mit „geopolitischen“ Großraumkonzepten unterlaufen möchte. Bunt – das heißt vor allem braun und rot, garniert mit einer kräftigen Portion grün. In Rußland sind es die Nationalbolschewisten, in Westeuropa die Anhänger der Neuen

Rechten (darunter auch der eine oder andere Nationalpazifist), die im Geiste Carl Schmitts von einer neuen Großraumordnung mit Interventionsverbot für raumfremde Mächte träumen. Hiernach hätten die Vereinigten Staaten von Amerika auf unserem Kontinent nichts verloren, und die angeblich „natürlichen" Großräume Eurasien und Mitteleuropa würden legitimerweise von der jeweils stärksten Regionalmacht, also von Rußland und Deutschland, dominiert. Für supranationale Zusammenschlüsse wie die Europäische Union wäre da selbstverständlich kein Platz.

Während die Geopolitiker in Westeuropa parteipolitisch bisher kein Bein auf den Boden bekommen haben, konnten sie in Rußland 1996 immerhin einen kommunistischen Präsidentschaftskandidaten ins Rennen schicken, der unter anderem die Ansicht vertritt, daß Stalin, wäre er nur ein paar Jahre länger auf Erden gewandelt, „Rußland wiederhergestellt und vor den Kosmopoliten gerettet hätte" [13] – wobei jeder russische Leser versteht, daß „Kosmopoliten" ein Codewort für die Juden ist, denen der Kandidat anderswo eine führende Rolle bei der kapitalistischen Weltverschwörung vorwirft. Stalinverehrung plus Antisemitismus – das ist Rot-Braun vom Allerfeinsten!

Gegenüber dem triumphalistischen Geschichtsoptimismus eines Francis Fukuyama ist also Skepsis angebracht. Das gilt aber auch im Hinblick auf den modischen Kulturpessimismus heutiger Bestsellerautoren wie Samuel Huntington („Kampf der Kulturen") und Benjamin Barber („Coca-Cola und Heiliger Krieg"). Eine der größten Gefahren besteht darin, daß wir uns einreden lassen, die Werte der westlichen Zivilisation beanspruchten keine universale Geltung; sie paßten vielmehr nur zum europäisch-amerikanisch geprägten Kulturkreis, in dem das Individuum vor der Gesellschaft rangiere. Dies ist die vermeintlich tolerante, in Wahrheit jedoch relativistische und damit selbstzerstörerische Botschaft zum Beispiel jener politisch korrekten Studenten, die heute an amerikanischen Universitäten die Parole „Hey, hey, ho, ho, / Western culture's got to go!" skandieren.

Halbdemokratischen, autoritären und diktatorischen Regimes in aller Welt müssen solche Botschaften wie angenehme Musik in den Ohren klingen. Denn für so manchen Herrscher dürfte der

Globalisierungsprozeß nicht nur ein ökonomischer Gewinn für das eigene Land sein, sondern auch ein erhebliches Risiko für die eigene Machtstellung: Der freie Handel verbreitet auch den hochinfektiösen Bazillus der freiheitlichen Demokratie, und auf Dauer kann man ökonomisch-technische Eliten nicht in fachlicher Hinsicht wie Erwachsene, in politischer Hinsicht wie Kleinkinder behandeln.

Aus durchsichtigen Gründen wird in einigen Gegenden Ostasiens propagiert, es gebe spezifisch „asiatische Werte“. In der Regel wird das Bekenntnis zu diesen Werten mit der Behauptung verknüpft, „westliche Werte“ trügen den Keim einer unaufhaltsamen Dekadenz in sich – mit schweren Krankheitssymptomen wie Sittenverfall und Sippenzerfall, Drogenkonsum, zunehmender Kriminalität. Die „asiatischen Werte“, namentlich die Unterordnung individuellen Glücksstrebens unter eine gemeinschaftsbezogene Disziplin, seien ein wesentlicher Grund für den stetigen Aufstieg asiatischer Volkswirtschaften. Westliche Einmischungsversuche im Namen vermeintlich universaler Menschenrechte hätten in Wahrheit zum Ziel, diesen kulturell bedingten Wettbewerbsvorteil zu zerstören.

Es ließe sich hiergegen eine Menge vorbringen – nicht zuletzt die Tatsache, daß das angeblich so einheitliche Asien in Wahrheit durch eine enorme Vielfalt der Kulturen geprägt ist, zu denen auch Demokratien westlichen Zuschnitts gehören; wenn dies aber so ist, dann beruht die Vorstellung von einheitlichen „asiatischen Werten“ auf einer Fiktion.[14] Die Charta der Vereinten Nationen von 1945 und die Allgemeine Erklärung der Menschenrechte von 1948 gelten ja auch nicht nur für den Westen; vielmehr formulieren sie einen ethischen Minimalstandard, der die ganze Völkergemeinschaft bindet.

Am schwersten muß für uns allerdings der Einwand wiegen, daß der Westen „die Dreiheit Jerusalem, Athen und Rom“ (Victor Klemperer) und damit in letzter Konsequenz sich selbst verriete und aufgäbe, wenn er sich lediglich als Konfliktpartei in einem globalen Kulturkampf sähe. Der Universalismus ist nicht missionarisches Beiwerk, sondern ein Herzstück westlichen Selbstverständnisses.[15] Diese Aussage erregt gerade bei aufgeklärten – oder sich dafür haltenden – Zeitgenossen Ärgernis, weil sie als Rechtfertigung für die Untaten des europäisch-amerikanischen Kolonialismus so oft mißbraucht worden ist: Hat denn nicht der „weiße Mann“ im Namen von Humanität und Zivilisation unmenschlich und barbarisch unter den angeblich „Wilden“ gewütet? Hierauf ließe sich mit der Gegenfrage antworten: Ist nicht gerade die Entkolonialisierung oft auch im Namen ebenjener Menschen- und Bürgerrechte erkämpft worden, die nach westlicher Auffassung universelle Geltung beanspruchen, also gerade nicht ein Privileg des „weißen Mannes“ sind?[16]

Überhaupt läßt sich mit guten Gründen die Ansicht vertreten, daß neben dem Universalismus die Fähigkeit zu Selbstkritik und Selbstkorrektur ein Charakteristikum der westlichen Zivilisation ist. Karl Popper ist sogar der Auffassung, daß der Westen geradezu das Ergebnis eines Zusammenpralls verschiedener Kulturen ist: Die Tradition der kritischen Prüfung von Mythen und Gebräuchen sei durch den Culture clash zwischen den alten Griechen und ihren kleinasiatischen, italischen und nordafrikanischen Nachbarn in Gang gesetzt worden.[17] Diese These setzt voraus, daß sich stets ein gemeinsamer Maßstab für wechselseitiges Verstehen und Bewerten entdecken läßt. Natürlich bleibt auch dann noch ein mehr oder weniger großer Rest an Inkommensurabilitäten, die uns das Fremde als geheimnisvoll und das Eigene als selbstverständlich erscheinen lassen. Dennoch ist festzuhalten, daß kulturelle Kontexte nicht wie mentale Gefängnisse sind, aus denen es für den menschlichen Geist kein Entkommen zur Begegnung mit dem anderen gibt.

Die kritische Tradition des Westens speist sich zudem aus der fundamentalen Unterscheidung zwischen dem Profanen und dem Heiligen, dem Sein und dem Sollen, dem Wirklichen und dem Vernünftigen. Diese Unterscheidung erzwingt nicht nur die Trennung von Thron und Altar;[18] sie bedeutet vor allem auch, daß sich das Faktische stets vor dem Gerichtshof des Kontrafaktischen zu rechtfertigen hat.

Eckhard Nordhofen hat – gegen ein verbreitetes Vorurteil – herausgearbeitet[19], daß der jüdisch-christliche Monotheismus nicht das religiöse Pendant zum Monismus absoluter weltlicher Herrschaft ist, sondern – gerade umgekehrt – die Magie der Macht entzaubert:

„Die Kritik an einem Gott, der ein Ding oder eine selbstgemachte Idee ist, das ist der Kerngedanke der jüdischen Aufklärung. Und dieser Kerngedanke ist auch der Kern der Gewaltenteilung . . . Eine kontrafaktische, eschatologische Gewaltenteilung stellt den Inhaber realer Gewalt unter einen Vorbehalt. Der Mächtigste . . . kann für den Monotheisten nicht Gott sein, weil die oberste, die letzte Macht das Reservat des unsichtbaren ‚Ich bin da' ist. Das ist der tiefere Grund dafür, daß die ersten Christen das Kaiseropfer verweigerten, denn ein Kaiser, der sich selbst divinisiert, verweigert eben diesen Vorbehalt."

Der jüdisch-christliche Monotheist, so Nordhofen, hält zwar an der Idee der Wahrheit fest. Der eschatologische Vorbehalt stellt ihn jedoch in einen scharfen Gegensatz auch zu jedem weltlichen Monopolanspruch auf die Wahrheit: „Im moralischen Fallibilismus des Christen, der sein Gewissen erforscht, wird der politische Fallibilismus des Demokraten eingeübt. Die vielberufene ‚Gemeinsamkeit der Demokraten' besteht im Konsens über die Fehlbarkeit aller."

Die Achtung vor der Freiheit des anderen, der Pluralismus ist eine geistige und zivilisatorische Leistung ersten Ranges, die immer neuen Gefährdungen ausgesetzt ist. Gleichgültigkeit ist dabei im Ergebnis genauso verheerend wie Fanatismus, denn das ethische Fundament westlicher Demokratien wird auch durch einen Werterelativismus ausgehöhlt, der sich als liberaler Multikulturalismus anpreist, tatsächlich jedoch zentrale Freiheitsprinzipien über Bord wirft.

Um seiner selbst willen kann kein freiheitlicher Rechtsstaat es beispielsweise hinnehmen, daß auf seinem Gebiet religiöse Fanatiker auf „gotteslästerliche" Schriftsteller Kopfjagd machen; Familienclans unter Berufung auf heimatliche Traditionen mafiose Strukturen aufbauen; gewerbliche Lebenshilfe-Organisationen, als Kirche verkleidet, ihre Mitglieder durch hochbezahlte Gehirnwäsche seelisch und finanziell ruinieren; Frauen im Namen einer fremden Kultur, die man ohne Wenn und Aber nun einmal zu respektieren habe, gegen ihren Willen zur Heirat gezwungen werden. Es kommt der Punkt, an dem postmoderne Beliebigkeit in vormodernen Korporatismus umschlägt. Wo Individualrechte in erster Linie wieder durch Gruppenzugehörigkeit vermittelt werden, gerät das Individuum, diese „winzigste, ohnmächtigste, strahlendste Minorität“[20], unter die Räder.

Auch die ökologischen Herausforderungen unserer Zeit ändern nichts am zivilisatorischen Primat der Menschen- und Bürgerrechte. Legitime Kritik an ökologischen Mißständen und Versäumnissen rechtfertigt nie und nimmer einen antizivilisatorischen Ökofundamentalismus. Daß der nationalpazifistische Grüne Alfred Mechtersheimer dem Westen vorwirft, er habe mit „der Verbreitung universal-ethischer Grundrechte . . . dem schwächeren Rest der Welt einen Stillhalte-Humanismus verordnet“[21], nimmt nicht wunder. Daß in grün-alternativen Zirkeln gelegentlich über die Notwendigkeit einer – natürlich wohlwollenden – Ökodiktatur philosophiert wird[22], sollte eher aufmerken lassen. Zu viele Vegetarier haben sich schon als Kannibalen entpuppt.[23]

Zu einer ernstzunehmenden Gefahr könnten die verschiedenen zivilisationskritischen Tendenzen sich nur dann vereinen, wenn der Globalisierungsprozeß im Westen selbst den Glauben an die Gestaltungskraft der freiheitlichen Demokratie zerstörte. Jean-Marie Guéhenno vertritt die Ansicht, das „Ende der Demokratie“ sei nahe und ein neues „imperiales Zeitalter“ – ein virtuelles Weltreich ohne imperiales Zentrum, vaterlandslos wie das Internet – dämmere herauf. Die freiheitliche Demokratie – so viel ist daran sicher richtig – hat ihre territoriale Basis im modernen Nationalstaat, doch dieses Fundament „wird heute durch neue Formen der wirtschaftlichen Modernität unterminiert“.[24] Demokratische Entscheidungen gehorchen einer begrenzten geographischen Logik, die der neuen Grenzenlosigkeit wirtschaftlicher Entscheidungsprozesse hoffnungslos unterlegen zu sein scheint.

Was nutzt politisches Engagement, wird mancher sich fragen, wenn unser Schicksal ja doch zunehmend von computerabhängigen Unternehmensvorständen und anonymen Börsenmaklern bestimmt wird, in deren Weltbild bloß die Shareholder value Platz hat? Man braucht kein Prophet zu sein, um sich auszumalen, daß Populisten von rechts und links versuchen werden, solche Ohnmachtsgefühle zu mißbrauchen, indem sie Politikverdrossenheit erst schüren und dann für sich ausnutzen.

Wer dagegen angehen will, muß gar nicht in die Ferne schweifen. Zunächst dürfen sich jene bestätigt fühlen, die weitere Fortschritte bei der europäischen Integration für dringend notwendig halten, um Verluste an Gestaltungsspielräumen auf einzelstaatlicher Ebene durch verbesserte Fähigkeit zu gemeinschaftlichem Handeln auszugleichen. Die Unionsbürger verstehen sich zwar nicht als europäisches Volk, aber es müßte ihnen jeden Tag deutlicher bewußt werden, daß sie – darin einer Nation durchaus vergleichbar – eine politische Schicksalsgemeinschaft bilden. Weniger pathetisch ausgedrückt: Sie haben vitale gemeinsame Interessen, die es in einer von dramatischen Veränderungen geprägten Welt mit vereinten Kräften zu wahren gilt. Wenn sie dabei nicht der protektionistischen Versuchung erliegen, werden sie um so überzeugender gegen Handelsblöcke in anderen Teilen der Welt auftreten können.

Zweitens ist dies eine ausgezeichnete Gelegenheit, im globalen Wettbewerb „kapitalistischer“ Ordnungen die Vorzüge der Sozialen Marktwirtschaft auszuspielen. Wer in Sozial-, Umwelt- und Gesundheitsstandards nichts als kostentreibenden, wettbewerbsverzerrenden Schnickschnack zu erblicken vermag, der wird schließlich die verseuchten Überreste von Schafen an seine Rinder verfüttern; die Erfahrung lehrt, daß der „Kapitalismus pur“ gewissermaßen an dem Ast sägt, auf dem er selber sitzt.

Angesichts von Millionen Arbeitslosen muß intensiv darüber gestritten werden, an welchen Stellen während der vergangenen Jahrzehnte der soziale Ausgleich zu Lasten der Wettbewerbsfähigkeit überbetont worden ist. Dies bedeutet aber nicht, daß eines dieser zwei Elemente über Bord geworfen werden dürfte. Was wir vielmehr brauchen, ist eine Neubestimmung der richtigen Balance zwischen beiden. Zu Recht betont dabei Christoph Böhr in seinem Plädoyer für die „Verantwortungsgesellschaft“ des 21. Jahrhunderts: „Nachdem das mit gutem Grund vor allem im 19. Jahrhundert aufkeimende Solidaritätspathos heute an seine Grenzen stößt, gilt es jetzt, die Souveränität des Individuums neu zu entdecken.“ [25]

Die Verantwortungsgesellschaft – und dies wäre die dritte Überlegung – bietet einen Rahmen, der staatsbürgerlichem und gemeinnützigem Engagement neue Perspektiven eröffnet. Wiederzuentdecken ist dabei die Polis als Ursprungsort der demokratischen Idee. Mehr als alles andere bewahrt uns dies vor der Versuchung, eine Existenz à la carte zu führen – nur noch den Leuten zu begegnen, mit denen wir bestimmte Berufs- oder Freizeitinteressen teilen, und allen übrigen aus dem Weg zu gehen. „Ohne Gemeindeeinrichtungen", so schrieb Alexis de Tocqueville vor anderthalb Jahrhunderten in seiner unübertroffenen Analyse der Demokratie in Amerika, „kann sich ein Volk eine freie Regierung geben, aber den Geist der Freiheit besitzt es nicht."

Nur derjenige ist ein guter Weltbürger, der sich seinem konkreten Lebensumfeld als guter Mitbürger bewährt. Wer wüßte dies besser als Walter Wallmann, der Patriot und Weltbürger aus Frankfurt am Main?

Anmerkungen

1 Vgl. Heinrich August Winkler, „Rebuilding of a Nation: The Germans before and after Unification", in: DAEDALUS, Winter 1994, Seite 113.

2 Joseph Rovan, „Zwei Völker – eine Zukunft. Deutsche und Franzosen an der Schwelle des 21. Jahrhunderts", München 1986, Seite 46.

3 Martin Stöhr, „Lust am Einverständnis. Der Weg der Evangelischen Kirche nach 1945", in: Hajo Funke (Hrsg.), „Von der Gnade der geschenkten Nation. Zur politischen Moral der Bonner Republik", Berlin 1988, Seite 154.

4 Vgl. etwa Walter Wallmann, „Is There a New German Question?" in: American Institute for Contemporary German Studies (Hrsg.), „West Germany, East Germany and the German Question", Washington D.C. 1986, Seiten 3 – 11.

5 Mark Lilla, „The Other Velvet Revolution: Continental Liberalism and its Discontents", in: DAEDALUS, Spring 1994, Seiten 129 – 157, hier Seite 146.

6 Michael J. Inacker, „Die linken Neuentdecker des Westens", in: DIE POLITISCHE MEINUNG Nr. 327 (Februar 1997), Seiten 53 – 56, hier Seite 55.

7 Carmen Thomas, „Meine Fremdenangst", in: VORWÄRTS vom 11. März 1989, Seite 44.

8 Martin Walser, „Finks Krieg", Frankfurt a.M. 1996, Seiten 292 – 295.

9 Siehe Heinrich Heine, „Ludwig Börne. Eine Denkschrift", 1837 – 1839. Hier zitiert nach Band 20 der „Anderen Bibliothek", Nördlingen 1986, Seite 140.

10 Vgl. FOCUS Nr. 45/1996, Seite 227.

11 Jean-Marie Guéhenno, „Das Ende der Demokratie", München und Zürich 1994, Seiten 24f.

12 So beispielsweise der malaysische Regierungschef Mohamad Mahathir am 3. November 1996 beim Gipfeltreffen von 15 Schwellenländern in Harare.

13 Vgl. David Remnick, „Heir of Stalin sells Russia a terrible dream", in: THE SUNDAY TIMES vom 12. Mai 1996.

14 In diesem Sinne auch Timothy Ong, „All This Talk of 'Asian Values' Sends an Unhelpful Message", in: INTERNATIONAL HERALD TRIBUNE vom 20. Mai 1996, Seite 8.

15 Vgl. hierzu die fundierte Untersuchung von Sibylle Tönnies, „Der westliche Universalismus. Eine Verteidigung klassischer Positionen", 2. Aufl. Opladen 1997.

16 Vgl. hierzu die Untersuchung des Beispiels Indonesien in Benedict Anderson, „Imagined Communities. Reflections on the Origin and Spread of Nationalism", 2. Aufl. London 1991, Seiten 113 – 140: Im Jahre 1913 veranstaltete das niederländische Kolonialregime in Batavia überall mit großem Aufwand Festlichkeiten, um das hundertjährige Jubiläum der „nationalen Befreiung der Niederlande vom französischen Imperialismus" zu begehen. Auch die Eingeborenen sollten dazu beitragen. Hiergegen richtete sich der berühmt gewordene Protest des javanisch-indonesischen Nationalisten Suwardi Surjaningrat: „Wenn ich ein Niederländer wäre, dann würde ich keine Unabhängigkeitsfeier organisieren in einem Land, dessen Volk seiner Unabhängigkeit beraubt wurde."

17 Karl R. Popper, „The Myth of the Framework", in: Eugene Freeman, „Essays in Honor of Paul Arthur Schilpp", La Salle, Illinois, 1976, Seiten 23 – 48.

18 Diesen Aspekt betont zu Recht auch Samuel P. Huntington, beispielsweise in „The West – Unique, Not Universal", in: FOREIGN AFFAIRS November / December 1996, Seiten 28 – 46, hier Seiten 31f.

19 Eckhard Nordhofen, „Die Farbe bunt. Gibt es ein europäisches Proprium?" (unveröffentlichtes Vortragsmanuskript, November 1996).

20 Siehe Ludwig Marcuse, „Essays – Porträts – Polemiken", Zürich 1979, Seiten 445 – 447.

21 Alfred Mechtersheimer, „Friedensmacht Deutschland. Plädoyer für einen neuen Patriotismus", Frankfurt am Main/Berlin 1993, Seite 43.

22 So beispielsweise der Bürgerrechtler (!) Jens Reich in: DER SPIEGEL vom 3. April 1995, Seiten 42 – 49, vor allem Seite 46.

23 Eine sehr interessante Darstellung grün-brauner Wahlverwandtschaften geben Richard Herzinger und Hannes Stein in ihrem Buch „Endzeit-Propheten oder Die Offensive der Antiwestler", Reinbek 1995, Seiten 78 – 86.

24 a.a.O. (siehe Fußnote 11) Seite 25.

25 Christoph Böhr, „Der schwierige Weg zur Freiheit. Europa an der Schwelle zu einer neuen Epoche", Bonn 1994, Seite 68.

BERNHARD MIHM

KOMMUNALE SELBSTVERWALTUNG UND DEMOKRATIE

Walter Wallmann selbst weist gern und zu Recht darauf hin, daß er dem demokratischen Staat in allen Gewalten – Gesetzgebung, Vollzug und Rechtsprechung – und auf allen Ebenen – Bund, Land und Kommune – gedient habe. Ohne die Verdienste des Jubilars ansonsten vergessen zu wollen, er ist uns Frankfurtern vor allem als der große Oberbürgermeister der späten siebziger und der achtziger Jahre in Erinnerung. Und deshalb sei an dieser Stelle dem Verhältnis zwischen kommunaler Selbstverwaltung und Demokratie ein wenig nachgegangen.

„Selbstverwaltung" ist ein mehrdeutiger Begriff. Auf der einen Seite meint er das Bemühen, öffentliche Aufgaben nicht nur in die Hände von Berufsbeamten zu legen, sondern auch von Bürgern, die diese Geschäfte neben ihrem eigentlichen zivilen Beruf wahrnehmen. Für dieses Leitbild, daß Bürger die Angelegenheiten des Gemeinwesens ehrenamtlich wahrnehmen, hat sich der Ausdruck „politische Selbstverwaltung" durchgesetzt.

Neben dieser „Selbstverwaltung im politischen Sinn" kennt die Rechtswissenschaft das Institut der „juristischen Selbstverwaltung". Diese wird als „die Tragung und Wahrnehmung öffentlicher Angelegenheiten durch dem Staate organisch eingegliederte juristische Personen des öffentlichen Rechts" definiert. Juristische Selbstverwaltung ist eine Form der Dezentralisation des Staates. Sie ist möglich auch ohne ehrenamtliche Mitwirkung, wie sich ja auch eine politische Selbstverwaltung in einem straff zentralisierten Staatswesen etwa in der Form von Bürgerausschüssen bei den zentralen Verwaltungsbehörden vorstellen ließe.

Für die Form der Selbstverwaltung, die sich für die Gemeinden, Städte und Landkreise in Deutschland herausgebildet hat, ist charakteristisch, daß sich politische und juristische Selbstverwaltung vereinigen und gegenseitig durchdringen.

Auch der Begriff der Demokratie ist keineswegs so klar und unumstritten, wie man das gemeinhin annimmt. „Das Irrationale, Gefühlsmäßige hat im Sinne des Wortes Demokratie die Vorhand gewonnen, die rechtstechnischen Einzelheiten treten zurück. So verbindet man mit dem Worte Demokratie die ethische Vorstellung eines guten, rechtlich geordneten Staatswesens, das sich die Wohlfahrt und die Wahrung der Menschenrechte seiner Bürger zur Aufgabe macht, zu alledem aber beitragen will, den Frieden der Welt zu erhalten“, meinte der Staatsrechtslehrer Hans Helfritz um 1950. Und der sozialdemokratische Reichsminister Eduard David hatte schon zu Beginn der Weimarer Republik erklärt: „Die Bahn ist frei für jede gesetzliche, friedliche Entwicklung. Darin liegt die echteste Demokratie.“ Es erscheint wegen des hohen Wertes der demokratischen Gestaltung des Gemeinwesens freilich notwendig, den Demokratiebegriff so zu klären, daß er nicht nur in einem Nebel der Gefühle sichtbar wird.

Der sachliche Gehalt der Demokratie, um dessentwillen Demokratie erstrebt und verwirklicht wird, liegt in der Verbindung der Ideale der Freiheit und der Gleichheit in der staatlichen Ordnung. Diese Prinzipien aber stehen in einem gewissen inneren Widerspruch. Je nachdem, ob im Zweifelsfall der Freiheit oder der Gleichheit der Vorrang gegeben wird, spricht man vom „liberalen“ oder „radikalen“ Demokratismus.

Für den radikalen, egalitären Demokratismus ist das Volk immer das ganze Volk, ohne daß sich eine regionale oder soziale Teileinheit dazwischenschiebt. Nur dann, wenn zwischen der Nation, der „nation une et indivisible“, und dem Individuum kein „corps intermédiaire“ im Sinne Montesquieus steht, nur wenn allein diese beiden politisch handeln können, ist für ihn die Gleichheit ungefährdet. Das war schon die entschiedene Gegenposition von Rousseau gegenüber Montesquieu. Danach entspricht der Demokratie ein straffer Zentralismus, wie er in den französischen Republiken bis zur Reform unter und nach Charles de Gaulle verwirklicht worden war. Die Freiheit, um die es der radikalen Demokratie geht, ist nicht vor allem diejenige des einzelnen, sondern die Freiheit des gesamten Volkes. Für das Individuum bleibt zuletzt nur eine Freiheit möglichst intensiver Mitwirkung an der Bildung des demokratischen Gesamtwillens, der „volonté générale". Eine Freiheit des einzelnen vom Staat wird als nicht wesentlich demokratisch erachtet. Dieses Postulat sei ein rein liberales und könne lediglich modifizierend zur Demokratie hinzutreten, meint etwa Carl Schmitt, vor seiner totalitären Wendung ein führender Theoretiker der radikalen Demokratie.

Mit dem radikalen Demokratismus trifft sich die Auffassung von der liberalen Demokratie in der Ablehnung eines Privilegienstaates. Auch sie fordert Gleichheit der Rechte als Grundlage eines staatlichen und gesellschaftlichen Lebens. Im übrigen aber weichen die beiden Leitbilder stark voneinander ab. Im Mittelpunkt liberal-demokratischen Denkens steht nicht die Freiheit des Volksganzen, sondern zunächst die Freiheit des Einzelmenschen als sittlicher Persönlichkeit. Hier hat jeder Mensch eine Freiheitssphäre, in der sich seine Persönlichkeit entfaltet und in die einzugreifen auch dem Staat verwehrt ist. Das Gleichheitsideal hat nur mittelbare Bedeutung, insofern es das Grundanliegen der Freiheit fördert. An die Stelle der Betonung der Souveränität der einen und unteilbaren Nation tritt die Forderung nach möglichst weitgehender Identität von Regierenden und Regierten. Das zieht eine Tendenz zum Dezentralismus nach sich, denn wenn an einer Stelle nur ein Volksteil regiert ist, genügt es, daß allein er selbst sich regiert. Auch kommt die so hoch bewertete Einzelpersönlichkeit im kleinen Kreise weit mehr zum Tragen als in der größeren, allumfassenden Gemeinschaft der Nation. Vor allem anderen aber eignet dem liberalen Demokratismus die Überzeugung von der Unvereinbarkeit jeglichen staatlichen Totalitarismus mit der Demokratie.

Als im Jahre 1808 Freiherr vom Stein seine berühmte Städtereform durchführte, sollten die von ihm geschaffenen Institutionen nicht nur eine technische Verbesserung der Verwaltung darstellen. Vielmehr stand hinter dem Reformwerk die Idee, „eine freie Tätigkeit der Kräfte der Nation in Richtung auf das Gemeinnützige“ zu lenken. Ganz deutlich macht Stein seine Absicht, wenn er schreibt: „Überhaupt werden sich die Menschen erst durch Geschäfte bilden, und durch Handeln wird die Nation erst mit ihrer Geschäftsfähigkeit bekannt.“ Diese „Geschäftsfähigkeit einer Nation“ aber ist das Fundament für jeglichen demokratischen Staatsaufbau.

Steins Werk beschränkte sich auf die preußische Monarchie. Seine Ideen wirkten jedoch weit über deren Grenzen hinaus. Nach 1815 richteten fast alle Mitgliedsstaaten des Deutschen Bundes kommunale Selbstverwaltungsinstitutionen ein. Die monarchisch-staatliche Verwaltung zog sich aus der Ortsinstanz zurück, der volksnahe Teil der Verwaltung wurde in die eigene Regie des Bürgertums überführt. Wie Stein es sich von der Selbstverwaltung erhofft hatte, wurde sie zur Schule tätigen Staatsbürgertums, damit aber zur Vorschule der Demokratie. Freilich überließ der Staat nur die lokalen Angelegenheiten den Kommunen, „die Verwaltung des Gemeindevermögens und der örtlichen Einrichtungen“, wie es in der ersten kurhessischen Verfassung hieß.

Dem Staat blieb in der inneren Verwaltung der gesamte Bereich der Polizei, die Abwehr etwaiger Störungen der öffentlichen Sicherheit und Ordnung. In einer Zeit, in der der öffentlichen Gewalt neben der Pflege der auswärtigen Beziehungen, der Landesverteidigung und der Justiz lediglich die Erfüllung solcher polizeilicher Aufgaben oblag, konnte die Beschränkung der Selbstverwaltung auf mehr vorsorgendes und sozialgestaltendes Wirken dazu führen, sie als eine wesenhaft unpolitische Angelegenheit zu betrachten. Sicherlich war diese Beschränkung auch bewußt geschehen. Die Betonung eines solchen Gegensatzes bot zwar dem Staat Gelegenheit und Vorwand zu intensiver Aufsicht und zu manchen Eingriffen. Ein apolitischer Charakter der Selbstverwaltung konnte ihr jedoch – wie der Staatsrechtler Hans Herzfeld einmal bemerkte – auch als ein Schutzmantel gegen den Staat dienen.

Eine verfassungs- oder gesetzmäßige Verankerung der kommunalen Selbstverwaltung ist so keine Errungenschaft des demokratischen Staates. Die in den deutschen Staaten nach 1815 erlassenen Verfassungen enthielten fast alle mehr oder weniger eingehende Selbstverwaltungsklauseln. Diese Selbstverwaltung aber war im damaligen Sinn etwas Andersartiges gegenüber der Organisation des Staates.

Die Selbstverwaltungsklauseln in genuin demokratischen Verfassungen konnten diesen Sinn nicht mehr haben. Deshalb wußten auch die Staatsrechtler nach 1918 zunächst nichts mehr Rechtes mit ihnen anzufangen. Der wohl bedeutendste Kommentator der Weimarer Reichsverfassung, Gerhard Anschütz, bezeichnete den Selbstverwaltungsartikel der Verfassung (Artikel 127) als „leerlaufenden Grundrechtsartikel" und als materiell inhaltslos; Artikel 127 der Weimarer Reichsverfassung wiederhole lediglich den allgemeinen Grundsatz der Gesetzmäßigkeit der Verwaltung für die Selbstverwaltung. Eine weitgehendere Beachtung fand diese Verfassungsbestimmung erst später, als der Staatsgerichtshof für das Deutsche Reich feststellte: „Artikel 127 bedeutet kein bloßes Programm ohne rechtlichen Gehalt. Es setzt vielmehr bindend fest, daß den Gemeinden und Gemeindeverbänden das Recht der Selbstverwaltung zusteht. Die Landesgesetzgebung darf dieses Recht nicht aufheben und die Verwaltung der Gemeindeangelegenheiten nicht den Staatsbehörden überlassen. Sie darf die Selbstverwaltung auch nicht derart einschränken, daß sie innerlich ausgehöhlt wird und nur noch ein Scheindasein führen kann."

Der demokratische Staat gab damit seiner verfassungsgeschichtlichen Vorläuferin die stärkste Sicherung, die zu geben er in der Lage war. Solche institutionellen Garantien finden sich auch in den nach 1945 erlassenen Verfassungen des Bundes und der Länder. Freilich: Nach 1918 hatte man sich damit begnügt, die Selbstverwaltung, wie sie hergebracht war, insgesamt zu garantieren. Die Verfassungen nach 1945 gingen weiter: Sie bezeichneten Teilaspekte der Selbstverwaltung, die sich in der Vergangenheit als besonders gefährdet herausgestellt hatten, um festzustellen, daß gerade diese Aspekte in besonderer Weise geschützt seien. So garantiert der Artikel 106 des Grundgesetzes den Gemeinden und Kreisen bestimmte Einnahmequellen. Viele Gemeindeordnungen erklären die Gemeinden ausdrücklich zu den Grundlagen des demokratischen Staatsaufbaues.

Allen verfassungsmäßigen Sicherungen zum Trotz ist die kommunale Selbstverwaltung freilich seit dem Jahre 1918 in eine überraschende Krise geraten, die sich in der Bundesrepublik Deutschland bemerkenswert deckt mit Verhältnissen in der Weimarer Republik. War sie etwa ein Jahrhundert lang in der Offensive gewesen, so schlug diese bereits nach 1918 in die Defensive um. Von nun an sah sich die kommunale Selbstverwaltung vor die Lage gestellt, ihren Schritt für Schritt erworbenen Besitzstand gegen eine rückläufige Bewegung zu verteidigen.

Diese Krise der Selbstverwaltung hat ihre Ursache zunächst einmal in dem Zustand, in welchem sie selbst sich im dezentralisierten demokratischen Staat befindet. Seit dem Erlaß der Gemeindeordnungen des vorigen Jahrhunderts, welche die Struktur der Selbstverwaltung bis zum heutigen Tage bestimmen, haben sich die Kommunen stark verändert. Neben den damals tragenden Selbstverwaltungsaufgaben stehen seit langer Zeit eine Fülle obrigkeitlicher und fürsorglicher Angelegenheiten, welche die Städte und Gemeinden im Auftrage des Staates, dessen innere Verwaltung längst über das Gebiet der alten „Polizei" hinausgewachsen ist, wahrzunehmen haben. Selbstverwaltung und Staatsverwaltung sind gleichermaßen „Obrigkeit". An die Stelle weniger Gemeindediener ist ein nach staatlichem Vorbild organisierter und umfangreicher Stab qualifizierter Bediensteter getreten. In den Städten ist in den Köpfen der Menschen das Bewußtsein vom Genossenschaftscharakter ihrer Kommune verschüttet, und so gleichen die Großstädte eher Flächenstaaten als kommunalen Gebietskörperschaften herkömmlicher Art. Wie in der Weimarer Epoche sind auch heute den Städten, Gemeinden und Landkreisen zusätzliche Schwierigkeiten dadurch entstanden, daß sie sich gleichermaßen gegen den Einzelstaat, das Land, und gegen die erstarkte Zentralgewalt, heute also den Bund, vorzusehen haben. Bund und Länder erliegen nur zu leicht der Versuchung, sich auf Kosten der Gemeinden zu einigen. Besonders schwere Auswirkungen hatte dies wiederholt für die finanzielle Situation. Zwei prominente Zitate – eines aus der Weimarer Zeit, eines von heute – mögen das belegen. Als Kölner Oberbürgermeister mußte Konrad Adenauer für den Deutschen Städtetag in einem „Notruf" einmal erklären, die deutsche Selbstverwaltung stehe kurz vor dem völligen Zusammenbruch. Und namens desselben Spitzenverbandes titelte Jochen Dieckmann einen Aufsatz vor wenigen Monaten mit der Frage: „Kommunale Selbstverwaltung vor dem Ende?“

Woher rührten und rühren letzten Endes und jenseits tagespolitischer Ereignisse diese Schwierigkeiten? Ich meine – ob wir uns dessen bewußt sind oder nicht – aus der in den Köpfen der politisch Handelnden unter Demokraten nicht ausdiskutierten Frage, was an Demokratie werthaltig sei, und dies obwohl – wie noch darzustellen ist – die Väter und Mütter des Grundgesetzes eine klare Entscheidung getroffen haben.

In der radikal-demokratischen Deutung von Demokratie wurde immer die Ansicht vertreten, zwischen Demokratie und juristischer Selbstverwaltung bestehe eine unüberbrückbare Spannung. Konsequent durchgeführter Demokratie sei eine zentralisierende und nivellierende Tendenz eigentümlich. Der Souverän, die eine und unteilbare Nation, müsse als „ein homogenes und politisches Ganzes von allen weiteren Gruppierungen in spezifischer Weise unterschieden sein“, ein Zitat von Carl Schmitt! Dieser Unterschied könne allein darin bestehen, daß dem Volkssouverän das Monopol in der Einflußnahme auf die Führung der öffentlichen Angelegenheiten zukomme. Dieser Einfluß sei aber dann weitgehend ausgeschaltet, wenn als Folge unabhängiger Dezentralisation örtliche Stellen in ihrer Willensbildung mehr oder weniger frei sind. Im Gegensatz zur obrigkeitsstaatlichen Monarchie des 19. Jahrhunderts, in der die Gemeinde noch ein echtes Gegenstück zu dem von ganz anderen Kräften getragenen Staat dargestellt habe, sei jetzt, da die gleichen Mächte des gesellschaftlichen Pluralismus auch die Positionen im Staat besetzt hätten, die Institution der Selbstverwaltung sinnlos geworden.

Zu ganz anderen Ergebnissen kommt der liberale Demokratismus. Er bejaht das Neben- und Miteinander autonomer politischer Einheiten, denn hinter jedem Zentralismus stehe, wie das einmal der Würzburger Staatsrechtslehrer und CSU-Politiker Friedrich August Freiherr von der Heydte formuliert hat, „der Solipsismus des Staates, dessen geistige Wurzeln in einem absolutistischen Glauben an seine Sendung“ zu suchen seien. Die Entscheidung über Berechtigung und Standort der Selbstverwaltung in der Demokratie wird mit der Entscheidung für den egalitären oder den freiheitlichen Demokratismus getroffen.

Der Raum reicht nicht aus, um verfassungsgeschichtlich und von denkerischen Traditionen her darzutun, wie sich die Idee der liberalen Demokratie einerseits, die Vorstellungen der radikalen Demokratie andererseits entfaltet haben. Im Ergebnis dürfte festzuhalten sein, daß der radikale Demokratismus ein Kind der französischen Geistesgeschichte, näherhin der Französischen Revolution ist, der liberale Demokratismus aber in den „altfreien Volksstaaten" im Sinne des berühmten Basler Staatstheoretikers Adolf Gasser vorzüglich in der Schweiz und in den USA gewachsen ist.

Nach 1945 hat aber gerade der US-amerikanische Demokratismus in Deutschland starken Einfluß ausgeübt. So nimmt es nicht wunder, daß es nicht nur die Ideengeschichte nahelegt, dem freiheitlichen Demokratismus zu folgen, sondern das geltende Verfassungsrecht die Bundesrepublik nicht einfachhin einen „demokratischen", sondern einen „freiheitlich-demokratischen" Staat nennt. Das Grundgesetz selbst legt an keiner Stelle expressis verbis diesen Terminus aus. Rechtsprechung und Wissenschaft hatten die Aufgabe, hier Klarheit zu schaffen, insbesondere Antwort darauf zu geben, ob hier eine Verfassungsentscheidung im Sinne des freiheitlichen Demokratismus vorliege. Hermann von Mangoldt, einer der Väter des Grundgesetzes, später einer seiner bedeutendsten Kommentatoren, vertritt die Meinung, unsere Bundesverfassung sehe „freiheitlich" und „demokratisch" als eine Einheit, das eine sei ohne das andere nicht denkbar. Und das Bundesverfassungsgericht führt in seinem sogenannten „SRP-Urteil" aus:

„Nach der im Grundgesetz getroffenen verfassungspolitischen Entscheidung ist die (freiheitliche demokratische) Grundordnung eine wertgebundene Ordnung. Sie ist das Gegenteil des totalen Staates, der als ausschließliche Herrschaftsmacht Menschenwürde, Freiheit und Gleichheit ablehnt".

Diese Auffassung ist im wesentlichen unbestritten. Sie bedeutet aber ein eindeutiges Bekenntnis zu einem in der Verfassung verankerten freiheitlichen Demokratismus. Die Demokratie tritt heute mehr denn je mit dem Anspruch auf, mehr zu sein als eine beliebig auswechselbare Staatsform. „Wenn sie einen unbedingten Vorrang beansprucht, so kann dieser grundsätzliche und entscheidende Vorrang nur der sein: die demokratische Ordnung verbindet die politische Notwendigkeit der Einheit des Staates mit der sittlichen Notwendigkeit der freien Einzelpersönlichkeit", so schrieb Otto Ziebill bereits 1951 in den „Mitteilungen der Stadtverwaltung Frankfurt am Main". Mit dieser Entscheidung für eine Demokratie im freiheitlichen Sinn ist die Entscheidung für eine möglichst kraftvolle juristische Selbstverwaltung gefällt.

„Bund und Länder erliegen nur zu leicht der Versuchung, sich auf Kosten der Gemeinden zu einigen", formulierte ich weiter oben. Im zweistufigen Bundesstaat (Bund – Länder) sind die Länder gewissermaßen die „Eltern" der kommunalen Gebietskörperschaften. Im Sinne dieses Bildes erweisen sie sich freilich in der Regel als „Rabeneltern". Anhörungsrechte der kommunalen Spitzenverbände haben bisher keine Besserung erreicht. Denn durch diese Verbände wird keine Macht ausgeübt. Das provoziert die Überlegung, der kommunalen Selbstverwaltung auf Landesebene ein über die gegenwärtigen Anhörungsrechte der Spitzenverbände qualitativ hinausgehendes Mitspracherecht einzuräumen, etwa in Form von Gemeindekammern, die als zweite Kammern neben die Landtage treten, ähnlich mit Rechten ausgestattet wie im Bund der Bundesrat. Gegen diese Überlegungen wird eingewandt, eine solche Konstruktion erschwere das Staatsleben in unnötiger Weise. Dieser Einwand muß sich freilich seinerseits die kritische Frage gefallen lassen, wie denn sonst Kommunen im demokratischen Bundesstaat von der Rolle des „Letzten, den die Hunde beißen", verschont werden können.

Eine dem Bundesrat analoge Kommunalkammer in Landesverfassungen wäre für den nur konsequent, der Föderalismus nicht nur als Modell eines zweistufigen Staatsaufbaus sieht, sondern als übergreifendes Sozialprinzip. Solches Denken erscheint erstmals zu Beginn des 17. Jahrhunderts bei dem calvinistischen Herborner Rechtsgelehrten Johannes Althusius, über den Walter Wallmann wissenschaftlich gearbeitet hat. In der Weimarer Republik stand für diese übergreifende Föderalismuskonzeption der Kölner Sozialwissenschaftler und Gründer und Vorsitzende des

„Reichs- und Heimatbundes deutscher Katholiken“, der 1939 im KZ Sachsenhausen ermordete Benedikt Schmittmann. Und in der Anfangsphase unserer Bundesrepublik waren es vor allem der leider lange vergessene und erst seit seinem Tode im Frühjahr 1996 zaghaft wiederentdeckte Publizist Walter Ferber sowie der CDU-Politiker Adolf Süsterhenn, die jene Sicht von Föderalismus vertraten. Freilich hat auch Süsterhenn in der von ihm bei näherem Zusehen allein konzipierten Verfassung des Landes Rheinland-Pfalz eine Kommunalkammer nicht vorgesehen.

Und die Selbstverwaltung im politischen Sinn? Auch im fortgeschrittenen Dienstleistungsstaat sollten wir die demokratiepolitischen Einsichten Adolf Gassers aus der Beobachtung der „altfreien Volksstaaten“ nicht vernachlässigen. Verantwortung im administrativen Sinn haben dort nicht nur Hauptamtliche. Auch das Ehrenamt ist eingebunden. Wir Frankfurter mögen da nicht nur an Stadtverordnete, ehrenamtliche Magistratsmitglieder und Ortsbeiräte, sondern mit Selbstbewußtsein und mit Anerkennung auch einmal an unsere Stadtbezirks- und Sozialbezirksvorsteher denken!

Im Besitz solcher Verantwortung erwirbt der Mensch nach Gassers wohl zutreffender Ansicht am sichersten die bei den altfreien Nationen vorherrschenden staatsbürgerlichen Tugenden. An keiner Stelle ist es aber für den Bürger so naheliegend und so einfach, selbst administrative Verantwortung zu übernehmen wie in seiner Gemeinde. Hier, wo es ganz konkrete Nöte zu beheben, mit Händen zu greifende Schwierigkeiten zu beseitigen gilt, sind gute Bedingungen dafür gegeben, daß die Bürger lernen, in gemeinsamer Verantwortung zusammenzuarbeiten, in wahrhaft überparteilichem Geiste aufeinander Rücksicht zu nehmen und selbsttätig, unter Verzicht auf manche liebe Bequemlichkeit, von unten her das Gemeinwohl zu fördern.

Nun haben im Unterschied zur Zeit der Begründung der kommunalen Selbstverwaltung die politischen Parteien in der modernen Demokratie eine so bedeutsame und unverzichtbare Stellung eingenommen, daß man unseren heutigen Staat nicht ohne Grund einen „Parteienstaat“ nennt. Der Grundgesetzgeber hat – erstmalig in der Verfassungsgeschichte und in klarer Erkenntnis unserer heutigen Verhältnisse – im Artikel 21 die staatstragenden Funktionen der politischen Parteien beschrieben: „Die Parteien wirken bei der politischen Willensbildung des Volkes mit." Die von Verfassung wegen bejahte Aufgabe der politischen Parteien, an der Willensbildung des Volkes mitzuwirken, erstreckt sich auf alle Bereiche des politischen Lebens, auch auf den Bereich der Kommunalpolitik, der Selbstverwaltung.

Eine Gefahr könnte dadurch gegeben sein, daß politische Parteien vor allem bundespolitisch ausgerichtet, also der Versuchung ausgesetzt sind, die Selbstverwaltung lediglich als Sprungbrett zur Eroberung der Macht auf „höheren Ebenen" oder – wenn sie in der Opposition sind – als Mittel der Obstruktion gegen die Regierung zu benutzen. Dies würde eine Aushöhlung der Selbstverwaltung und den Verlust ihrer Eigenständigkeit bedeuten. In der Tat sind politische Parteien Versuchungen dieser Art schon erlegen. So versuchte 1958 und dann wieder in den achtziger Jahren die sozialdemokratische Opposition, von ihr abgelehnte verteidigungspolitische Maßnahmen dadurch unmöglich zu machen, daß im Wege kommunaler Willensbildung die Lagerung von Waffen oder militärischem Gerät oder die Anlage bestimmter Einrichtungen auf dem Gebiet von Gemeinden, Städten und Landkreisen abgelehnt wurde („atomwaffenfreie Zonen").

Diese Gefahren sind aber nicht so groß, daß man von einem tödlichen Gegensatz zwischen Parteienstaat und Selbstverwaltung sprechen müßte. Dazu ist allein die Skala der zur Verfügung stehenden Abwehrmittel zu groß. Natürlich wird nur eine wirkliche Anerkennung der Eigenständigkeit der Selbstverwaltung durch die Parteien und ihre unbedingte Loyalität gegenüber der verfassungsmäßigen Ordnung wirkliche Sicherheit bieten können.

Gerade die Übernahme administrativer Verantwortung im örtlichen Bereich kann aber dazu beitragen, die politisch tätigen Bürger zu jenem Gemeinschaftsgeist zu erziehen, aufgrund dessen sich die altfreien Nationen durch Maß und Selbstkontrolle gerade auch in der Verfolgung parteipolitischer Ziele auszeichnen.

In der Demokratie gilt der Grundsatz der selbsttätigen Wahrnehmung eigener Angelegenheiten nicht nur in der Gemeinde als

Selbstverwaltung, sondern auch im Staat als Selbstregierung. In den altfreien Volksstaaten geht dementsprechend der Begriff der Selbstverwaltung in dem umfassenderen der Selbstregierung auf. Die Gemeinden sind nicht betont aus dem Staat ausgeschieden, sondern zwar eigenständige, aber nicht wesensverschiedene Elemente des Staatsaufbaues. Aufgrund vielhundertjähriger demokratischer Gewohnheit wird die Gemeinde als Wurzelboden allen politischen Lebens respektiert.

Für das Thema „Demokratie und kommunale Selbstverwaltung" ist gerade deshalb das Kommunalwahlrecht für EU-Bürger eine gleichermaßen aktuelle und erhebliche Frage geworden. Denn Wahlrecht ist zumal in der Demokratie Folge der Staatszugehörigkeit, Folge damit der Teilhabe an der Volkssouveränität. Eine Abspaltung des kommunalen Wahlrechtes auch für nichtdeutsche EU-Bürger vom Wahlrecht bei „staatlichen" Wahlen nur für Deutsche setzt ein Kommunalverständnis voraus, das im Sinne des radikalen Demokratismus die kommunale Selbstverwaltung nicht ganz für voll nimmt, als eher für „Gesellschaft" als für „Staat" stehend. Wer im Geist des liberalen Demokratismus und im Ernstnehmen der grundgesetzlichen Sprechweise von der „freiheitlich"-demokratischen Grundordnung denkt, wird sich damit nicht so einfach abfinden. Denn nach solchem Verständnis ist eine solche Abspaltung eine Diskriminierung – weniger der nichtdeutschen EU-Bürger als der kommunalen Selbstverwaltung! Solches gilt auch für die Herabsetzung des Wahlalters auf 16 Jahre in zwei deutschen Ländern – wiederum nur bei Kommunal-, nicht aber etwa bei Landtagswahlen.

Zurück zum Wahlrecht der EU-Bürger: In der konkreten Entwicklung der letzten Jahre war der Vertrag von Maastricht für unsere Problematik von besonderer Bedeutung. Vor Maastricht gehörte ich zu denen, die das damals schon emotional-populistisch geforderte Ausländerwahlrecht ablehnten, weil die Europäische Gemeinschaft noch nicht jenes Maß an Staatlichkeit gewonnen hatte, welche die Teilhabe an einer Volkssouveränität als möglich erkennen ließ.

Das Vertragswerk von Maastricht hat nun den Mitgliedsstaaten der aus der „Europäischen Gemeinschaft" entwickelten „Europäischen Union" aufgegeben, das Kommunalwahlrecht für alle EU-Bürger, die in ihren Gemeinden ansässig sind, zu gewähren. Der Bund und die Länder haben diese europäische Norm umgesetzt, und am 2. März 1997 haben wir in Hessen zum erstenmal danach Wahlen durchgeführt. Es wäre fatal gewesen, wenn die dem zugrunde liegenden europäischen Normen aus der radikaldemokratischen Lebenswirklichkeit in einigen Mitgliedsstaaten der EU geronnen wären, in denen kommunale Selbstverwaltung im Vergleich zu dem bei uns Gewachsenen und Gewohnten nur ein Schattendasein führt. Maastricht ist in der Tat aber mehr: Das Vertragswerk hat einen qualitativen Sprung zur Staatswerdung des integrierten Europas zum Inhalt.

Bei intellektueller Redlichkeit sind aber nun neue Fragen aufgeworfen. Ist die Staatswerdung Europas so weit gediehen, daß nach dem Wohnsitzprinzip alle EU-Bürger ein kommunales Wahlrecht besitzen? Warum sind sie dann vom Wahlrecht auf „höheren Ebenen", bei uns also bei Landtags- und Bundestagswahlen, ausgeschlossen? Kommunale Selbstverwaltung als „unpolitisch" und nicht dem Staat, sondern der Gesellschaft zugeordnet zu sehen, verbietet sich auf den ersten Blick. Radikaler Demokratismus würfe so die Selbstverwaltung geradezu pervers in wilhelminische Betrachtungsweisen zurück.

Eine Antwort steht aus. Ich bemühe noch einmal die Sentenz von der intellektuellen Redlichkeit und sage: Es kann und darf nicht übersehen werden, was in der amtlichen Begründung des Entwurfs der Hessischen Gemeindeordnung bereits 1951 als Programm erschienen ist, daß nämlich das Gemeinderecht „in vollem Maße als wesentlicher Bestandteil der demokratischen Staatsverfassung erkannt wird".

HANS-JÜRGEN MOOG

WIRTSCHAFTSPOLITIK IN FRANKFURT AM MAIN

Am 20. März 1977 wählten die Frankfurterinnen und Frankfurter die CDU mit 51,3% der abgegebenen Stimmen und 50 Sitzen in die 93köpfige Stadtverordnetenversammlung. Walter Wallmann wurde am 15. Juni des gleichen Jahres von den Stadtverordneten in das Amt des Oberbürgermeisters der Stadt Frankfurt am Main berufen. Damit war die seit Ende des zweiten Weltkrieges ununterbrochen in der Mehrheit gewesene Sozialdemokratie in die Opposition geschickt worden.

Ich wurde 1964 Stadtverordneter und führte von 1965 bis zu meiner Wahl zum Bürgermeister im Jahre 1982 die CDU-Fraktion in der Stadtverordnetenversammlung. Als Fraktionsvorsitzender, aber auch als Bürgermeister und damit Stellvertreter des Oberbürgermeisters habe ich eng mit Walter Wallmann in den knapp neun Jahren seiner Zeit als Oberbürgermeister in meiner Vaterstadt Frankfurt am Main zusammengearbeitet. – Es war eine erfolgreiche Arbeit!

Walter Wallmann stellte seine Tätigkeit unter das Paradigma „Kontinuität und Wandel". Er vertraute mir nach meiner Wahl zum Bürgermeister am 3. Juni 1982 u. a. die Führung der Bereiche Wirtschaft und Tourismus an.

Kontinuität und Wandel haben die Jahre Walter Wallmanns als Oberbürgermeister auch tatsächlich bestimmt. Die Stadt setzte wieder ihre alte liberale Tradition fort. Den Menschen wurde bewußt, daß die heutige Arbeit nur dann erfolgreich gestaltet und eine sichere Grundlage für den Weg in die Zukunft abgeben kann, wenn an die Leistungen früherer Generationen angeknüpft wird. Dies wieder deutlich gemacht zu haben, war ein wesentlicher positiver Wandel in der Politik Walter Wallmanns für Frankfurt.

Dieser Wandel drückte sich auch in Baumaßnahmen aus. Die Stadt wurde wieder erlebbar und greifbar. Es war eine Politik zum Anfassen, und es wurde deutlich, daß Frankfurt am Main mehr ist als die Summe seiner Stadtteile. Wiederaufbau der Alten Oper, Gestaltung des Dom-Römerberg-Bereiches oder Schaffung des Museumsufers seien als Beispiele genannt.

Die Stadt stellte sich alsbald politisch befriedeter dar. Nicht Konfrontation, sondern Toleranz waren geübte städtische Politik. Dadurch änderte sich auch das Verhältnis des Frankfurters zu seiner Stadt im positiven Sinn. Er identifizierte sich wieder mit ihr und fand sich bereit, für sie einzutreten. Die Bürgerinnen und Bürger akzeptierten Frankfurt am Main wieder als ein lebens- und liebenswertes Gemeinwesen. Dies hat sich dann auch nach außen übertragen: Die Stadt Frankfurt am Main gewann im In- und Ausland wieder an Ansehen.

Für die Mainmetropole ist die Wirtschaftspolitik von besonderer Bedeutung. Ihre wichtigste Aufgabe ist, dazu beizutragen, die Existenz der Menschen zu sichern.

Selbstverständlich ist sie in die allgemeinen nationalen und – in immer stärkerem Maße – in die europäischen sowie internationalen Bedingungen eingebettet. Wir alle wollen eine nach innen und außen offene Gesellschaft. Dann müssen wir aber auch deren Voraussetzungen akzeptieren: freie Mobilität und offene Märkte. Dies ist der Kern der heutigen Globalisierung.

Seit Mitte der siebziger Jahre hatte sich in fast allen westlichen Industrieländern die Wirtschafts- und Arbeitsmarktsituation gewandelt: das Wirtschaftswachstum reichte trotz eines zwar verlangsamten, aber doch weiter gegebenen Produktivitätsfortschrittes nicht mehr aus, einen hohen Beschäftigungsgrad aufrecht zu erhalten. Dies war und ist natürlich nicht nur ein konjunkturelles Phänomen, sondern auch die Ausprägung von Strukturumbrüchen der Weltwirtschaft.

Ohne Zweifel trug das Ende preiswerter Energie- und Rohstoffbezüge in dieser Zeit zu den Inflations- und Zahlungsbilanzungleichgewichten bei. Zunehmende protektionistische Tendenzen beschränkten darüber hinaus die Dynamik des Welthandels. Die mit der Rezession anwachsenden Defizite der öffentlichen

Budgets führten in den meisten Ländern zu einer restriktiven Wirtschaftspolitik. Es gab aber auch hausgemachte Inflationsherde. So überstiegen in mehreren Ländern – auch in der Bundesrepublik Deutschland – Anfang der siebziger Jahre die Lohnsteigerungen bei weitem den Produktivitätsfortschritt. Dies hatte zur Folge, daß die bereinigte Lohnquote anstieg, die Unternehmereinkommen drastisch zurückgingen und die Investitionstätigkeit des privaten Sektors schrumpfte.

Rechnungen für wirtschaftliche Fehlentscheidungen werden meist wesentlich später präsentiert als bei Fehlern in anderen Bereichen. Heute müssen wir für das zahlen, was in den siebziger Jahren bestellt wurde. So belastet uns aktuell das Problem der Arbeitslosigkeit. Dies wird uns noch einige Jahre begleiten.

Bei der langfristigen Lösung werden nur Maßnahmen helfen, die marktwirtschaftlich zu vertreten sind. Nachdem die Fesseln der Planwirtschaft 1948 – übrigens in Frankfurt am Main durch Ludwig Erhard, dessen 100. Geburtstag wir 1997 feiern konnten, – gesprengt worden waren, hat die Soziale Marktwirtschaft in unserem Lande in verhältnismäßig kurzer Zeit Wohlstand zum Allgemeingut werden lassen. Nur sie wird auch in Zukunft in der Lage sein, die sich immer wieder neu stellenden Probleme zu lösen. Bleibt dies unbeachtet, wird in einer offenen Gesellschaft der wirtschaftlich Handelnde dort hingehen, wo er die für ihn günstigsten Bedingungen antrifft. Dies wissen die Politiker und selbstverständlich auch die Führer von Wirtschaftsunternehmen sowie Gewerkschaften. Nur – nach dieser Einsicht zu handeln, das erscheint leider oft schwer. NEIN sagen ist eben nicht so leicht wie JA sagen!

In diesem gesamtwirtschaftlichen Kontext hat sich auch während der Zeit von Walter Wallmann die konjunkturelle Entwicklung der Frankfurter Wirtschaft vollzogen. Im Vergleich zur allgemeinen Entwicklung im Bundesgebiet war Frankfurt am Main weit weniger, im Vergleich zu Hessen etwas weniger von den negativen Auswirkungen betroffen. Die Stadt wurde gerade in den Jahren von Walter Wallmann als Oberbürgermeister immer mehr zu recht als wirtschaftliche Hauptstadt Deutschlands bezeichnet.

Die Gründe für diese Bewertung liegen hauptsächlich im strukturellen Bereich. Die zentrale Lage innerhalb Deutschlands – auch nach der Wiedervereinigung – mit einer hervorragenden Nutzung durch eine gut ausgebaute großräumige Verkehrsinfrastruktur (Luft, Schiene, Straße und Wasser) sind besonders hervorzuheben. Frankfurt am Main ist das Zentrum einer Region, die mit 4,7 Millionen Einwohnern und 2,3 Millionen Arbeitsplätzen nicht nur zu den größten und wirtschaftlich stärksten Ballungsräumen Deutschlands zählt, sondern die auch im internationalen Maßstab von Bedeutung ist.

Von einmaliger Standortqualität ist der Flughafen. Er ist der Faktor, der Frankfurt am Main von den anderen wichtigen Ballungszentren unseres Landes abhebt und in direkte Konkurrenz zu den europäischen Metropolen stellt. Der Flughafen ist nicht nur der entscheidende Entwicklungsmotor der Region, sondern stellt auch die schnellste Verbindung zwischen Deutschland und dem Ausland dar. Von 14,9 Millionen 1977 hat sich die Zahl der Fluggäste über 23,3 Millionen 1982 auf 38,1 Millionen im Jahre 1995 gesteigert. Die Luftfracht stieg im gleichen Zeitraum von 589 867 Tonnen über 950 700 t auf 1 327 865 t an. Damit sind sämtliche Entwicklungsprognosen – bei den Diskussionen um die Startbahn West als Utopie abgetan – längst überholt worden.

Die Zahlen beweisen auch, wie notwendig der Ausbau unseres Flughafens war und seine Erweiterung nach wie vor ist. Wäre er verhindert worden, so wäre schwerer Schaden für die wirtschaftliche Entwicklung unserer Region und damit für alle hier lebenden und arbeitenden Menschen entstanden. Dies wird auch künftig der Fall sein, wenn unserem Flughafen nicht die erforderlichen Erweiterungen ermöglicht werden. Die Gefahr von Abwanderungen – insbesondere nach Amsterdam – sind greifbar nahe. Gerade dieser Konkurrent wartet nur!

Von hoher Bedeutung ist auch der Frankfurter Hauptbahnhof. Er trägt mit dazu bei, daß nahe und ferne Ziele mit der Bahn bequem erreicht werden können. Der Nachteil des Kopfbahnhofes muß im Zeitalter kürzerer Takte durch eine Untertunnelung beseitigt werden. Sicherlich ist dies eine Jahrhundertaufgabe. Sie muß aber entschlossen angepackt werden.

Frankfurt am Main liegt auch im Schnittpunkt wichtiger Autobahnen unseres Landes aus allen Himmelsrichtungen. Schließlich ist auch der Frankfurter Hafen zu erwähnen, der für den Massengutverkehr mit dem Verkehrsträger Schiff Angebote bereithält. Schon in meiner Amtszeit habe ich auf die verhängnisvolle Debatte um die Vertreibung des Gewerbes aus dem Osthafen hingewiesen. Sein Erhalt ist für die Zukunft unserer Stadt und ihrer Wirtschaft aber unerläßlich.

Die Nähe und der schnelle Zugang zu allen wichtigen Märkten gehören zu den ausschlaggebenden Gründen, warum so viele Firmen die Mainmetropole für ihre Geschäfte ausgesucht haben. Nach der Zählung waren 1970 insgesamt 36427 Arbeitsstätten vorhanden. Die Zahl sank bis 1977 auf 32598 und stieg in dem Zeitraum bis 1987 wieder auf 35457 an. 1970 standen dort 545245 Arbeitsplätze zur Verfügung. 1977 war diese Zahl auf 505785 (davon 104912 im verarbeitenden Gewerbe) gesunken. 1987 waren wieder 558852 (davon 99669 gewerbliche und 57950 im Kreditgewerbe) vorhanden. 1992 lauteten die Zahlen 588600 (95758 und 67868) und 1995 schließlich 560100 (73696 und 68217). Die Zahlen belegen den Erfolg der Wirtschaftspolitik in dem zu beleuchtenden Zeitabschnitt.

Von großer Bedeutung ist die horizontale und vertikale Vielfalt der Wirtschaft. Es gibt nur wenige Branchen, die in Frankfurt am Main nicht vertreten sind. Steuerungsimpulse gehen in das übrige Deutschland und die ganze Welt hinaus. Aber auch einfache Ausführungsfunktionen sind gesucht.

Ein weiterer Gesichtspunkt, der für die wirtschaftliche Hauptstadt Frankfurt am Main spricht, ist die Tatsache, daß hier aussichtsreiche Branchen vertreten sind und den Nährboden für innovative Entwicklungen abgeben. Weltweit bekannte Unternehmen aus Chemie, E-Technik und Anlagenbau sowie Institute der Ingenieurberatung und technischen Forschung sind ebenso hier zu Hause wie eine bedeutende Forschungskapazität der Hochschulen. Eine große Zahl ausländischer Wirtschaftsvertretungen und Bankrepräsentanzen hält sich zur Vermittlung weltweiter Kontakte bereit. Die Spitzen der in Frankfurt am Main ansässigen deutschen Finanzinstitute haben erkannt, daß die Finanzierung und

Organisation zukunftsträchtiger Projekte für sie zur weltweiten Aufgabe geworden ist.

Der Ballungsraum Rhein-Main ist überdurchschnittlich mit Arbeitsplätzen besetzt. Das bedeutet Einkommen, Nachfrage und Markt. Der Kaufkraftindex der Bevölkerung übersteigt den Bundesdurchschnitt um 60%. Ein weiteres strukturelles Plus.

Hinzu kommt der internationale Messeplatz. Die Messen haben in Frankfurt eine uralte Tradition. Bereits 1227 wird die Stadt als Messeplatz erwähnt. Zweifellos ist sie durch die Messe gewachsen. Mit der Stadt wuchs aber auch die Zahl der Messen. Mehr als die Hälfte der Frankfurter Messen zählt weltweit zu den bedeutensten ihrer Art. Hier konnten durch die konsequente Verwirklichung des Messestrukturplanes die Grundlagen für einen positiven Weg in die Zukunft der traditionsreichen Frankfurter Messe gelegt werden. Das neue Congreßcenter Messe Frankfurt (CMF) kann auf dieser Entwicklung aufbauen. Gerade die Messepolitik macht deutlich, wie notwendig eine kontinuierliche Entwicklung über längere Zeiträume, unabhängig von politischen Mehrheiten in Volksvertretungen, ist. 1977 fanden 12 Messen mit 1 860 353 Besuchern statt. Fünf Jahre später waren es 14 Messen mit 937 774 Besuchern, während 1987 insgesamt 38 Messen mit 2 422 767 Besuchern veranstaltet wurden. 1995 konnten 47 Messen mit 2 351 086 Besuchern durchgeführt werden. Die Messe Frankfurt ist als wichtiger Wirtschaftsfaktor unserer Stadt allen Anforderungen für die Zukunft gewachsen.

Einer der wesentlichsten Eckpfeiler des Messegeschehens in Frankfurt am Main bleibt die Internationale Automobil-Ausstellung – die IAA. Ein offensives Eintreten für ihr Verbleiben ist von allen Repräsentanten der Stadt zu erwarten!

Das Hotel- und Gaststättengewerbe ist für das Image einer Stadt eine der prägenden Faktoren. In unserer Stadt hat es eine bedeutende Geschichte und durch die Messen eine solide Grundlage. Ich habe mich deshalb in meiner Amtszeit verstärkt bemüht, für diesen Wirtschaftszweig mit seinen vielen Beschäftigten eine gute Atmosphäre zu schaffen.

Nicht zuletzt ist Frankfurt am Main überhaupt eine Stadt mit Lebensqualität. Die Stadt erfreut sich eines reichen kulturellen Erbes. Frankfurt am Main hat viele weithin bekannte Museen. Walter Wallmann hat zusammen mit dem Kulturdezernenten Hilmar Hoffmann das Museumsufer, eine in Deutschland einzigartige Konzentration von internationalen Museen, verwirklicht. Die Stadterneuerung, das neue alte Gesicht Frankfurts – Alte Oper, Dom-Römerberg-Bebauung, Fußgängerbereiche – wurden in renommierten Architekturzeitschriften und internationalen Magazinen diskutiert. Ein umfangreiches Wohnungsbauprogramm sowie vielfältiges Freizeitangebot – Rebstockbad, Eissporthalle, Bürgerhäuser, Tennis, Golf, Reiten und anderes – schufen die Grundlage für die Zufriedenheit der Bürger und eine durchgreifende Verbesserung des früher belasteten Ansehens der traditionsreichen Stadt am Main im In- und Ausland.

Augenblicklich reden zu viele zuviel über das Theater und laufen damit Gefahr, die von Walter Wallmann geprägte Kulturpolitik, die er stets als Ferment der Kommunalpolitik bezeichnete, umzukehren.

Die in den Jahren 1977 bis 1986 investierten Milliardenbeträge – nicht verkonsumiert, sondern in Bauten und Einrichtungen sichtbar geblieben – waren zugleich ein wichtiger Beitrag zur konjunkturellen Stabilisierung der Frankfurter Wirtschaft. Frankfurt am Main konnte somit in diesen Jahren seine guten Grundlagen weiter stärken, um die Konkurrenz zwischen den Ballungsräumen im In- und Ausland bestehen zu können.

Nachteilig wirkt sich für die Main-Metropole und die gesamte Region im übrigen die Konzentration der Landespolitik auf den nordhessischen Raum aus. Dies ist zur Verbesserung der Wettbewerbsfähigkeit Frankfurts als größter und bedeutenster Stadt Hessens gegenüber national und international konkurrierenden Ballungsräumen wenig hilfsreich. Eine technik- und wirtschaftsfreundliche Politik des Landes Hessen ist im Interesse seiner Bewohner aber unbedingt geboten. Nur dann wird auch die Wirtschaftskraft der Stadt so gestärkt werden können, daß der Wettbewerb mit anderen bedeutenden Regionen weltweit bestanden werden kann. Die Behinderung der Gen-Technik hat viele zukunftsträchtige Arbeitsplätze in unserem Raum nicht entstehen lassen.

Frankfurt am Main hat die meisten wirtschaftlichen Probleme dann am besten lösen können, wenn die Marktkräfte genügend Raum zur Entfaltung hatten. Dann konnten Arbeitsstätten und Arbeitsplätze gesichert und erweitert werden. Gerade auch in Zeiten eines Strukturwandels ist dies erforderlich. Dem gegenüber gefährdet die hinhaltende Stabilisierung überholter Strukturen durch offene oder verdeckte Subventionen langfristig die gesamte örtliche Wirtschaftskraft.

Für einen Anhänger einer so erfolgreichen und die Leistung des einzelnen belohnenden Sozialen Marktwirtschaft liegen die Schwerpunkte der Frankfurter Wirtschaftspolitik damit folgerichtig auf der Gestaltung lokaler Rahmenbedingungen. Walter Wallmann ließ dem Wirtschaftsdezernenten die Möglichkeit, mit seiner Wirtschaftspolitik anzuregen sowie einzuladen, und nicht vorzuschreiben. Die Wirtschaftspolitik hat in sozialer Verantwortung – deshalb: Soziale Marktwirtschaft – und in Abwägung mit gesamtstädtischen Interessen den Unternehmen eine optimale Entwicklung zu ermöglichen. Dies ist noch immer der aussichtsreichste Weg zu Erhaltung und Ausbau der Wirtschaftskraft unserer Stadt.

Ordnungspolitisches Leitbild war und ist also eine sozial verantwortete freiheitliche Wirtschaftsordnung, und nicht eine in den Fesseln der Bürokratie verstrickte Planwirtschaft, die Leistung lähmt, statt sie zu fördern.

In enger Zusammenarbeit mit der Industrie- und Handelskammer sowie der Handwerkskammer und anderen Wirtschaftsorganisationen, die dazu bereit waren, ist diese Politik umgesetzt worden. So wurden in jeder nur möglichen Weise bei Berücksichtigung der Belange der Menschen in unserer Region unter Gesichtspunkten der Lebensqualität und der wirtschaftlichen Entwicklung der Ausbau des Flughafens Frankfurt/Main, des öffentlichen Nahverkehrs und des Individualverkehrs sowie der kommunikationstechnischen Infrastruktur gefördert. Leider hat eine von der Stadt nicht zu ändernde Politik der Landesregierung beispielsweise den Bau des Alleen-Tunnels und die Schließung der Lücken im Straßennetz in der Ostumgehung verhindert oder nicht zügig weiterverfolgen lassen.

Viele Menschen leben auch in unserer Stadt und ihrem Umland unmittelbar oder mittelbar vom Kraftfahrzeug. Ein nur aus ideologischen Gründen geführter Kampf dagegen ist nicht zu verantworten. Er hat meiner Vaterstadt sehr geschadet.

Zu den in Frankfurt am Main expandierenden Wirtschaftsbereichen zählen vor allem die Unternehmen mit Metropolfunktionen. Deren Aufgabe liegt unter anderem in der zentralen Steuerung der deutschen Wirtschaft. Dazu gehören etwa Banken, Konzernspitzen, Deutschland-Filialen internationaler Unternehmen sowie Dachverbände. Diese suchen attraktive Standorte. In der Innenstadt waren und sind hierfür die notwendigen Voraussetzungen zu schaffen. Der Platz für den Campanile-Bau südlich des Hauptbahnhofes ist ein hervorragendes Beispiel für eine an herausragender Lage mit bestem Anschluß an den öffentlichen Personennah- und -fernverkehr mögliches Vorhaben. Es ist unverantwortlich, dieses Gelände praktisch brachliegen zu lassen. Ein gutes Beispiel gelungener Belebung ist das ehemalige VDM-Gelände. Moderne Unternehmen bieten dort heute attraktive Arbeitsplätze an, die nicht an andere Standorte verloren wurden. In ähnlicher Weise könnte auch eine bessere Revitalisierung des Ostens der Stadt angegangen werden.

Den notwendigen Raum für die Wirtschaft zu schaffen, war und ist in Frankfurt am Main keine leichte Aufgabe. Einmal folgt das Land Hessen mit seiner Regionalplanung einem überholten Dekonzentrationskonzept. In Zeiten hoher Wachstumsraten mag dies noch seine Berechtigung gehabt haben. Richtiger ist dagegen – insbesondere unter dem Gesichtspunkt der Konkurrenz von anderen Ballungsräumen im In- und Ausland – wirtschaftliche Entwicklungen dort zuzulassen und zu fördern, wo die Potentiale sind.

Wenn ein Interessent aus Übersee nach Europa blickt und dabei sein Auge auf Frankfurt am Main fällt, kann er nicht nach Baunatal oder Witzenhausen verwiesen werden. Das ist nicht überheblich und soll auch den Wert dieser Städte nicht herabsetzen. Nur ist in einem solchen Falle das Interesse der Stadt Frankfurt am Main mit dem Interesse des Landes Hessen identisch – wenn man dies richtig betrachtet. Denn der Interessent wird sich sonst häufig anderen ausländischen Ballungsräumen zuwenden, in seltenen Fällen vielleicht auch Ballungsräumen in anderen Bundesländern.

Weiter wirken auch innerstädtische Kräfte gegen manche Notwendigkeiten. Städtische Entscheidungsträger und die Anwohner wollen lieber Bisheriges erhalten. Das bringt weniger Ärger, verhindert aber die Möglichkeiten und Chancen der Zukunft. Frankfurt am Main hat aber nach wie vor bedeutende Chancen in dem immer mehr zusammenwachsenden Europa – es muß sie nur wahrnehmen!

Mit großem Nachdruck und insbesondere wegen des Trends zum Global Business zurecht hat der Magistrat mit Walter Wallmann eine weitere Internationalisierung des Stadtortes angestrebt. Frankfurt am Main hat deshalb die Standortwerbung zur Ansiedlung von Unternehmen vor allem aus dem nordamerikanischen und pazifischen Raum wesentlich ausgebaut. Die Stadt hat sich verstärkt als Europazentrale für ausländische Banken, Handelsvertretungern und andere Unternehmungen angeboten. Dies war auch die notwendige Voraussetzung dafür, daß heute das Europäische Währungsinstitut – die spätere Europäische Zentralbank – in Frankfurt am Main seinen Sitz haben kann.

Ebenso notwendig war – in starkem Wettbewerb zu anderen Wirtschaftsregionen in der Welt –, eine japanische Schule nach Frankfurt am Main zu bringen. Deshalb habe ich dies rasch in Angriff genommen und zwei Jahre nach schwierigen Verhandlungen in Tokio erreicht. Die Schule, die sich hervorragend entwickelt hat, war notwendig dafür, die japanische Präsenz in Frankfurt am Main und der Rhein-Main-Region zu verstärken. Sie hat auch mit die Grundlage dafür gelegt, weitere Schulen ausländischer Herkunft hierher zu ziehen. Sie war Voraussetzung für das Japan-Center, und sie hat dazu beigetragen, den bei uns lebenden Japanern ein Zuhause zu geben. Eine wichtige Prämisse für den Erfolg: 1970 waren 50 japanische Unternehmen in unserer Stadt tätig. 1994 waren es 260.

In der Stadt-Umland-Konkurrenz können spezifische Standortqualitäten, wie beispielsweise die Fühlungsvorteile der guten Adresse – ein Frankfurter Unternehmen muß ausländischen Kunden nicht erklären, wo es in Deutschland liegt – die verkehrliche

Erreichbarkeit, die Nachbarschaft, die City-Atmosphäre und ähnliches die Kostenvorteile des Umlandes für eine ganze Reihe von Branchen aufwiegen.

Eine dem Bürger verpflichtete Wirtschaftspolitik erhält und schafft die Freiräume am besten, die unsere Wirtschaft braucht, um auch in Zukunft Existenz und Wohlstand aller zu sichern, die in Frankfurt am Main leben und arbeiten.

Johann Hermann Diehlheim stellte vor mehr als 250 Jahren fest: „Wen Gott lieb hat, dem gibt er Nahrung und Wohnung zu Frankfurt.“ In aller uns Frankfurtern eigenen Bescheidenheit meine ich, dies trifft auch heute noch zu. Denn unser Frankfurt am Main ist eine lebens- und liebenswerte Stadt. Es lohnt sich, in dieser Stadt zu leben und für diese Stadt zu arbeiten.

Walter Wallmann hat sich sehr erfolgreich in seiner Zeit als Oberbürgermeister der Stadt Frankfurt am Main für diese eingesetzt. Er hat damit an die Tätigkeit bedeutender Vorgänger angeschlossen und Voraussetzungen dafür geschaffen, der Stadt eine Chance für die Zukunft zu geben.

HUGO MÜLLER-VOGG

EIN LEBEN FÜR DIE POLITIK – EIN LEBEN ALS „HOMO POLITICUS"

Stadtverordneter, Landtagsabgeordneter, Mitglied des Deutschen Bundestags, Oberbürgermeister, Bundesminister, Ministerpräsident. Die politischen Stationen in den bisher fünfundsechzig Lebensjahren sind beeindruckend. Walter Wallmann fühlte sich zur Politik berufen; für fünfundzwanzig Jahre hat er sie zu seinem Beruf gemacht. Es waren wohl seine wichtigsten Jahre. Ein „Homo politicus" war er freilich schon vorher gewesen, ein „Homo politicus" wird er immer bleiben.

Daß Walter Wallmann „nur" fünfundzwanzig Jahre im engeren Sinne „in der Politik" war, hängt mit den Zeitläuften ebenso zusammen wie mit seiner persönlichen Einstellung zu dem auf Zeit übertragenen Mandat. Direkt aus dem Hörsaal in die Politik zu gehen, war in den fünfziger Jahren, als Wallmann studierte, noch nicht üblich. Die Parteien und nicht zuletzt die Wähler erwarteten von einem Volksvertreter, daß er zuvor etwas Ordentliches gelernt und ordentlich etwas geleistet hatte. Dies wirkt angesichts des Vormarsches berufsloser Berufspolitiker aus heutiger Sicht antiquiert. Ebenso wie Wallmanns ungewöhnliche Entscheidung, nach einem negativen Votum der hessischen Wähler im Januar 1991 sich weder krampfhaft nach neuen Ämtern umzutun noch sich im staatlich-politischen Komplex versorgen zu lassen, sondern eine andere berufliche Herausforderung zu suchen.

Unabhängig vom jeweiligen Grad des politischen Engagements lebt Wallmann – um es mit dem von ihm so gern zitierten Max Weber zu sagen – in erster Linie für die Politik, nicht von ihr. Alfred Dregger, der große alte Mann der hessischen Union, hat ihn in den achtziger Jahren als „für jedes Amt in Hessen und in Deutschland gut" bezeichnet. Gemeint war natürlich jedes politische Amt. Doch hätte man sich Wallmann, den ein Hauch von Akademia umgibt, ebenso gut als erfolgreichen Anwalt, als Hochschullehrer für Geschichte, als Philosophie-Dozenten oder als Präsidenten eines obersten Gerichts vorstellen können.

Ingo Martin Walter Wallmann, der ältere von zwei Söhnen eines Realsschullehrers, ist von der Abstammung her ein Altmärker. Im Kreis Salzwedel steht der großväterliche Hof. Vierzig Kilometer entfernt in der Kreisstadt Uelzen wurde er 1932 geboren. In Heuerstorf, einem Ort mit damals 97 Einwohnern, hat er die ersten Lebensjahre verbracht, ehe der Vater nach Uelzen versetzt wurde. Dank des mütterlichen Erbes konnte sich die Familie mehr leisten, als das Gehalt eines Realschullehrers erlaubte. Und sie erlaubte sich zwei Investitionen, die für den Jungen – er wurde nach dem Namen des Vaters Walter gerufen – lebenslänglich Renditen abwarfen: eine wohlsortierte Bibliothek und einen in den dreißiger Jahren noch seltenen Radioapparat. Dieser bestimmte insofern den Tagesablauf, als abends um acht Nachrichten gesendet wurden. Um diese Zeit hatten alle zu schweigen. Dafür wurde hinterher um so ausgiebiger gesprochen, vor allem über Politik.

Als der junge Wallmann Anfang der fünfziger Jahre zum erstenmal wählen durfte, machte er sein Kreuz bei der CDU. Etwas anderes wäre für ihn nicht in Frage gekommen. Die politische Sozialisation im Elternhaus hatte ihn so nachhaltig geprägt, daß spätere Orientierungskrisen erst gar nicht aufkamen. Der Vater war Mitglied der Deutschen Volkspartei, ein Anhänger Gustav Stresemanns. Er war ein überzeugter Protestant, lange Jahre hindurch Kirchenvorstand, auch in der „Una Sancta", einer frühen ökumenischen Bewegung, aktiv, und in der Zeit des Dritten Reichs Mitglied der Bekennenden Kirche. Das Christliche, das Liberale, das Konservative – diese drei Grundprinzipien der Christlich-Demokratischen Union – wurden im Hause Wallmann vorgelebt. Sie wurden zugleich zur Richtschnur für den Politiker Wallmann, der von sich selbst sagt, er sei „ein Wertkonservativer mit liberalen Überzeugungen", keinesfalls ein konservativer Liberaler.

Die Familie war nicht nur christlich und konservativ, sie war auch preußisch. Großvater und Vater waren stolz darauf, aus der Altmark, der Urzelle Preußens, zu stammen. Vater und Schwiegervater hatten im Ersten Weltkrieg ihre Pflicht getan, als sie in der sechsten Kompanie des 73. Füssilierregiments dienten – unter dem Kompaniechef Ernst Jünger, den der Frankfurter Oberbürgermeister fast siebzig Jahre später mit dem Goethe-Preis auszeichnete. Hurra-Patrioten oder leidenschaftliche Kriegshandwerker waren die Vorfahren nicht, sondern Männer, die für ihren Staat taten, was sie für notwendig erachteten. Pflicht, Dienst und Haltung, diese in manchen Ohren altmodischen Begriffe, waren für Walter Wallmann immer aktuell. Und die Maxime, die Haltung ist das letzte, was wir aufgeben, hat er vom Großvater übernommen und an den eigenen Sohn weitergegeben. Weil er zutiefst davon überzeugt ist, daß Formen keine Nebensächlichkeiten sind, sondern ein Mittel, das Leben menschlicher zu machen.

Auch eine intakte Familie kann Kinder nicht vor den Grausamkeiten des Lebens bewahren. Als der Zweite Weltkrieg ausbrach, war der kleine Walter sieben Jahre alt und litt, wenn der Vater sich – nach außen völlig beherrscht – von der Familie verabschiedete, um einzurücken oder um nach dem Fronturlaub wieder zur Truppe zurückzukehren. Bei Kriegsende war Walter zwölf Jahre alt und hatte wie viele Kinder in dieser Zeit mehr erlebt, als selbst mancher Erwachsene verkraften kann. Der Junge lernte, die Kellerfenster mit Sandsäcken zu verbarrikadieren, überlebte im Februar und März 1945 zwei schwere Bombenangriffe auf Uelzen, erkannte den zum Schlachtfeld gewordenen Heimatort kaum wieder und mußte ebenso wie andere seines Alters mithelfen, die Toten aus den Trümmern zu bergen und zu begraben.

Wie die meisten Deutschen freuten sich die Wallmanns nach dem Zusammenbruch über das Schweigen der Waffen, über die neuen Freiheiten in einem demokratischen Gemeinwesen, über den raschen Wiederaufbau des zerstörten Vaterlandes. Sie trugen ihren Teil dazu bei, die Folgen der deutschen Teilung für die Betroffenen zu erleichtern, indem sie einen Flüchtlingsjungen aus der sowjetisch besetzten Zone wie einen Sohn bei sich aufnahmen, ihm die Eltern zu ersetzen versuchten und ihm – dem späteren Studiendirektor – ebenso wie den eigenen Kindern ein Studium ermöglichten. Die Familie war auf diese Weise mit der Zweiteilung des Vaterlandes direkt konfrontiert, was wohl auch dazu beigetragen hat, daß der Politiker sich später besonders intensiv mit innerdeutschen Fragen beschäftigte. Als die Mauer 1989 endlich durchlässig wurde, gehörten die hessische Union und die hessische Landesregierung zu denen, die umgehend und besonders intensiv beim demokratischen Aufbau im Nachbarland Thüringen halfen.

Als Zwanzigjähriger bestand Wallmann in Uelzen die Reifeprüfung und ging zusammen mit einigen Freunden nach Marburg zum Studium der Rechtswissenschaften. 1959 machte er in Marburg sein erstes Staatsexamen. Im Jahr darauf heiratete er Margarethe Höhle, die er schon als Kind in Uelzen kennengelernt hatte. 1962 wurde in Marburg Sohn Walter geboren – nach der familiären Zählweise Walter Wallmann III. (Der 1992 zur Welt gekommene Enkel wurde dann als Walter Wallmann IV im Stammbaum eingetragen.) Der junge Ehemann und Vater legte 1964 in Frankfurt sein zweites juristisches Staatsexamen ab. Ein Jahr später promovierte er in Marburg über das Thema „Zur strafrechtlichen Problematik des Züchtigungsrechts unter besonderer Berücksichtigung des geltenden Verfassungsrechts". Zwischen den beiden Staatsexamen arbeitete er eine Zeitlang als Universitätsassistent. Danach ging der Assessor zunächst als Richter zum Landgericht Kassel, von dort zum Amtsgericht in Rotenburg an der Fulda und anschließend zum Landgericht Gießen. Als Richter an der Großen Strafkammer wurde er 1966 zum Landgerichtsrat ernannt und sollte nach Frankfurt versetzt werden. Dazu kam es nicht mehr; der Richter war im Hauptberuf Abgeordneter geworden.

Der Anschein der geradlinigen Juristenlaufbahn trügt. Im Grunde seines Herzens wäre Wallmann am liebsten Hochschullehrer für Philosophie oder Geschichte geworden. Aber ihn quälten Zweifel, ob er dazu intellektuell in der Lage wäre. So entschloß er sich, gegen den Willen des Vaters, für die Juristerei, die er sich zutraute und von der er annahm, daß sie ihn auch ernähren könnte. Von der Philosophie konnte er freilich nicht lassen. Er belegte dieses Fach und schrieb parallel eine zweite Doktorarbeit über Johannes Althusius, den Gründer der ersten calvinistischen Universität in Herborn. Der hatte im 16. Jahrhundert auf der Grundlage des calvinistischen Determinismus ein System der

Staats- und Gesellschaftstheorie entwickelt, in dem er unter anderem für die Volkssouveränität, für das Widerstandsrecht des Volkes gegen eine tyrannische Obrigkeit und für einen Rat der Älteren als kollektives Moment in einer Demokratie eintrat. Auch wenn es bei dem preußischen Pflichtmenschen Wallmann kaum vorstellbar ist: Nach etwa 180 bis 200 Seiten gab er auf. Der Doktor der Jurisprudenz (Note „gut“) war zu diesem Zeitpunkt bereits mittendrin in der Politik. Und da fehlte für eine zweite Promotion nicht nur die Zeit. Dem Landtagsabgeordneten schien es überdies nicht erstrebenswert, mit einem zweiten „Doktor“ in den Ruf eines Strebers und Musterschülers zu geraten – aus damaliger Sicht eine verständliche Entscheidung.

Die Politik betrieb Wallmann wie alles, was er tat, engagiert und zielstrebig. Unter dem Gesichtspunkt der schnellen und leichten Karriere war freilich die CDU im roten Marburg nicht das geeignete Sprungbrett. Was Wallmann freilich ebensowenig schreckte wie die Tatsache, daß es 1960 zunächst gar nicht so leicht war, von dem Honoratiorenclub CDU, wo man am liebsten unter sich blieb, als Mitglied aufgenommen zu werden. Wallmann wurde Mitglied und durchlief das, was abschätzig Ochsentour genannt wird, in Wirklichkeit aber die beste Ausbildung für jeden Politiker ist: den Weg von unten nach oben.

Der neue Mann kam in CDU und Junger Union rasch voran: Bezirksvorsitzender der Jungen Union Mittelhessen, Stadtverordnetenvorsteher, Vorsitzender der CDU Marburg, waren die ersten Stationen. 1966 zog er in den Landtag ein, wurde bald darauf stellvertretender Landesvorsitzender der CDU in Hessen und erfuhr, daß die Möglichkeit, Niedertracht und Verlogenheit kennenzulernen, nirgendwo so groß ist wie im politischen Geschäft. 1970 wählten CDU, FDP und Freie Wähler Wallmann zum Oberbürgermeister seiner ersten Wahlheimat Marburg. Doch die Prozedur wurde wegen eines Formfehlers angefochten, mußte wiederholt werden und endete schließlich mit dem Sieg eines neuen sozialdemokratischen Gegenkandidaten. Abgeordnete des geschickt geschmiedeten bürgerlichen Bündnisses ließen Wallmann nunmehr im Stich, nachdem sie personalpolitisch die Weichen zuvor in ihrem Sinne gestellt hatten.

Das Jahr 1970 war für den Landtagsabgeordneten Wallmann trotz der Marburger Niederlage ein erfolgreiches. Er war eines der wichtigsten Mitglieder von Alfred Dreggers Mannschaft, die mit für damalige CDU-Verhältnisse ungewohnter Frische und unbekanntem Kampfeseifer im „roten Hessen" die Sozialdemokraten herausforderte. „Wir kommen", stand auf den Plakaten, die eine Angriffsformation mit Alfred Dregger, Walter Wallmann und sieben weiteren CDU-Politikern zeigten und die in ganz Deutschland Aufsehen erregten. Sie kamen zwar nicht bis in die Wiesbadener Staatskanzlei, aber doch um 13 Punkte nach vorn auf 39 Prozent – ein in der Geschichte der Bundesrepublik beispielloser Stimmenzuwachs.

Wallmann blieb Stellvertretender Vorsitzender der hessischen Union, aber nicht mehr lange im Wiesbadener Landtag. Bei der Bundestagswahl 1972 wechselte er nach Bonn und machte auch dort schnell Karriere. Schon ein Jahr später wurde er Mitglied des Fraktionsvorstandes, machte 1974/75 als Vorsitzender des Guillaume-Untersuchungsausschusses, der die Hintergründe des Rücktritts von Bundeskanzler Willy Brandt aufklären sollte, bundesweit von sich reden und wurde 1976 zum parlamentarischen Geschäftsführer der CDU/CSU-Bundestagsfraktion gewählt.

Es war die Zeit der SPD/FDP-Koalition, der Ostverträge und der sogenannten inneren Reformen, es war vor allem die Zeit grundsätzlicher Auseinandersetzungen über den Kurs des freien Teils des geteilten Deutschlands. Es war die Zeit, in der Walter Wallmann seine Vorliebe für die grundsätzlichen Fragen, sein Geschick, die großen Linien aufzuzeigen, voll entfalten konnte. Der Mann, der in Marburg weiterhin der Stadtverordnetenversammlung angehörte und sich über ein Jahrzent lang vornehmlich der Innen- und Rechtspolitik gewidmet hatte, wurde in Bonn Mitglied der Ausschüsse für Auswärtiges und für Verteidigung. Seine erste Rede hielt er zum heftig umstrittenen Grundlagenvertrag mit der DDR. Dabei demonstrierte er seine Stärken als Parlamentarier: Intellektuelle Stringenz in der Argumentation, demonstrative Höflichkeit gegenüber dem politischen Gegner sowie schneidende Kälte bei der Auseinandersetzung mit demselben. Herbert Wehner glaubte damals, den Neuling mit Zwischenfragen aus dem Konzept bringen zu können. Doch der Zuchtmeister der SPD-Fraktion lernte schnell. Er hat diesen rhetorisch glänzenden CDU-Abgeordneten nie wieder mit Zwischenfragen herauszufordern versucht.

Wallmann gehörte in Bonn zur ersten Garnitur der Union. Doch die Bonner Karriere endete so schnell, wie sie begonnen hatte. 1977 wurde er zum Oberbürgermeister der Stadt Frankfurt gewählt. Es begann die nach seiner eigenen Einschätzung schönste Zeit seines politischen Lebens, zweifellos auch die erfolgreichste. Von ihm geplant war dies alles nicht. Es gehörte damals zur Strategie der CDU, die SPD in den Kommunen nicht länger als unangefochtene Nummer Eins zu tolerieren, sondern die roten Rathäuser im Lande unter Beschuß zu nehmen. Nicht alle CDU-Kreisverbände hatten dafür die geeigneten Persönlichkeiten. So wurde Walter Wallmann, mehr aus Parteiraison denn aus Neigung, Spitzenkandidat in der SPD-Domäne Frankfurt.

Hunderprozentig glaubwürdig war die „Operation Frankfurt“ nicht. An jenem 20. März des Jahres 1977, an dem die Hessen zu den Wahlurnen gingen, hieß der Oberbürgermeisterkandidat in Frankfurt Wallmann, der Spitzenkandidat der Marburger CDU für die Stadtverordnetenversammlung ebenfalls. Doch am Main gelang der CDU mit ihm – und dank der in Skandale und Affären verstrickten, absolutistisch auftretenden SPD – mehr als der erhoffte Zuwachs von drei oder vier Prozentpunkten. Mit 51,3 Prozent erreichte die CDU die absolute Mehrheit. Und obwohl am Abend des Wahltages ein der SPD innig verbundener Rathauspförtner den Wahlsieger nicht in den „Römer“ lassen wollte, ließ sich ein Oberbürgermeister Wallmann nicht mehr verhindern.

„51,3 Prozent sind katastrophal – in Wahrheit für Wallmann“, spottete ein für seine ebenso hämisch wie gut formulierten Fehlprognosen bekanntes Hamburger Magazin. Auch die Frankfurter Genossen gaben sich überzeugt, die „Marburger Provinznummer“ werde in Frankfurt allenfalls ein Zwischenspiel geben. Doch Wallmann schaffte es überraschend schnell, das als unregierbar geltende „Krankfurt“ in den Griff zu bekommen. Frankfurt wurde in der Ära Wallmann zum Inbegriff der wirtschaftlich wie kulturell prosperierenden Großstadt. Noch in anderer Beziehung nahm Frankfurt eine Sonderstellung ein. Nicht überall gelang es der CDU in Hessen, die 1977 eingenommenen roten Hochburgen längere Zeit zu halten. Anders in der größten Stadt des Landes: Hier schaffte Wallmann Unvorstellbares, indem er 1981 wie 1985 die absolute Mehrheit verteidigte.

Für die Ära Wallmann gibt es in Frankfurt steinerne Zeugen: Die als Konzert- und Kongreßzentrum wieder aufgebaute Alte Oper, die historische Häuserzeile auf dem Römerberg, das um mehrere Neubauten erweiterte Museumsufer, weitläufige Fußgängerzonen, das Rebstockbad, eine der damals modernsten Freizeiteinrichtungen, oder die Eissportarena. Dies alles waren für den CDU-Oberbürgermeister mehr als Prestigeobjekte oder Beweisstücke für ein lebendiges und funktionierendes Gemeinwesen. Diese Bauvorhaben waren vielmehr Bestandteile seiner Strategie, die Stadt aus dem Zentrum heraus zu entwickeln und ihren Bewohnern zu einer neuen Identität zu verhelfen, die die große geschichtliche Vergangenheit ebenso einschließen sollte wie die ‚Bürgerlichkeit" der ehemaligen freien Reichsstadt.

Akzente gesetzt hat der Wallmann-Magistrat auch in der Stadtplanung. In Frankfurt hatte der Hochhaus-Boom bereits in den fünfziger Jahren eingesetzt – sofern man die damaligen hohen Häuser aus heutiger Sicht noch als Hochhäuser erkennen kann. Die heutige Skyline von „Mainhattan" wurde erst in den achtziger Jahren geschaffen, wobei die CDU-Stadtregierung auf diesem Feld durchaus auf dem Erbe der Vorgänger aufbauen konnte. Doch der Wildwuchs der sechziger Jahre wurde durch ein planvolles Vorgehen abgelöst, die ohnehin bereits durchbrochene Begrenzung der Hochhäuser auf die Innenstadt nicht länger aufrechtzuerhalten versucht. So entstand das einzigartige Stadtbild des neuen Frankfurt, geprägt von ebenso kraftvollen wie eleganten Wolkenkratzern.

Der Frankfurter Oberbürgermeister hat trotz der begrenzten Befugnisse, die die hessiche Gemeindeordnung einem Stadtoberhaupt einräumt, regiert wie ein Ministerpräsident. Vor allem hat der Redner Wallmann die Stadt geistig geführt, hat den Bürgern bei unzähligen Anlässen, bei glanzvollen Veranstaltungen im Herzen der City ebenso wie kleinbürgerlichen in den Stadtteilen, die

„Großstadt als Lebensform" nahegebracht. Die Stadt als „weltgeschichtliche Idee" und als „kultureller Organismus", die Stadt, die mehr ist als ein Wirtschaftszentrum und mehr als eine Ansammlung von Menschen, Gebäuden und Verkehrswegen, war sein Leitbild. Die Frankfurter begriffen, daß gerade die große Stadt, die einerseits zu einem Leben in Anonymität führen kann, andererseits die Chance zum unangepaßten Leben eröffnet. Daß gerade dort, wo die großen gesellschaftlichen Konflikte ausgetragen werden, sich auch neue Möglichkeiten ergeben. Unter Wallmann verlor Frankfurt seinen Ruf als reine Metropole des Geldes und der Geschäfte. Die Stadt gab sich weltoffen, hier wurden Spitzenarchitekten ebenso engagiert wie Institutsdirektoren mit internationalem Ruf für die städtischen Kultureinrichtungen. Frankfurt wurde architektonisch wie kulturell zur Avantgarde in Deutschland, eroberte sich wieder einen Rang als Kunst-, Museums- und Musikstadt.

Kulturpolitik war für Wallmann „das Ferment" der Kommunalpolitik. Daß er auf diesem Gebiet mit dem Sozialdemokraten Hilmar Hoffmann als Kulturdezernenten erfolgreich zusammenarbeitete, hat damals manchen überrascht. Schließlich war Hoffmann jahrelang für die Frankfurter CDU der Inbegriff des Kulturrevolutionärs gewesen, dessen Ablösung man den Wählern in Aussicht gestellt hatte. Wallmann indes duldete zwar nicht alles, was Hoffmann auf dem Feld einer emanzipatorischen Kulturpolitik oder der Mitbestimmung in Kulturinstituten einfiel, verzichtete aber auf den von manchem erhofften Kulturkampf. Vereinfacht ausgedrückt sorgte der Oberbürgermeister dafür, daß der Kulturdezernent Frankfurt zur Kulturmetropole ausbauen konnte. Letzterer wiederum bedankte sich, indem er dem konservativen Teil der Union und der Bürgerschaft immer weniger Anlaß gab, rot zu sehen.

Die nicht immer reibungslose, aber höchst effiziente Zusammenarbeit des „rechten" Oberbürgermeisters mit seinem „linken" Kulturstadtrat half der Stadt wie den beiden Politikern, und zwar jeweils im politischen Lager des anderen. Trotz einer eigenen absoluten Mehrheit nicht völlig auf die Mitarbeit der Sozialdemokraten im Magistrat zu verzichten, hatte auch mit Wallmanns Verständnis für das Miteinander der Demokraten zu tun. Wer im Hessen der sechziger und siebziger Jahre seine politische Lehrzeit absolviert hat, weiß, wie unproduktiv das reine Lagerdenken ist – und wie wenig es sich letztlich für die Mehrheit auf Dauer auszahlt. Walter Wallmann hat daraus gelernt. Dem Wahlverlierer nicht zuviel zuzumuten, vor allem keinen Gesichtsverlust, hat seine Personalpolitik im Römer bestimmt wie später in Wiesbaden, wo der CDU-Ministerpräsident zum Entsetzen der Opposition ein SPD-Mitglied als Büroleiter hatte.

Aus all diesen Gründen kam Walter Wallmann, den man beim Amtsantritt als „Strauß im Frack" karikiert hatte, zu dem Ruf, ein Liberaler zu sein. Hatten die Frankfurter Erfahrungen den Mann aus Marburg also verändert, aus einem Mann mit Grundsätzen einen Pragmatiker gemacht? So einfach, wie ein Teil der Medien dies gerne darstellte, war es wohl nicht. Vielmehr machte der an den Main gewechselte Politiker Erfahrungen, die ihm im Raumschiff Bonn verwehrt geblieben waren. Plötzlich hatte er direkt mit Menschen zu tun, mit hilfesuchenden Bürgern, mit Vereinsvorsitzenden, mit Bürgerinitiativen, hier tauchte er ein in die Kulturszene. Dies alles blieb nicht ohne prägende Wirkung. In seinen fast zehn Frankfurter Jahren bewies Wallmann immer wieder Beweglichkeit, was nicht mit Beliebigkeit gleichzusetzen ist. Wer feste Grundsätze hat, kann den Kurs trotz mancher Zugeständnisse leichter halten als ein Pragmatiker ohne inneren Kompaß.

Das Reaktorunglück in Tschernobyl, das im Frühjahr 1986 die Welt in Schrecken versetzte, strahlte indirekt bis nach Frankfurt aus. Die Bundesregierung beschloß, ein neues Ministerium für Umwelt, Naturschutz und Reaktorsicherheit einzurichten. Und Bundeskanzler Kohl berief den Frankfurter Kommunalpolitiker zum ersten Ressortchef. Eingefleischte Frankfurter sind ihrem damaligen Oberbürgermeister heute noch ein bißchen gram, daß er die Stadt verließ. Für Wallmann freilich gab es kein Zögern. Er fühlte sich in die Pflicht genommen, vom Regierungschef wie vom Parteivorsitzenden der CDU, die damals vor einer schwierigen Landtagswahl in Niedersachsen stand. Der erste Bundesumweltminister erfüllte die in ihn gesetzte Erwartung. Populistischen Forderungen nach einem raschen Ausstieg aus der Kernernergie stemmte er sich entgegen, doch plädierte er überzeugend für Nachdenklichkeit und mehr Offenheit gegenüber alternativen Energiequellen.

Die zweite Bonner Phase währte nur elf Monate. Die rot-grüne Koalition in Wiesbaden war zerbrochen, und die CDU schickte ihren Parteivorsitzenden – wie schon 1983 – als Ministerpräsidentschafts-Kandidat ins Rennen. Dieses Mal schafften CDU und FDP, was vorher mißlungen war: die Erringung der Mehrheit und die Wahl des ersten christlich-demokratischen Ministerpräsidenten in der Geschichte dieses Bundeslandes. Über Regierung oder Opposition hatten 1653 Stimmen den Ausschlag gegeben, was die Bedeutung dieses Wahlerfolges nicht schmälerte. Noch nie zuvor hatte eine in Bonn regierende Koalition bei einer Landtagswahl, die von den Bürgern gerne zum Protest gegen Bonn benutzt wird, eine andersfarbige Landesregierung ablösen können. Wie schon zehn Jahre zuvor in Frankfurt hatten die Regierenden das Ihre zu ihrem eigenen Sturz beigetragen: Die SPD war von Affären erschüttert, SPD und Grüne heillos zerstritten.

Hier enden bereits die Parallelen zwischen Frankfurt und Wiesbaden. Der CDU/FDP-Koalition gelang zwar vieles, vor allem in der Schul- und Bildungspolitik und in der Verkehrspolitik. Aber es gab auch Pannen wie eine umstrittene Diätenregelung. Nachteilig wirkte sich aus, daß Ministerpräsident Wallmann sich an das Wort hielt, das der Bundeskanzler und die Ministerpräsidenten der Union sich gegenseitig gegeben hatten, nämlich im öffentlichen Dienst die Arbeitszeitverkürzung von 40 auf 38 Stunden nicht mitzumachen. Als die anderen Parteifreunde längst eingeknickt waren, hielt der Preuße aus Uelzen noch immer an der Verabredung fest, eine Haltung, die ihm die Staatsdiener unter den hessischen Wählern nie verziehen haben.

Die Regierung Wallmann war mit dem Ziel angetreten, das Land nicht nur zu regieren, sondern „Hessen zu verändern“. Dies ist in stärkerem Maße gelungen, als es zunächst den Anschein hatte. Das „Schulfreiheitgesetz“ mit der Abkehr von der Zwangsförderstufe wirkte ebenso nach wie die Neuorientierung der Hochschulen; mit dem Kindergartengesetz und den vielfältigen Hilfen für Behinderte setzte die Regierung Wallmann Maßstäbe. Diese

Landesregierung sah im Frankfurter Flughafen einen unverzichtbaren Standortfaktor für Hessen wie für die gesamte Bundesrepublik und unterstützte dementsprechend den Ausbau dieser Drehscheibe des europäischen Flugverkehrs, statt sein Wachstum weiter zu behindern. Zur neuen Verkehrspolitik unter einer CDU/FDP-Regierung zählte unter anderem der Bau der ICE-Trasse von Frankfurt nach Kassel sowie die Wiederaufnahme der ICE-Trasse Frankfurt-Köln in die hessischen Planungen. In die Zeit dieser Regierung fällt eine Neuorientierung der Medienpolitik. Die rot-grünen Versuche, Hessen als öffentlich-rechtliche Enklave zu erhalten, wurden beendet; das Land fand wieder Anschluß an die neue Medienwelt einer bis dahin unbekannten Programmvielfalt.

Als größte Tat des Ministerpräsidenten könnte sich bei einer Bewertung aus größerer zeitlicher Distanz sein erfolgreicher Einsatz für eine Änderung des Bundesbankgesetzes erweisen, mit der Frankfurt als Sitz der Deutschen Bundesbank festgeschrieben wurde. Daß sein Eintreten für eine Hauptstadt Frankfurt oder eine Verlegung des Bundesrats in die Stadt der Paulskirche keine ernsthafte Chance hatte, ist demgegenüber von untergeordneter Bedeutung. Der überzeugte Föderalist Wallmann hatte ernsthafte Bedenken gegen eine Konzentration der wichtigsten Bundesorgane in Berlin, weil er darin eine Gefährdung der polyzentrischen Struktur des Landes sah. Er stand damit nicht allein, und so kam es zu der Achse München-Frankfurt-Düsseldorf. Trotz des Zusammenwirkens von drei Ministerpräsidenten – Rau (SPD), Streibl (CSU) und Wallmann – aus drei wichtigen Bundesländern und aus drei Parteien –, gelang es nicht, die Berlin-Entscheidung des Bundestages zu verhindern, aber immerhin die Sicherung der Notenbank für Frankfurt. Ohne diese Novelle wäre die Bundesbank nach der Vereinigung nach Berlin umgezogen. Das hätte nicht nur Frankfurts Chancen verbaut, Sitz des Europäischen Währungsinstituts zu werden; ohne Bundesbank hätte Frankfurt seine überragende Stellung als Finanzmetropole verloren. Ein Frankfurt ohne Banken wäre jedoch wie ein Auto ohne Motor gewesen – mit schlimmen Folgen für das Rhein-Main-Gebiet und ganz Hessen.

In die Amtszeit des Ministerpräsidenten fiel die Wiedervereinigung, ein Ereignis, das den Patrioten Wallmann zutiefst bewegte und das den Politiker zu neuen Aktivitäten antrieb. Knapp einen Monat nach der Maueröffnung verabschiedete der Landtag den Hessen-Thüringen-Plan, der vielfältige Hilfen für das Nachbarland vorsah. Am liebsten hätte Wallmann die beiden Länder im Herzen Deutschlands zu einem Bundesland zusammengefaßt, als Wiedervereinigung im kleinen. Doch die Zeit war nicht reif für eine umfassende Länder-Neugliederung. Die Menschen in der ehemaligen DDR nutzten die demokratischen Freiheiten zur Wiederherstellung der alten, von der SED beseitigten Länder.

Hessen hatte schon immer als Erbhof der SPD gegolten. Das bestätigte sich bei der Landtagswahl im Januar 1991, als der CDU/FDP-Koalition etwa 5000 Stimmen zur Bestätigung ihrer Landtags-Mehrheit fehlten. Allerdings hatte die Wahl unter höchst ungewöhnlichen Umständen stattgefunden. Der Beginn des Golf-Kriegs in der Woche vor dem Wahltag führte zu einem Ausbruch von Emotionen und Angstgefühlen, die landespolitische Themen völlig in den Hintergrund drängten. Auch hatte ein Teil der hessischen Medien unter Führung des öffentlich-rechtlichen Rundfunks schon Monate vor der Wahl eine Schmutzkampagne gegen Wallmann gestartet, in deren Verlauf sich die alte Regel bestätigte, daß selbst von hanebüchenen, ins Persönliche gehenden Anwürfen doch immer etwas hängen bleibt.

Für den Mann, der in Frankfurt dreimal die absolute Mehrheit errungen und vier Jahre zuvor die Hessen-Wahl gewonnen hatte, war es ein bittere Niederlage. Quasi im Weggehen gelang Wallmann jedoch noch eine Reform, die die politische Landkarte in Hessen nachdrücklich verändern sollte: In einem Volksentscheid am Tag der Landtagswahl unterstützten knapp 80 Prozent der Wähler Wallmanns Vorstoß, Oberbürgermeister und Landräte künftig direkt zu wählen. Die neue rot-grüne Landtagsmehrheit verweigerte anschließend zwar den Direktgewählten die Kompetenzen, wie sie beispielsweise die Oberbürgermeister und Bürgermeister in Baden-Württemberg und Bayern haben. Eines ließ sich freilich nicht per Landtagsbeschluß verhindern: Daß sich bei den Direktwahlen in den drei größten Städten des Landes – Frankfurt,

Kassel und Wiesbaden – ebenso wie in vielen anderen Gemeinden Männer und Frauen der CDU gegen sozialdemokratische Favoriten durchsetzten.

Walter Wallmann war als einer aus der ersten Garnitur der Union nach Wiesbaden gegangen: Ein aufgeklärter Konservativer, ein Modernisierer, der als Stadtoberhaupt wie als erster Umweltminister die CDU für neue Wählerschichten interessant gemacht hatte, ein überall in der Union gern gesehener Wahlkämpfer. Dreggers Wort, er sei für jedes Amt gut, wurde ständig bestätigt. In allen personalpolitischen Planspielen, innerhalb der Partei und nicht zuletzt in den Medien, spielte er eine wichtige Rolle. Prinzipiell wurde ihm der CDU-Vorsitz ebenso zugetraut wie die Kanzlerschaft.

Über das politische Potential des hessischen CDU-Vorsitzenden – Wallmann hatte 1982 nach dessen Wechsel an die Spitze der CDU/CSU-Bundestagsfraktion die Nachfolge seines Freundes Alfred Dregger angetreten – wurde um so mehr spekuliert, je offenkundiger im Jahre 1989 die Schwierigkeiten Helmut Kohls innerhalb der CDU wurden. Genaugenommen hatte der Kanzler keine Schwierigkeiten mit der Partei, sondern in erster Linie mit einigen CDU-Politikern, nach deren Ansicht die Partei zu sehr den eigenen Grundsätzen und zu wenig dem Zeitgeist verpflichtet war. Die Gruppe um Späth und Albrecht, Süssmuth und Geißler wollte Kohl auf dem Bremer Parteitag als Parteivorsitzenden ablösen – und Walter Wallmann sollte dabei helfen.

Der war freilich schon früh ein „Kohl-Mann“ geworden, hatte den neuen ersten Mann der CDU stets unterstützt, und ist es immer geblieben. Zu jemandem selbst dann zu stehen, wenn dieser in großen Schwierigkeiten steckt, betrachtet ein Mann wie Wallmann als selbstverständlich. Der hessische Ministerpräsident hat sich nie öffentlich über die „Verschwörer“ geäußert, die damals den Kontakt zu ihm suchten. Dreimal wurde er aufgefordert, beim Sturz des Parteivorsitzenden mitzumachen, dreimal hat er abgelehnt. Wäre er überzeugt gewesen, Kohl müsse abgelöst werden, hätte Walter Wallmann nach eigenem Bekunden dies in offener Feldschlacht versucht. Alles andere war ihm zuwider. Wenige Monate nach dem Bremer Parteitag, als die Mauer fiel und die einmalige Chance zur Wiedervereinigung in Frieden und Freiheit gegeben war, erwies sich, daß der so oft abgekanzelte Kohl ein „Glücksfall für Deutschland" war, wie Wallmann es formuliert. Daß der hessische Ministerpräsident in dieser historischen Epoche manchen landespolitischen Beobachter vergraulte, weil er keine Gelegenheit ausließ, den „Kanzler der Einheit" und dessen Politik lobend zu erwähnen, hat ihm mehr Kritik als Beifall eingetragen. Er würde heute gewiß genauso handeln, und zwar aus Überzeugung.

Wallmanns Zeit als Ministerpräsident ging in dieser bewegenden Epoche deutscher Geschichte, im Jahr eins nach der Wiedervereinigung, zu Ende und damit ein Vierteljahrhundert als Berufspolitiker. Oppositionsführer wurde er nicht, sein Landtagsmandat nahm der abgewählte Ministerpräsident nicht mehr an, den Vorsitz der hessischen Union stellte er wenige Monate später auf einem Sonderparteitag zur Verfügung. Daß bei diesem vollständigen Rückzug aus der Politik auch ein Stück Bitterkeit mitspielte, liegt nahe. Die folgende politiklose Zeit, ohne Möglichkeiten zur Gestaltung und zur direkten Einflußnahme, war für Walter Wallmann nicht leicht. Seine Familie und enge Freunde haben ihm zum Teil darüber hinweggeholfen. Daß diese Wunde nie vollständig verheilt ist, wird Wallmann nicht bestreiten, auch wenn er darüber nicht gerne spricht.

Im Frühjahr 1991, fünfundzwanzig Jahre nach seiner erstmaligen Wahl in den hessischen Landtag, war der frühere Landgerichtsrat und Ministerpräsident a.D. 58 Jahre alt, zu jung, um als Pensionär sich ausschließlich in historische und philosophische Lektüre zu vertiefen oder klassische Musik zu genießen. Es begann der dritte Lebensabschnitt: Walter Wallmann trat als Generalbevollmächtigter in die Geschäftsführung der Deutschen Vermögensberatung AG in Frankfurt, einem führenden Unternehmen für Finanzdienstleistungen, ein.

Vollständig wollte die CDU auf seine Erfahrung und seinen Rat keinesfalls verzichten. 1994 wurde er Vorsitzender des Ältestenrats der CDU und dadurch Mitglied des CDU-Bundesvorstands. Darüber hinaus übertrug ihm das Präsidium der Partei die Aufgabe, die Verbindung zu jüdischen Organisationen in aller Welt zu pflegen. Sein Interesse für diese Aufgabe rührte aus der Frankfurter Zeit und seiner Freundschaft mit Ignatz Bubis her. In Frankfurt hatte Wallmann die Tradition begründet, heute im Ausland lebende ehemalige jüdische Mitbürger regelmäßig in ihre Vaterstadt einzuladen. Als Beauftragter der CDU setzt er dieses Versöhnungswerk in anderem Rahmen fort.

Diese beiden Aufgaben waren nur politische Nebenämter. In wesentlich stärkerem Umfang engagierte Wallmann sich – selbst in der CDU von vielen unbemerkt – im Frühjahr 1995, als nach dem Scheitern der rot-grünen Koalition im Frankfurter Rathaus die CDU-Vorsitzende Petra Roth den sozialdemokratischen Oberbürgermeister Andreas von Schoeler (SPD) bei der Direktwahl herausforderte. Frau Roth errang einen eindrucksvollen Sieg und stand vor der schwierigen Aufgabe, dem Wunsch der Wähler nach Wechsel trotz der unveränderten rot-grünen Mehrheit in der Stadtverordnetenversammlung Rechnung zu tragen. Das war für Wallmann Anlaß genug, sich nach mehr als vierjähriger Abstinenz von der Tagespolitik zurückzumelden. Er saß mit am Verhandlungstisch, als CDU und SPD einen Modus vivendi fanden, um in einem Allparteien-Magistrat zusammenzuarbeiten; die damals getroffenen Vereinbarungen trugen deutlich Wallmanns Handschrift.

Es war nur konsequent, daß er sich anschließend zum Kreisvorsitzenden der Frankfurter CDU wählen ließ – als Nachfolger seiner Nachfolgerin im Amt des Stadtoberhaupts. Der Parteivorsitz auf örtlicher Ebene ist ein wichtiges, kein sonderlich angesehenes Amt. Daß ein ehemaliger Ministerpräsidenten es übernimmt, kommt so gut wie nie vor. Doch der politische Ruheständler trat es an, wurde 1996 für weitere zwei Jahre bestätigt, und bereitete die Partei auf die Kommunalwahl 1997 vor. Das Ergebnis dieser Bemühungen kann sich sehen lassen: Mit mehr als 36 Prozent wurde die CDU als stärkste Fraktion bestätigt, mit deutlichem Abstand zu den 29 Prozent der Sozialdemokraten. Was noch wichtiger ist: Dank des Wiedereinzugs der Freien Demokraten verlor Rot-Grün nach acht Jahren die Parlamentsmehrheit. Am Erfolg der FDP war der CDU-Vorsitzende in gewisser Weise beteiligt. Daß Ignatz Bubis trotz seiner Arbeitsbelastung als

Vorsitzender des Zentralrats der Juden in Deutschland für die FDP als Spitzenkandidat antrat, hatte auch mit dem guten Zureden seines Freundes Walter zu tun.

Kurz vor seinem 65. Geburtstag hat der Kreisvorsitzende Wallmann in Frankfurt den Weg für einen Generationenwechsel an der Parteispitze freigemacht. Er trug dabei dem ärztlichen Rat Rechnung, etwas kürzerzutreten. Auch ohne Amt wird Walter Wallmann, „Homo politicus" der er ist, dem Gemeinwesen Bundesrepublik Deutschland zur Verfügung stehen – mit seinen Kenntnissen, mit seinen Erfahrungen, mit seiner inneren Bindung an die Christlich Demokratische Union und nicht zuletzt mit dem für ihn charakteristischen Verständnis von den Pflichten eines Bürgers im demokratischen Staat.

PETER RHEIN

BRIEFE AUS FRANKFURT

Frankfurt, im November 1976

Lieber Wolfgang,

erinnerst Du Dich noch an meinen Bericht über das erfolgreiche Abschneiden der CDU bei der letzten Landtagswahl? Mit 46,5% hatte die Frankfurter CDU die Nase vorn. Die SPD kam nur auf 40.9%.

Der Kreisvorsitzende der CDU, Heinz Riesenhuber, erklärte schon am nächsten Tag, der Sieg bei der Landtagswahl sei nur ein Etappensieg auf dem Weg zur Eroberung des Frankfurter Römers bei der nächsten Kommunalwahl gewesen. Das Ziel der Frankfurter CDU sei es, Oberbürgermeister Arndt und dessen Genossen in den wohlverdienten Ruhestand zu schicken. Die CDU werde nicht ruhen und rasten, bis dieses Ziel erreicht sei.

Nach Auffassung der Jungen Union West sollte Riesenhuber Oberbürgermeister in Frankfurt werden.

Das war 1974, und dann hat sich die CDU zwei Jahre Zeit gelassen, bis sie ihren Kandidaten für den Wechsel im Römer auf dem Parteitag der CDU im November dieses Jahres der Öffentlichkeit präsentierte.

Da muß ja selbst derjenige nachdenklich werden, der im Alltag sonst keine intimen Beziehungen zur Nachdenklichkeit pflegt.

Daß die Kandidatenkür nicht so einfach sein würde, wie sich das die Junge Union West vorgestellt hatte, das mußte man spätestens seit der forschen Attacke des Kreisvorsitzenden der Jungen Union Manfred Hauck gegen die Stadtverordnetenfraktion der CDU wissen. Hauck stellte fest, daß die Fraktion der CDU personell für die Besetzung von hauptamtlichen Magistratsfunktionen nicht in Frage komme, und ein geeigneter Bewerber für das Amt des Oberbürgermeisters sei weder in der Fraktion, noch im derzeitigen Kreisvorstand der Partei zu finden.

Das war schon eine ziemlich harsche Abqualifizierung der tüchtigen und fleißigen Freunde in der Alt-CDU.

Schon damals wurde gemunkelt, den Text für diesen Auftritt hätten ziemlich einflußreiche CDU-Mitglieder geschrieben, die eine andere Machtverteilung in der CDU anstrebten.

Die Munkeleien über die Einflußnahme von Einflußreichen wurden stärker, als die FAZ später, und zwar kurz vor dem Parteitag der CDU, die Beurteilung der personellen Ressourcen der CDU Frankfurt durch die Junge Union bestätigte.

In einem vielbeachteten Kommentar vertritt Dr. Mick dort die Auffassung, daß die CDU in Frankfurt in der nicht gerade beneidenswerten Situation sei, innerhalb des Kreisverbandes aus vielerlei Gründen auf niemanden zurückgreifen zu können, bei dem sich Qualifikation und Interesse für diese Position gepaart hätten.

Aber nun ist ja die furchtbare Zeit der Ungewißheit vorbei. Auf dem Parteitag der CDU ist der Kandidat der CDU für das Amt des Oberbürgermeisters in Frankfurt vorgestellt worden. Es ist der Marburger Bundestagsabgeordnete Dr. Walter Wallmann, von dem man in Frankfurt bisher so gut wie nichts gehört hat.

A. hat mir in Bonn erzählt, daß Wallmann zu den engen Vertrauten von Kohl gehört. Eigentlich war Wallmann für eine führende Position in der neuen Bundestagsfraktion der CDU vorgesehen. A. erzählte weiter, bei der Prioritätenabwägung habe sich Kohl dann schließlich doch für die bundesweite Signalwirkung eines durchaus möglichen Wahlsieges der CDU in Frankfurt entschieden.

Kohl traut Wallmann einen harten Wahlkampf gegen Arndt zu.

Nach dem ersten Auftritt Wallmanns auf dem Parteitag glaube ich, daß sich die lange Suche nach einem geeigneten Kandidaten gelohnt hat. Dieser Abgeordnete aus Marburg scheint ein guter Mann zu sein. Eins steht jetzt schon fest, dieser Mann ist kein Leichtgewicht. Er könnte den Sozialdemokraten ganz erhebliche Schwierigkeiten machen.

In der grundsätzlichen Rede des Kandidaten Wallmann sind die Eckpunkte seiner Wahlkampfstrategie deutlich geworden. Als zentrales Ziel seiner Politik hat er die liberale Erneuerung Frankfurts verkündet. Diese Botschaft richtet sich vor allem an die bürgerlichen Kreise in Frankfurt, die eine vermeintliche oder tatsächliche Deliberalisierung als besonders stadtschädlich beklagt haben und beklagen.

Gleichzeitig bringt diese Botschaft die Freien Demokraten in arge Verlegenheit. Angesichts der Machtverfilzung von SPD und Stadtinteressen forderte Wallmann die Freien Demokraten auf, nun endlich Farbe zu bekennen. Wenn die FDP so wie die CDU auch die liberale Erneuerung Frankfurts wolle, dann müsse die FDP einer Koalition mit der SPD eine eindeutige Absage erteilen.

Nach der Auffassung von Wallmann hat sich die FDP in den vergangenen Jahren ausschließlich als Regierungsbeschafferin für die SPD verstanden und damit überhaupt erst sozialistische Politik in Frankfurt ermöglicht. Die Wähler in Frankfurt hätten nun ein Recht darauf zu wissen, woran sie mit dieser Partei sind. Mit einer Entscheidung, überhaupt keine Koalitionsaussage vor der Kommunalwahl zu machen, kann sich die FDP nicht an der Entscheidung vorbei drücken, klipp und klar zu sagen, welche Politik sie nach dem 20. März 1977 im Römer machen will.

Natürlich hat sich Wallmann auf dem Parteitag auch ausführlich mit den Sozialdemokraten beschäftigt. Er teilt die Sozialdemokraten in Gute und Böse. Die guten Sozialdemokraten sind die alten Sozialdemokraten, und die bösen Sozialdemokraten sind die Sozialisten, und diese Sozialisten haben in Frankfurt das Sagen. Mit den Sozialdemokraten hätten Christliche Demokraten koalieren können, mit den Sozialisten, wie sie heute in Frankfurt an der Macht sind, ist eine Koalition absolut ausgeschlossen.

Diese Unterteilung in gute und böse Sozialdemokraten ist eine Geste gegenüber der alten CDU in Frankfurt und beseitigt von vorne herein mögliche Erklärungsnotstände in der Öffentlichkeit, denn die alte CDU hat ja über lange Zeit mit den Sozialdemokraten in Frankfurt zusammengearbeitet.

Diese Aufteilung in Gut und Böse ist aber gleichzeitig auch eine klare Absage und Warnung an all diejenigen, die sich in der Frankfurter CDU nach den guten alten Zeiten der großen Zusammenarbeit im Frankfurter Römer zurücksehnen.

Lieber Freund, das Wetter ist miserabel, ein richtiges November-Wetter, aber die Stadtpolitik wird zunehmend interessanter.

Um die Sonne, die Du jetzt genießen kannst, beneide ich Dich, aber sonst bin ich ganz zufrieden. Grüße Elfriede und die Kinder von mir sehr herzlich. Dein Ajax

Frankfurt, im März 1977
Lieber Wolfgang,
es ist spannend in Frankfurt so kurz vor der Kommunalwahl. Die Wahrscheinlichkeit, daß es die CDU diesmal schaffen könnte, ist in den letzten Monaten größer geworden. Die CDU scheint den Wind im Rücken zu haben.

Die Stimmung für die Sozialdemokraten ist nicht gut, und das ist eigentlich erstaunlich. Die kommunalpolitische Leistungsbilanz der Sozialdemokraten kann sich sehen lassen, und der Oberbürgermeister Rudi Arndt führt einen engagierten Wahlkampf. Weil die Leistungsbilanz gut ist, führt die SPD einen auf die Kommunalpolitik fokussierten Wahlkampf, während die CDU zahlreiche Kundgebungen mit Bundespolitikern der CDU durchführt.

Die SPD hat sich auch als Partei weitgehend konsolidiert. Im Vergleich zu dem desolaten Zustand der Partei vor der letzten Kommunalwahl 1972 – ich erinnere Dich an den Fall Littmann, an die Aktionseinheit der Jusos mit den Kommunisten, an die leidenschaftlichen Kontroversen in der Partei über die Hausbesetzungen im Westend, an die massiven Proteste der Bevölkerung gegen die Baupolitik der Partei im Westend und nicht zuletzt an die Zerschlagung der Römerkoalition mit der CDU – ist die SPD heute eigentlich in einer weitaus besseren Gesamtverfassung als vor der letzten Kommunalwahl, bei der sie trotz all dieser schlimmem Turbulenzen ihre absolute Mehrheit mit 50,1% der Stimmen erfolgreich verteidigen konnte. Dieses Wahlergebnis ist natürlich insbesondere durch die Mobilisierung der eigenen Wählerklientel erreicht worden. Die Wahlbeteiligung konnte gegenüber 1968 um genau 10% gesteigert werden.

Trotz der positiven kommunalpolitischen Bilanz und der besseren Verfassung der SPD ist die Stimmung in der Stadt nicht für die SPD. Die Leute in der Stadt haben einfach das Gefühl, daß es jetzt reicht. 30 Jahre SPD-Herrschaft reichen. Jetzt sollen mal andere dran.

Die CDU und insbesondere Wallmann treten sehr bestimmt und selbstbewußt auf. Man spürt richtig, da ist eine neue Zuversicht. Die CDU will es diesmal wissen. Die CDU will die Sozialdemokraten ablösen, und wenn man sich einmal die Ergebnisse der letzten Wahlen ansieht, dann ist diese neue Zuversicht nicht nur eine durch Pauken und Trompeten erzeugte Euphorie. Diese Zuversicht kann sich auf einen stetigen positiven Aufwärtstrend in der Wählergunst stützen.

Bei der Bundestagswahl 1969 erreichte die Frankfurter CDU 35,1%. Bei der Landtagswahl 1970 waren es schon 36,8%. Bei der Kommunalwahl 1972 machte die CDU ihren bisher größten Sprung nach vorne mit 39,8% der abgegebenen Stimmen. Das sind runde 10% mehr als bei der Kommunalwahl 1968. Die CDU hat es verstanden, im Wahlkampf den Willen, aber auch die Kompetenz, es zu schaffen, zum Wähler zu bringen. Die besten Dienste bei dieser schwierigen Kommunikationsarbeit leistet der Kandidat Wallmann, der überall selbstbewußt und zugleich bescheiden auftritt und den Menschen das Gefühl vermittelt, daß er der Richtige für Frankfurt ist.

Wallmann hat es verstanden, den bekannten Verhaltensmustern des Amtsinhabers ganz andere und eigene Verhaltensmuster entgegenzusetzen, die bei den Menschen in Frankfurt ankommen.

In der Wahlzeitung der SPD durfte natürlich auch die Alte Oper nicht fehlen. Unter dem Titel „Alte Oper wird wieder neu“ wird dann berichtet, daß es jetzt so richtig los geht mit dem Wiederaufbau der Alten Oper, und wem dies zu verdanken ist. In einem roten auf die Überschrift hinweisenden Pfeil steht weiß gedruckt: „Danke Rudi“.

Diese Kostprobe sozialdemokratischen Humors hat den Pressesprecher der Industrie- und Handelskammer Frankfurt veranlaßt, einen Brief an den Vorsitzenden der Sozialdemokratischen Stadtverordnetenfraktion zu schreiben.

Dr. Schwarz schreibt, daß die Bürger dieser traditionsreichen Stadt es nun wahrlich nicht verdient haben, von der SPD für dumm verkauft zu werden. Die Bürger erinnern sich noch sehr genau an den hessischen Finanzminister, der eine Million DM aus Steuergeldern zur Verfügung stellen wollte, um das „Ding“ in die

Luft zu sprengen. Dieser Sprengmeister im hessischen Kabinett ist heute Oberbürgermeister von Frankfurt.

Dr. Schwarz weist in seinem Brief darauf hin, daß jeder das Recht auf Irrtum und auf Meinungsäußerung habe, aber niemandem steht das Recht zu, die Wahrheit zu manipulieren. Was die SPD dem mündigen Bürger einer so weltoffenen und aufgeklärten Stadt wie Frankfurt serviere, könne man nur als peinlich empfinden. Dr. Schwarz beschließt seinen Brief mit dem Satz, „Ich bin davon überzeugt, daß jeder Bürger in Frankfurt weiß, den Wiederaufbau der Alten Oper haben wir allein Fritz Dietz zu verdanken."

Auf dem Parteitag im Februar hat die CDU ihr kommunales Wahlprogramm nach zum Teil für die CDU sehr heftigen kontrovers geführten Diskussionen verabschiedet.

Dr. Wallmann sah sich offensichtlich veranlaßt, noch einmal mit aller Deutlichkeit darauf hinzuweisen, daß unter seiner Führung eine Koalition mit der SPD in Frankfurt nicht in Frage komme. Unter dem Beifall der Delegierten nannte er die Frankfurter SPD „Speerspitze der neomarxistischen südhessischen SPD". Diese Partei sei nicht mehr die Partei von Ebert, Noske oder Schumacher. Die Absage an eine Koalition mit der SPD ist nicht neu, diese Absage hat Wallmann nun schon mehrfach wiederholt. Neu ist allerdings die Begründung für die Wiederholung, und diese Begründung ist schon aufschlußreich für bestimmte Strömungen in der CDU. Wallmann weist darauf hin, diese Erklärung des Kandidaten für das Amt des Oberbürgermeisters sei „zur Vermeidung von Mißverständnissen" notwendig geworden.

Die Sehnsucht nach einer Wiederaufnahme der historischen Rathauskoalition scheint ja bei einigen in der CDU nach wie vor ein stark ausgeprägtes Syndrom zu sein.

Über den Wahlausgang werde ich Dich unmittelbar nach dem 20. März ausführlich informieren. Bis dahin wünsche ich Dir und Deiner Familie eine gute Zeit. Herzliche Grüße Dein Ajax.

HEINZ RIESENHUBER

ÖKOLOGIE UND ÖKONOMIE – VERSÖHNT?

Im Jahresbericht der Bundesregierung für das Jahr 1986 stellt der erste Bundesminister für Umwelt, Naturschutz und Reaktorsicherheit die Arbeit seines Ressorts dar. In seiner knappen Einleitung schreibt Walter Wallmann: „Umwelt- und Naturschutz stehen nicht im Gegensatz zu einer modernen Dienstleistungs- und Industriegesellschaft. Beide dienen dem Menschen. Beide schaffen die Bedingungen für ein menschenwürdiges Leben . . .“

1986 war es durchaus noch ein politischer Streit: Ist ökonomischer Erfolg mit ökologischer Verträglichkeit vereinbar? Müssen wir auf wirtschaftlichen Erfolg verzichten, wenn wir die Umwelt bewahren wollen?

Die These vom Ende der siebziger Jahre: „Nullwachstum sei in reifen und reichen Volkswirtschaften die allein verantwortliche Antwort auf die Gefährdung der Umwelt“ – diese These war durchaus noch lebendig.

Umweltschutz stand in den Umfragen nach dem wichtigsten politischen Thema an erster Stelle, im Rang vor Arbeitsplätzen und Wirtschaftswachstum.

Das hat sich geändert. Heute, unter dem Druck des Wettbewerbs in weltweit offenen Märkten, gilt als wichtigstes politisches Ziel der Erhalt und die Neugewinnung von Arbeitsplätzen. In der Wertung der Bürger ist Umweltschutz auf der Prioritätenliste weit zurückgefallen.

Manche Probleme, so sagt man, werden nicht gelöst: Sie überleben sich. Ist der Konflikt zwischen Ökologie und Ökonomie ein derartiges Problem, das abgesunken ist, ohne gelöst zu sein, ein latentes Risiko, das verdrängt worden ist, während Belastung und Gefährdung weiterwachsen?

Einzelne Umweltgesetze von durchaus dauerhafter Bedeutung wurden schon in den fünfziger und sechziger Jahren erlassen: gegen die Ölverschmutzung der See (1956), das Atomgesetz (1959), das Gesetz der Detergentien in Wasch- und Reinigungsmitteln (1961), die Vorsorge zur Luftreinhaltung (1965), zum Baulärm (1965), das Pflanzenschutzgesetz (1968), das Altölgesetz (1968). Aber erst, seit der amerikanische Präsident in seiner Botschaft zur Lage der Nation 1969 Umweltschutz als umfassendes Querschnittsproblem in den Mittelpunkt stellte, erst seitdem wurde den Menschen bewußt, daß das Gleichgewicht der Natur gefährdet sein könnte, daß das Wirtschaften einer wachsenden Menschheit die Grundlagen der eigenen Existenz gefährden könnte.

Umweltschutz gewann Priorität in den Programmen der Parteien, dem Berliner Programm der CDU von 1971 und im Konzept für Umweltvorsorge vom Oktober 1972. Das Grundsatzprogramm der CDU Deutschlands von 1978 stellt fest: „Erhaltung der natürlichen Grundlagen des Lebens ist ein Stück verantworteter Freiheit." Das Umweltprogramm der CDU vom Dezember 1979 beginnt mit den Worten: „Die Ehrfurcht vor der Schöpfung Gottes verpflichtet uns, . . . die Schönheit, den Reichtum und die lebenswichtigen Funktionen der Natur zu erhalten . . ." Dieses Umweltprogramm von 1979 ist heute durchaus noch lesbar, weit gespannt zwischen Umweltforschung und Stadtentwicklung, mit seinen Aussagen zu Wasser, Luft, Lärm und Klima, zu Abfall, Strahlenschutz, zur Landschaftspflege und zur Gefährdung der Weltmeere.

Über die Grundsätze bestand weitgehende Einigkeit. Aber in den Grundsätzen, so lehrt der heilige Thomas, ist man sich immer schnell einig. Die Schwierigkeit entsteht in der konkreten Situation, in der man entscheiden muß.

Vergessen sind heute die Konflikte zur Reinerhaltung der Luft, zur Entschwefelung der Abgase der Kraftwerke. Die Rechtslage war nicht eindeutig, als die Steag ein Steinkohlekraftwerk bei Voerde bauen wollte. Die Frage, welcher Schwefelgehalt in den Abgasen zulässig sei, verzögerte den Bau über Jahre – bis zu einem Punkt, daß die Landesregierung Nordrhein-Westfalen eine Bürgschaft gewähren mußte, um den Weiterbau zu ermöglichen.

Wenn aber ein Staat Bürgschaften gewähren muß, um seine Bürger vor Unklarheiten der eigenen Gesetze zu schützen, dann ist das Ende rationaler Politik erreicht. Die Großfeuerungsanlagen-Verordnung von 1983 schuf klare Verhältnisse, aber auch sie war lange umstritten gewesen. Die Sozialdemokraten, damals schon in der Opposition, schlugen staatliche Subventionen für die Kraftwerksbetreiber vor, um sie von den Kosten der Entschwefelung zu entlasten. Die Bundesregierung entschied sich für einen anderen Weg: Das Instrument des Staats ist nicht die Subvention, sondern das Gesetz. Allein die Investitionskosten wurden auf über 20 Milliarden DM geschätzt. Das Verursacherprinzip ordnete sie eindeutig zu.

Diese Rechtssetzung war durchaus exemplarisch. Der zulässige Grenzwert war nach bester verfügbarer wissenschaftlicher Erkenntnis festgelegt. Dies war keine mathematische Korrelation zwischen Schwefeldioxid und Waldschäden. Bei komplexen natürlichen Systemen sind solche Relationen zwingend nur nach langer Zeit nachzuweisen. Dann aber hat man die Korrelation, vielleicht aber keinen Wald mehr.

Nach dem Prinzip des minimalen Bedauerns mußte ein Grenzwert nach bestem Wissen gesetzt werden. Die Möglichkeit des Erkennens reicht niemals so weit, wie die Notwendigkeit des Handelns. Und andererseits: Der Grenzwert entsprach einem verfügbaren Stand der Technik. Er war technisch erreichbar, und er war ökonomisch noch zu verkraften. Es wurde nicht eine bestimmte Technik festgeschrieben. Der Grenzwert war eine Herausforderung für den Wettbewerb, die beste technisch-wirtschaftliche Lösung zu finden.

So konkurrierten unterschiedliche Systeme gegeneinander, und sie wurden gebaut, wo zwischen Kesselhaus und Schornstein noch Platz war. Integrierte Techniken entstanden, bei denen in der Wirbelschicht selbst der Schwefel gebunden wurde, bei denen die Temperaturführung den Stickoxidanteil niedrig hielt. Weil das Verursacherprinzip die Vernunft des Marktes erzwang, deshalb waren die Gesetze erfolgreich. Weil der Grenzwert (aus der Forschung) und der Stand der Technik (aus der Wirtschaft) in einer rationalen Verordnung zusammengeführt wurde, deshalb waren die Rahmenbedingungen dauerhaft. Weil die Rahmenbedingungen dauerhaft waren, deshalb hat sich die Wirtschaft darauf eingestellt, deshalb wurden die Anlagen zügig errichtet, ohne auf weitere Gutachten oder Gerichtsentscheide zu warten, deshalb haben die meisten Elektroversorger ihre Entschwefelungsziele früher erreicht, als dies ursprünglich für möglich gehalten worden war.

Natürlich waren dies erhebliche Kosten, in der Investition und im Betrieb. Aber zumindest zum Teil wurden sie kompensiert durch schnelle Bauzeiten, durch geringe Zinsverluste während des Bauens, durch Planungssicherheit, durch verminderte Transaktionskosten und durch vermiedenen Ärger. In der Tat: Exemplarisch zeigt sich, daß Ziele von Ökonomie und Ökologie eins sind, wenn das Gesetz rational und (auch deshalb) dauerhaft ist.

Umweltgesetze und Verordnungen wurden erlassen, um Luft und Wasser und Boden zu schützen, um Lärm und Abfall zu vermeiden, um Gefahren im Umgang mit der Chemie zu beherrschen, um Reaktorsicherheit und Strahlenschutz zu gewährleisten. Es ist nicht allen bewußt, wie erfolgreich diese Gesetze waren. Dies liegt zum Teil an der Sprache der Erfolgsberichte. Die Mitteilung, daß die Schwefeldioxidemissionen um eine Million Tonnen zurückgegangen sind, wirkt großartig zugleich und völlig uninteressant. Die Information, im Main sei der BSB_5 um x Prozent auf y mg/Liter zurückgegangen, erwärmt nicht das Herz.

Aber: Wer vor 25 Jahren an einem schönen Tag – leichter Wind aus Südwest – im Heimchen-Viertel in Unterliederbach spazieren ging, der roch die Hoechst AG, und sie roch nicht immer gut. Und heute ist hier die Luft so rein wie am Lerchesberg und besser als im Westend.

Wer vor 25 Jahren im Nizza am Main spazieren ging, der sah die kleinen Fische mit weißen Bäuchen zu Tal treiben, und der Main stank. Aber heute leben 38 Sorten Fische im Main, und sie vermehren sich in Fröhlichkeit.

Daß dies nicht allen bewußt ist, daß man sich nicht an den Erfolgen freut und daraus Kraft schöpft für neue Herausforderungen, das mag zum Teil an den Medien liegen: Nicht das Gelingen ist die gute Nachricht und der leise und stetige Erfolg, sondern das

Mißgeschick und das Ärgernis; und das Behagen über den Ärger, der einen selbst nicht unmittelbar trifft, kann schnell umschlagen in das untergründige Gefühl des allgemeinen „No Future“.

Daß die gute Nachricht nicht sichtbar wird, mag auch an dem Unternehmer liegen, der vor der Presse die Kosten seiner Kläranlage und die Gefährdung von Wettbewerbsfähigkeit und Arbeitsplätzen beklagt, anstatt die Feuerwehrkapelle und die Nachbarn und alle Bürger einzuladen zum Feiern und darüber zu sprechen, daß der Schwarzbach sauberer wird.

Das eine ist, Umweltziele zu erreichen. Da schafft Wissenschaft und Technik die Voraussetzung, der Staat setzt den Rahmen im Recht, Unternehmer und Markt entwickeln die beste Lösung im Wettbewerb. Aber sie alle müssen nicht nur die Erfolge gemeinsam erarbeiten, sondern sie müssen sie, jeder in seinem Bereich, wohlgemut und in Menschensprache dem Bürger vorstellen.

Umweltgesetze wurden erlassen, um Umwelt zu schützen, und nicht, um die Wirtschaft zu fördern; die Wirtschaft hat die Gesetze ganz überwiegend (insgesamt und je einzeln) als Belastung empfunden. Aber es bewährt sich eine Erfahrung, die uns (jeweils zu unserer größten Überraschung) auch im persönlichen Leben begegnet: Das moralisch Richtige kann sich erweisen als das tatsächlich Vorteilhafte. Weil und soweit der staatliche Rahmen rational und dauerhaft ist, schafft er Markt für neue Produkte, die wirkliche Bedürfnisse der Menschen befriedigen – einen Markt, den es ohne den staatlichen Rahmen – verbindlich für alle! – nicht gäbe.

Zwar hat die schöne Idee nur wenig Raum gewonnen, Umwelt direkt als Preisbestandteil in die Marktwirtschaft einzuführen, in handelbaren Umweltverschmutzungsrechten etwa. Auch beim Abwasserabgaben-Gesetz ist die Internalisierung externer Kosten nur begrenzt geglückt. Aber im Ergebnis leistet der Ordnungsrahmen dasselbe: Die Umweltschutzkosten sind Teil der Kosten und Teil des Preises der Produkte.

Um die Kosten niedrig zu halten, konkurrieren Unternehmen mit immer fortschrittlicheren, intelligenteren, kostengünstigeren Techniken.

Das waren zu Beginn vorwiegend „end of the pipe-technologies“: Das Abwasser wurde geklärt, die Abluft gereinigt, die Baumaschine lärmgedämmt. Das sind zunehmend Verfahren und Geräte, bei denen Umweltschutz (neben Wirtschaftlichkeit, Effizienz, Dauerhaftigkeit und Sicherheit) schon bei der Entwicklung berücksichtigt und integriert worden ist. Das ist der Vorrang für neue Materialien, Naturfasern statt Asbest, Kühlschränke ohne FCKW, klopffestes Benzin ohne Blei.

Neue Technologien entstehen, in Deutschland entwickelt, erprobt und erfolgreich eingesetzt; ausgereift in den Weltmärkten angeboten. Der Weltmarkt für Umwelttechnik ist beständig gewachsen. Ende der achziger Jahre hatten die Deutschen bei einer gängigen Abgrenzung einen Marktanteil von 28 Prozent. Neue Anbieter sind im Markt aufgetreten, und sie haben erfolgreich neue Arbeitsplätze geschaffen – neue Abteilungen großer Unternehmen, mittelständische Firmen, Neugründungen. Das heißt nicht, daß um so mehr Arbeitsplätze entstehen, je mehr Umweltverordnungen gemacht werden. Der Erfolg ist eine Frage des Augenmaßes, nach Stand der Technik und Relevanz des Problems. Märkte entstehen nur dann, wenn die Bürger – hier und in anderen Ländern – zu der Überzeugung kommen, daß ihr Leben und das Leben ihrer Kinder und Kindeskinder besser wird durch die neuen Gesetze.

In den Märkten für Umwelttechnik haben inzwischen andere aufgeholt; USA, Japan und Deutschland liegen mit jeweils 18 bis 19 Prozent Marktanteil etwa gleichauf. Der Wettbewerb ist in jedem Jahr wieder neu eröffnet, der Wettbewerb um die besseren Umwelttechniken, um die höhere Preiswürdigkeit, um Techniken und Produkte, die von vornherein ökologisch verträglich sind, um die intelligentere Dienstleistung.

In dem Maß, in dem es gelingt, die nationalen Umweltstandards der Industrieländer – und dann zunehmend der Schwellenländer und dann zunehmend der Entwicklungsländer – einem gemeinsamen hohen Niveau schrittweise anzugleichen, in dem Maß werden die beiden großen Ziele zusammenfließen: „Umwelt- und Naturschutz sowie eine moderne Dienstleistungs- und Industriegesellschaft. Beide dienen dem Menschen. Beide schaffen die Bedingungen für ein menschenwürdiges Leben", so schreibt Walter Wallmann 1986; siehe oben.

Damit haben wir nicht etwa das Ende eines Weges zu einer nachhaltigen Entwicklung erreicht. Aber wir haben einen ermutigenden Beginn: Viele der Ziele, die wir uns vor 20 oder 10 Jahren vorgesetzt haben, scheinen erreichbar (wir wissen: wie), oder wir haben sie schon erreicht.

Diese behutsame Aussage mag für Deutschland gelten, und in derselben Behutsamkeit für viele Industrienationen. Aber die Konferenz in Rio hat die Fragen gezeigt, vor denen der ärmere, der größere, der wachsende Teil der Menschheit steht, wenn die Menschen in den jungen Ländern ihre Wirtschaft entwickeln wollen, ohne ihre natürlichen Lebensgrundlagen zu zerstören. Die Rio-Konferenz hat in einer neuen Weise beides zusammengebunden, Ökonomie und Ökologie; das war eine Konferenz zu „Umwelt und Entwicklung", und beides gehört zusammen.

Wenn wir Entwicklung nicht ermöglichen, dann werden diese Länder ihre Umwelt nicht bewahren. Wenn die Umwelt nicht bewahrt werden kann, ist dauerhafte Entwicklung nicht möglich.

Der reichen Industrienation Deutschland ist es gelungen, Ökonomie und Ökologie in eine Strategie zu binden.

Daß dies auch unsere Aufgabe sein muß, in einer weltweiten Partnerschaft für eine nachhaltige und friedliche Zukunft auf dieser Erde, das dürfen wir nicht vergessen unter dem großen Druck der Veränderungen, die uns das Zusammenwachsen zu einer weltweiten Gemeinschaft aufzwingt.

MANFRED ROMMEL

STANDORT, KOMMUNALPOLITIK UND DEUTSCHER ABERGLAUBE

Walter Wallmann war nicht nur Bundesminister und Ministerpräsident, sondern als Oberbürgermeister von Frankfurt und Präsident des Deutschen Städtetags auch einer der erfolgreichsten, beliebtesten und bekanntesten Großstadtbürgermeister der Republik. Er hat Frankfurt aus einer schwierigen Lage und aus der Resignation herausgeführt und dieser Stadt zu einem Auftrieb verholfen, der sie weit getragen hat. Der fundamentalen Großstadtkritik, die gewiß in einigen Punkten recht hatte und auch zur Korrektur von Fehlern beigetragen hat, die aber doch das Kind mit dem Bade ausschüttete und von einem utopischen Ort her Unmögliches forderte, trat er entgegen. Dies geschah durch konkrete Maßnahmen zur Verbesserung der Standortgunst, insbesondere der Lebensqualität als deren wichtigstes Element. Die beste Standortgunst hat nämlich die Stadt, die kreative Menschen anzieht, jene, welche die Position im Wettbewerb nicht nur durch Kostendumping stabilisieren, sondern durch bessere und neue, kurz: überlegene Produkte. Die Verbesserung der Standortgunst erfolgt nicht nur durch nationale und regionale Rahmenbedingungen, sondern sehr wesentlich durch kommunalen Städtebau, durch kommunale Kultur- und Schulpolitik, durch Sportförderung, durch Ausbau von Nahverkehr, Straßen usw.

Die Erhaltung und Verbesserung der Standortgunst ist eine Kardinalfrage, die sich der Politik in den Industriestaaten stellt. Von der Erfüllung dieser Aufgabe hängt es ab, ob und inwieweit wir uns im globalen Wettbewerb behaupten können, wieviel Arbeitsplätze es bei uns gibt, welches System der sozialen Sicherung wir uns leisten können und welches unser Lebensstandard ist. Es lohnt sich deshalb, etwas sorgfältiger detaillierter und ergebnisoffener darüber nachzudenken, was Standortgunst ist. Welcher Standort ist gut? Vor allzu grobgerasterten Vereinfachungen muß gewarnt werden. In der Regel kommt jenes bequeme „Entweder-Oder“ in der Praxis nicht vor: Hat der billigste Standort die besten Chancen oder der beste? Kommt es auf die Quantität der Kosten oder auf die Qualität der Leistung an?

Beide Fragen sind wichtig. Auf sie gibt es, wie auf alle grundsätzlichen Fragen, keine einfachen Antworten. Wer es dennoch versucht, einfach zu antworten, macht sich des Schlagwortdenkens schuldig. Das Schlagwort aber erschlägt das Denken, weil es den, der es verwendet, und oft auch den, der es hört, in den irrigen Glauben versetzt, er wisse schon alles, und er brauche sich deshalb um weiteres Wissen nicht mehr zu bemühen. Solche Bemühungen sind aber in unserer Zeit lebensentscheidend. Denn der Weg in die Zukunft führt durch unbekanntes Gelände und nicht über vertraute Straßen, markiert mit zuverlässigen Wegweisern. Haben wir genügend Vernunft, Realitätssinn und Mut, um diesen Weg zu gehen?

Wir halten uns für die Kinder der Aufklärung – zu Recht? Die Aufklärer glaubten, die Welt sei letztlich vernünftig und könne auch vernünftig erfaßt werden (Hegel: Wer die Welt vernünftig anschaut, den sieht auch die Welt vernünftig an). Sie hielten die Welt auch für (voraus)berechenbar. Nun, schon Napoleon zweifelte an dieser Berechenbarkeit, soweit der Mensch mit im Spiel ist, und er hatte mit seinem Zweifel recht, wie die nur durch Zufall richtigen Prognosen der Wirtschaftsentwicklung zeigen. Aber die Vernunft verdiente schon größeres Vertrauen, als sie gegenwärtig findet. Was unvernünftig ist, ist, wie die Ereignisse täglich zeigen, zwar möglich, aber immer falsch. Schopenhauer schreibt, was man wissen kann, braucht man nicht zu glauben. Wir aber glauben gerne an etwas, was wir (besser) wissen könnten. Wir meinen, uns mit der Devise „Zurück zur Natur“ vor dem tiefgreifenden Wandel, der sich vollzieht und der noch kommt, retten zu können in einen schützenden Hafen. Wir glauben, daß die Verneinung der realen Welt sie besser macht. Wir glauben an Schadstoffe, die in Dosen vorkommen, die kaum meßbar sind, an Wellen und Strahlen, die uns schaden. Den Hinweis auf unsere längere Lebenserwartung betrachten wir als ein zynisches Beschwichtigungsmanöver.

Je katastrophaler, je ungeheuerlicher ein Gerücht, eine Behauptung, desto lieber glauben wir daran und reagieren beleidigt und gekränkt darauf, wenn wir jemand begegnen, der unseren Glauben nicht teilt, sondern sogar an ihm zweifelt. An den Teufel und seine Schädlichkeit glauben wir nicht mehr, aber an – fast könnte man sagen – metaphysische Bedrohungen, von denen Vernunft und Wissenschaft nichts wissen. Für unsere Gespräche und Auseinandersetzungen bedienen wir uns der Kindersprache: „Angstmache“, „Verharmlosung“, „Panikmache“. Wir sind auf dem Weg zurück ins Mittelalter und der in ihm üblichen Verkindlichung des Meinens und Fühlens. Das ist kein Wunder angesichts einer Mode, welche die erstrebenswerte Zukunft in einer Vergangenheit sucht, die es nie gegeben hat.

Zu dieser Gemüts- und Geisteshaltung paßt es gut, daß wir, wenn wir Tatsachen begegnen, die uns stören, weniger darüber nachdenken, ob, und, wenn ja, wie wir sie verändern können, sondern daß wir versuchen, uns ihrer durch Verwünschung und Verfluchung zu entledigen. Häufig sind es nicht die Tatsachen, die verflucht werden, sondern derjenige, der sie uns sagt. Eindrucksvolle Beispiele hierfür liefert der öffentliche Umgang mit der Finanzpolitik. Nicht besonders erwähnt werden müßte eigentlich, daß die Finanzminister dafür haftbar gemacht werden, wenn kein Geld vorhanden ist, obwohl diese in der Regel keine Bannerträger der Ausgabenfreude und Schuldaufnahme sind. Weitaus schlimmer ist es, daß auch solche Vorschläge zur Ausgabenkürzung oder Gebührenerhöhung, deren Notwendigkeit mathematisch nachgewiesen werden kann, im Namen der Moral leidenschaftlich bekämpft werden, so, als gelte es, den bocksfüßigen Teufel durch das Kreuzeszeichen zu verjagen.

Scheitert dann die notwendige Ausgabenkürzung oder die notwendige Abgabenerhöhung, erschallt ein Triumphgeschrei, als hätte die gute Seite die Mächte der Finsternis in den Höllenschlund zurückgescheucht. Dabei ist lediglich falsch gerechnet worden. Wenn dann die durch Unvernunft und Realitätsferne bewirkte Verschlechterung der Verhältnisse eintritt, ist rasch ein neues Gespenst gefunden bzw. erfunden, dem die Schuld zugemessen werden kann. Aber nicht nur falsch reden, sondern auch falsch rechnen heißt, Unwahrheit erzeugen, und die Unwahrheit ist immer ein unmoralischer Zustand. Somit dient es auch unserem Seelenheil, wenn wir uns dem Mittelalter ab- und wieder der Aufklärung zuwenden, auf den Umgang mit der Gespensterwelt verzichten und uns den Realitäten zuwenden.

Realisten, also Menschen, welche die Realität und die ihr innewohnende Vernunft ernst nehmen und davon ausgehen, daß nur die Kenntnis der Realität die realen Mittel bereitstellt, um sie zu verbessern, werden gerne als herzlos und gemütsarm hingestellt. Aber ist derjenige, der das Kind aus dem Brunnen holt, weniger gemütvoll als jener, der darüber klagt, daß es drin liegt? Genügt es, Kürzungen sozialer Leistungen als soziale Schweinereien zu beschimpfen, ohne zu wissen, welche Alternativen es gibt, um die Finanzen in Ordnung zu bringen? Reicht es aus, „so nicht" zu rufen, ohne die Frage „wie sonst?" beantworten zu können? Sind jene, die solches tun, alle Moralisten?

Wer redlich ist, kann nicht versprechen, daß ein sozial harmonischer Zustand erreichbar wäre, mit dem alle zufrieden sind. Im Zeichen der Einschränkung verändern sich mögliche politische Ziele: Gelegentlich besteht die Aufgabe der Politik darin, dafür zu sorgen, daß es nicht so schlecht wird, wie es werden könnte, eine verdienstvolle, aber schmerzhafte Bemühung. Dennoch gibt es keinen Grund, die Devise des Laotse: „Der Weise tut nichts", in der falschen abendländischen Deutung als Rezept für die Zukunft zu bezeichnen. Die Zukunft ist voller Risiken und Beschränkungen, die aber nur durch aktives Handeln beseitigt und gemildert werden können. Wenn alles in etwa gleich bliebe, könnten wir die Entwicklung in aller Ruhe auf uns zukommen lassen.

Aber es ist im Laufe der kommenden Jahrzehnte mit grundlegenden Veränderungen zu rechnen. Es wird immer deutlicher werden im menschlichen Bewußtsein, daß wirtschaftliches Wachstum sich nicht unendlich fortsetzen kann, daß Rohstoffe und fossile Energien nicht unerschöpflich sind, daß Westeuropa nicht kraft Natur der Sache eine Insel im stürmischen Meer sein kann, von der aus sich in aller Gemütsruhe das Weltgeschehen betrachten läßt. Ich hoffe, daß diese Erkenntnisse, die manche Illusion zerstören werden, in Westeuropa nicht nur ein steriles Jammern und Klagen auslösen. Das wäre in der Tat der Beweis dafür, daß unsere Zivilisation am Ende ist und der künftigen Welt nichts mehr zu sagen hat. Sicherheit, die für uns alle einen so hohen Wert darstellt, kann nicht durch Jammern erreicht werden, sondern nur durch ethisch bestimmtes, rationales Handeln, durch eine strategisch angelegte Politik, welche die Herausforderungen annimmt, anstatt sie zu beklagen. Nur so wächst uns wieder jener Optimismus zu, der einst Europa groß gemacht hat und ohne den nichts gelingt.

Die Wirtschaft wird immer mehr zur Weltwirtschaft, die Nationalökonomie immer mehr zur Weltökonomie. Das heißt, daß die Wirtschaft immer stärker von Gesetzmäßigkeiten und Mechanismen gesteuert wird, auf die einzelne Nationalstaaten keinen Einfluß haben. Der Mechanismus, der die Weltwirtschaft steuert, ist der Wettbewerb, und zwar nicht ein Wettbewerb, der in einen politischen Rahmen eingefügt ist und sozialen und ökologischen Zwecken dient, sondern der freie Wettbewerb. Dieser freie Wettbewerb ist letztlich nichts anderes als Darwins Survival of the fittest, das Überleben des Tüchtigeren, auf die Wirtschaft bezogen. Er ist eine Methode, ein Mittel, das zu Höchstleistungen anreizt, weil sie den Tüchtigeren oder Schlaueren gewinnen läßt, aber kein Ziel. Eigentlich würde er ein humanitäres Ziel voraussetzen, dem er dient. Aber da dieses Ziel nur durch eine weltweite Autorität verbindlich gemacht werden könnte, und da es eine solche Autorität nicht gibt, setzt sich der Wettbewerb zur Zeit selbst zum Ziel. Dies ist ein Zustand, der nicht auf Dauer fortgelten sollte. Aber zur Zeit ist er da, und wenn er einmal aufgehoben und humanitäre Ziele gesetzt werden sollten, dann gewiß nicht im Sinne des deutschen sozialen Standards, sondern wesentlich unter diesem.

Der Wettbewerb zwingt zur betriebswirtschaftlichen und technischen Fortschrittlichkeit. Es geht um neue Produkte, bessere Produkte und preisgünstigere Produkte. Es geht um die höhere Produktivität. Auf der ganzen Welt ist eine ständig anwachsende Expertenschar bemüht, Methoden zu finden und anzuwenden, um die Produktivität zu steigern, besonders um mit weniger menschlicher und mehr Maschinenarbeit bessere und kostengünstigere Produkte erzeugen zu können. Immer mehr Produkte lassen sich nur noch maschinell herstellen. Ein besonders eindruckvolles Beispiel ist die elektronische Hardware. Wissen und Können bleiben nicht das Monopol bestimmter Räume, sondern verbreiten sich mit wachsender Geschwindigkeit weltweit.

Es ist klar, daß die ziemlich teueren, mit einem fortschrittlichen und deshalb kostspieligen Sozialsystem ausgestatteten alten westeuropäischen Industrienationen durch diesen Wettbewerb einige Probleme bekommen. Sie müssen die Gegenwart überstehen, um die Zukunft erreichen zu können. Sie müssen sich also im globalen Wettbewerb behaupten können. Durch bessere Qualität müssen die höheren Lohnstückkosten ausgeglichen werden. Inwieweit ist das möglich? Ein hoher Automatisierungsgrad wird das Gewicht der Lohn- und Lohnnebenkosten im Wettbewerb vermindern. Ist das unsere Option, bei steigender Arbeitslosigkeit wettbewerbsfähiger zu werden? Inwieweit sind unsere Hoffnungen begründet, durch neue Dienstleistungsarbeitsplätze einen Ausgleich für die in der Produktion verlorengehenden Arbeitsplätze zu bekommen? Werden nicht auch in den Dienstleistungen die Maschinen den Menschen verdrängen? Wie kommt dann das Geld, das die Maschinen verdienen, in die Hände der Menschen, die deren Produkte kaufen sollen? Neue Fragen, die neue Antworten notwendig machen.

Was auch immer kommen mag, wir müssen die Politik stärker auf die Feldbestellung und Aussaat als auf die Verteilung nicht eingebrachter Ernten ausrichten. Dieses heißt: Herstellung der Wettbewerbsfähigkeit. Diese gelingt nicht durch Lohn- und Kostendumping, wenngleich die Kosten eine wesentliche Rolle spielen werden. Entscheidend ist aber die Qualität des Standorts. Ein Standort ist um so qualitätvoller, je attraktiver er für qualifizierte, kreative Menschen ist. Das ist eine große Herausforderung für die kommunale und regionale Infrastrukturpolitik. Verkehrsverbindungen, öffentlicher Personennahverkehr, Schulen und Hochschulen, Forschungseinrichtungen, Kulturangebote, Unterhaltung, Gastronomie, Breitensport und Spitzensport, gesunde Umwelt, tolerantes Klima, differenzierte Dienstleistungsangebote, Aufgeschlossenheit für Neues, qualitätvolle Sozialpolitik, Gemeinsinn. Dies alles trägt sich gegenseitig und macht die Qualität und damit die Standortgunst aus. Ein großer Vorteil ist die Nachbarschaft zu leistungsfähigen Großräumen, wenn die rechtlichen Schranken, die sie trennen, beseitigt werden.

Europa hat gute Chancen, wenn es an seine Zukunft glaubt, und wenn es und seine Nationalstaaten im Geiste der Subsidiarität den Regionen und Städten die Freiheiten und Mittel läßt, um die Standortqualität zu bewahren und weiter zu entwickeln. Die Politik, die wir brauchen, muß vom Detail lernen, die Zusammenhänge beachten, Zukunftsziele verfolgen, ihr selbstkritisches Potential zugunsten konstruktiver Lösungen aktivieren und vor allem beachten, daß die vorgefertigten Antworten auf die grundsätzlichen Fragen einer sorgfältigen und kritischen Prüfung bedürfen. Die Frage nach dem guten Standort ist eine solche grundsätzliche Frage. Wir Deutsche neigen dazu, Fragen um so sorgfältiger und pragmatischer zu untersuchen, je kleiner ihr Gegenstand ist, während wir Fragen mit einem großen Gegenstand gerne der theoretischen Erörterung und dem Wirtshausgespräch überlassen oder meinen, sie beantworteten sich von selbst, und zwar richtig. Auch diesem Aberglauben sollten wir abschwören.

Kurz zusammengefaßt: Wir sollten uns davor hüten, in eine geistige Verfassung zu geraten, die Livius als die Unfähigkeit beschreibt, weder die Krankheit noch das Heilmittel ertragen zu können.

Ffm 24. Sept. 1997

Lieber Herr Dr. Wallmann,

selten vergißt man einen Anfang: den ersten Schultag ebensowenig wie die erste Freundschaft, das Gefühl, jetzt beginnt der Ernst des Lebens, wie und wo auch immer, in der Lehre, an der Uni oder in der Politik.

Und in dieser Politik hat es für mich durch Sie wohl jenen Anfang gegeben, der bis heute auf meinem politischen Weg prägend ge-

Mieten ist.

Ich glaube kaum, daß Sie sich noch an mich erinnern, wenn Sie an den Nominierungs-parteitag der CDU Frankfurt im November 1976 zurückdenken. Ich erinnere mich sehr genau!

Sie waren der Oberbürgermeister-kandidat für Frankfurt und ich die Kandi-datin für die Stadtverordnetenversammlung, Platz 47! Dieser Platz bedeutete die absolute Mehrheit.

Wer von uns hätte gedacht, daß die Wahl am 20. März 1977 im Ergebnis weit mehr als 47 Sitze für die CDU brachte!

Sie können sicher sein, daß ich diesen Anfang nicht vergesse! Und so fällt es leicht, Ihren „runden" Geburtstag zum Anlaß zu nehmen, Ihnen neben vielen guten Wünschen für Ihr persönliches Wohlergehen an dieser Stelle zu sagen, wie froh ich bin über das, was ich mit Ihnen, einem Mann, der Frankfurt wie kaum ein anderer Oberbürgermeister in diesem Jahrhundert verändern sollte, gemeinsam auf den Weg bringen durfte.

Als Stadtoberhaupt entwickelten Sie Frankfurt vom Kern, also vom Zentrum aus, formten Gesicht und Selbstbewußtsein unserer Stadt auf unverwechselbare Weise.

Die Bürger haben Ihnen unter vielen anderen die Restaurierung des Römerbergs, den Wiederaufbau der Alten Oper und die Museumslandschaft mit ihrer lebendigen Kultur zu verdanken. Sie setzten auf die Vielfalt. Sie romantisierten dabei aber nichts zur Idylle und machten aus diesem Frank-

furt auch kleine Provinz. Im Gegenteil:
Sie vergaßen nicht, daß der Frankfurter, der in seinem Stadtteil lebt, sich wohlfühlt und jede Ecke kennt, auch die Vorzüge der Urbanität genießen sollte.

Denn wer seine Stadt als Ganzes erfährt, will beides!
Für Sie, lieber Herr Dr. Wallmann, war und ist Frankfurt zugleich Verantwortung und Zukunft. Dasselbe gilt auch für mich; sind auch meine Empfindungen für diese Stadt.

Mit Ihrer Politik gewannen Sie das Vertrauen der Menschen. Sie haben durch Ihre Phantasie, Ihre Willenskraft und Ihr Durchsetzungsvermögen bewiesen, wie eine Stadt, unsere Stadt, aussehen kann.

Sie wirkten in dem Jahrzehnt als Oberbürgermeister wie ein Dynamo, der nie stillstand. Ich weiß, daß zu unserer Stadt Ungeduld, Unruhe, aber auch Wagemut gehören. Sie ließen sich in Ihrem Amt davon leiten.

Ich möchte nichts anderes.

Mit den allerherzlichsten Wünschen

Ihre Petra Roth.

WOLFGANG SCHÄUBLE

„MEHRHEIT ENTSCHEIDET"

Einige Bemerkungen zu Sinn und Gefährdungen des Mehrheitsprinzips in der Demokratie

Wenig erscheint auf den ersten Blick selbstverständlicher, als daß in der Demokratie die Mehrheit entscheidet. Das Mehrheitsprinzip gilt als Grundprinzip der demokratischen Ordnung. Alltäglich wird es in der Gesellschaft und im eigentlich politischen Bereich praktiziert, den nachwachsenden Generationen als Mittel kultivierter Konfliktbewältigung weitergegeben und gegenüber nichtdemokratischen Gesellschaften als zivilisatorische Errungenschaft hervorgekehrt.

Dennoch ist seine Verbindung mit dem Demokratieprinzip bei genauerem Hinsehen – und zwar aus beiden Blickrichtungen – nicht so selbstverständlich, wie es zunächst scheint, seine Rechtfertigung ist umstritten, seine Grenzen markierungsbedürftig, seine Geltung in vielen Einzelfragen angefochten und sein Gegenstand, „die Majorität" oder „die Mehrheit", in der Realität ein viel schwierigeres und launischeres Geschöpf, als sie in den prinzipiell gehaltenen Lehrbuchformulierungen erscheint.

Trotzdem gehört das Mehrheitsprinzip zu den wenigen schlechterdings unverzichtbaren Grundprinzipien unserer politischen Ordnung, und jeder Demokrat tut gut daran, gegenüber allen Infragestellungen, mögen sie nun harmoniebetont oder technizistisch, philosophisch oder tagespolitisch, existentiell betroffen oder romantisch daherkommen, äußerst wachsam zu sein.

I. Das Mehrheitsprinzip ist in unseren Verfassungen festgelegt. Besonders schön in der prägnanten Formulierung der Verfassung des Freistaates Bayern: „Mehrheit entscheidet" heißt es dort in Artikel 2 ganz apodiktisch, als sei der Satz direkt aus dem Dekalog übernommen – was es natürlich nicht sein kann, denn vor Gott spielen Mehrheiten keine Rolle. In unserem Grundgesetz kommt es – dem generellen Duktus unserer Bundesverfassung entsprechend – weniger volkskatechetisch, dafür mehr juristisch-technisch in Artikel 42 Abs. 2 GG zum Ausdruck: „Zu einem Beschlusse des Bundestages ist die Mehrheit der abgegebenen Stimmen erforderlich, soweit dieses Grundgesetz nichts anderes bestimmt."

Unabhängig von seiner positivrechtlichen Normierung gilt das Mehrheitsprinzip gemeinhin als Grundaxiom der Demokratie. Es folgt letztlich aus der demokratischen Gleichheit und Selbstbestimmung. Wenn die demokratische Mitwirkungsfreiheit für alle Bürger gelten soll, dann bedarf eine Entscheidung der Zustimmung der Mehrheit der Bürger. Und zwar gerade der Mehrheit: Wären es weniger, würden die Gegner, wären es mehr, würden die Befürworter des Entscheidungsvorschlags benachteiligt. Unter der Voraussetzung der demokratischen Prinzipien ist darum für eine Entscheidung die Mehrheit der Stimmen notwendig, aber auch hinreichend.

Auch andere Begründungen für das Mehrheitsprinzip sind zu finden. Man muß dabei allerdings im Auge behalten, daß zwar Demokratie nicht ohne das Mehrheitsprinzip funktioniert, daß das Mehrheitsprinzip aber durchaus keine Erfindung der Demokratie ist, sondern als gewissermaßen neutrale Entscheidungsfindungsregel durchaus auch in nicht-demokratischen Zusammenhängen auftritt. Auch oligarchische Gremien der verschiedensten Art entschieden und entscheiden bekanntlich nach Mehrheit: vom Kardinalskollegium über die Kurien im Reichstag des Heiligen Römischen Reichs Deutscher Nation, patrizische Ratsversammlungen, Richterkollegien und wissenschaftliche Gremien bis zum Zentralkomitee der KPdSU. Alle diese werden natürlich nicht durch die Anwendung der Mehrheitsregel zu demokratischen Veranstaltungen; dem Mehrheitsprinzip muß also offenbar eine auch unabhängig von seiner demokratischen Rechtfertigung einleuchtende Plausibilität zukommen.

So wird das Mehrheitsprinzip auf die zahlenmäßige Überlegenheit und die damit einhergehende faktische Übermacht der

Mehrheit zurückgeführt: Da sich ein einziger Körper notwendigerweise nur in eine Richtung bewegen könne, müsse er sich dorthin bewegen, wohin die größere Kraft ziehe, nämlich die Übereinkunft der Mehrheit. Diese mit dem Namen eines der Vordenker des modernen Konstitutionalismus, dem Engländer John Locke, verbundene gewissermaßen „physikalische" Theorie der Mehrheitsherrschaft vermag indessen nicht recht zu überzeugen. Was folgt daraus, wenn in einem Gemeinwesen einmal nicht die Mehrheit die „größere Kraft" hat? Bewegt sich das Ganze dann legitimerweise in die Richtung der kräftigen Minderheit? Letztlich erscheint das Mehrheitsprinzip in dieser Rechtfertigung bloß als ein Unterfall der sogenannten „normativen Kraft des Faktischen".

Ein anderer Traditionsstrang der Rechtfertigung des Mehrheitsprinzips reicht bis auf die aristotelische Philosophie zurück. Aber auch der Versuch, das Mehrheitsprinzip aus der größeren Nähe der Mehrzahl zur Vernunft zu begründen, vermag letztlich nicht zu tragen. Daß „viele leichter als wenige das Wahre und Gute treffen werden" muß einem ebensowenig zwingend erscheinen, wie die alte Lehre von der Ineinssetzung der „pars maior et sanior". Die Anmaßung, die dieser Lehre zugrunde liegt, hat schon im letzten Jahrhundert Tocqueville in seinem hellsichtigen Buch über „Die Demokratie in Amerika" treffend herausgestellt: Hier werde die Gleichheitslehre auf den Geist übertragen; dies aber greife „den Menschenstolz in seinem letzten Horte an: Daher erkennt die Minderheit sie nur widerstrebend an".

Richtigerweise muß sie es eben auch nicht anerkennen, denn das demokratische Mehrheitsprinzip erhebt gerade nicht den Anspruch der besseren Einsicht und der größeren Vernunftnähe der 51 Prozent. Was es einfordert, ist die äußere Befolgung und Rechtstreue der Minderheit. Deren Überzeugung von der eigenen besseren Einsicht läßt es mit gutem Grund unangetastet. Denn die Möglichkeit der besseren Einsicht der unterlegenen Minderheit muß es schon deswegen berücksichtigen, weil zu seinen Legitimitätsbedingungen die fortbestehende Möglichkeit für die unterlegene Minderheit zur Erringung der Mehrheit für die eigene Sache, der Revisibilität der einmal getroffenen Entscheidung und der Austausch der Eliten durch Abwahl gehört. Damit aber ist der fortbestehende Streit um die Mehrheit von morgen und die fortbestehende Überzeugung der Minderheit von der Richtigkeit und der Kampf für die eigene Sache vom demokratischen Mehrheitsprinzip vorausgesetzt und anerkannt.

Was zur Rechtfertigung des Mehrheitsprinzips bleibt, ist also letztlich das Argument, daß, wie es der große österreichische Rechtslehrer Hans Kelsen („Vom Wesen und Wert der Demokratie", 1929) dargestellt hat, wenn schon das absolut Wahre und Richtige nicht mit letzter Gewißheit festgestellt und erkannt werden kann, dann wenigstens die Mehrheit in Übereinstimmung mit dem eigenen Willen leben können soll oder, wie der ehemalige Bundesverfassungsrichter und Freiburger Verfassungsrechtler Konrad Hesse schreibt, weil bei Entscheidung durch die Mehrheit wenigstens dieser keine Aktionen aufgezwungen werden, die sie mißbilligt.

Die Vernunftgründe für das Mehrheitsprinzip erhellen sich – wie so oft – vor allem aus einem Blick auf die Alternativen: eine Herrschaft einer Minderheit und das Einstimmigkeitsprinzip. Abgesehen davon, daß unter der Voraussetzung des demokratischen Prinzips die Herrschaft einer Minderheit per se nicht rechtfertigbar ist, ist von hier aus auch keine funktionierende Entscheidungsregel zu bilden: Es gibt zwar notwendig nur eine Mehrheit, möglicherweise aber viele Minderheiten. Welche Minderheit herrschen soll, müßte also letztlich durch rein faktische Durchsetzung ermittelt werden, würde über Streit und Kampf um die faktische Macht nicht hinausführen und inneren Frieden und zivilisiertes Zusammenleben in einer Gesellschaft unmöglich machen.

Das Einstimmigkeitsprinzip auf der anderen Seite müßte angesichts der tatsächlich in der Gesellschaft vorhandenen Differenzen und Dissense die institutionalisierte Entscheidungsverhinderung bedeuten. Tatsächlich wird es auch immer nur in den Fragen gefordert, in denen eine Minderheit eine Entscheidung ablehnt und sich im Kampf um die Mehrheit nicht durchsetzen kann. Angesichts der Entscheidungszwänge, vor denen komplexe Gesellschaften stehen, und angesichts der Einsicht, daß eine Entscheidung, die nicht der eigenen Vorstellung entspricht, in der Regel allemal besser ist als das Ausbleiben von Entscheidungen und Stillstand in einem sich schnell bewegenden Umfeld, ist eine zu praktischen Ergebnissen führende Entscheidungsregel im Interesse des Bürgers und des Ganzen gerechtfertigt.

Im Ergebnis sprechen damit zwar gewichtige praktische Gründe und Gerechtigkeitserwägungen für das Mehrheitsprinzip, die es allemal tragen und begründen. So philosophisch zwingend, wie man angesichts seiner Selbstverständlichkeit vermuten könnte, stellt sich die Rechtfertigung des Mehrheitsprinzips im Ergebnis aber auch wieder nicht dar.

Vor allem aber darf niemand vom Mehrheitsprinzip reden und von seinen immanenten Grenzen schweigen:

II. Seit jeher sind auch die Probleme und Gefahren des Mehrheitsprinzips bemerkt worden. Dabei muß uns heute nicht so sehr die anti-demokratische Kritik eines Platon, die vor-demokratische Kritik eines Edmund Burke oder die das Mehrheitsprinzip geißelnden Stellen in den Schriften unserer auf literarischem, nicht unbedingt auf politischem Gebiet herausragenden Klassiker Schiller und Goethe, die im Grunde immer auf die Wahrheitsabgewandheit der bloßen arithmetischen Mehrheit abhebt, bewegen. Ernster sind die bis auf die amerikanischen Verfassungsväter, Tocqueville und den Frühliberalismus und Konstitutionalismus zurückreichende und immer wiederkehrende Warnungen vor der Gefahr einer „Tyrannei der Mehrheit“.

Richtig daran ist, daß das Mehrheitsprinzip allein keine Garantie für eine gute Ordnung sein kann. Hinzukommen müssen gewisse Voraussetzungen, die die Unterwerfung der Minderheit unter das Mehrheitsprinzip für diese erst erträglich machen. Voraussetzung für das Mehrheitsprinzip in diesem Sinne ist zunächst der grundlegende Konsens über die Zusammengehörigkeit und die Unterwerfung unter die Regeln der Herrschaftsausübung, zu denen auch das Mehrheitsprinzip gehört.

In der Staatsphilosophie wird allgemein vom „Gesellschaftsvertrag“ gesprochen; etwas greifbarer und uns vertrauter ist die vom Volk gebilligte Verfassung. Sodann, daß es eine grundlegende Gleichheit und einen Grundkonsens der Werte innerhalb eines Gemeinwesens gibt, der Mehrheit und Minderheit umfaßt und den

Bereich des Strittigen und dem Mehrheitsprinzip Unterliegenden eingrenzt.

Einen solchen Grundbestand des nicht Abstimmbaren stellt die Verfassung dar, die die Spielregeln, nach denen Entscheidungsfindung, Mehrheitsbildung und -ablösung vonstatten gehen, sowie gewisse fundamentale Inhalte und Grundrechte auf Dauer stellt, indem sie dem Zugriff der (einfachen) Mehrheit entzogen und erschwert abänderbar werden. Hierzu gehört auch – als jüngste Errungenschaft und „Krönung" des Verfassungsstaates – die Möglichkeit, sich auf diese Garantien vor den Gerichten und zuletzt vor dem Verfassungsgericht auch gegen die Mehrheit berufen und diese durchsetzen zu können. Die Verfassung ist damit Grenze der Mehrheitsherrschaft; sie sichert den einzelnen und die Minderheit zwar nicht gegen unerwünschte Entscheidungen im einzelnen, sehr wohl aber gegen die „Tyrannei der Mehrheit".

Zu den unerläßlichen Funktionsbedingungen des Mehrheitsprinzips gehört zudem, daß Mehrheits- und Minderheitsposition wechseln kann, daß sich jeder einzelne in verschiedenen Fragen bei der Minderheit und bei der Mehrheit finden kann, daß es also nicht eine „versäulte" Gesellschaft gibt, in der eine Gruppe auf Dauer in einer Mehrheitsposition gegenüber einer anderen steht und die Zugehörigkeit zu den Gruppen für den einzelnen unabänderlich durch äußere Kriterien vorherbestimmt ist, wie etwa bei der Dauer-Herrschaft einer ethnischen Gruppe über eine andere Ethnie in einem künstlich zusammengewürfelten Staatswesen.

Dazu gehört auch, daß Mehrheiten prinzipiell und auch real veränderbar und Mehrheitsentscheidungen revidierbar bleiben, daß es einen freien Prozeß des Ringens um die künftige Mehrheit gibt und daß Mehrheit und Minderheit in periodischen Abständen neu ermittelt werden.

III. So selbstverständlich das Mehrheitsprinzip in der demokratischen Theorie erscheint, in der realen politischen Praxis ist es nicht ohne Probleme. Daß es so einfach mit der Lehrbuchantwort von der „Mehrheit", die in der Demokratie entscheidet, nicht ist, zeigt sich z.B. an den aktuellen Fragen des Wahlrechts, aber auch an den Fragen von Repräsentation und Plebiszit, der Zugehörigkeit zum Wahlkörper und den Auswirkungen des Föderalismus auf die Durchsetzung des Mehrheitswillens.

Das beginnt schon mit der Frage, wie die Mehrheit ermittelt wird. Wer die Mehrheit hat, das ist in vielfacher Hinsicht abhängig von der Ausgestaltung des Wahlrechts. Ob ein Wahlsystem so gestaltet ist, daß alle diejenigen, die in ihrem Wahlkreis die Mehrheit errungen haben, ins Parlament einziehen, oder ob es vor allem die Mehrheitsverhältnisse zwischen den Parteien im ganzen Land abbilden soll, sind Grundentscheidungen, die zu völlig unterschiedlichen Wahlergebnissen führen. Ob bei einer „mit der Personenwahl verbundenen Verhältniswahl", wie sie unser geltendes Wahlrecht vorsieht, die Erringung von Direktmandaten wegen des lokalen Bezugs so hoch eingeschätzt wird, daß sie einer Partei auch dann als Überhangmandate erhalten bleiben, wenn sie ihren Anteil an den Zweitstimmen für die Listen übersteigt, oder ob man diese vom Ideal der spiegelbildlichen Abbildung der Mehrheitsverhältnisse im Land durch Ausgleichsmandate kompensieren soll, das sind Fragen, die für Mehrheit und Minderheit im Parlament am Ende entscheidend sein können.

Erst recht gilt das für die Frage, ob man einer Partei, die nur einige Direktwahlkreise erringen kann, bundesweit aber keinen Rückhalt hat und eigentlich die Fünf-Prozent-Klausel nicht überspringt, angesichts des lokalen Bezugs der in einem Wahlkreis errungenen Mehrheit entgegen der Fünf-Prozent-Klausel den Einzug als Splittergruppe ins Parlament zugesteht, oder ob man ihr gar zusätzlich noch die Zahl der Listenmandate, die sie ohne Geltung der Fünf-Prozent-Klausel errungen hätte, draufgibt – ein Privileg, wie es unser gegenwärtiges Wahlrecht über den Respekt vor der im Wahlkreis errungenen Mehrheit regional verankerten Parteien zuerkennt. Es handelt sich dabei um wahlrechtliche Vorentscheidungen, die später offensichtlich erheblichen Einfluß auf die Gruppierung von Mehrheit und Minderheit im Parlament haben können. Der einfache und klare Satz von der Mehrheit, die entscheidet, büßt damit aber ein wenig von seiner anfänglichen Klarheit ein.

Das gleiche ungute Gefühl kann einen beschleichen, wenn man der Frage „Wer gehört dazu?" nachgeht. Mehrheit ist immer

Mehrheit der Abstimmenden, aber wer darf mit abstimmen? Bis weit ins letzte Jahrhundert hinein wurde selbst das als Idealbild geltende englische Parlament nur von einer kleinen Minderheit der männlichen Bevölkerung gewählt. In Deutschland hat sich seit der bürgerlichen Revolution von 1848 und der Wahl der Paulskirchenversammlung das damals sehr fortschrittliche (nahezu) allgemeine Wahlrecht der Männer durchgesetzt, das Bismarck 1866/67 erst für den Norddeutschen Bund und dann für das Deutsche Reich von 1870/71 übernommen hat. Aber erst seit der Einführung des Frauenwahlrechts zur Weimarer Nationalversammlung im Jahre 1919 – auch das im internationalen Vergleich sehr früh – bestimmt in Deutschland mehr als die Hälfte der erwachsenen Bevölkerung über Mehrheit und Minderheit im Parlament.

In der Demokratie herrscht der Demos, das Staatsvolk, aber wer gehört zum Staatsvolk? Wahlberechtigt sind die Staatsbürger, aber wer soll Bürger sein? Das Bundesverfassungsgericht hat 1989 auf Antrag der CDU/CSU-Bundestagsfraktion klargestellt, daß Ausländer in der Demokratie nicht das Wahlrecht im Inland haben können, weil sie gerade nicht zum Demos gehören, der in der Demokratie herrschen soll. Es hat im gleichen Atemzug aber auch gesagt, daß es unter demokratischen Gesichtspunkten nicht unproblematisch ist, wenn auf Dauer ein signifikanter Teil der dauerhaft im Lande ansässigen Wohnbevölkerung nicht zum Demos gehört und damit die demokratische Staatsgewalt, der er gleichermaßen wie die Staatsbürger unterworfen ist, nicht durch Wahlen mitbestimmt und legitimiert (BVerfGE 83, 37 [52]). Zur Lösung hat das Gericht auf die Ausgestaltung des Staatsangehörigkeitsrechts verwiesen. Die Koalition aus CDU/CSU und FDP hat sich eine grundlegende Reform des Staatsangehörigkeitsrechts für die laufende Legislaturperiode vorgenommen, in Angriff genommen und in vielen Bereichen Einvernehmen erzielt. Wer die Debatten der letzten Monate über die Einbürgerung der Kinder der sogenannten „dritten", in Deutschland geborenen Generation der vor Jahrzehnten als Gastarbeiter nach Deutschland Gezogenen verfolgt hat, der weiß auch, wie schwer es fällt, die Frage „Wer gehört dazu?" zu beantworten.

Aber die Frage nach dem Substrat der Mehrheit stellt sich auch in anderer Richtung. Als besonders progressiv galt lange das Reden von der „Basis" und den „Betroffenen". Allzuoft dient dieses neue Vokabular aber nur dazu, daß diejenigen, die so reden, sich und ihre Freunde als maßgebliche Größe nehmen, deren Mehrheitsmeinung dann flugs gegen die Mehrheit „der Politiker" ausgespielt wird. Daß in der Demokratie das Volk herrschen soll und nicht diejenigen aus dem Volk, die jeweils von sich selber meinen, daß sie die eigentlich Betroffenen und damit Abstimmungsberechtigten sind, daß z.B. von einer neu zu bauenden Eisenbahntrasse nicht nur die Anlieger, sondern auch die Fahrgäste, diejenigen, die jetzt statt dessen mit dem Auto fahren müssen, die Anwohner der Straßen, an denen diese Autofahrer die Luft verpesten, und die Wirtschaftsunternehmen und Arbeitnehmer, denen aufgrund der fehlenden Bahnverbindung Chancen zum Vorankommen entgehen, also letztlich die Gesamtgesellschaft betroffen wird, das wird dabei leicht ausgeblendet.

Unter ganz besonderen Bedingungen funktioniert das Mehrheitsprinzip in einem föderativen Staatswesen wie der Bundesrepublik Deutschland. Denn „die Mehrheit" wird nicht nur auf der Ebene des Gesamtstaates, also im Bund, festgestellt, sondern sie herrscht auch jeweils als Mehrheit der Landesvölker in den Gliedstaaten und strahlt, vermittelt durch das föderative Organ Bundesrat, auf die Entscheidungsbildung im Bund aus. Ähnlich wie in einem System des Mehrheitswahlrechts, bei dem in den einzelnen Wahlkreisen die Mehrheit ermittelt wird und allein die mehrheitlich gewählten Abgeordneten zusammen das Volk repräsentieren, ergibt sich auch im Bundesrat eine Mehrheitsbildung aufgrund der auf Landesebene zustande gekommenen Einzel-Mehrheiten, bei der die jeweiligen Minderheiten „unter den Tisch fallen" und im Bundesorgan Bundesrat nur noch durch die von der Mehrheit gewählten Regierungsvertreter, nicht mehr in ihrer spezifischen Minderheitsmeinung repräsentiert sind.

Das ist nun an sich eine durchaus legitime und systemgerechte Folge der vom Grundgesetz festgelegten Staatsform eines Bundesstaates. Daß hieraus gewisse Probleme für das Funktionieren des demokratischen Mehrheitsprinzips folgen, darf aber auch nicht übersehen werden. Denn „die Mehrheit", und das ist nun einmal die von der Mehrheit der Wähler bestellte Mehrheit des Bundestages, ist bei der Durchführung ihres Gestaltungsprogramms vielfach von der der Zustimmung des u.U. mehrheitlich ganz anders zusammengesetzten föderativen Bundesorgans abhängig und haftet gleichwohl am Ende der Legislaturperiode dem Wähler für eine Politik, die sie letztlich nicht wirklich nach ihrem Programm und dem in der Bundestagswahl zum Ausdruck gekommenen Wählerauftrag gestalten konnte.

Das Grundgesetz moderiert dieses Problem dadurch, daß es dem Bundesrat nur in einer bestimmten Zahl von Materien ein gleichgewichtiges Wort einräumt, indem es Gesetzesbeschlüsse an seine Zustimmung bindet, ihm ansonsten lediglich das vom Bundestag zu überstimmende Einspruchsrecht einräumt. Der nicht aus unmittelbaren Volkswahlen hervorgegangene und darum nicht den Mehrheitswillen des deutschen Volkes, sondern die jeweiligen Mehrheitswillen der Gliedstaaten repräsentierende Bundesrat „wirkt" darum – in den Worten des Grundgesetzes – nur „an der Gesetzgebung und Verwaltung des Bundes und in Angelegenheiten der Europäischen Union mit" (Art. 50 GG); er ist also nicht gleichberechtigter Gesetzgeber neben dem zentralen Organ der Repräsentation, dem Parlament. Solange seine Mitwirkung sich in diesem Rahmen und seiner Pflichten als Bundesorgan hält, halten sich die Spannungen in bezug auf das demokratische Mehrheitsprinzip im Rahmen des aus dem Föderalismus vorgegebenen; überschreitet er diese vom Grundgesetz zugewiesene Rolle, so kann sein Wirken aber auch von einem der systemimmanenten Probleme und Spannungen zu einer Frage der Gefährungen des Mehrheitsprinzips werden:

IV. Eine Gefährdung des demokratischen Mehrheitsprinzips stellt es dar, wenn seine demokratische Legitimität nicht mehr begriffen, im politischen Alltagsgeschäft nicht mehr berücksichtigt wird und institutionelle Möglichkeiten, die die Verfassung aus föderativen Gründen anderen Verfassungsorganen einräumt, als Machtinstrument der Minderheit zur Blockade der Gestaltungsfähigkeit der Mehrheit eingesetzt werden. Wenn Bundesratsstimmen einer

Partei zugeordnet werden und nicht mehr das Bewußtsein dafür besteht, daß sie solche des jeweiligen Landes in einem Bundesorgan sind, die der Wahrung der Interessen des Landes und der gesamtstaatlichen, nicht aber den Interessen der derzeitigen Regierungspartei des Landes dienen, dann kann das föderative Verfassungsorgan zu einem bloßen Blockadeinstrument der Minderheit zur Korrektur des Wählerwillens im politischen Prozeß verkommen.

Aus der Notwendigkeit, zentrale Gesetzgebungsvorhaben durch einen sich aus parteipolitischen Erwägungen verweigernden Bundesrat zu bringen, folgt ein Einigungszwang der großen politischen Blöcke. Dies führt zu einer Verwässerung politischer Gestaltungskonzepte und ein Einpendeln auf eine Linie des kleinsten gemeinsamen Nenners, was allzuoft leichtfertig mit „Mäßigung“ politischer Macht gleichgesetzt wird, tatsächlich aber ein tiefsitzendes Mißtrauen gegen Mehrheitsentscheidung und demokratische Konkurrenz offenbart. Wenn dauerhaft alle großen Projekte nur noch im Konsens der politischen Lager verwirklicht werden können, dann führt das – ohne für das Publikum zunächst klar erkennbar zu sein – zur Etablierung einer eigentlich für Ausnahmelagen der nationalen Krise oder besonderer Kraftanstrengungen vorbehaltenen großen de-facto-Koalition. Das aber verschiebt den Charakter des politischen Systems über das in der bundesstaatlichen Ordnung ohnehin angelegte Maß hinaus weg vom Modell einer Kontroversen offen austragenden Konkurrenzdemokratie in Richtung auf eine Differenzen kaschierende Konkordanzdemokratie.

Diese Tendenz wird zusätzlich verstärkt durch einen Trend zur Konstitutionalisierung der Tagespolitik. Dieser zeigt sich zum einen in einer Neigung, Politikinhalte in der Verfassung zu „verankern“ und damit der Disposition der „einfachen“ Mehrheit zu entziehen. Sie zeigt sich zudem in der immer größeren Neigung, politisch kontroverse Themen aus den eigentlichen politischen Entscheidungsgremien hinaus und zum Bundesverfassungsgericht zu verschieben sowie dem damit einhergehenden Mißverständnis politischer Gestaltungsverantwortung als bloßen „Verfassungsvollzug“. Diese Zusammenhänge sind an anderer Stelle eingehender dargestellt worden (FAZ v. 13.9.1996, S. 12). In diesem Zusammenhang ist festzuhalten, daß Folge und Ziel der Anreicherung der Verfassung mit programmatischen Formeln und Einzelfestlegungen, der immer stärkeren Verankerung von Detailregelungen in der Verfassung und der Stilisierung gewöhnlicher politischer Entscheidungen zu Verfassungsfragen die Bindung der Regierung an die verfassungsändernde 2/3-Mehrheit in Bundestag und Bundesrat ist.

Diese Konstitutionalisierung der Tagespolitik bedeutet aber eine Beschränkung der Gestaltungsfähigkeit der demokratischen Mehrheit zugunsten der Minderheit, sie entwertet die in Wahlen errungene Mehrheit und soll die vom Wähler zugedachte Minderheitsrolle nachträglich in Richtung auf eine Mitentscheidungsposition korrigieren. Dem Wähler wird damit die Möglichkeit genommen, zwischen klaren Alternativen zu wählen und mit seiner Stimme eine Richtungsentscheidung treffen zu können. Die vom Wähler mit der Gestaltungsaufgabe betraute Mehrheit ist nicht in der Lage, nach ihren Vorstellungen zu gestalten und haftet dennoch am Ende der Legislaturperiode für Entwicklungen, die nicht in ihrer Entscheidungsmacht gelegen haben. Die Opposition kann in vielen Fällen die Übernahme von Mitverantwortung im Interesse des Gesamtsystems nicht versagen und wird dadurch bis zu einem gewissen Grade mit der Regierungspolitik identifiziert und kann keine klar opponierende Position vertreten. Konstitutionalisierung der Tagespolitik bedeutet im Ergebnis eine Entpolitisierung und Juridifizierung der Entscheidungsfindung eines Gemeinwesens und damit auch Entparlamentarisierung und letztlich ein Stück weit Entdemokratisierung des politischen Systems.

Die wohl gravierendste Infragestellung des Mehrheitsprinzips aber ist die neuere Tendenz, die wieder einmal Wahrheit gegen Mehrheit auszuspielen sucht und punktgenau an den Stellen, an denen sie eine Mehrheit nicht erringen kann, die „Grenzen des Mehrheitsprinzips" verortet. Wer an der Baustelle der Startbahn, über die er einige Jahre später wie selbstverständlich für einige Tage zum „Ausspannen" nach Tunesien oder Kuba jetten möchte, ausgerechnet gegen die demokratisch zustande gekommenen und rechtsstaatlich überprüften Entscheidungen den von seinen

Großvätern gegen ein Unrechtsregime versäumten Widerstand meint nachholen zu sollen, der gibt damit zugleich wieder einmal eine der grundlegenden Errungenschaften der Demokratie auf, nämlich die Hegung und Kultivierung des politischen Konflikts durch den Respekt und den äußeren Gehorsam der Minderheit gegenüber den Entscheidungen der in freier Wahl errungenen Mehrheit.

V. Im Ergebnis gilt es also, das Mehrheitsprinzip – nicht im Interesse der gegenwärtigen Mehrheit, sondern um der Demokratie willen – hochzuhalten und gegenüber seinen uralten wie gegenüber den sich ganz modern gebenden Infragestellungen zu verteidigen. Wer sich der politischen Kulturleistung bewußt bleibt, die die Durchsetzung der Konfliktaustragung durch Mehrheitsentscheidung bedeutet, der wird sich zurückhalten, allzu leicht die eigene Überzeugung über die „bloße arithmetische Mehrheit" zu setzten.

Auf der anderen Seite gibt es keinen Grund, das Mehrheitsprinzip zu verabsolutieren und aus ihm neben einer Pflicht zum äußeren Rechtsgehorsam auch noch eine größere Nähe der Mehrheit des Tages zur Wahrheit zu postulieren. Die Minderheit hat also in der Demokratie alles Recht der Welt, an ihrer Überzeugung festzuhalten und mit demokratischen Mitteln um die Mehrheit von morgen zu kämpfen. Nicht weniger wichtig ist es freilich manchmal, die Mehrheit zu behaupten!

CHRISTIAN SCHWARZ-SCHILLING

OPPORTUNITÄT – EIN PRINZIP DES VÖLKERRECHTS?

Legalitätsprinzip und die 68er Revolte in Deutschland

Ende der sechziger Jahre brach in der Bundesrepublik eine neue Zeit auf. Die Studenten revoltierten gegen „Kapitalismus“ und „Establishment“. Kaufhäuser wurden in Brand gesteckt, Zeitungsverlage blockiert, um die Auslieferungen ihrer Presseerzeugnisse zu verhindern. Was war geschehen? Was bewegte eine ganze Generation, die „68er“, daß sie die Alarmglocken läutete und „die Institutionen“ unseres Staates bis aufs Messer bekämpfte; oder schlau eine Unterwanderung begannen, um nach dem bewährten „Marsch durch die Institutionen“ dem Staat die Macht zu entreißen? Von der legitimen „Gegenmacht“ war die Rede, um die verhaßte Staatsmacht zu kippen. Wenn man die Parolen hörte, konnte man glauben, die Demokratie sei abgeschafft, und wir müßten uns mit aller Kraft wieder gegen eine etablierte Diktatur zur Wehr setzen!

Nichts davon entsprach der Wirklichkeit. Die Bevölkerung ging in Ruhe ihrer Arbeit nach, die Gerichte sprachen Recht, die demokratischen Institutionen funktionierten wie eh und je, sämtliche Regierungen – vom Bund bis zu den Kommunen – waren alle demokratisch durch Wahlen legitimiert, und selbst das Lager der politischen Extremisten war auf einen kleinen, in allen Demokratien festzustellenden Prozentsatz geschrumpft. Natürlich konnte man sich überall Verbesserungen vorstellen – aber nirgendwo war ein Reformdruck solchen Ausmaßes zu sehen, daß nur noch die „Abschaffung des Systems“ Hilfe versprach. Und dennoch: Wie durch eine Infektionskrankheit wurden die Köpfe studentischer Anführer vorwiegend in Hessen und in Berlin durch eine neue Ideologie erfaßt. Altmarxistische Klassenkampfparolen, linke Revolutionsthesen mit globalem Anspruch nisteten sich in die Köpfe einer Studentengeneration ein. Diese weiß Gott nicht neuen Thesen wurden versetzt mit modernistischem Jugendkult und utopischen Idealen, von Prof. Marcuse in Berkeley gelehrt, von der sogenannten „Frankfurter Schule" theoretisch weiter untermauert und von Revolutionspädagogen vom Schlage des Berliner Bildungssenators Prof. Evers oder Prof. Abendroth in Marburg zur revolutionären Nutzanwendung umgeformt. Der Sozialistische Deutsche Studentenbund (SDS) formierte sich zu einem Kampfverband, der auch vor roher Gewalt nicht zurückschreckte. Zuerst hieß es „Gewalt gegen Sachen", doch dann war es schnell zu „Gewalt gegen Personen" gekommen. Diese Form der politischen Auseinandersetzung kulminierte dann in den terroristischen Vereinigungen, welche uns in den späten siebziger und in den achtziger Jahren in Atem hielten und eine blutige Spur politischer Morde hinterlassen haben.

Wie reagierte der Rechtsstaat auf diesen Angriff auf unsere demokratischen Institutionen? Haben wir uns nicht alle geschworen, diesen Staat, diese Demokratie mit allen Mitteln und – wenn es sein muß – „militant" zu verteidigen? Das war hier die Frage, um die zu Beginn dieser Auseinandersetzung erbittert gerungen worden ist. Die politische Bühne war der Hessische Landtag, und einer der mächtigsten Wortführer in diesem Streit war Walter Wallmann. Als der damalige Ministerpräsident Georg August Zinn, eigentlich als aufrechter und kampfeslustiger Demokrat bekannt, von einer merkwürdigen Leisetreterei befallen war, als er zögerte, die Staatsmacht gegen diese Gewaltausbrüche anzuwenden, als er dafür sorgte, daß der SDS, den er einen „harmlosen Verein" nannte, in den Universitäten Gießen oder Frankfurt von Ermittlungen des Verfassungsschutzes ausgenommen wurde, da schleuderte Walter Wallmann diesem das berühmte Wort ins Gesicht: „Herr Ministerpräsident, Sie verüben Sabotage an diesem Staat, der doch ein freiheitlicher und sozialer Rechtsstaat sein will" (VI. Wahlperiode, 22. Sitzung vom 14. Dezember 1967, Seite 989) –, und er fuhr fort: „Ich habe Ihnen weiterhin zu sagen, daß ich in diesem Verhalten die Gefahr sehe, daß Ressentiments gegen diesen Staat wach werden und daß der Wille, diese Demokratie aktiv zu verteidigen, in einer gefährlichen Weise geschmälert wird. Sie mögen es durch Ihre Zwischenrufe so darzustellen versuchen, als werde hier eine extreme Meinung vertreten. Die Meinung, die ich Ihnen hier vorgetragen habe, ist diejenige, die sich auf den gesetzlichen Auftrag gründet. Wir dürfen es nicht zulassen, daß alle diejenigen, die diesen Auftrag im Interesse von uns allen erfüllen wollen, in Zukunft nicht mehr den Mut dazu haben werden, weil sie sich nämlich verlassen fühlen müssen."

In seiner Antwort erklärte Ministerpräsident Zinn: „Es dreht sich hier meines Erachtens nicht um die Frage, welche Maßnahmen der Verfassungsschutz auf Grund des Gesetzes von 1950 ergreifen kann oder muß, sondern es dreht sich nur um die Frage, ob und welche Maßnahmen, die er ergreift, zwar nicht illegal, aber politisch unzweckmäßig und höchst bedenklich sind. Das ist die entscheidende Frage . . . Es dreht sich aber hier gar nicht darum, ob der Verfassungsschutz legal handelt oder nicht . . . Es dreht sich vielmehr darum, daß durch eine solche Maßnahme, deren Legalität man nicht bezweifeln oder nicht bestreiten kann, das Gegenteil dessen erzielt wird, was eigentlich unser aller Aufgabe und auch die Aufgabe des Verfassungsschutzes ist, nämlich die Radikalisierung der gesamten Studentenschaft, die sich mit dem SDS und den betroffenen Gruppen solidarisch erklären würde, zu verhindern . . . Eine Maßnahme des Verfassungsschutzes mag formal legal sein. Sie kann aber das Gegenteil des Verfassungsschutzes zur Folge haben. Unsere Aufgabe muß es sein zu verhüten, daß aus Verfassungsfreunden Verfassungsgegner werden."

Nachdem die Dinge weiter eskalierten und es auch um die Osterzeit in Frankfurt zu schwersten gewaltsamen Krawallen gekommen war, setzte Wallmann in der 28. Sitzung vom 25. April 1968 nach und erklärte: „Angesichts der Schwere des Unrechtscharakters und dem Umfang der Gewalttätigkeiten ist es für uns unverständlich, warum von dem zuständigen Oberstaatsanwalt und von dem Generalstaatsanwalt nicht bereits nach den ersten schweren Vorfällen Haftbefehle gegen Rädelsführer – die ja damals durchaus bekannt waren – beantragt worden sind . . . Die Bevölkerung wäre in ihrem Vertrauen in die Handlungsfähigkeit eines demokratischen Gemeinwesens gegenüber Staatsfeinden nicht erschüttert worden. Diese meine Beurteilung deckt sich übrigens mit der Meinung des SPD-Parteivorsitzenden Brandt. Er hält es für unverantwortlich, daß die Rädelsführer in Ruhe ihre Vorbereitungen treffen konnten, und er hat gerade für eine solche Situation die engste Zusammenarbeit von Justiz und Polizei gefordert. Damit ist die Frage nach dem Legalitätsprinzip gestellt, natürlich nur sofern es Anwendung finden soll. Wir haben darüber in den vergangenen Monaten mehrfach in diesem Hause unsere unterschiedlichen Auffassungen dargestellt. Nach unserem Verständnis kann ein Rechtsstaat auf die Wahrung, auf die uneingeschränkte Anwendung des Gesetzes nicht verzichten. Für Sie, meine Damen und Herren von der Sozialdemokratischen Partei, ist das nicht so selbstverständlich. Selbst dort, wo Sie als Mehrheitspartei erste Verantwortung für Inhalt und Ausgestaltung der Gesetze tragen, soll deren Geltendmachung nicht ohne weiteres anzunehmen sein. Es soll vielmehr in jedem Falle auch darauf ankommen, ob die Durchsetzung der Gesetze politisch zweckmäßig oder opportun ist. Das war der Gegenstand heftigen Streites. Ich erinnere nur an unsere Auseinandersetzungen um die Braunbuch-Affäre, um die Frage der Überwachung des SDS, um die Frage der Ausschreitungen anläßlich des Streiks bei Dunlop oder auch an die Debatte anläßlich der Entlassung des Dr. Wetzel. Niemand sollte diese unsere Haltung mit Formalismus abtun . . . Diese Vorhaltungen, die wir hier vortragen, haben keinesfalls nur rechtstheoretische Bedeutung. Ich wiederhole noch einmal: Hätten die Staatsanwaltschaften alsbald ermittelt und Anträge auf den Erlaß von Haftbefehlen gestellt, dann würden – davon bin ich überzeugt – die Rädelsführer des Terrors heute nicht nur dem Strafverfahren entgegensehen, sondern die Ausschreitungen am Ostermontag wären nicht vorgekommen, und die Bürger hätten gewußt, daß alle staatlichen Organe zum Schutze ihrer Grundrechte willens und in der Lage sind. Das Vorhandensein einer solchen allgemeinen Überzeugung wäre politisch bedeutsam genug. Denn schon ist wieder zu hören, alles entwickele sich wie in Weimar, Demokraten seien wohl nicht in der Lage, eine freiheitliche Ordnung zu gewährleisten. Wir Christlichen Demokraten haben vor einer solchen Entwicklung in den vergangenen Monaten laufend gewarnt.

Die Reaktion der Regierung auf unsere Vorhalte, die ständige Verharmlosung des SDS haben auch dazu beigetragen, daß bei den Linksradikalen die Überzeugung aufkam, der Staat werde nicht mit allen legalen Mitteln Ausschreitungen, wie wir sie jetzt erlebt haben, zu begegnen wissen . . ."

Wie sich hier zeigt, ging die Debatte über ihren Anlaß weit hinaus. Wallmann vertrat klar den Standpunkt, daß der Rechtsstaat, der als alleinige Institution in einer Demokratie das Gewaltmonopol besitzt, von seinen Möglichkeiten voll Gebrauch machen muß, wenn dieser Staat von radikalen Kräften mit Gewalt angegriffen wird. Er wies auf die Gefährlichkeit hin, zu der das „Opportunitätsdenken" am Ende führen kann; und in der Tat, wenn wir den weiteren Verlauf der Auseinandersetzungen nunmehr nachträglich zur Kenntnis nehmen: Die weiteren Konsequenzen des Opportunitätsdenkens, die dann schließlich zu rechtsfreien Räumen in Universitäten, zu besetzten Wohnungen, zu völlig illegalen Zuständen im Hamburger Hafenviertel usw. geführt haben, haben dem Rechtsstaat wirklich keine Ehre gemacht. Mit unglaublich viel Geduld und konsequenter Haltung mußten diese rechtswidrigen Zustände später durch den Rechtsstaat zurückgedrängt und beseitigt werden. Gerade dort, wo man das Legalitätsprinzip außer Kraft gesetzt hat, war Rechtsfriede, Sicherheit und das, was man von einem Staat erwarten durfte, am wenigsten garantiert. Dort aber, wo man von vornherein eine klare Erwartung haben konnte, daß das Legalitätsprinzip angewandt wird, haben sich solche Auseinandersetzungen in sehr viel geringerem Maße abgespielt.

Nach den furchtbaren Erfahrungen des Terrorismus, der sich in den Folgejahren in Deutschland ausbreitete, wurde dies auch mehr und mehr allgemeine Auffassung aller demokratischen politischen Kräfte, so wie sie es auch unmittelbar nach der Nazi-Diktatur der Fall gewesen ist. Damals war es selbstverständlich, daß die Solidarität der Demokraten Gewaltzustände dieser Art nicht zulassen darf.

Die Entwicklung des Rechtsstaates hat in Europa Jahrhunderte gebraucht. Wie sehr dieser Rechtsstaat im 20. Jahrhundert in Frage gestellt worden ist und die Weimarer Republik den Kampf mit den extremen Kräften verloren hat, soll hier nicht weiter Gegenstand unserer Betrachtung sein. Es soll nur klargestellt werden, wie schnell durch ein Versagen demokratischer Kräfte die Abschaffung der Demokratie, ohne daß auch nur irgendeine von den demokratischen Parteien diesen Willen oder diese Absicht hatte, passieren kann. Diese Lektionen der Geschichte hat die Bundesrepublik Deutschland, Gott sei Dank, soweit wir es bis heute übersehen können, gelernt.

Das Legalitätsprinzip in der internationalen Politik

Da der Friede nicht nur davon abhängt, daß wir im Inneren ein demokratisches Staatswesen mit einem verläßlichen Rechtsstaat haben, sondern weitgehend auch von den Zuständen abhängt, die um uns herum herrschen und in welcher Verfassung sich die übrigen Staaten auf dieser Welt befinden, müssen wir unsere Anstrengungen mehr und mehr auf die Gültigkeit von Rechtsnormen auch im internationalen Bereich richten. Denn der schönste Rechtsstaat kann uns verlorengehen, wenn wir im Kampf mit Diktaturen, die uns angreifen oder die ihre Aggressionen durch weltumspannende Ideologien in die Wirklichkeit umsetzen, versagen und wenn dieser Kampf verlorengeht. Insofern haben wir ein unmittelbares Interesse daran, daß auch sonst auf dieser Welt Rechtsstaatlichkeit herrscht. Diese Rechtsstaatlichkeit kann nur Gestalt annehmen, wenn die Völker sich bindend an Normen halten, die für alle Völker und Staaten in einem gewissen Mindestmaß Gültigkeit haben. Auch diese Einsicht war nach dem Zweiten Weltkrieg bei den Siegermächten durchaus vorhanden. Die Schwierigkeit war nur, daß ein solches weltweit gültiges System kaum geschaffen werden konnte, da auch weiterhin Diktaturen zu den Siegermächten gehörten, deren Eigeninteressen keineswegs mit einer weltweiten demokratischen Entwicklung übereinstimmten. Für sie war es außerordentlich opportun, ausschließlich die nationalsozialistischen Völkerrechts- und Menschenrechtsverletzungen zu ahnden und es bei dem Kriegsverbrechertribunal in Nürnberg zu belassen. Von einem permanenten Gerichtshof, wie er durchaus auch damals schon von entsprechenden Persönlichkeiten angedacht war, wollten sie nichts wissen. Und so wurde es unterlassen, eine Institution zu schaffen, welche auch nach 1945 alle daran erinnern könnte, daß sie, wenn sie ähnliche Straftaten begehen, vor ein solches internationales Tribunal gestellt werden. Man stelle sich vor, daß in einem Rechtsstaat zur Verteidigung der Bürgerrechte ein Strafgerichtshof eingerichtet wird, der nur die schwersten Verbrechen in der Vergangenheit aburteilt, wähend für Gegenwart und Zukunft keinerlei Instanz zur Aburteilung geschaffen wird. Wer hätte wohl vor einem solchen Staat Respekt?

Wir müssen also konstatieren, daß bereits in dieser Frage das Opportunitätsprinzip gegenüber dem Legalprinzip obsiegte. Aus dieser Situation heraus wurde dann auch die gesamte Konstruktion der UN zu einer Fehlkonstruktion: Der Sicherheitsrat wurde mit einem Vetorecht ausgestattet, mit dem totalitäre Regime, wie die Sowjetunion oder China, jegliche Art von Beschlußfassungen gegenüber Aggressoren oder Völkerrechts- bzw. Menschenrechtsbrechern torpedieren konnten. Es war ja ein reiner Zufall, daß der sowjetische Vertreter gerade abwesend war, als der Sicherheitsrat beschlossen hat, die Aggression Nordkoreas gegenüber Südkorea durch eine militärische Aktion der Vereinten Nationen unter Führung der Vereinigten Staaten abzuwehren. Auf Grund dieser Erfahrung hat es dann die Sowjetunion nie mehr versäumt, bei Sicherheitsratssitzungen anwesend zu sein und je nach Belieben ihr Veto zu praktizieren. Dadurch wurde die Frage, ob und wann der Sicherheitsrat bei entsprechenden Völkerrechts- oder Menschenrechtsverletzungen eingreift, zu einem Opportunitäts- oder Zufallsspiel. Auf so einer Basis läßt sich natürlich keine internationale Rechtsordnung aufbauen, welche zumindest bei schwerwiegenden Verstößen dem Legalitätsprinzip verpflichtet wäre. Insoweit konnte die UN in den folgenden Jahren und Jahrzehnten auch nicht der wesentliche Pfeiler für die Stabilität von Frieden und Völkerrecht werden.

Da man sich aber dennoch vor Aggressionen schützen wollte, hat man ersatzweise Regionalbündnisse geschaffen, wie z. B. die NATO, welche die westlichen Demokratien vor einem Angriff seitens der Sowjetunion schützen sollte. Dieses ist auch gelungen, zumal jedes Mitglied dieses Bündnisses nicht nur das Gefühl, sondern die Gewißheit hatte, daß hier das Legalitätsprinzip in jedem

Falle bei einem Angriff zum Zuge kommen wird. Hier war nichts von einem Opportunitätsprinzip zu spüren. Selbst die Freiheit Berlins wurde durch die Glaubwürdigkeit dieses Prinzips im Bündnis mit den USA gewahrt. Schon vor dem NATO-Bündnis war die Solidarität der Westalliierten ein Garant für die Sicherheit Berlins. Um so mehr war es in den späteren Jahren der Fall, als der Anführer des NATO-Bündnisses laut und deutlich erklärt hatte: Ein Angriff auf Berlin ist ein Angriff auf die Vereinigten Staaten. Wir müssen sehr wohl bedenken, was dieser Satz bedeutete: Ein Angriff auf West-Berlin konnte den Atom-Schlagabtausch zwischen den Vereinigten Staaten und der Sowjetunion auslösen. Gerade in dieser geographisch extremen Lage wäre die Versuchung sehr hoch gewesen, eine Beantwortung eines Angriffs auf Berlin den jeweiligen Umständen entsprechend vorzunehmen und eine opportunistischere Haltung einzunehmen, da es hier ja immerhin um den möglichen Tod von Millionen von Amerikanern ging. Aber dieser Versuchung hat man widerstanden. Und nur aus diesem Grund konnte es bewerkstelligt werden, daß Berlin inmitten der kommunistischen DDR zu einem Pfeiler der Freiheit wurde und die schlimmen Zeiten des Kalten Krieges überleben konnte. Nur weil im Bündnis die Solidarität so weit entwickelt war, daß ein möglicher Angreifer voraussehen konnte, daß einzelne Bündnispartner nicht nach eigenständigen Vorteilen suchten und sich daher auch nicht aus der Solidarität des Bündnisses lösten, sondern daß alle Demokratien zusammenstanden, hat uns diese schwierige Zeit einer aggressiv auftretenden Sowjetunion überstehen lassen.

Aber auch das Nato-Bündnis vertrat natürlich nicht das umfassende Legalitätsprinzip mit weltweiter Gültigkeit. Gebiete, die in der Interessensphäre der Sowjetunion lagen, wurden sich selbst überlassen und auch dann nicht unterstützt, wenn sie sich von dem sowjetischen Joch zu befreien versuchten. Diese bittere Erfahrung mußten die Menschen in der DDR, in Polen, in der Tschechoslowakei und in Ungarn machen.

So haben wir im Westen zwar den großen Weltkrieg vermieden und für das Territorium der NATO-Staaten den Frieden bewahrt; und das war angesichts der aggressiv auftretenden, mit Atomwaffen ausgestatteten Sowjetunion, welche den kommunistischen Weltherrschaftsanspruch zu verwirklichten suchte, eine große historische Leistung. Aber diese Leistung konnte keine auf Legalität und Völkerrecht aufbauende Weltfriedensordnung ersetzen, welche der Idee zur Gründung der Vereinten Nationen zweifelsfrei zugrunde lag.

Zu Beginn der neunziger Jahre, als die Sowjetunion durch eine Reihe von Erschütterungen plötzlich zusammengebrochen war, verpaßte man die Chance, der Idee einer weltweit gültigen Legalitätsordnung ein Stück näher zu kommen. Eine einmalige historische Situation wurde kaum bemerkt und leichtfertig verspielt. Daß durch den Zusammenbruch des bipolaren Systems der Supermächte und mit dem Erscheinen der bisher unterjochten Völker auf der Bühne der Weltgeschichte besondere Konflikte und Gefahren heraufzogen, wurde kaum zur Kenntnis genommen. Im Gegenteil: Angesichts der nachlassenden Bedrohung durch die Sowjetunion endete auch die Solidarität der Demokratien.

Zunächst hegte man voller Illusionen große Hoffnungen auf eine wieder handlungsfähige UN, deren Blockierung durch sowjetisches Veto aufgehoben erschien. Das war für eine kurze Zeit richtig, konnte jedoch durch den trägen Mechanismus der Vereinten Nationen und durch das Versäumnis, durch einen starken neuen Anlauf, die UN wieder manövrierfähig zu machen, keine wirklich neue Ära in der internationalen Kooperation einleiten. Die Komplexheit der Schwierigkeiten, in denen die einzelnen Regionen sich befanden – sei es nun Osteuropa, der Balkan, der Nahe Osten oder zentralasiatische Regionen – führte schon sehr bald zu dem Ergebnis, daß die UN hoffnungslos überfordert war. Diese Überforderung wurde um so deutlicher sichtbar, als die großen Demokratien des Westens nicht mehr interessiert waren, der UN entsprechende Unterstützung zu geben und mehr und mehr nach eigenem nationalem Gutdünken handelten. Auf diese Weise wurde dem Opportunitätsprinzip Tür und Tor geöffnet. Man stimmte UN-Aktionen nur dann zu, wenn das eigene nationale Interesse, oder was man dafür hielt, eine solche Maßnahme für opportun gehalten hat. Wenn man glaubte, selber nicht betroffen zu sein, war man mehr denn je geneigt, den Dingen ihren Lauf zu lassen.

Die Balkan-Tragödie – Folge neuen Opportunitätsdenkens des Westens

Besonders deutlichen Ausdruck fand diese opportunistische Einstellung bei der Haltung der europäischen Völker im Konflikt auf dem Balkan.

Hier war nicht nur die UN unfähig, in angemessener Weise zu intervenieren, sondern die ganze europäische Region hat sich als unfähig erwiesen, rechtzeitig die notwendigen Maßnahmen zu treffen. Schließlich wurden hier zwei europäische Länder (Kroatien und Bosnien-Herzegowina), durch Selbstbestimmung legitimiert und von den Vereinten Nationen und der Europäischen Union als selbständige und souveräne Staaten anerkannt, von einem dritten europäischen Land (Rest-Jugoslawien) überfallen und die wehrlose Zivilbevölkerung mit den Mitteln des Völkermords, der kulturellen Zerstörung und der Vertreibung ihrer Existenzgrundlagen beraubt. Daß Europa außer pathetischen Entschließungen und Konferenzprotokollen in dieser brandgefährlichen Situation nichts Konkretes zustande brachte, ist mehr als ernüchternd.

Das Maastricht-Fieber und die Beschwörung Europas als eine politische Gemeinschaft war für konkrete Maßnahmen eher hinderlich: Keine der großen europäischen Nationen fühlte sich in der Verantwortung, da man ja alle politischen Beschlüsse in Europa gemeinsam fassen wollte. Da es aber keine konstruktiven gemeinsamen Beschlüsse gab, da jede Nation an ihrer eigenen Vergangenheit hing und von einem handlungsfähigen Europa plötzlich nichts mehr wissen wollte, ließ jeder die Dinge auf dem Balkan mit mehr oder minder aufrichtigem Bedauern treiben. Hier hat Europa nicht nur sein Gesicht verloren, sondern seine Grundsätze verraten. Besonders infam war in diesem Zusammenhang das besonders von Europa betriebene Waffenembargo. Da man nicht gleichzeitig militärische Anstalten unternahm, die Eroberer, in ihrem Eroberungsdrang durch militärische Mittel zu stoppen – und jene Eroberer über die immensen militärischen Vorräte aus der Zeit der jugoslawischen Armee verfügten! –, war die Auswirkung dieses Embargos, für jeden sichtbar, die absolute Wehrlosigkeit der Kroaten und Bosnier, die Europa damit schutzlos dem Angreifer überließ. Daß diese beispiellose Intervention zugunsten der Angreifer gegen das in der UN-Charta verankerte „Recht auf Selbstverteidigung" verstieß, kümmerte die Europäer nicht. Von der moralisch-militärischen Katastrophe der sogenannten „UN-Friedenszonen", die man zunächst entwaffnet hat und dann die wehrlose Bevölkerung erbarmungslos dem Hunger und den ständigen Angriffen der Serben überließ, ganz zu schweigen!

Aber nicht nur Europa, sondern auch die NATO erwies sich zu diesem Zeitpunkt der Geschichte tragischerweise als unfähig, dem Angreifer rechtzeitig die notwendigen Lehren zu erteilen. Durch eine unglückliche Verquickung der Befehlsstränge und Entscheidungskompetenzen mit den Vereinten Nationen wurde auch die NATO zu einem Papiertiger und büßte von Monat zu Monat mehr Reputation ein. Während die Vereinigten Staaten im Golfkrieg sofort entschlossen handelten, wobei der Grundsatz, daß ein Angreifer sofort in seine Schranken gewiesen werden muß, im Sinne der UN-Charta mit aller Nachdrücklichkeit beschworen wurde, war die amerikanische Haltung auf dem Balkan geradezu umgekehrt. Die USA glaubten, daß hier keine amerikanischen Interessen auf dem Spiel stünden, und ließen die Führung vollständig schleifen. Dadurch ist das Bündnis fast in die Nähe einer echten Krise geraten, weil es eine gemeinsame Strategie mit den Europäern nicht mehr gegeben hat und die Grundsätze, die ansonsten galten, einfach beiseite gelassen worden sind. Rückwirkend geriet damit auch die moralische Position der Amerikaner im Golfkrieg ins Zwielicht, weil man nunmehr zunehmend davon ausging, daß die USA nur deshalb entschlossen handelten, weil hier amerikanische Interessen betreffend Öl, Saudi-Arabien und Israel tangiert waren und ansonsten auf die Vereinigten Staaten kein Verlaß mehr sei. Diese Situation wurde erst im Jahre 1995 durch eine Kehrtwende der amerikanischen Politik korrigiert, da man befürchtet hat, daß das durch Publizität und Fernsehen hochemotionalisierte Thema des Völkermords an Muslimen auf dem Balkan zu einem ernsten Wahlkampfthema werden könnte. Die Vereinigten Staaten ergriffen daraufhin endlich die Initiative und sorgten dafür, daß der Aggression und den Menschenrechtsverletzungen der bosnischen Serben Einhalt geboten worden ist.

Aufgrund neuer Vereinbarungen mit der UN konnte die NATO endlich, ohne die Bleiklötze der UN-Administration, ihre eigenen strategischen Entscheidungen treffen und durch wirksame Luftangriffe innerhalb von zwei Wochen die militärische Lage wenden. Die Offensive der Kroaten, zusammen mit der bosnischen Armee in der Kraina und im Raume Bihac hat gezeigt, daß in dem Moment, als eine ernsthafte militärische Kraft den Serben gegenübertritt, diese sehr schnell den Atem verlieren. Ganz Kroatien – außer Ost-Slawonien – war innerhalb weniger Tage vom serbischen Militär befreit, und wenn die Vereinigten Staaten und Deutschland diese Offensive vor Banja Luca nicht gestoppt hätten, wäre mit Sicherheit innerhalb kurzer Zeit das diktatorische Imperium der heutigen Republik Srbska auf die Hälfte, wenn nicht auf ein Drittel geschrumpft. Ob es besonders klug war, daß nun ausgerechnet der Westen die 49 % der Republik Srbska, die sowohl geografisch als auch nach der Bevölkerungszahl gegenüber den Muslimen ein viel zu großes Gebiet besetzt hielten, gesichert hat, wird sich im Laufe der künftigen Geschichte von Bosnien-Herzegowina als ein Kardinalfehler und ein Haupthindernis für den friedlichen Prozeß der Region herausstellen. Denn genau an diesem ungerechten Umstand, daß man der kommunistisch-sozialistisch-nationalistischen Diktatur der bosnischen Serben als Friedensgeschenk die Hälfte des Landes vermachte, beißt sich die internationale Staatengemeinschaft überall die Zähne aus. Daß ein Eingreifen drei Jahre früher sehr viel segensreicher gewesen wäre und Hunderttausende von Zivilisten vor dem Tod bewahrt und Millionen von Menschen unendliches Leid erspart hätte, kann wenigstens heute nicht mehr bestritten werden.

Bemerkenswert ist übrigens, daß in dieser Militäraktion praktisch keine Soldaten gefallen sind, obschon in den vergangenen Monaten und Jahren immer wieder neue militärische Expertisen vorlagen, die Luftangriffe für unwirksam erklärten und deshalb von einer halben Million Bodentruppen ausgingen, die erforderlich wären, um die bosnischen Serben zur Räson zu bringen. Und auch bei einem solchen Einsatz wäre das Risiko – und da verwies man auf den Partisanenkrieg im Zweiten Weltkrieg oder auf Vietnam – unkalkulierbar hoch. Mir ist bis heute nicht klar, ob diese

Gutachten bestellt waren, um das Nichteingreifen des Westens auch militärisch zu rechtfertigen.

In jedem Falle wurde das NATO-Bündnis durch die Rückkehr der Amerikaner in dieser Zeit wieder zu einem aktionsfähigeren Bündnis umgeformt und damit wieder zu einem Sicherheitsanker des Westens.

So war die Erfahrung auf dem Balkan ein ganz klarer Test, daß Bündnisse, ob sie nun globale, kontinentale oder regionale Ausmaße haben, wenn sie nicht durch klare Vereinbarungen und Committments dem Legalitätsprinzip gehorchen, keinerlei Sicherheit produzieren können. Wenn es erst einmal bekannt wird, daß hier auch große Mächte nach dem Opportunitätsprinzip, verkleidet mit der Begründung des „nationalen Interesses", verfahren, produzieren sie wegen mangelnder Zuverlässigkeit das Gegenteil: Unsicherheit bis hin zum politischen Chaos.

Kann es da ein Wunder sein, daß die osteuropäischen Staaten am Rande der ehemaligen Sowjetunion weiterhin große Angst vor dem russischen Koloß haben und sich eigentlich nur noch sicher wähnen können, wenn sie unmittelbares Teil des NATO-Bündnisses werden? Haben nicht die UN, Europa und das NATO-Bündnis vorexerziert, daß man nur dann seiner Sicherheit wirklich sicher sein kann, wenn man selber ein Teil des Bündnisses ist? Garantien und Versprechungen sind im Ernstfall bei der heutigen rechtlichen und moralischen Bewußtseinslage der politischen Führungen des Bündnisses leider Gottes sehr wenig wert. Es ist nun einmal die Erfahrung sehr deutlich geworden, daß das Legalitätsprinzip ausschließlich unter den vertraglich gebundenen Bündnispartnern allenfalls funktioniert, währenddessen auch die NATO, was immer in anderen Ländern am Rande des Bündnisses passiert, eher nach den Kriterien innenpolitischer Opportunitäten der Hauptspieler ihre Aktionen bemißt.

Dieser Drang zur NATO ist die logische Konsequenz aus einem international nicht funktionierenden Legalitätsprinzip. Wir haben zwar eine große Reihe von Chartas, sowohl im globalen Maßstab in der UN, wie auch regional in Europa, wie auch Konventionen, die nach 1945 betreffend Völkerrechtsverletzungen und Menschen- und Minderheitsrechten in Genf erarbeitet worden sind, doch sie sind im Ernstfall nicht wirksam. Insoweit ähnelt die heutige Weltordnung in der Nachfolge der bipolaren Machtbalance während des Kalten Krieges mehr dem Gesetz des Dschungels als einer internationalen Rechtsordnung. Ja, wir müssen zugeben, daß das Bewußtsein der großen Demokratien, insbesondere der Vereinigten Staaten, am Ende des Zweiten Weltkrieges in den Überlegungen, daß eine internationale Rechtsordnung unbedingt notwendig ist, wacher gewesen ist als dies heute der Fall ist. So müssen wir leider konstatieren, daß wir heute von einer weltweit gültigen Rechtsordnung weiter entfernt sind, als wir uns das nach dem Zweiten Weltkrieg vorgestellt haben. Zwar haben uns an diesem Ziel auch mächtige diktatorische Regime in der zweiten Hälfte dieses Jahrhunderts behindert, aber vor allem ist es auch die bequeme und opportunistische Einstellung der großen westlichen Demokratien, welche trotz der entsetzlichen Erfahrungen des 20. Jahrhunderts noch immer nicht realisiert haben, daß keine Anstrengung zu groß sein darf, um diesem Ziel näher zu kommen. Es ist daher an der Schwelle zum 21. Jahrhundert eine unabweisbare Pflicht für die westlichen Demokratien – im übrigen auch in ihrem eigenen „nationalen“ Interesse! –, einen neuen Anlauf in dieser Richtung zu unternehmen. Wenn wir die universellen Menschenrechte, die Rechte der Völker international und regional nicht durch ein Vertragsgeflecht und entsprechende Interventionsmechanismen, wo immer es notwendig ist, absichern, ist die Aussicht, daß wir im 21. Jahrhundert in eine außenpolitisch unkalkulierbare Epoche schlittern, welche eher dem Gesetz des Dschungels ähnelt als dem einer internationalen Friedenordnung, leider sehr realistisch. Hier steht der Menschheit eine Herkulesaufgabe bevor!

Universale Gültigkeit von Völkerrecht und Menschenrechten

Um diese Herkulesaufgabe anzugehen, müssen wir auf verschiedensten Gebieten unsere Anstrengungen vervielfachen.

1. Während beim Völkerrecht, zumindest theoretisch, heute die universelle Anwendbarkeit kaum mehr bestritten wird, ist die Frage der Universalität der Menschen- und Minderheitsrechte eine höchst umstrittene Angelegenheit. Je nach dem Stand der Men-

schenrechte im eigenen Land werden sie der ausschließlichen Kompetenz der nationalen Souveränität zugeordnet, oder nach Gutdünken mit angeblichen kulturspezifischen Differenzierungen immer wieder relativiert bis hin zu der These, daß die Beachtung der Menschenrechte von außen nicht statthaft ist und man sich eine solche Kritik als „Einmischung in die inneren Angelegenheiten" verbittet. Sicherlich gibt es eine ganze Menge von Menschenrechten oder auch Gewohnheitsrechten in den verschiedenen Ländern, welche eher der spezifischen Kultur als einer allgemeinen Norm zuzuordnen ist. Aber genauso unabweisbar ist die These, daß es quer durch alle Kulturen eine universelle menschliche Ethik gibt, welche verbindliche Menschenrechte normiert. Um dieses präzise herauszudestillieren, ist ein umfassenderer Dialog zwischen den Kulturen erforderlich. Einem Mindeststandard von Menschenrechten dürfte die Universalität gemäß der menschlichen Natur nicht abgesprochen werden. Letztlich ist dieser Kanon universeller Menschenrechte bereits in der UN-Charta festgelegt, und es wäre ein verhängnisvoller Fehler, wenn wir diesen Katalog in irgendeiner Weise wieder auflösen würden. Hier kann es nur darum gehen, durch intensiven Dialog mit den verschiedenen Kulturen und den jeweils zugehörigen Nationen die Menschenrechte zu erklären und gemäß der UN-Charta zu einer umfassenden Anerkennung zu bringen.

2. Die UN bedarf dringend einer Reform, nicht zu sehr in der Proklamierung universeller Ziele, sondern in praktikableren Entscheidungs- und Durchführungsmechanismen für Völkerrechts- und Menschenrechtsverletzungen. Wir verfügen nun seit Gründung der UN in der zweiten Hälfte des 20. Jahrhunderts über genügend Erfahrungen, um die erforderlichen Korrekturen anzubringen. Insbesondere kann das Vetorecht, mit dem willkürlich das Legalitätsprinzip völlig außer Kraft gesetzt und sozusagen legitim durch das Opportunitätsprinzip ersetzt wird, so nicht erhalten bleiben, wenn die UN eine gestalterische Rolle für die Geschicke des 21. Jahrhunderts übernehmen soll. Ein Vetorecht darf im Rahmen einer Legalitätsordnung nicht mehr als eine aufschiebende Wirkung haben; denn letztendlich muß die Entscheidungsfähigkeit der Organe der UN erhalten bleiben. Dabei ist natürlich

darüber nachzudenken, wie durch eine bessere Methode die Gewichtung der Stimmen in einer reformierten UN durchgeführt wird und wie auch die Beitragsfinanzierung zu einem Kriterium der Stimmenquantität pro Nation herangezogen wird.

3. Nachdem die Völkerrechts- und Menschenrechtsverletzungen auf dem Balkan durch den Gerichtshof in Den Haag sowie im afrikanischen Kontinent durch den Gerichtshof für die afrikanischen Staaten geahndet werden, müssen zumindest die westlichen Demokratien alle Hilfen und Unterstützungen mobilisieren, um diesen beiden Gerichtshöfen zum Erfolg zu verhelfen. Beide Gerichtshöfe können nur als Vorläufer gelten für einen permanenten „internationalen Strafgerichtshof", der die Ahndung gravierender Völkerrechts- und Menschenrechtsverletzungen als ständige Aufgabe übernimmt. Auch hier darf nicht mehr nach dem Opportunitätsprinzip verfahren werden, daß dieses Gericht nur dann in Aktion tritt, wenn es den westlichen oder anderen Demokratien oder anderen Völkern gefällt, sondern sie müssen, wie im Inneren eines Rechtsstaates, nach dem Legalitätsprinzip aufgebaut werden und auch dann tätig werden, wenn von keiner Seite eine Anzeige vorliegt.

4. Es muß mit aller Kraft die abschließende Beratung des „Draft Code of Crimes against Peace and Security of Mankind" durch die Völkerrechtskommission der Vereinten Nationen vorangetrieben werden. 15 Jahre ist dieser Draft Code jetzt in Arbeit; er soll angeblich in den Jahren 1997/98 fertig werden. Er wäre der logische Bestandteil einer Legalitätsordnung für den internationalen Gerichtshof wie auch für die UN bei der Beschlußfassung ihrer Maßnahmen.

5. Solange es utopisch ist, daß die UN eine entsprechende Rolle übernimmt, müssen regionale Bündnisse und multilaterale Rechtsordnungen an die Stelle treten, um wenigstens partiell verschiedene Friedensordnungen mit verbindlichem Charakter zu etablieren.

Natürlich wird es noch geraume Zeit dauern, bis ein solches internationales Rechtssystem effizient und mit verbindlichen Entscheidungen tätig wird. Möglicherweise wird es noch Jahrzehnte dauern, bis sich ein solches System eingespielt hat. Aber der Zwang, ein solches System schnellstmöglichst zu installieren und verbindlich für alle Völker festzulegen, die weiterhin das Mitglied von Weltorganisationen sein wollen, ist unabweislich. Jede andere Alternative würde das internationale Recht in Zufälligkeit, ins Chaos und in eine Opportunität führen, welche mit dem Namen Völkerrecht nicht mehr bezeichnet werden dürfte.

Wichtigste Voraussetzungen für diese Transformation des heutigen Opportunitätsprinzips zum Legalitätsprinzip im internationalen Bereich sind klare Definitionen der Normen, die zwischen den Völkern ausdiskutiert und verbindlich festgelegt werden müssen. Wenn wir daran denken, wie lange es gedauert hat, bis die einzelnen Nationen entsprechende Rechtsordnungen gefunden haben, bis durch Gewaltenteilung der gefährliche Einfluß der Machtausübung begrenzt wurde und durch die Funktionsfähigkeit demokratischer Institutionen der Rechtsstaat über längere Zeit intakt gehalten wurde, dann können wir auch ermessen, wie lange es noch dauern wird, bis im Völkerrecht und in den internationalen Beziehungen der Nationen und Völker untereinander ein solcher Zustand erreicht wird. Und wir haben bitter erfahren müssen, wie schnell rechtsstaatliche Errungenschaften, wenn man nicht für ihre Existenz zu kämpfen bereit ist, wieder verloren gehen können und es Jahrzehnte dauert, bis man diesen Standard wieder erreicht hat. All dies sind reale Gefahren für die nächsten Jahrzehnte.

Natürlich müssen wir dann auch philosophisch von einer allgemein anerkannten Würde des Menschen und von der universellen Gültigkeit eines Kanons der Menschenrechte überzeugt sein; daß es gewisse indiskutable und unabänderliche Grundsätze im Verkehr der Völker und Menschen gibt und geben muß und daß die Weltordnung es nicht erlauben kann, daß irgendein souveräner Staat seine eigenen Einwohner mit Menschenrechtsverletzungen bis zum Völkermord überzieht, ohne daß die internationale Rechtsordnung entsprechende Abstrafungsmöglichkeiten bereithält. Das öffentliche Bewußtsein in den Demokratien hat längst einen Reifezustand, der entsprechende Aktivität nahelegt, erreicht.

Für Walter Wallmann war diese universelle Gültigkeit immer politisches Bekenntnis. In seinem Buch „Der Preis des Fortschritts“ schreibt er im Kapitel „Die Menschenrechte als Problem des Zusammenlebens von Menschen“, Seite 194ff: „Daß die Idee der Menschenwürde und damit auch die Menschen- und Freiheitsrechte nie national gedacht und isoliert betrachtet werden können, wissen wir alle und besonders wir in Europa. Auch daran und an eine andere historische Tatsache darf gerade in Frankfurt am Main erinnert werden. Der Kaiserdom war Wahlort der Kaiser und Könige des Heiligen Römischen Reiches Deutscher Nation, eines Staatengebildes, das sich nicht national, sondern international im Sinne der Einheit eines christlichen Abendlandes verstand . . .“ Wallmann verweist auf die im Dezember ‘48 verabschiedete Menschenrechtsdeklaration der Vereinten Nationen sowie auf die Europäische Kommission und den Europäischen Gerichtshof für Menschenrechte, vor denen mögliche Verletzungen der Grund- und Freiheitsrechte geahndet werden können. Und er fährt dann fort: „Dennoch vermag uns dies alles nicht zu beruhigen, denn wir werden tagtäglich Zeugen von Menschenrechtsverletzungen in allen Teilen der Welt. Wir können und wir dürfen nicht nur auf die westlichen Demokratien schauen, in denen trotz aller Fehler und Irrtümer ein Maß an Sicherung der Menschenrechte erreicht wurde wie nie zuvor in der Geschichte. Es ist bedrückend und beklemmend mitzuerleben, wie Menschenrechtsverletzungen zunehmen, obwohl in den letzten Jahrzehnten immer mehr Politiker in den verschiedensten Ländern Wahrung und Schutz dieser Rechte beschwören oder zum Programm erheben. Manchmal muß man befürchten, daß es dem 20. Jahrhundert vorbehalten bleiben wird, das Jahrhundert der größten Verachtung des Menschen durch den Menschen zu werden. Ich brauche hier nicht an die Konzentrationslager, an Völkermord und Rassendiskriminierung zu erinnern, Begriffe, die erst in unserem Jahrhundert geprägt wurden.“

Die Friedensmöglichkeiten des 21. Jahrhunderts werden weitgehend davon abhängen, wie es uns gelingt, die Entscheidungsmechanismen internationaler Institutionen, die heute dem opportunistischen Zugriff und Mißtrauen ungeschützt offenstehen, zu einer strikt dem internationalen Recht verpflichteten Friedensordnung umzugestalten.

ALBERT SPEER

IMPULSE FÜR FRANKFURT

Etwa vier Monate nach der überraschenden Wahl zum Frankfurter Oberbürgermeister 1977 stand ich Dr. Walter Wallmann zum erstenmal in seinem Dienstzimmer im Römer gegenüber.

Ich lebte seit 1960 in Frankfurt und hatte 1964 mit dem ersten gewonnenen Wettbewerb ein eigenes Büro für Stadtplanung eröffnet, das bald in ganz Deutschland tätig wurde, aber kaum in Frankfurt. Die unverbindliche Strukturplanung für Bornheim war die einzige Ausnahme. Über einen guten Freund, Elmar Pieroth, damals Sprecher der Mittelstandsvereinigung der CDU, hatte ich um einen Termin beim neuen Oberbürgermeister gebeten, da mir gerade in der Stadtentwicklung von Frankfurt viele Chancen nicht genutzt schienen. Dr. Wallmann empfing mich offen mit viel Charme und schien interessiert. Doch schon bald merkte ich, daß seine Gedanken nicht ganz bei den Problemen waren, die ich versuchte vorzutragen.

Dr. Gauland, sein persönlicher Referent, erhielt nach einer halben Stunde den Auftrag, weiter Kontakt zu halten. Als ich wieder die große Treppe des Römers herunterging, war ich trotz der angenehmen Atmosphäre des Gesprächs enttäuscht und dachte mir, wieder so ein Verwaltungsjurist, der mehr an Besetzung von Stellen und internen Stadtverwaltungsorganisationen interessiert ist als an der Zukunft der Stadt. Wahrscheinlich war mein Besuch zu früh und der neue Oberbürgermeister wirklich mit vielen, für mich uninteressanten Dingen bis über beide Ohren beschäftigt.

Meine nächste Begegnung mit dem Oberbürgermeister war 1978 in seiner Funktion als Vorsitzender des Aufsichtsrates der Frankfurter Messe AG. Ich bekam Gelegenheit, die Entwürfe für die Neustrukturierung des gesamten Messegeländes vorzutragen. Mein Entwurf war in einem Gutachterverfahren ausgewählt worden und sah eine funktionale und organisatorische Dreiteilung des gesamten Geländes vor, so daß gleichzeitig mehrere Veranstaltungen auf dem Gelände stattfinden konnten. Auf dieser Konzeption aufbauend, hat die Messe in den nächsten zehn Jahren über 500 Millionen DM investiert, und bedeutende Architekten wie Ungers und Jahn haben Hochhäuser und Hallen errichtet.

Ich erkannte Dr. Wallmann nach meinem kurzen Vortrag nicht wieder. Er war begeistert, freute sich wie ein Kind, betrachtete das Modell von allen Seiten und wollte wissen, wann mit dem Bauen begonnen werden könnte. Bis zum Bauen war es noch ein weiter Weg, aber diese Begegnung war der Anfang einer Zusammenarbeit, in der ich den Oberbürgermeister sehr schätzen gelernt habe. Besonders seine Begeisterungsfähigkeit und sein politisches Gespür.

Jahre später, als er längst mit den Themen der Stadtentwicklung und der Kultur Frankfurts Gesicht und Image entscheidend verändert hatte, sagte er mir einmal in einem Gespräch: „Ein Oberbürgermeister muß bauen." Zu diesem Zeitpunkt sah er sich richtig in der Tradition der großen Frankfurter Oberbürgermeister Adickes und Landmann. Aber so weit war die Politik Wallmanns 1979 noch nicht.

Ein entscheidender Anstoß war die Planung des Museumsufers am Main. Der Oberbürgermeister hatte gemeinsam mit Professor Hilmar Hoffmann die Idee entwickelt, der Kultur in der Bankenstadt einen breiten Raum zu geben. Ein Teil dieser Politik war die Gründung neuer oder die Erweiterung der in Frankfurt schon immer vorhandenen, aber etwas in Vergessenheit geratenen Museen, wenn man das Städel und das Senckenbergmuseum einmal ausnimmt.

Besonders auf der Sachsenhäuser Seite boten sich Möglichkeiten — auch in denkmalgeschützten Villen am Mainufer. Als Wallmann mich beauftragte, ein stadträumliches Gesamtkonzept für die schon teilweise beschlossenen Museumsbauten zu entwickeln, war es schon fast zu spät. Jedes Museum hatte seine eigenen Pläne, die nicht mit den anderen abgestimmt waren. Mein Konzept sah nicht nur die Abstimmung der Funktionen und Nutzungen vor, sondern die Uferzone auf beiden Seiten des Mains als einen Teil der Qualitätsaufwertung der gesamten Innenstadt vom

Römerberg bis zur Alten Oper und der Umgestaltung der Kaiserstraße. Das Museumsuferkonzept versucht, den Mainraum wieder als aktiven, vielfältig benutzbaren Frei- und Erholungsraum zu definieren und erlebbar zu machen. Auch hier zeigte sich Wallmanns politischer Weitblick. Wir hatten unsere Pläne, die viele Vorschläge enthielten, die im Stadtplanungsamt nicht auf unbedingte Zustimmung stoßen würden, wie die Reduktion des Individualverkehrs auf beiden Mainuferstraßen, Platzgestaltungen und einen zweiten Eisernen Steg, der das Bahnhofsviertel und Sachsenhausen verbinden sollte, unter großer Geheimhaltung erarbeitet und erreicht, das Ergebnis zuerst vormittags dem Oberbürgermeister und den CDU-Magistratsmitgliedern vorzustellen und am Nachmittag der SPD.

Mit meiner Erfahrung von Präsentationen im Ausland, besonders in Saudi Arabien, hatten wir den gesamten Magistratssitzungssaal mit großen farbigen Plänen und Perspektiven dekoriert. Die Ideen waren weitreichend und gut begründet. Sie kamen auch hervorragend an. Wallmann erkannte sofort die Chance, das Thema für die CDU zu besetzen und für die kommende Kommunalwahl zu nutzen.

Er sah, daß das Thema Museumsufer politisch weitaus bedeutender war als der Bau einzelner Museen. Nach unserer dreistündigen Sitzung wurden als erstes der Teilmagistrat der SPD für den Nachmittag ausgeladen, um mehr Zeit für CDU-interne Diskussionen unserer Pläne zu erhalten. Für mich ein weiteres kleines Beispiel für das politische Denken Walter Wallmanns. Die Pläne wurden durch die Stadtverordnetenversammlung beschlossen. Die dringend notwendigen, zu keinem Museum gehörenden Ausstellungsräume für international bedeutende Ausstellungen, die Schirn, wurde in den schon entschiedenen Wettbewerb Römerbergbebauung integriert. Es ist nördlich und südlich des Mains eine Perlenkette von hochinteressanten Gebäuden entstanden. Die Museen sind von Behnisch, Bofinger, Hollein, Kleihues, Meier, Peichl, Ungers und anderen Architekten gebaut worden.

Leider ist aus meinen Plänen für die Neugestaltung der öffentlichen Räume fast nichts geworden. Bis heute gibt es keine Museumsuferbeleuchtung, die nach Jahreszeiten und Anlässen unterschiedlich diesen schönen Flußraum erstrahlen läßt und attraktiv macht. Es sieht alles noch genauso trist aus wie 1980. Die öffentlichen Räume blieben ungestaltet, auch der Verkehr konnte nicht reduziert werden. Es fehlte damals und fehlt noch heute eine konkrete Ressortzugehörigkeit für die komplexen Aufgaben im öffentlichen Raum und deshalb die Lobby und das Geld.

Das einzige von AS&P im öffentlichen Raum entworfene „Gebäude“ ist der Holbeinsteg, die zweite Fußgängerbrücke über den Main, die heute nicht mehr aus dem Stadtbild wegzudenken ist und viel benutzt wird. Der Holbeinsteg ist allerdings erst entstanden, als Walter Wallmann als Bundesminister nach Bonn ging und Wolfram Brück sein Nachfolger wurde. Er versprach den Frankfurtern den Holbeinsteg als Krönung des Museumsufers in seiner Antrittsrede. Einweihen konnte er ihn leider nicht mehr, da regierte schon Volker Hauff.

Auf die Museumsuferpläne folgte sehr schnell 1983 der Cityleitplan, in dem zum erstenmal nach dem Kriege die gesamte Innenstadtentwicklung zusammenfassend untersucht und geplant wurde. Wallmanns Idee, die Stadt Frankfurt mit ihren riesigen Potentialen und internationalen Verflechtungen von einer gestalteten und hervorragend funktionierenden Innenstadt her zu entwickeln, war unser Leitthema. Es galt, die traditionellen innerstädtischen Wohngebiete Westend, Nordend, Ostend und Sachsenhausen in ihrer Wohnqualität zu erhöhen und gleichzeitig Raum für die wachsenden Ansprüche der Banken und Versicherungen zu schaffen, um die Standortfaktoren zu verbessern und das Wachstum der Bankenmetropole zu sichern.

Der Cityleitplan, als langfristige Stadtentwicklungsperspektive, mit seinen Entwicklungsachsen Mainzer Landstraße, Hanauer Landstraße und Friedrich-Ebert-Allee ist in vielen Diskussionen mit Wallmann und anderen städtischen Fachleuten entstanden. Er ist im Prinzip bis heute Grundlage der städtischen Politik. Ein wesentlicher Teil des Cityleitplans war auch die Standortdiskussion von Hochhäusern. Erst nach diesen Diskussionen ist ein Konzept der Hochhäuser, im politischen Konsens mit der SPD, beschlossen worden. Die Ausnahme ist der Parteienstreit um den Campanile, ein Hochhaus direkt neben dem Hauptbahnhof. Ich halte diesen Standort nach wie vor für hervorragend geeignet, da die öffentliche Verkehrsanbindung ideal ist, fast keine eigenen Parkplätze benötigt werden und der Schatten des Hochhauses ausschließlich auf das Bahnhofsgelände und den Bahnhof fällt.

Stadtentwicklung ist ein langwieriger Prozeß, der auch das Durchhalten von Grundsätzen bedeutet. Ich bedauere außerordentlich, daß CDU und SPD 1997 die unter Walter Wallmann formulierte Politik aufgegeben haben, im gründerzeitlichen Bahnhofsviertel grundsätzlich keine Hochhäuser zuzulassen. Die neuen größeren Hochhäuser der Dresdner Bank und von Holzmann brechen den bisherigen Grundsatz. Die bauliche Geschlossenheit dieses Viertels wird Schaden nehmen und weitere Ansprüche nicht mehr begründet ablehnbar sein. An solchen Beispielen merkt man, wie sehr politisch weitsichtiges Denken heute in der kommunalen Politik fehlt.

Walter Wallmanns Ideen zur Stadtentwicklung sind am eindrucksvollsten in seinem Kommunalpolitischen Situationsbericht für das Jahr 1980 zusammengefaßt, den er im Jahr 1981 vor der Stadtverordnetenversammlung abgab. Wallmann hat in seinen neun Jahren als Oberbürgermeister in Frankfurt enorm viel bewegt und verändert; manches ist allerdings auch an der inkompetenten kommunalen Verwaltung gescheitert. So ein 1980 nach ökologischen Kriterien, gemeinsam mit Professor Grebe, entwickelter Stadtteil im Osten Frankfurts mit 1.800 Wohneinheiten und einer zu Frankfurt passenden verdichteten Einfamilienhausbebauung, flächensparend und durchgrünt. Heute ist das Gelände Seckbach-Nord Teil des Grüngürtels und landwirtschaftlich genutzt. Ich behaupte, daß das gebaute Stadtviertel, wenn es nach unseren Plänen realisiert worden wäre – eingewachsen und durchgrünt –, in der Ökobilanz positiver zu bewerten ist als der ausgeräumte Acker. Außerdem wäre in Frankfurt für eine Bevölkerungsschicht attraktiver Wohnraum entstanden, die sonst im Umland lebt.

Ein herausragendes Beispiel für Wallmanns kommunalpolitische Visionen war die Idee, sich um Olympische Sommerspiele zu bewerben. Dies vor dem Hintergrund, daß neben dem bedeutenden Sportereignis der Welt alle großen Städte, wie München 1972,

Barcelona 1992 und Sydney 2000 die Spiele benutzt haben, um Zukunftsprojekte zu fördern und eine moderne Infrastruktur zu erhalten.

Große Städte brauchen solche Anlässe, um unter Zeitdruck, mit einem festen Termin, Dinge zu tun, die sonst undenkbar wären. Auch in Frankfurt hat die Olympiabewerbung zu stadtentwicklungspolitischen Initiativen geführt, die bis heute nachwirken und auch ohne Olympische Spiele weitergeführt werden.

Eine Diskussion über die künftige Nutzung des West- und Osthafens war in den achtziger Jahren nur olympisch möglich. Auch die heute aktuelle Umwandlung des Waldstadionareals zu einem Sport- und Freizeitpark mit einem 45 000 Zuschauer aufnehmendem überdachten und öffenbaren Skydome, wie in der Partnerstadt Toronto, ist olympisch begründet.

Der Rahmenplan Olympia 2004 wurde von meinem Büro entwickelt und unter Oberbürgermeister Brück und dem Sportdezernenten Professor Rhein von 1986 bis 1989 von einem Consilium aus hochrangigen Vertretern aus Sport, Kultur und Planung begleitet. Mit der Wiedervereinigung hat Frankfurt ebenso wie andere deutschen Städte zugunsten von Berlin auf eine Bewerbung verzichtet. Leider hat Berlin sehr kurzsichtig und auch unglücklich, ohne wirkliche Chance, für 2000 kandidiert und verloren. 2004 ist wieder ein besserer Zeitpunkt für eine europäische Bewerbung, wie das bisherige Auswahlverfahren zeigt, an dem leider keine deutsche Stadt beteiligt ist.

Mit dem Hessischen Ministerpräsidenten Wallmann hatte ich verständlicherweise weniger Berührungspunkte. Ein wichtiges Gutachten für die notwendige Kooperation innerhalb der Region Rhein-Main und über die Landesgrenzen Bayerns und Rheinland-Pfalz hinaus durfte ich für ihn erarbeiten. Es entstand aus der Erkenntnis, daß die Probleme der modernen Gesellschaft nicht an Gemarkungsgrenzen haltmachen und daß in der internationalen Konkurrenz nicht mehr einzelne Städte, sondern nur noch Regionen eine Chance haben. Das Gutachten hat eine Regionaldiskussion ausgelöst, die noch zu wenigen Veränderungen geführt hat. Die Zukunft der Rhein-Main-Region braucht neue Ideen und Visionen. Für diese nehmen sich die heute aktiven Politiker zu wenig Zeit, außerdem habe ich das Gefühl einer allgemeinen Zukunftsangst. Sonst wären die perspektivlosen CDU-Vorstellungen für den Osthafen nicht denkbar.

Die erste direkt gewählte Oberbürgermeisterin Petra Roth, eine hervorragende Repräsentantin Frankfurts, hat wegen der inkonsequenten Hessischen Gemeindeordnung und den Mehrheitsverhältnissen im Magistrat und Stadtverordnetenversammlung leider keinerlei Chancen, eigene Ideen zur Stadtentwicklung durchzusetzen und so Walter Wallmanns weitsichtige Politik mit heutigen Notwendigkeiten fortzuführen.

Walter Wallmann wird 65. Mir bleibt, ihm zu gratulieren und herzlichen Dank zu sagen für die Chancen, die er mir gegeben hat. Er hat alles, was einen guten Politiker auszeichnet. Intelligenz, strategisches Verständnis, Gefühl für Situationen; und vor allem, er konnte geduldig zuhören.

MICHAEL STÜRMER

NATO, NICHT UMSONST

Seitdem die Glückwunschtelegramme abgezeichnet sind, stellen sich die alten Fragen. In Clintons zweiter Amtszeit entscheidet sich die Zukunft des atlantischen Bündnisses: Im schlimmsten Fall, mit mehr Fläche und weniger Substanz, eine hohle Allianz, die vieles soll und wenig kann. Im besten Fall das effektive Sicherheitssystem, das Europäer und Amerikaner brauchen, gestern, heute und morgen. In einer wirren Welt indessen, zwischen dem himmlischen „end of history", das uns Francis Fukuyama 1989 prophezeite, und dem höllischen „clash of civilizations", mit dem uns Samuel Huntington erschreckt – Traum und Albtraum made in USA – ist die Zukunft der NATO nicht umsonst zu haben. Materiell, finanziell und vor allem konzeptionell bedarf sie der Pflege.

Die NATO bleibt für Europa erstrangig. Ob das auch für die USA gilt, ist alles andere als sicher. Trotz Osterweiterung ist die Drift technisch, diplomatisch und strategisch unübersehbar. Beides zusammen aber, Erweiterung und Orientierungsunlust, kann fatal werden. Tatsächlich wird es für die Zukunft des atlantischen Bündnisses lebenswichtig sein, daß die europäischen Nationen und die Nordamerikaner – was Kanada einschließen muß – eine gemeinsame strategische Weltsicht entwickeln, ihre Politik abstimmen und gegebenenfalls die Aufgaben untereinander verteilen. Das allerdings wirft Probleme auf. Denn die Amerikaner haben nicht die Gewohnheit, ihre Freunde beizeiten einzuweihen in ihre Außenpolitik – zumal diese mitunter erratisch ist, nicht aus einem Punkt gedacht und auch, zum Beispiel vis-à-vis China, von beachtlicher Widersprüchlichkeit.

Clintons erste Antwort begann mit einem Ausrufungszeichen hinter dem Satz: „Das einzige, das zählt, ist die Wirtschaft!" Nach einigen Jahren des Irrens und Suchens entwickelte dann die amerikanische Außenpolitik zwei Grundsätze, die allesamt in europäischen Ohren nicht vertrauenerweckend klingen: Der erste lautet „selective engagement" – was frei übersetzt heißt: Engagement je nachdem. Der zweite lautet „assertive unilateralism" – frei übersetzt: stolze Alleingänge. Wenn das die Zukunft der NATO ist, dann gibt es Grund zur Sorge – zumal angesichts der festen Absicht, das Bündnis nach Osten zu erweitern, ob die Russen dies schätzen oder nicht. Es kann nicht sein, daß man im Weißen Haus, im Pentagon und im State Department erst die Karten abdeckt und dann, wenn sie auf den Tisch geworfen werden und Schwierigkeiten entstehen, die europäischen Hilfsvölker aufgefordert werden. Es muß möglich sein, via NATO-Rat und Parlamentarischer Versammlung, aber auch durch die Parlamente, die Ministerien, durch die Geheimdienste und die Institute den permanenten strategischen Dialog zu kultivieren. Das verbindende Element liegt in der NATO, und der Vertrag steht dem in keiner Weise entgegen. Er enthält ungenutzte Potentiale. Außerdem spricht nichts dagegen, ihn organisch zu entwickeln, ohne an dem vor einem Halb-Jahrhundert vorbildlich knapp und offen formulierten Text herumzudoktern. Allerdings mehren sich die Zeichen, auch bei der Osterweiterung, daß die Amerikaner Alleingänge und vollendete Tatsachen mehr lieben als die schwierigen Verhandlungen mit hin- und hergerissenen Verbündeten.

Auf der europäischen Seite muß man für die Zukunft der NATO indessen ebenfalls erhebliche Änderungen an Stil, Form und Substanz der großen Politik vornehmen. Es gibt im Maastrichter Vertrag die Gemeinsame Außen- und Sicherheitspolitik (GASP). Aber sie heißt nur so, in Wirklichkeit ist sie allenfalls koordiniert auf dem kleinsten gemeinsamen Nenner. Ihre gegenwärtige regionale Verteilung auf vier Brüsseler Kommissare trägt nicht zu ihrer Effektivität bei. Die Regierungskonferenz soll hier nach dem Willen mancher Beteiligter eine Hauptaufgabe finden. Die Westeuropäische Union ist schon vor der großen Weltenwende aus ihrem langen Schönheitsschlaf erwacht, aber sie wird, wenn sie wirksam wird, ihren Radius nicht wesentlich über Europa und die europäische Gegenküste im Mittelmeer ausdehnen können.

So bleibt die NATO, mit Ministerrat, Parlamentarischer Versammlung und ihren Ständigen Vertretern, ihrem Apparat, ihren eingeübten Verfahrensweisen und ihrer enormen Flexibilität. Innerhalb der NATO wäre die strategische Weltsicht ein Gegengewicht zu strategischer Kurzsichtigkeit, End-of-History-Syndrom und moralischem Provinzialismus. Die NATO ist – bei allem Respekt für Mühen und Erfolge der OSZE – die einzige starke Organisation, um den Tauschplatz der strategischen Weltsicht abzugeben. Es bedarf dafür nicht der Satzungsänderung, wohl aber einer konzertierten Anstrengung, einer geostrategischen Sicherheitsphilosophie unter den Mitgliedern und der verantwortlichen Beteiligung am transatlantischen strategischen Dialog. Die Agenda für einen solchen Dialog ist offen, und sie wird sich nicht bald erschöpfen. Weil der Umbruch der Welt weitergeht, sind indessen einige Punkte von höherer Dringlichkeit als andere.

Unter den transatlantischen Themen stehen zur Zeit vier obenan. An erster Stelle die Proliferation von Massenvernichtungswaffen und Trägern, eingeschlossen die Frage, wie und wann und mit welchem Ziel man mit Rußland über eine zweckmäßige Interpretation des ABM-Vertrags von 1972 verhandeln muß, wann Counterproliferation gerechtfertigt sein kann, und wie man sich in Zukunft gegen High-tech-Terrorismus zu schützen hat, dessen Mittel nicht mehr unter sicherem Verschluß der Weltmächte sind.

Eine zweite Frage muß den Mittleren Osten betreffen, vom Friedensprozeß bis zur Zukunft des Öls, dazwischen die Instabilität der einen Regime, die Aggressivität der anderen, oder auch die Verbindung aus beidem. Die entstehende Pax Americana am Golf und die amerikanische strategische Rolle im Friedensprozeß auf der einen Seite, die Mittelmeerpolitik der Europäischen Union auf der anderen Seite werden bisher nicht mit Übereifer zusammengeführt. Zwischen Kaukasus und Golf aber ist längst wieder das „Great Game“ um Energie und Einfluß in Gang, und es bedarf westlicher Konvergenz, nicht westlicher Divergenz. „Kritischer Dialog“ der Europäer mit Iran und amerikanische Quarantäne gegen Iran: Wenn das nicht konsolidiert wird, knirscht es in der Allianz.

Der Ferne Osten ist eine weitere Arena, wo die Amerikaner strategisch engagiert sind und in Zukunft wieder stärker als Akteure hineingezogen werden. Die Europäer werden sich nicht immer auf die Zuschauerrolle beschränken und allein auf die Geschäftsbilanzen achten können. China definiert gegenwärtig die Regeln, wie es wieder Reich der Mitte zu werden gedenkt, und das geschieht mit allen Methoden, eingeschlossen Raketensalven, Flottendemonstrationen und anderen martialischen Überredungskünsten. Die Vereinigten Staaten aber sind unsicher zwischen Eindämmung und Kooperation. Die Teilung der koreanischen Halbinsel wird nicht mehr lange dauern. Ihr Ende eröffnet ein neues Spiel um Gleichgewicht und Hegemonie in einer Region, wo alle Sicherheitsdefinitionen der vergangenen Jahrzehnte in Frage stehen, am meisten für Japan.

Endlich und vor allem: Die Geschichte Mitteleuropas wird mit NATO-Öffnung und EU-Erweiterung nicht enden wie im Märchen: „And they lived happily ever after“. Wahrscheinlich ist, daß die NATO-Öffnung, jedenfalls auf einige Jahre, den Bedarf an europäisch-atlantischem Krisenmanagement steigert. Es wäre fatal, im Verlauf dieser Politik zur Stabilisierung Europas Rußland in Ressentiment und Revision zu treiben oder aber die dauerhafte und substantielle Unterstützung der Vereinigten Staaten zu verlieren.

Das alles beschreibt ein Aufgabenbuch, das in jedem einzelnen Fall auch eine russische Dimension hat. Es mag sein, daß da über gelegentliche Aufmerksamkeiten hinaus die Substanz für jene strategische Partnerschaft liegt, die im Blick auf Rußland immer erwähnt, bisher aber nicht in tragfähige Form gebracht wurde. Das Ziel einer global angelegten transatlantischen Sicherheitsaganda muß sein, in einer ruhelosen Welt dem Archipel der westlichen industriellen Demokratien Zusammenhalt und Stabilität zu geben. Der Bedarf an neuen transatlantischen Erklärungen ist gering; es geht um Substanz. Denn am Ende des Tages ist unübersehbar, daß die Vereinigten Staaten, längst wieder am Rande der Überanstrengung, nicht Weltmacht sind ohne Europa, die Europäer aber Sicherheit nicht finden ohne die Vereinigten Staaten.

BERNHARD VOGEL

WALTER WALLMANN – EIN ENGAGIERTER FREUND DER JUNGEN LÄNDER

„Offen, sachlich, zuverlässig“. Mit diesen drei Attributen beschrieb die hessische CDU 1983 ihren Spitzenkandidaten für die Landtagswahlen. Nicht immer treffen derlei Aussagen in Wahlkampfzeiten auf den Punkt, nicht immer beschreiben sie genau das, was den Mann, die Frau, die positiv hervorgehoben werden soll, tatsächlich auszeichnet. Bei Walter Wallmann ist das unzweifelhaft der Fall. Politik braucht Persönlichkeiten. Persönlichkeiten, die Sachkenntnis haben, die Vertrauen ausstrahlen und Vertrauen verdienen. Persönlichkeiten, die Erfolg haben, die Charisma ausstrahlen, die aber dennoch die Bodenhaftung, Anerkennung, Vertrauen und Zustimmung beim Bürger nicht verlieren. Und nicht zuletzt Persönlichkeiten, die ihr Handeln an Werten ausrichten, von denen sie überzeugt sind. Und zwar auch dann, wenn es nicht gerade populär ist. Die Politik braucht – gerade bei der heutigen Akzeptanzkrise des Politischen – mehr denn je solche Persönlichkeiten von Format. Walter Wallmann zählt dazu. Politik wird heute nicht nur anhand von Programmen, sondern eben nicht zuletzt von und durch Persönlichkeiten entschieden. Wenn wir heute vielfach Politikverdrossenheit und Politikerverdrossenheit beklagen, Gott sei Dank keine Demokratieverdrossenheit, so müssen wir kritisch fragen: Hängt es an den erstarrten Institutionen oder an den (fehlenden) Persönlichkeiten in der Politik? Andererseits gilt: Wird das Politische generell unter Verdacht gestellt, wird der Politiker in der ständigen Defensive, in einer permanenten „Purgierungsaskese“ (Eichenberger) gehalten, so darf man sich nicht wundern, daß selbst fähige und kräftige Naturen ihre Selbstentfaltung heute lieber im Sport und in der Unterhaltung statt in der Politik suchen. Es verwundert daher nicht, daß jene perikleische Stimmung der „Lust am Amt“ heute nicht mehr so recht aufkommen will. Walter Wallmann hatte stets jene perikleische „Lust am Amt“, aber immer getragen vom „Prinzip Verantwortung“, von dem Hans Jonas spricht.

Wer nicht bereit ist, ein Amt zu übernehmen, der weiß nicht, was Pflicht ist. Walter Wallmann hat sich in die Pflicht nehmen lassen. Für fast alle Ebenen der Politik. Für die Bundespolitik, für die Landespolitik und für die Kommunalpolitik, die Basis der Demokratie. Als hessischer Landtagsabgeordneter, als Bundestagsabgeordneter, als Frankfurter Oberbürgermeister, als erster Bundesumweltminister und als Hessischer Ministerpräsident.

„Das Überraschende macht Glück“, ganz so, als ob er sich an Friedrich Schillers Don Carlos hielte. Walter Wallmann – dieser Name war in der Politik stets mit Überraschungen verbunden. Ganz nach Goethes Wort: „Selbst wer gebieten kann, muß überraschen.“ Nach seiner Tätigkeit als hessischer Landtagsabgeordneter ab 1966 und seit 1972 als Bundestagsabgeordneter kam 1977 die erste Überraschung: Die CDU erreichte in Frankfurt unter Walter Wallmann – es schien sensationell – die absolute Mehrheit, Walter Wallmann wurde zum Oberbürgermeister von Frankfurt am Main gewählt. Ein politisches Ereignis, das weit über die Main-Metropole hinaus Bedeutung erlangte. Die absolute CDU-Mehrheit in Frankfurt war der Startschuß für ein Wiedererstarken der CDU in anderen deutschen Großstädten. Man sprach vom „Wunder am Main“. Und dennoch: Wallmann wurde nicht übermütig, er hat eine kluge Politik des Augenmaßes verfolgt. Er hat als Frankfurter Oberbürgermeister die absolute Mehrheit nicht zur tabula rasa genutzt, er wollte Oberbürgermeister „aller Frankfurter“ sein. Was sich auch in der Besetzung der Dezernate zeigte. Er hatte aber auch die Zivilcourage und den klaren Blick, gegen den Zeitgeist anzugehen, etwa beim Ausbau der heftig umstrittenen „Startbahn West“. Mit dem Namen Walter Wallmann verbindet sich der Wandel der Stadt zu einem kulturellen Zentrum und zu einer modernen Dienstleistungsmetropole. Die Frankfurter Wende wurde zum geflügelten Wort. Die Alte Oper wurde wiederaufgebaut, und mit dem Museumsufer und der Renovierung der historischen Ostzeile am Römer wurden bleibende Akzente gesetzt. „Kultur ist das Ferment der Kommunalpolitik" – ein viel zitierter und kluger Satz Walter Wallmanns. Unter seiner Ägide hatte Frankfurt den höchsten Kulturetat einer deutschen Großstadt. Walter Wallmann, ein ebenso populärer wie erfolgreicher und mutiger Frankfurter Oberbürgermeister.

Walter Wallmann hat das Format des Wertkonservativen, der Beweglichkeit nicht mit Beliebigkeit verwechselt, für den Prinzipientreue nicht Starrheit bedeutet. „In Wahrheit leben" – lautet ein Buchtitel von Vaclav Havel. Die Forderung, sich als Politiker nicht verbiegen zu müssen: Walter Wallmann lebt nach dieser Devise. Ein Politiker mit profunder Bildung und Grundsatztreue, den Popularität und höchste Akzeptanz nie zum Populismus verleitet haben. Seit seiner Frankfurter Zeit, seit seinem Traumergebnis von nur einer Gegenstimme bei fast 500 Delegierten bei seiner Wahl zum Landesvorsitzenden der hessischen CDU 1982 galt Walter Wallmann als neuer Hoffnungsträger der CDU Hessen.

Doch Walter Wallmann mußte auch Rückschläge einstecken, wie sie zur Demokratie gehören. Bei den hessischen Landtagswahlen 1983, aber auch bei den Kommunalwahlen von 1985, die der CDU schwere Einbrüche brachten. Nur Frankfurt/Main konnte sich entgegen dem Trend mit fast 50 % wie eine Insel knapp behaupten. Damals schaffte Walter Wallmann den Einzug in das Parteipräsidium der Bundes-CDU.

In dieser Zeit war Walter Wallmann für eine schwere Aufgabe in Bonn gefordert. Wieder eine politische Überraschung. Nach dem verhängnisvollen Reaktorunglück in Tschernobyl Ende April 1986 wurde er zum ersten Bundesminister für Umwelt, Naturschutz und Reaktorsicherheit ernannt. Walter Wallmann wies die lauten Forderungen nach einem raschen Ausstieg aus der Kernenergie als unrealistisch und schädlich zurück und bezeichnete deutsche Reaktoren aufgrund ihres Sicherheitsstandards als durchaus „verantwortbar". Eine damals nicht gerade populäre Haltung. Doch Walter Wallmann hielt sich an Platons Rat: Das Urteil der Menge mache dich immer nachdenklich, aber niemals verzagt. Er verfiel nicht der damals vorherrschenden Anti-Atomkraft-Hysterie, für die Betroffenheit statt Sachkenntnis zum Maßstab wurde. Als der Chemieunfall des schweizerischen Pharmakonzerns Sandoz im November 1986 das Ökosystem Rhein schwer schädigte, entwickelte Walter Wallmann seine „Politik der Vorsorge". Der erste deutsche Umweltminister gilt als Vater des „Verursacherprinzips" in der Umweltpolitik. Trotz einer nur kurzen Amtszeit hat der Umweltminister Walter Wallmann eine respektable Erfolgsbilanz: Das Strahlenschutzvorsorgegesetz als eine der ersten Initiativen, das Presseecho damals: „Glücksgriff mit Walter Wallmann", die Verschärfung der nationalen Sicherheitsanforderungen bei der Atomnutzung. Das „Wallmann-Ventil" ist seitdem zum feststehenden Begriff in der Kernenergietechnik geworden. Welch ein anderer Politiker kann schon ein technisches „Patent" für sich reklamieren? Die von ihm initiierte Umwelthaftpflicht, das Verursacher- und Vorsorgeprinzip gelten heute noch als Ausweis moderner Umweltpolitik.

Die nächste Überraschung: Aus der hessischen Landtagswahl 1987 ging die CDU als Sieger hervor. Die hessische rot-grüne Koalition scheiterte ausgerechnet an Differenzen über die Atompolitik. Walter Wallmann wurde Ministerpräsident in Hessen. Der erste, den die CDU stellte. Auch hier hat er bleibende Akzente gesetzt. In der Wirtschaftspolitik, in der Kulturpolitik und vor allem in der Schulpolitik, mit seinem Schulfreiheitsgesetz, das nach der Ära der Gesamtschule wieder die freie Schulwahl ermöglichte.

Im Januar 1991 fanden in Hessen SPD und Grüne wieder eine knappe Mehrheit. Walter Wallmann wollte nicht Oppositionsführer in Wiesbaden werden. Er verzichtete auf sein Landtagsmandat. Ende April stellte er auch das Amt des CDU-Landesvorsitzenden vorzeitig zur Verfügung. Dennoch: Walter Wallmann hat sich nicht aus der aktiven Politik verabschiedet. Dies gilt insbesondere für seinen Einsatz bei der Wiedervereinigung Deutschlands. Sein Engagement für die Einheit der Deutschen, dies zählt nicht zu den Überraschungen, sondern war für den Patrioten Walter Wallmann selbstverständliche Pflicht.

Wenn ich hinzufüge, daß Walter Wallmann einer der Engagiertesten war, als die Einheit kam und er sich als besonderer Helfer und Freund der jungen Länder, insbesondere Thüringens, erwies, dann sage ich ihm Dank und hohe Anerkennung dafür. Aber auch das zeigt ein besonderes Merkmal von ihm: Das tun, was notwendig ist, seine Pflicht tun, wenn man es als notwendig erkannt hat, wenn Worten Taten folgen müssen.

Ich erinnere mich noch gut daran: Gemeinsam mit Walter Wallmann hatte ich die Ehre, Bundeskanzler Helmut Kohl an jenem, zum historischen Datum gewordenen 9. November 1989 auf seiner Warschaureise begleiten zu dürfen. Der Kanzlerbesuch drohte damals zum Randereignis zu werden, doch Helmut Kohl beschwichtigte die Gastgeber mit der Bemerkung: Ohne die polnische Reformbewegung wäre die Wende in der damaligen DDR so rasch nicht gekommen. Kohl wiederholte damals das Angebot zu umfassender wirtschaftlicher Hilfe unter der Bedingung, daß der Wille und die Bereitschaft zu Reformen erkennbar sein müssen. Noch von Polen aus erklärte er, die Lage sei dramatisch. Nun sei zu wünschen, daß notwendige Reformen in der DDR durchgesetzt würden: freie Wahlen, freie Parteien, freie Gewerkschaften, Pluralismus. Der Kanzler erklärte seine Sympathie für die Übersiedler und Flüchtlinge, aber auch für diejenigen, „welche die Dinge zu Hause ändern wollen".

Am nächsten Tag, am Freitag, dem 10. November 1989, eröffneten wir das erste Büro der Konrad-Adenauer-Stiftung in Osteuropa, die Außenstelle in Warschau. Es war das erste Büro einer deutschen politischen Stiftung in Polen. Wir wollten damit ein Zeichen setzen, einen Beitrag leisten, die schwere Last aus der Vergangenheit abzubauen, den Prozeß der Verständigung und der Aussöhnung zwischen beiden Völkern voranzutreiben und vor allem praktische Hilfe anzubieten, um Polens Bemühungen um wirtschaftliche Reformen, Demokratie und Pluralismus nach Kräften zu unterstützen. „Daß Europa einmal ein großes, gemeinsames Haus für alle Europäer wird, ein Haus der Freiheit" – diesen Wunsch habe ich damals bei der Feierstunde im Warschauer Schloß ausgesprochen, verbunden mit der Bemerkung, daß der Traum einer europäischen Friedensordnung alle Chancen habe, nicht länger ein Traum zu sein. Die Wirklichkeit hat es bestätigt.

Nach über vier Jahrzehnten Teilung durch Mauer, Stacheldraht und Schikanen war Deutschland in Frieden und Freiheit wiedervereinigt. Die Wende ist die historische Leistung der Ostdeutschen. Die Einheit ist unsere gemeinsame Aufgabe. Die Wiedervereinigung Deutschlands war ein Glücksfall der Geschichte, und sie fand die Zustimmung der Großmächte und der europäischen Nachbarn. Aber sie war auch von viel Hilfe begleitet. Walter Wallmann war ein Mann der ersten Stunde. Als am Ortseingang von Eisenach das Schild zu lesen war „Hurra, die Hessen kommen!", hatte Wallmann bereits am 20. September 1989 über den hessischen CDU-Generalsekretär Franz-Josef Jung die Unterzeichner des „Briefes aus Weimar" (vom 17. September 1989) zu einem Kongreß der CDU Hessen eingeladen. Zu den vier Mitunterzeichnern des Briefes aus Weimar gehörten die heutige Ministerin Christine Lieberknecht und der erste Thüringer Landtagspräsident nach der Wende, Gottfried Müller, für den die Hauptwirkung des Weimarer Briefes darin bestand, „daß er die Decke des Schweigens, die der (Ost)CDU-Parteivorstand über die Unzufriedenheit und den Reformwillen der Mitgliederbasis gelegt hatte, hinwegriß". Freilich zeigte damals das angeschlagene SED-Regime noch einmal die Zähne: Die eingeladenen Reformer erhielten keine Ausreisegenehmigung. Die hessische CDU mußte ihren Kongreß absagen.

Walter Wallmann entsandte am 9. November seinen Generalsekretär Jung zu einer Begegnung mit den Reformern nach Berlin. Wenige Stunden, nachdem die hessische Delegation ihren Besuch beendet und die Grenze in Richtung West-Berlin passiert hatte, sollte die Mauer fallen. Am Vormittag des 9. November kam es im Konsistorium der evangelischen Kirche von Berlin-Brandenburg zu einer denkwürdigen Begegnung zwischen dem hessischen CDU-Generalsekretär und den Reformern der Ost-CDU. Neben zwei Unterzeichnern des Briefes von Weimar nahm auch der damalige Vizepräses der Synode der Evangelischen Kirchen, Lothar de Maizière, an diesem Gespräch teil. Einen Tag später wurde er vom Hauptvorstand der Ost-CDU zum neuen Vorsitzenden gewählt. Walter Wallmann nutzte die Gunst der Stunde, die Kontakte zu den Reformern und Oppositionellen in der DDR enger zu knüpfen und damit den Prozeß einer Demokratisierung zu unterstützen. Am 24. November 1989 konnte er einen ersten Informationsbesuch in der DDR durchführen, verbunden mit Gesprächen mit dem neuen CDU-Vorsitzenden de Maizière, Pfarrer Rainer Eppelmann vom Demokratischen Aufbruch und mit dem letzten DDR-Ministerpräsidenten Hans Modrow. Vergeblich versuchte der SED-Politiker, Unterstützung für seine 15-Milliarden-Forderung an den Bundeskanzler zu finden. Der hessische Ministerpräsident und stellvertretende Bundesvorsitzende der CDU unterstützte vorbehaltlos die Position Helmut Kohls. Wallmann setzte sich in seinen Gesprächen allerdings für eine sofortige Wirtschaftshilfe ein, verbunden mit der Bedingung, daß diese das derzeitige System nicht stabilisieren dürfe. Denn die Menschen in der DDR müßten sehen, daß es vorangehe. Wallmann wollte jeden Eindruck einer Bevormundung der Menschen in der DDR vermeiden und wies mehrfach darauf hin, daß es nicht die Aufgabe der Bundesrepublik sei, zu sagen, was in der DDR geändert werden solle. Damit geriet er unversehens in einen Gegensatz zu CDU-Generalsekretär Volker Rühe, der am selben Tag mit de Maizière zusammengetroffen war und auf der anschließenden Pressekonferenz die DDR ultimativ zur völligen Abkehr vom Sozialismus und zur Einführung der Sozialen Marktwirtschaft aufforderte.

Im Zentrum der Aktivitäten Wallmanns und seines hessischen Landesverbandes standen der Ausbau und die intensive Pflege enger Kontakte zu den Oppositionsgruppen. Im Bonner Adenauer-Haus war die Haltung zu den Christdemokraten in der DDR lange umstritten. Man hatte den Einfluß und Reformwillen der Gruppe um Lothar de Maizière unterschätzt. Generalsekretär Rühe hatte anläßlich seiner ersten Begegnung mit de Maizière demonstrativ darauf hingewiesen, daß die CDU in der Bundesrepublik Deutschland sich nicht auf eine Partei in der DDR festlegen wolle. Dies bedeutete zunächst eine klare Absage an die dortige CDU. In dieser spannenden Situation kam es im Dezember 1989 zu einem Treffen Walter Wallmanns mit Helmut Kohl, Rudolf Seiters und Wolfgang Schäuble, von der der damalige Innenminister berichtet: „Die hessische CDU hatte schon unmittelbar nach Öffnung der Grenze intensive Kontakte zu den Parteifreunden im benachbarten Thüringen aufgenommen. Wallmann und ich

(Schäuble) drängten darauf, so schnell wie möglich mit der Ost-CDU zusammenzugehen. Wallmann argumentierte vor allem mit den Erfahrungen aus den Begegnungen mit Parteifreunden in Thüringen."

Offensichtlich hat Walter Wallmann Helmut Kohl dazu bewogen, die intensiven Kontakte der hessischen CDU zu den Reformgruppen der Ost-CDU zumindest zu tolerieren. Sicherlich leiteten die Argumente Wallmanns aber auch bei Kohl einen Prozeß ein, der schließlich und zunächst in eine kritische Akzeptanz der Ost-CDU im Rahmen der Allianz für Deutschland durch die Bundes-CDU mündete. Wallmann hatte dabei immer klipp und klar eine fundamentale, personelle und programmatische Erneuerung der Ost-CDU gefordert, die nur unter dieser Bedingung zu einem akzeptablen Partner der Union werden könne. Er erklärte immer wieder, er und die CDU würden „nichts tun, was das Regime der DDR stabilisiert". Für ihn ging es in diesen historischen Tagen allerdings nicht nur um eine Annäherung der Partei. Viel wichtiger war ihm, die alten historischen Bindungen zwischen Hessen und Thüringen neu zu beleben und in der Mitte Deutschlands das Trennende zu beseitigen. Hessen und Thüringen sollten – so die Vorstellung Wallmanns – durch eine mustergültige Partnerschaft zum Vorreiter der deutschen Einheit werden. Er hat in der Tat alles daran gesetzt, dieses Ziel als hessischer Ministerpräsident zu verwirklichen. Das Aktionsprogramm Hessen-Thüringen, am 5. Dezember 1989 von der hessischen Landesregierung beschlossen, stellte dem künftigen Land Thüringen eine Hilfe in Höhe von 250 Mio. DM und einen Bürgschaftsrahmen in gleicher Höhe zur Verfügung. Eine intensive hessisch-thüringische Zusammenarbeit und wertvolle hessische Hilfe, vor allem in medizinischer Versorgung, im Umweltschutz, in der Denkmalpflege, im Personennahverkehr und in der Wirtschaftshilfe, waren die Folge.

Unter dem Motto „Grenzenlos – gemeinsam für Deutschland" lud die hessische CDU Mitte Dezember 1989 zu einem Tag der Begegnung am Grenzübergang Philippsthal im Kreis Hersfeld ein, um damit den gemeinsamen Willen zur Einheit des deutschen Volkes zu unterstreichen. Dieser Tag wurde zu einer großartigen

Demonstration von Hessen und Thüringern für die Vereinigung Deutschlands, zur wohl größten Veranstaltung in der Geschichte der hessischen CDU. Man schätzte die Zahl der Teilnehmer auf rund 20 000. Unter dem Jubel der Zuhörer forderte Walter Wallmann das Recht auf Selbstbestimmung und eine gemeinsame Zukunft für das gesamte deutsche Volk ein. „Der Sozialismus hat abgewirtschaftet, seine Zukunft liegt in der Vergangenheit. Freiheit steht auf der Tagesordnung. Wir sind ein Volk. Unser Ziel bleibt die Einheit in Freiheit", sagte Wallmann in Philippsthal/Vacha. Überall Tränen der Freude, der Ergriffenheit. Die vielen tausend Menschen in dem riesigen weißen Zelt mit Kerzen auf den Tischen und in den Händen stimmen unter den Klängen des Vachaer/Philippsthaler Posaunenchors beim ökumenischen Gottesdienst „Macht hoch die Tür, die Tor macht weit" an. Die DDR-Grenzer nehmen Visa nicht mehr so genau, schauen in die Luft, wenn zu viele auf einmal nach Vacha wollen. „Wer festen Schritts, die Grenze ignorierend, über die Brücke strebt, wird kaum noch aufgehalten", so schrieb damals die Frankfurter Allgemeine Zeitung. Spätestens hier war jedem klar, daß die Tage der DDR von nun an gezählt waren.

Walter Wallmann nahm am Gründungsparteitag der CDU Thüringen in Weimar am 20. Januar 1990 teil, sein Stellvertreter Gottfried Milde war am gleichen Tag Redner beim Demokratischen Aufbruch in Fischbach. Der Weimarer Parteitag wurde zu einem beeindruckenden Erfolg für die Thüringer CDU und zu einem weiteren Schritt für die Erneuerung der CDU in der DDR. Mit der Bildung eines Landesverbandes Thüringen aus den Bezirken Erfurt, Gera und Suhl wurde die erste Neugründung des CDU-Landesverbandes in der DDR vollzogen. Mit dieser Geburtshilfe für die Thüringer CDU hat Wallmann den Reformkräften in der Union zum entscheidenden Durchbruch verholfen. Am 18. März 1990 fand die erste freie Volkskammerwahl in der DDR statt. Die Thüringer Allianzparteien CDU, DSU und DA erzielten mit zusammen 60,17% das beste Ergebnis der Allianz für Deutschland in der ganzen DDR. Walter Wallmann bewertete den Ausgang der Wahl in der DDR als eindrucksvollen Sieg für die Demokratie. Ganz anders der Kommentar des damaligen hessischen SPD-Landesvorsitzenden Hans Eichel, der das Wahlergebnis als „eine DM-Abstimmung, die mit der CDU jene Partei für sich entschieden hat, die in der Bundesrepublik am Geldhebel sitzt", bewertete. Mit seinem persönlichen Engagement, vor allem aber mit dem Aktionsprogramm Hessen-Thüringen, hat Walter Wallmann seinerseits Zeichen nationaler Solidarität gesetzt. Er ist damit zu einem „Promotor" der deutschen Einheit geworden, zum Freund der jungen Länder und insbesondere Thüringens, der sich bleibende Verdienste erworben hat.

Eher schmunzeln muß ich heute allerdings über einen Vorschlag Wallmanns im Jahre 1990. Damals erwärmte er sich kurz für den Gedanken einer Fusion von Hessen und Thüringen. Es ging allerdings dabei auch um die Debatte, ob Berlin, Bonn oder Frankfurt die Hauptstadt eines vereinten Deutschlands werden sollte. Denkt man historisch, dann müßte – wenn schon – allerdings die Tochter Hessen zur Mutter Thüringen zurückkehren. Denn Hessen hat sich über 700 Jahre von Thüringen abgespalten. Der hessisch-thüringische Erbfolgekrieg zwischen den Wettinern und den Nachfahren der Ludowinger Mitte des 13. Jahrhunderts führte zur Trennung zwischen Thüringen und Hessen. Sophie von Brabant, Tochter des drittletzten Ludowingischen Thüringer Landgrafen Ludwig IV. und der heiligen Elisabeth, setzte durch, daß ihr unmündiger Sohn Heinrich, ein vierjähriges Kind, 1248 in Marburg zum ersten Landgrafen von Hessen proklamiert wurde. Mit Heinrich I. beginnt die Geschichte der selbständigen Landgrafschaft Hessen. Der rot-weiß gestreifte Löwe der Landgrafen von Thüringen wird nach der Trennung von Hessen und Thüringen von beiden Landgrafschaften als Wappenbild weitergeführt. Und auch heute ähneln sich beide Landeswappen stark.

1992 war für beide Länder, für Hessen und Thüringen, jeweils ein großes historisches Gedenkjahr. Für Hessen war es ein Jubiläumsjahr, 700-Jahrfeier der Landgrafschaft Heinrichs I. von Hessen, damit der Loslösung vom Mutterland Thüringen und der Gleichstellung beider Länder im Deutschen Reich. Damals hat sich die Tochter von der Mutter, von Thüringen getrennt. Hessen war selbständig geworden, es hatte sich emanzipiert, würde man heute sagen. Dies allein zeigt, wie falsch, historisch falsch, die Bezeichnungen hier alte, da neue Länder sind. Wenn schon, so ist Thüringen das „alte“ Land und Hessen das „junge“. Im gleichen Jahr, 1992, feierte auch Thüringen historische Ereignisse von Rang: 925 Jahre Wartburg, Symbol der Einheit und Freiheit, 475 Jahre Reformation als geistige und geistliche Zeitwende, 1250. Geburtstag der Landeshauptstadt Erfurt und 600 Jahre Universität Erfurt, die wir kürzlich wieder neu gegründet haben. Heute geht es darum, Brücken zu bauen zwischen Vergangenheit und Gegenwart, gute Nachbarschaft zu zeigen zwischen zwei Ländern mit langer gemeinsamer Vergangenheit. Und vor allem: im wiedervereinigten Deutschland die innere Einheit zu vollenden. Eine lohnende Aufgabe. Zugleich haben wir eine zweite Herausforderung zu bewältigen, die ebenfalls den Einsatz der Besten lohnt: die europäische Einigung.

RICHARD VON WEIZSÄCKER

KULTUR IN DER GROSSSTADT

In der Debatte um die Kulturfinanzierung in Berlin ist vor einiger Zeit der Begriff der „Leuchtturmfinanzierung" geprägt worden, also der Finanzierung kulturell herausragender „Leuchttürme". Die Begriffstrias Kultur/Turm/Finanzierung legt dabei doch viel eher eine Verbindung mit Frankfurt am Main nahe. Dies aus mehreren Gründen: Zum einen ist Frankfurt wie keine zweite deutsche Stadt von ihren modernen Türmen geprägt. Diese herausragende Präsenz der Banken hat manches an Kultur auch erst ermöglicht. Zum zweiten war Frankfurt unter seinem Oberbürgermeister Walter Wallmann Vorreiter unter den Städten, die bewußt Kultur in das städtische Leben integrieren wollten, in denen man bei Investitionen in Kunst und Kultur mehr sah als einen schönen Luxus. Und schließlich verbindet sich mit Frankfurt auch die Frage: Wieviel an Kultur können sich unsere Städte noch leisten? Kommen wir auch ohne den einen oder anderen „Leuchtturm" aus?

In der Tat – Türme als Refugien von Kultur und Kunst, als hoch aufragende Solitäre der Geisteswelt, darauf kommt es weniger an, als daß sie Maßstäbe setzen, einen Überblick auf die gesamte übrige Lebenswelt erlauben, Orientierung ermöglichen.

Es liegt nun nahe, an das zu denken, was mit dem Begriff des Gesamtkunstwerks gemeint ist. Es ist zunächst eine europäische Utopie par excellence, ein visionärer Traum, der uns das Ziel setzt, die Vereinzelung der Tätigkeiten zu überwinden, die getrennten Künste zu vereinen, ein geistiges Gemeinwesen zu schaffen.

Dichtung und Musik, Tanz und bildende Kunst sollen sich in einem Geist und Werk vereinen. Es soll keine Hierarchie unter den Künsten herrschen, sondern Gleichrangigkeit. Alle unsere verschiedenen Wahrnehmungsarten sollen aktiviert werden und zusammenwirken, Sehen, Hören, Tasten, Fühlen, Denken. Es gilt, eine wahrhaft teilnehmende Gemeinde zu bilden, Publikum und Künstler miteinander zu verflechten.

Der Gedanke des Gesamtkunstwerks geht aber über die Kunst im engeren Sinne hinaus. Jede Kultur, jede menschliche Gemeinschaft sucht sich ein Bild des Ganzen zu machen, das Leben und die Welt als Einheit zu erfahren. Wie läßt sich diese Einheit vorstellen? Wer oder was verkörpert sie? Welchen Grad von Verbindlichkeit soll und kann sie erreichen? Wir denken an die gotischen Kathedralen oder an die werdenden Universitäten in Europa. Alle Bereiche sind einbezogen, Religion und Wissenschaft, Politik und Wirtschaft.

Dann meldet sich der Wunsch, dem Ganzen einen wahrnehmbaren Ausdruck zu geben. Die Künstler sollen nun anschaulich und erfahrbar machen, was die Menschen in ihrer Zeit wirklich bewegt. Michelangelo mit seinem „Jüngsten Gericht" und seinen Deckenfresken in der Sixtinischen Kapelle schuf ein solches Bild vom Ganzen. Bis in unser Jahrhundert finden wir die Künstler auf der Suche nach dem Ganzen. Der Jugendstil zeugt davon; oder Kandinsky mit seiner antimaterialistischen Schrift „Über das Geistige in der Kunst" auf dem Weg zur abstrakten Malerei; Arnold Schönberg, der als Komponist, Maler und Schriftsteller nach dem Ausdruck des rein Geistigen forscht; Walter Gropius, der mit dem Bauhaus in einer großen und glücklichen Arbeitsgemeinschaft durch den Bau nach einer Einheit strebt. In diesem Streben tragen Kultur und Kunst Erfahrungen aus verschiedenen Lebensbereichen zusammen und suchen ihre Verbindung. Je verständlicher dies gelingt, desto humaner wird die Existenz.

Die Kultur ist es, die diesen Prozeß trägt und pflegt. Das Wort Kultur kommt, wie wir wissen, von colere, pflegen. Und die Kunst ringt um den wahrnehmbaren Ausdruck dafür. Bei ihr geht es um das Ganze. Ist ein Kunstwerk ohne irgend eine Beziehung zum Ganzen überhaupt ein wahres Werk der Kunst?

Es hat in der Geschichte des Gesamtkunstwerks Versuche der Definition „wahrer Kunst" gegeben, kanonische Lehrsätze, die für uns unerträglich wären, so zum Beispiel Vorstellungen von Totalkunst, von absoluter Kunst, bis hin zum Entwurf verbindlicher Systementwürfe für einen geistigen und politischen Totalitarismus.

Von solchen Gefahren ist die Kultur unserer Zeit weit entfernt. Unsere heutigen Probleme sind nahezu umgekehrt. Wir existieren in einem Unverbindlichkeitspluralismus, der die Wahrnehmung der lebensbegründenden Aufgabe von Kultur verhüllt. Eine der Folgen davon ist es, daß im praktischen Leben falsche Prioritäten zum Zuge kommen. Wir bekommen es bei der täglichen Zeitungslektüre ebenso zu spüren wie bei den politischen Diskussionen, erst recht bei den Entscheidungen über die Zuweisung öffentlicher Mittel.

Nur ein Beispiel dafür sei mir gestattet. Kaum hat jemand das Wort Theater ausgesprochen, schrillt sofort aus allen Ecken das Abwehrecho: Subventionen überprüfen! Was verstehen wir denn unter Subventionen? Die Unterstützung für einen im Grunde lebensuntüchtigen Betrieb, der sich aus eigener Kraft nicht über Wasser halten kann. Nun – schon Adam Smith erkannte Wert und Grenzen des Marktes: Er dient der Wohlfahrt der Nationen, kann aber solche Bereiche nicht bewirtschaften, die verdienstfrei oder aus sozialen Gründen nur begrenzt verdienstfähig sind, nichtsdestoweniger benötigt werden. Was soll da der Begriff der Subventionen?

Lebt der Schulbetrieb von Subventionen? Bauen wir Bahnstrecken oder Kläranlagen mit Subventionen? Halten wir uns Vormundschaftsrichter oder Bürgermeister mit Subventionen? Niemand würde auf die Idee kommen, die dafür aufgewandten Haushaltsmittel Subventionen zu nennen. Wir brauchen sie, aber Theater brauchen wir auch.

Oder ist Theater doch nur Luxus? Dann ist der Bürgermeister eben auch Luxus. Auf welchen von beiden können wir eher verzichten? Das mag jeder nach eigenem Gusto entscheiden. Ich sage: auf keinen von beiden, wohl aber auf die unsinnige Begriffskategorie: Subventionen.

Theater ist Spiel zur Bewältigung des Lebens. Wir alle spielen es als Kinder. Man könnte meinen, das Schönste am Theater sei vorbei, wenn die Kindheit vorbei ist, die Zeit also, in der man es spielt. Aber das Hören und Spielen bleibt lebendig. Es bringt die Kraft hervor, sich nicht nur im Spiegel zu betrachten, sondern einmal neben sich oder – von Türmen aus – über sich zu treten, mit einem Schritt Distanz dem Menschen zu begegnen, der man ist, seine Zwangslagen, Optionen und Entwicklungen zu begreifen, sich zu verwandeln.

Ist es denn bloße Schwärmerei, von dieser lebensspendenden Quelle in solchen Tönen zu sprechen? Sind wir denn heute so erstickt in Wohlstandssorgen und im passiven Medienkonsum, daß uns das alles nur noch am Rande berührt? Verdienen lediglich die immer wiederkehrenden Etatüberschreitungen der Musik- und Sprechbühnen, der kleinen und großen Ensembles unsere Aufmerksamkeit, aber kaum noch die Sache der Kunst selbst?

Natürlich müssen Bühnen, zumal da sie sich selbst oft als Widerspruch begreifen, sich auch Widerspruch aller Art gefallen lassen. Gute Stücke zu schreiben und zu inszenieren ist schwer, zumal heute. Wir alle stottern, also stottern auch manche Dichter und Regisseure. Es ist die selbstverständliche Pflicht der Bühnen, über ihre Mittelverwendung öffentlich Rechenschaft abzulegen. Das muß mit staatlichen Geldern immer so sein. Der Rechnungshof hatte ja auch die Ausgaben der Ministerien und Bürgermeisterämter zu überprüfen. Und wahrscheinlich ließe sich mancher Empfang ruhig einsparen, ohne dem Lande dadurch einen Schaden zuzufügen. Aber bis zum Vorschlag, die Ministerien zu schließen, die Bürgermeister zu entlassen, ist es noch nicht gekommen. Es ist halt doch keine entbehrliche Luxuseinrichtung, auch wenn sie mal verschwenden.

Und bei der Kultur? Sie scheint unverbunden mit der täglichen Arbeit und Gedankenwelt zu sein, sich abgetrennt von den harten Tatsachen und Interessen des Lebens zu bewegen. Warum ist von ihr nicht vorne in den Zeitungen die Rede, bei der sogenannten Politik, selten im Lokalteil, dafür irgendwo hinten und konzentriert für sich im Feuilleton, wo sie den Liebhabern und Sachverständigen vorbehalten zu sein scheint. Wer keine Zeit, Geduld und Übung hat, wird mit Kultur in der Zeitung nicht behelligt. Das schadet nicht nur der Kultur, sondern auch und erst recht den Themen der vorderen Zeitungsteile.

Es ist verräterisch genug, daß wir seit geraumer Zeit auf den ersten Seiten unserer Gazetten das Stichwort Kultur fast nur noch unter einem ganz bestimmten Aspekt finden, nämlich dem Streit um die multikulturelle Gesellschaft. Dabei wird hart gefochten über Asyl, Flüchtlingshilfe, Einwanderungsquoten und eine Reform des völlig antiquierten wilhelminischen Staatsangehörigkeitsrechts. In diesen Spalten ist die Rede von Kultur natürlich nicht im Sinne vom Ganzen des Lebens, sondern vom Wettbewerb um Wohnungen und Arbeitsplätze und vom Umgang mit befremdlichen oder gar mafiosen Sitten.

Das ist nun aber in Wahrheit sehr wesentlich. Plötzlich scheint doch zu gelingen, das Kulturfeuilleton nach vorne auf die erste Seite zu bringen; aber nicht, um die Politik zu verdrängen, sondern um sie in einem menschlichen Sinne wahrhaft ernst zu nehmen. Auch hier war Frankfurt einmal mehr in der Pionierrolle. Schon bevor man die entsprechenden Begriffe geprägt und den Streit darum entfacht hatte, ging es in dieser Stadt beim Beispiel der multikulturellen Gesellschaft bereits frühzeitig um politische Kernaufgaben, also um die Begegnung unterschiedlicher Lebensweisen, um den Frieden zwischen einander unbekannten Kulturen und verschiedenartig geprägten menschlichen Gemeinschaften.

„Ex pluribus unum" lautet der Wappenspruch der Vereinigten Staaten von Amerika. Kann ähnliches auch für die europäische Integration gelten? Sind wir dabei, ein gesamteuropäisches Kulturbewußtsein wieder zu entdecken? Schon von außen betrachtet springen die verwandtschaftlichen Züge der europäischen Nationalkulturen ins Auge. Prag und Paris, Krakau und Salamanca, Frankfurt, Budapest, Wien, Erfurt und Aachen sind Schwesterstädte für den unbefangenen Blick. Seit tausend Jahren haben die europäischen Stile für eine übergreifende Einheit gesorgt. Von der Romanik über die Renaissance bis zur Postmoderne wurden fast alle europäischen Ansiedlungen geprägt. Es sind nicht nur Baustile, sondern Verwandtschaften und wechselseitige Befruchtungen der Theologie und Philosophie, der Dichtung und damit des gesamten Lebens- und Weltgefühls der europäischen Völker.

Europäische Gesamtkultur und Nationalkulturen schließen einander nicht aus. Es mag als das eigentliche Wunder der europäischen Kultur gelten, daß jedes Volk über die schöpferische Kraft verfügt, die vielfältigen Einflüsse von außen als eine Bereicherung aufzunehmen und sie in ihren unverwechselbaren eigenen Besitz so einzuschmelzen, daß sie zu Bausteinen in der selbständigen unterscheidbaren Nationalkultur wurden. Die Marienkirche in Lübeck und die Kathedrale von Chartres sind in ihrem Kern reinste Gotik – aber die erste kann nur in Deutschland, die zweite nur in Frankreich stehen. Alle werden Nehmende und Gebende zugleich.

Ein zentrales Beispiel dafür ist auch die Musik. Sie zeigt aufs deutlichste die gemeinsamen europäischen Kulturwurzeln, obwohl sie überdies die einzige Kunst ist, für die die Antike nicht das uns Europäer verbindende Vorbild ist. Musik ist vielleicht das Eigenste und Wichtigste, was Europa zur Kultur der Welt beiträgt. Es ist die Gabe der Europäer, auf die die Völker der Welt wohl am wenigsten verzichten wollen. Eine Frau fragt in Tokio, ob man an das Evangelium glauben müsse, um die Matthäus-Passion von Bach zu begreifen. Sie zeigt damit den angemessenen Zugang zu dieser musikalischen Kunst, auch ohne zum Christentum zu gehören.

Die europäische Kultur hat im Laufe der Geschichte eine erstaunliche Wirkkraft entfaltet, die Welt nicht nur künstlerisch und ästhetisch umgarnt, sondern eine kulturelle Hegemonie auf beinahe allen Lebensgebieten errungen, der Wissenschaft, Technik und Wirtschaft, der Strategie, Verwaltung und Politik. Mit dem Gefühl der Selbstverständlichkeit hatte der Westen seine Werte und Leitideen als die dominanten exportiert und zugleich den fremden Kulturen lediglich den Reiz des Exotischen, letztlich Erfolglosen zugebilligt. Es mündete im Triumphalismus der westlichen Moderne.

Dies hat sich nun zur Jahrtausendwende gründlich geändert. Das Zeitalter der politischen und kulturellen Kolonialherrschaft ist vorbei. Entwicklungshilfe hat uns gelehrt, daß ein Erfolg von Entwicklung in der südlichen Hemisphäre sich zumeist nicht nach unseren Maßstäben orientiert, sondern die Stärkung der eigenen kulturellen Wurzeln und Kräfte erfordert. Im gegenwärtigen Globalisierungsprozeß ist ein Wettbewerb an die Stelle der Vorherrschaft einer Kultur getreten. Es ist keine ausgemachte Sache mehr, wer mit den materiellen und geistigen Problemen und den Erziehungsaufgaben unserer Zeit am besten fertig wird, der traditionelle Westen, der Konfuzianismus, der Hinduismus, der Islam? An die Seite des rein personalen Verständnisses der Menschenrechte tritt ihre soziale und kulturelle Auslegung.

Die ganze Entwicklung ist widersprüchlich. Neben dem wachsenden Bewußtsein, daß wir im Angesicht der Weltkrisen und -aufgaben alle in einem Boot sitzen, stehen zunehmende sezessionistische Tendenzen und Konfrontationen verschiedener Lebenswelten.

Die fortschreitende Globalisierung bedeutet auch eine Herausforderung für unsere Städte. Wir lesen, daß Metropolen heute überhaupt nicht mehr so nötig seien wie früher. Güter, Dienstleistungen und Informationen verteilten sich dank der modernen Kommunikationstechnologie in alle Winkel des Landes. Wozu noch große Zentren, wenn, wie Hermann Lübbe sagt, „die intellektuelle Avantgarde metropolitan ungebunden frei im Raum" schwebe?

Klingt der Lobpreis urbanen Lebens nicht nostalgisch? Mag sein, da doch das Zeitalter des blühenden Großbürgertums von Leipzig, Berlin und Frankfurt vorbei ist. Entscheidend aber ist, daß wir Ballungszentren und Metropolen haben, dagegen nicht, ob wir sie wollen. Im Zeichen wachsender kultureller Mischverhältnisse zusammenzuleben, das müssen wir lernen. Und wir lernen es hier, oder wir lernen es überhaupt nicht.

Die Umgebung, in der man lebt und die einen mit ihrem Horizont und Fluidum beeinflußt, ist von vitaler Bedeutung. In Bonn lebt die Politik, nach den Worten von Johannes Gross, in der Form der Einquartierung. Man existiert ohne Kontakt zur Bürgerschaft oder Universität, man trifft und spricht nur seinesgleichen. Wie soll das in die Kultur einüben?

Das ist in Berlin ganz anders und wäre wohl auch in Frankfurt immer anders gewesen. Am Wiederaufbau der zerbombten und umgepflügten Stadt waren die widersprüchlichsten Systeme beteiligt, die werdende Demokratie in Deutschland, die Sowjetunion und die Vereinigten Staaten von Amerika. Merkmal von Berlin ist die Vielgestaltigkeit der Lebensformen, die Gleichzeitigkeit des Ungleichzeitigen. Dicht nebeneinander leben Moderne und Tradition, Armut und Reichtum, Avantgarde und Provinzialität,

Orthodoxie und Islam, die manifesten und die virtuellen Lösungen, das mondäne und das dörfliche Berlin. Dies erfordert und übt die Kompetenz, mit Gegensätzen zu leben und in Widersprüchen zu denken.

Diesem Milieu kann sich niemand entziehen. Auch die Politik wird Berlin nicht als bloße Absteige für Sitzungswochen erfahren, sondern als Lebensmittelpunkt, als das Zentrum von Streit und Wettbewerb der Begabungen, als den ersten Ort der öffentlichen Meinung. Das wird alle anstecken.

Zu den Zierden Deutschlands gehören seine Städte. Mit der Vitalität ihrer Gesellschaft stehen sie mitten in ihrer deutschen und europäischen Aufgabe. Das Zusammenleben lernen ist die zentrale Aufgabe der Kultur. Dies erfordert, nicht eine Belehrungskultur zu bleiben, sondern eine Lernkultur zu werden, eine interkulturelle Lerngemeinschaft (Wolf Lepenies). Kenntnis von den anderen und Respekt für sie bringt uns einander näher und führt uns weiter. Es relativiert nicht die Bindung an die eigene Kultur, im Gegenteil: Es bestärkt die Zuneigung zur eigenen Wurzel.

Was ich als Regierender Bürgermeister von Berlin an Herausforderungen, Chancen und Lösungsmodellen im Bereich der Kultur vorfand, gab mir immer wieder Veranlassung, mich an der Kulturpolitik zu orientieren, die Walter Wallmann in Frankfurt in die Tat umgesetzt hat. Seine Wirkung reicht weit über seine Zeit als Oberbürgermeister und seine Stadt hinaus.

DIE AUTOREN

Norbert Blüm

Geboren am 21. Juni 1935 in Rüsselsheim; katholisch; verheiratet, drei Kinder.

Volksschule, Werkzeugmacherlehre. Tätigkeit als Werkzeugmacher. Besuch des Abendgymnasiums. Studium der Philosophie, Germanistik, Geschichte, Theologie; Promotion in Philosophie.

1966-68 Redakteur der „Sozialen Ordnung"; 1968-75 Hauptgeschäftsführer der Sozialausschüsse der Christlich-Demokratischen Arbeitnehmerschaft. Mitglied der Katholischen Arbeitnehmer-Bewegung. Mitglied bei amnesty international. Mitglied der IG Metall.

Seit 1969 Mitglied des Bundesvorstandes der CDU. 1974-77 Landesvorsitzender der Sozialausschüsse der Christlich-Demokratischen Arbeitnehmerschaft Rheinland-Pfalz, 1977 bis Oktober 1987 Bundesvorsitzender der Sozialausschüsse der Christlich-Demokratischen Arbeitnehmerschaft. Seit 1981 Mitglied des Präsidiums der CDU; seit Mai 1987 Landesvorsitzender der CDU von Nordrhein-Westfalen. 1981-82 Mitglied des Abgeordnetenhauses von Berlin, Senator für Bundesangelegenheiten, Bevollmächtigter des Landes Berlin beim Bund.

Mitglied des Bundestages von 1972 bis Juni 1981 und seit 1983. 1980-81 Stellvertretender Vorsitzender der CDU/CSU-Fraktion. Seit Oktober 1982 Bundesminister für Arbeit und Sozialordnung.

William M. Bodde, Jr.

Geboren am 27. November 1931 in Brooklyn/New York; verheiratet, drei Kinder.

Er erhielt vom Hofstra College den Titel eines Bakkalaureus in Geschichte und von der Johns Hopkins School of Advanced Studies den Magistergrad.

1962 begann er eine 32jährige politische Laufbahn im Diplomatischen Dienst der Vereinigten Staaten. Er war einer der führenden Spezialisten im US-Außenministerium für Deutschland und arbeitete in den US-Botschaften in Wien, Stockholm, Bonn und Berlin und als Generalkonsul in Frankfurt/Main, dem größten Generalkonsulat der ganzen Welt. Er war ein führender Berater der Präsidenten Reagan und Bush während deren Europa-Besuchen.

Präsident Carter ernannte ihn zum Botschafter für Fidschi, Tonga, Tuvalu und Kiribati, und Präsident Bush ernannte ihn zum ersten Botschafter auf den Marshall-Inseln. Während der Regierung Reagan diente er als stellvertretender Staassekretär für europäische und kanadische Angelegenheiten und war unter Präsident Clinton erster Generaldirektor des Sekretariats für Wirtschaftliche Zusammenarbeit in Asien und im Pazifik (APEC) in Singapur. Als Verfasser zahlreicher Artikel hielt er häufig Vorlesungen über Außenpolitik, Volkswirtschaft und den Welthandel und schrieb „The View From The 19th Floor – Reflections of the First APEC Executive Direktor".

Botschafter a.D. William Bodde jr. ist heute Vorsitzender der WBJ-Gesellschaft und Berater zur Auswahl der von der Zeitschrift „Fortune" jährlich zusammengestellten 500 führenden Industrie- und Handelsgesellschaften.

Friedrich Bohl

Geboren am 5. März 1945 in Rosdorf (Landkreis Göttingen); verheiratet, vier Kinder.

Schulbesuch und Abitur (1964) in Marburg, 1964-69 Studium der Rechts- und Staatswissenschaften an der Philipps-Universität in Marburg, anschließend Referendarausbildung. 1972 Großes Juristisches Staatsexamen. Seit 1972 als Rechtsanwalt, seit 1976 als Notar zugelassen.

1970-80 Mitglied des Hessischen Landtages, ab 1978 Stellvertretender Vorsitzender der CDU-Landtagsfraktion. 1972-90 Kreistagsabgeordneter. 1974-85 Stadtverordneter in Marburg; seit 1978 Kreisvorsitzender der CDU Marburg-Biedenkopf.

Mitglied des Deutschen Bundestages für den Wahlkreis Marburg-Biedenkopf seit 1980. 1984 Wahl zum Geschäftsführer der CDU/CSU-Bundestagsfraktion, 1989-91 deren Erster Parlamentarischer Geschäftsführer. Im November 1991 zum Bundesminister für besondere Aufgaben und Chef des Bundeskanzleramtes ernannt.

Wolfram Brück

Geboren am 27. Februar 1937 in Köln.

Nach dem Studium und 2. Staatsexamen Richter und Staatsanwalt in Köln und Koblenz. Danach Ministerialbeamter beim Deutschen Bundestag bis 1977 (Ministerialrat im wissenschaftlichen Dienst). 1977-89 Mitglied des Magistrats der Stadt Frankfurt am Main. Zunächst Stadtrat und Dezernent für Personal/Recht und Organisation, ab 1986 Oberbürgermeister der Stadt Frankfurt am Main. Seit 1989 Rechtsanwalt, u.a. als Generalbevollmächtigter der Treuhandanstalt Berlin tätig. Seit September 1991 Geschäftsführer der Duales System Deutschland GmbH, ab Mai 1992 Vorsitzender der Geschäftsführung.

Ignatz Bubis
Geboren am 12. Januar 1927 in Breslau.

1935 unfreiwillige Auswanderung nach Polen; 1941/42 Ghetto Deblin; 1942-45 in verschiedenen Zwangsarbeitslagern; August – November 1945 in Breslau; Dezember 1945-49 West-Berlin und Dresden; 1949-56 in Stuttgart und Pforzheim; seit 1956 Unternehmer in Frankfurt am Main.

Ehrenamtliche Tätigkeiten: Ab 1965 Gemeinderat und Vorstand der Jüdischen Gemeinde in Frankfurt – KdöR. 1978-81 und seit 1983 Vorstandsvorsitzender der Jüdischen Gemeinde Frankfurt. Seit 1977 Mitglied des Direktoriums und zeitweise des Verwaltungsrates des Zentralrates der Juden in Deutschland – KdöR; Bonn-Bad Godesberg. 1989-91 Stellvertretender Vorsitzender des Zentralrates der Juden in Deutschland. Seit September 1992 Vorsitzender des Direktoriums bzw. Präsident des Zentralrates der Juden in Deutschland. 1979-92 Mitglied des Rundfunkrates des Hessischen Rundfunks in Frankfurt; 1987-92 dessen Vorsitzender. 1993-96 Mitglied des Verwaltungsrates des Hessischen Rundfunks Frankfurt. 1987-91 Mitglied im Landesvorstand der Hessischen Freien Demokratischen Partei. Seit 1993 Mitglied im Bundesvorstand der FDP. Mitglied in verschiedenen gemeinnützigen und wissenschaftlichen Stiftungen.

Alfred Dregger
Geboren am 10. Dezember 1920 in Münster/Westfalen; katholisch; verheiratet, zwei Kinder.

Grundschule, humanistisches Gymnasium, 1939-45 Wehrdienst, zuletzt Hauptmann und Bataillonskommandeur. 1946-49 Studium der Rechts- und Staatswissenschaften. 1950 Promotion, 1953 Große Juristische Staatsprüfung. 1954-56 Referent in Verbänden. 1956-70 Oberbürgermeister von Fulda; 1965-70 Präsident bzw. Vizepräsident des Deutschen Städtetages.

1970-83 Vorstandsmitglied eines Unternehmens der Energieversorgung.

1967-82 Landesvorsitzender der hessischen CDU. Seit 1969 Mitglied des Bundesvorstandes, 1977-83 Stellvertretender Bundesvorsitzender, seit 1977 Mitglied des Präsidiums der CDU Deutschlands. 1962-72 Abgeordneter des Hessischen Landtages, zuletzt Vorsitzender der CDU-Fraktion und Oppositionsführer. Mitglied des Bundestages seit 1972. Mitglied des Vorstandes der CDU/CSU-Fraktion seit 1972, 1976 Stellvertretender Vorsitzender, 1982-91 Vorsitzender der CDU/CSU-Fraktion. Seit 1991 Ehrenvorsitzender der CDU/CSU-Fraktion.

Joachim Fest
Geboren am 8. Dezember 1926 in Berlin.

Anfang der vierziger Jahre in Freiburg; Soldat in der Endphase des Krieges. Studium der Rechtswissenschaften, Geschichte und Germanistik. Seit dieser Zeit Mitarbeit bei Zeitungen und Rundfunkanstalten. 1963 wurde er Chefredakteur des Fernsehens beim Norddeutschen Rundfunk und veröffentlichte im gleichen Jahr eine Studie über die Führungsfiguren der NS-Herrschaft: „Das Gesicht des Dritten Reiches". 1965/66 leitete er das Fernseh-Magazin „Panorama". 1973 erschien seine Hitler-Biographie. 1973-93 war er Mitherausgeber der Frankfurter Allgemeinen Zeitung (zuständig für das Feuilleton).

Die Universität Stuttgart verlieh ihm 1981 die Ehrendoktorwürde in Anerkennung seiner Verdienste auf dem Gebiet der Geschichtsschreibung. Im gleichen Jahr erhielt er den Thomas-Mann-Preis der Stadt Lübeck, 1987 die Goethe-Plakette der Stadt Frankfurt. 1992 wurde er mit dem Görres-Preis der Stadt Koblenz ausgezeichnet. 1996 erhielt er den Frankfurter Börne-Preis. Er ist Senator der Deutschen Nationalstiftung und Professor an der Universität Heidelberg.

Weitere Veröffentlichungen: „Aufgehobene Vergangenheit", 1981; „Die unwissenden Magier. Über Thomas und Heinrich Mann", 1985; „Der tanzende Tod", 1986; „Im Gegenlicht. Eine italienische Reise", 1988; „Der zerstörte Traum. Vom Ende des utopischen Zeitalters", 1991; „Die schwierige Freiheit. Über die offene Flanke der offenen Gesellschaft", 1993; „Staatsstreich. Der lange Weg zum 20. Juli", 1994; „Fremdheit und Nähe", 1996.

Lothar Gall

Geboren am 3. Dezember 1936 in Lötzen/Ostpreußen.

Gymnasium Schule Schloß Salem; Studium der Geschichte, Romanistik und Germanistik in München und Mainz; Promotion 1960 in München und Habilitation 1967 in Köln; 1968 Ordentlicher Professor an der Universität Gießen, 1972 an der Freien Universität Berlin, 1972/73 in Oxford, seit 1975 Ordentlicher Professor für Mittlere und Neuere Geschichte an der Johann Wolfgang Goethe-Universität in Frankfurt/Main. Präsident der Historischen Kommission bei der Bayerischen Akademie der Wissenschaften, Mitglied der Bayerischen Akademie der Wissenschaften und zahlreicher wissenschaftlicher Kommissionen. Vorsitzender des Verbandes der Historiker Deutschlands 1992-96. Vizepräsident der Deutschen Forschungsgemeinschaft. Herausgeber der „Historischen Zeitschrift" (seit 1975).

1987 Gottfried Wilhelm Leibniz-Preis der Deutschen Fortschungsgemeinschaft; 1990 Herbert-Quandt-Medien-Preis; 1993 Balzan-Preis; 1987 Großes Bundesverdienstkreuz.

Wichtigste Buchveröffentlichungen der letzten Jahre: „Bismarck. Der weiße Revolutionär" (8. Auflage 1995, auch in englischer, französischer, italienischer, japanischer Übersetzung); „Europa auf dem Weg in die Moderne" (3. Auflage 1997); „Bürgertum in Deutschland" (1989); „Bismarck. Ein Lebensbild" (1991); „Fragen an die deutsche Geschichte" (19. Auflage

1996); „Von der ständischen zur bürgerlichen Gesellschaft“ (1993); „Bürgertum, liberale Bewegung und Nation“. Ausgewählte Aufsätze, hg.v. Dieter Hein, Andreas Schulz, Eckhardt Treichel (1996).

Alexander Gauland
Geboren am 20. Februar 1941 in Chemnitz; evangelisch.

1959 Abitur in Karl-Marx-Stadt; 1970-72 Arbeit beim Presse- und Informationsamt der Bundesregierung, 1974/75 im Generalkonsulat Edinburgh, 1977 Leiter des Büros des Oberbürgermeisters der Stadt Frankfurt, 1987-91 Staatssekretär und Chef der hessischen Staatskanzlei. Seit 1993 Herausgeber der „Märkischen Allgemeinen“ in Potsdam.

Veröffentlichungen: „Gemeine und Lords – Portrait einer politischen Klasse“, 1989; „Was ist Konservativismus“, 1991; „Helmut Kohl. Ein Prinzip.“, 1993; „Das Haus Windsor“, 1997.

Ernst Gerhardt
Geboren am 10. September 1921 in Frankfurt am Main.

1928-36 Schulbesuch in Fankfurt/Main, 1936-38 Kaufmannslehre, danach kaufmännischer Angestellter. 1940 Reichsarbeitsdienst, 1941-45 Wehrdienst. 1945-60 Kaufmann bei der Braun AG – Prokurist. 1960-78 Stadtrat (hauptamtliches Stadtratsmitglied) der Stadt Frankfurt/Main; 1960-66 Dezernent für öffentliche Einrichtungen; 1966-72 Dezernent für Soziales, Jugend und Gesundheit; 1972-78 Dezernent für Gesundheit und öffentliche Einrichtungen. 1978-89 Stadtkämmerer der Stadt Frankfurt/Main. 1984 Ehrensenator der Johann Wolfgang Goethe-Universität. 1985 Ehrenbürger der Universität Tel Aviv.

Wolfgang Gerhardt
Geboren am 31. Dezember 1943 in Ulrichstein-Helpershain/Hessen; verheiratet, zwei Kinder.

1963 Abitur, Studium der Erziehungswissenschaften, Germanistik und Politik, 1970 Promotion.

1970-78 Persönlicher Referent des Hessischen Ministers des Innern, danach Leiter des Ministerbüros. 1978-94 Mitglied des Hessischen Landtages; 1987-91 Minister für Wissenschaft und Kunst; stellvertretender Ministerpräsident und Mitglied des Bundesrates; Bevollmächtigter des Landes Hessen beim Bund. 1988 Präsident der Ständigen Konferenz der Kultusminister der Länder.

1982-95 Landesvorsitzender der F.D.P. Hessen. 1985-95 Stellvertretender Bundesvorsitzender der F.D.P. Seit 1994 Mitglied des Deutschen Bundestages. Seit Juni 1995 Bundesvorsitzender der F.D.P.

Alfred Grosser

Geboren am 1. Februar 1925 in Frankfurt/Main.

In Frankreich seit 1933, Franzose seit 1937. Studium der Germanistik und Politologie. 1950/51 Stellvertretender Leiter des UNESCO-Büros in Deutschland. 1951-55 Dozent an der Sorbonne. Ab 1954 lehrbeauftragt, dann Ordentlicher Professor am Institut d'études politiques. 1992 emeritiert. 1956-92 Forschungs- und Studiendirektor an der Fondation nationale des Sciences politiques. Außerdem Lehrer an der Ecole polytechnique, der Ecole des Hautes Etudes Commerciales, am Bologna Center der Johns Hopkins University (Washington), an der Stanford University (Dept. of History, 1964/65), in Peking (1987), Tokyo (1992), Singapur (1994). 1970-73 Vizepräsident der International Political Science Association. Seit 1982 Präsident des CIRAC (Centre d'information et de recherche sur l'Allemagne contemporaine).

Politischer Kolumnist für Le Monde (1965-94), La Croix (1955-65 und seit 1994) und für Ouest-France (seit 1972).

Friedenspreisträger des deutschen Buchhandels (1975), Theodor-Heuss-Medaille (1978), Goethe-Plakette der Stadt Frankfurt (1986), Wartburg-Preis (1994), Schiller-Preis der Stadt Mannheim (1996).

Neueste Buchveröffentlichungen: „Mein Deutschland", 1993, Taschenbuch 1996; „Was ich denke", 1995; „Les identités difficiles", 1996; „Une vie de Français. Mémoires", 1997.

Claus Helmer

Geboren am 23. Februar 1944 in Brünn (CSSR); verheiratet, ein Kind.

Nach dem Schulbesuch 1959-62 Schauspielausbildung am Wiener Reinhardt-Seminar, daneben 1956-60 rund 40 Theaterrollen an fast allen Wiener Bühnen, drei Spielfilme, zahlreiche Fernsehaufgaben. Engagement in Düsseldorf 1962-64. Ab 1965 freier Schauspieler und Regisseur in Aachen, Düsseldorf, Hamburg, Stuttgart und Frankfurt/Main. Seit 1972 ist er Direktor der „Komödie" in Frankfurt, seit 1995 auch des Fritz-Rémond-Theaters.

Auszeichnungen: u.a. Östereichisches Ehrenkreuz für Wissenschaft und Kunst (1981), Ehrenring der Stadt Frankfurt (1994), Ehrenplakette der Stadt Frankfurt (1997).

Roman Herzog

Geboren am 5. April 1934 in Landshut/Bayern; evangelisch; verheiratet, zwei Kinder.

1957 Erste Juristische Staatsprüfung nach dem Studium der Rechtswissenschaften in München, 1958 Promotion. 1958-64 Wissenschaftlicher Assistent an der Universität München, 1961 Zweite Juristische Staatsprüfung. 1964-66 Privatdozent an der Universität München; 1966-69 Professor für

Staatsrecht und Politik an der Freien Universität Berlin. 1969-73 Professor für Staatslehre und Politik an der Hochschule für Verwaltungswissenschaften in Speyer, 1971-72 Rektor.

1971-80 Vorsitzender der Kammer für öffentliche Verantwortung der Evangelischen Kirche Deutschlands. Seit 1972 Ordentliches Mitglied der Synode der Evangelischen Kirche Deutschlands. 1973-78 Bevollmächtigter des Landes Rheinland-Pfalz am Sitz der Bundesregierung.

1978-80 Minister für Kultus und Sport des Bundeslandes Baden-Württemberg. 1978-83 Bundesvorsitzender des Evangelischen Arbeitskreises der CDU/CSU. 1980-83 Mitglied des Landtages von Baden-Württemberg und Innenminister des Landes. 1983-87 Vizepräsident des Bundesverfassungsgerichts; 1987-94 Präsident des Bundesverfassungsgerichts. Seit 1994 Bundespräsident.

Hilmar Hoffmann

Geboren am 25. August 1925 in Bremen.

Absolvent der Staatlichen Hochschule für Musik und Theater (Folkwang) in Essen (Regie/Dramaturgie; Diplom); Regieassistent an den Städtischen Bühnen in Essen.

15 Jahre Volkshochschul-Direktor in Oberhausen; fünf Jahre Kulturdezernent in Oberhausen und 20 Jahre in Frankfurt am Main. Seit 1993 Präsident des Goethe-Instituts, München. Seit 1994 Vorstandsvorsitzender der Kulturstiftung Lesen in Mainz. 1967-70 Lehrbeauftragter an der Ruhr-Universität Bochum; seit 1989 Honorarprofessor an der Philipps-Universität Marburg; 1975-85 Gastprofessor an der Universität Tel Aviv.

Ehrenbürger der Universität Tel Aviv; Presidents Award der Universität Tel Aviv (1996); Ehrensenator der Goethe-Universität Frankfurt/Main, Ehren-Promotion Universität Bamberg. Wartburgpreis 1996. Mitglied des Internationalen P.E.N..

Zahlreiche Veröffentlichungen, u.a. Kultur für alle, Kultur für Morgen, Kultur als Lebensform, Kultur unseres Jahrhunderts, 6 Bde. (Hg. zus. mit H. Klotz), 100 Jahre Film, Mythos Olympia.

Ernst Jünger

Geboren am 29. März 1895 in Heidelberg.

Gymnasium, Kriegsfreiwilliger 1914, Leutnant; Pour le mérite 1918. Reichswehr bis 1923; Studium der Zoologie und Philosophie. Freier Schriftsteller seit 1925; Hauptmann im Zweiten Weltkrieg, 1941-44 im Stab des Militärbefehlshabers in Frankreich (Paris).

Seit 1950 wohnhaft in Wilflingen, Kreis Biberach in Oberschwaben.

Zahlreiche Essays, Erzählungen, Romane, Tagebücher. Sämtliche Werke 1978-83; seither weitere Schriften. Hohe Auszeichnungen und viele Preise.

Manfred Kanther

Geboren am 26. Mai 1939 in Schweidnitz/Schlesien; evangelisch; verheiratet, sechs Kinder.

Nach der Vertreibung aus Schlesien Schulbesuch bis zum Abitur in Thüringen. 1958-62 Jurastudium in Marburg und Bonn, anschließend Referendarzeit in Lüdenscheid/Westfalen. 1966 Assessorexamen. 1967-70 Stadtoberrechtsrat in Plettenberg/Westfalen. 1970-87 Landesgeschäftsführer und Generalsekretär der CDU Hessen. 1974-93 Mitglied des Hessischen Landtages. 1987-91 Hessischer Minister der Finanzen.

1991 Landesvorsitzender der CDU Hessen und Vorsitzender der CDU-Fraktion im Hessischen Landtag. 1992 Präsidiumsmitglied der CDU Deutschlands. Seit 1993 Bundesminister des Innern. Seit 1994 MdB.

Otto Rudolf Kissel

Geboren am 8. Januar 1929 in Frankfurt am Main; evangelisch; verheiratet, ein Kind.

Jugendzeit in Frankfurt am Main. Nach dem Abitur 1948 in der Frankfurter Liebigschule Studium der Rechtswissenschaften 1948-52. Promotion 1954 bei Prof. Schiedermair in Frankfurt über den Rechtsschutz in der freiwilligen Gerichtsbarkeit. 1956 Assessorexamen, Eintritt in den hessischen Justizdienst. Tätigkeit bei verschiedenen Gerichten, im Hessischen Justizministerium und in der Hessischen Vertretung beim Bund in Bonn. 1970-80 Präsident des Oberlandesgerichtes in Frankfurt am Main. 1981 bis 1994 Präsident des Bundesarbeitsgerichts; seitdem im Ruhestand.

Honorarprofessor an der Universität Gießen für die Gebiete des Prozeßrechts, der Gerichtsverfassung und des gesamten Arbeitsrechts.

Zahlreiche Ehrenämter, u.a. Präses der Kirchensynode der Evangelischen Kirche in Hessen und Nassau. Mitglied der Administration des Frankfurter Städelschen Kunstinstituts. Fortdauernde wissenschaftlich-literarische Tätigkeit.

Roland Koch

Geboren am 24. März 1958 in Frankfurt/Main; verheiratet, zwei Kinder.

1977 Abitur, anschließend Wehrdienst. 1982 Erstes, 1985 Zweites Juristisches Staatsexamen. Seit 1985 selbständiger Rechtsanwalt in Eschborn/Taunus mit Schwerpunkt Wirtschafts- und Wettbewerbsrecht.

1983-87 stellvertretender Bundesvorsitzender der Jungen Union Deutschlands. 1979-90 Kreisvorsitzender der CDU Main-Taunus. 1989-97 Vorsitzender der CDU-Kreistagsfraktion.

Mitglied des Hessischen Landtages seit 1987. Bis 1993 umweltpolitischer Sprecher der CDU-Landtagsfraktion, seit 1991 deren stellvertretender Vorsitzender. Vorsitzender der Fraktion 1990/91 sowie seit 1993.

Hans-Helmut Kohl
Geboren 1951 in Frankfurt/Main; verheiratet.

Abitur an der Liebig-Schule. Zivildienst bei der Aktion Sühnezeichen in der Normandie. Deutsche Journalistenschule (Werner-Friedmann-Institut) in München, Stationen beim Hessischen Rundfunk und der Frankfurter Rundschau. Tätigkeit als freier Journalist und als Redakteur einer Heimatzeitung, 1976 Rückkehr nach Frankfurt.

Verschiedene Positionen bei der Frankfurter Rundschau in Frankfurt, als Korrespondent für Hessen, Rheinland-Pfalz und das Saarland, ab 1987 Politischer Reporter der Zentralredaktion.

Ausgedehnte Reportage-Reisen durch die Länder Mittel- und Osteuropas. Weitere berufliche und private Auslandsreisen nach Kambodscha, Somalia, Japan, das südliche Afrika, die USA, Australien, den Maghreb, Südostasien, Brasilien und China.

1994 Wechsel in die Chefredaktion der Frankfurter Rundschau, verantwortlich für die lokalen und regionalen Redaktionen, Stellvertreter des Chefredakteurs.

Helmut Kohl
Geboren am 3. April 1930 in Ludwigshafen am Rhein; katholisch; verheiratet, zwei Kinder.

Besuch der Volks- und Oberrealschule, 1950 Abitur. Studium der Rechts-, Sozial- und Staatswissenschaften sowie der Geschichte in Frankfurt und Heidelberg; Werkstudent, wissenschaftlicher Mitarbeiter des Politischen Seminars im Alfred-Weber-Institut der Universität Heidelberg. 1958 Promotion zum Dr. phil. Kaufmännischer Angestellter in einem Wirtschaftsverband.

1947 Mitglied der CDU. 1953 Mitglied des geschäftsführenden Vorstandes der CDU der Pfalz. 1954 stellvertretender Landesvorsitzender der Jungen Union Rheinland-Pfalz. 1955 Mitglied des Landesvorstandes der CDU Rheinland-Pfalz. 1959 Vorsitzender des CDU-Kreisverbandes Ludwigshafen.

1966-73 Landesvorsitzender der CDU von Rheinland-Pfalz. 1966 Mitglied des Bundesvorstandes der CDU. 1969 stellvertretender Bundesvorsitzender, 1973 Bundesvorsitzender der CDU. 1960-66 Mitglied und Vorsitzender der CDU-Stadtratsfraktion in Ludwigshafen. 1959 Mitglied des Landtages von Rheinland-Pfalz. 1961 stellvertretender Vorsitzender, 1963-69 Vorsitzender der CDU-Landtagsfraktion von Rheinland-Pfalz. 1969-76 Ministerpräsident des Landes Rheinland-Pfalz.

Mitglied des Bundestages seit 1976. Von Dezember 1976 bis Oktober 1982 Vorsitzender der CDU/CSU-Fraktion. Seit 1. Oktober 1982 Bundeskanzler.

Horst Krüger
Geboren 1919 in Magdeburg.

Verbrachte Kindheit und Jugend in Berlin und studierte Philosophie und Literaturwissenschaften in Berlin und Freiburg im Breisgau. 1952-67 leitete er das Literarische Nachtstudio des Südwestfunks in Baden-Baden. Seit 1967 lebt er als freier Schriftsteller in Frankfurt am Main; er schreibt vorwiegend Feuilletons und Reiseberichte. Der vielfach preisgekrönte Autor ist Mitglied der Deutschen Akademie für Sprache und Dichtung. Ausgezeichnet u.a. mit der Goethe-Plakette der Stadt Frankfurt und der „Goldenen Kamera", dem Bundesverdienstkreuz, dem Hessischen Staatspreis (1989).

Zu den bekanntesten Werken gehören: „Stadtpläne" (1967), „Das zerbrochene Haus" (1967), „Fremde Vaterländer" (1971), „Spötterdämmerung" (1981), „Tiefer deutscher Traum" (1984), „Kennst du das Land" (1987) u.a.

Michael Mertes
Geboren am 26. März 1953 in Bonn; katholisch; verheiratet, vier Kinder.

Kindheit und frühe Jugend in Marseille, Paris und Moskau. 1972 Abitur am Aloisiuskolleg in Bad Godesberg. 1972-74 Wehrdienst; Ausbildung zum Reserveoffizier. 1974-80 Studium der Rechtswissenschaften und der Philosophie an den Universitäten Bonn und Tübingen sowie an der London School of Economics. 1981 Erstes, 1983 Zweites Juristisches Examen.

Nach kurzer Tätigkeit in der Bundeswehrverwaltung 1984-86 Referent im Bundeskanzleramt: zuerst in der Personalabteilung, dann Kultur- und Kirchenangelegenheiten. 1986-87 im Bundesumweltministerium: Mitarbeiter im Aufbaustab, Leiter des Ministerbüros. Seit 1987 Bundeskanzleramt: zunächst als Referats-, ab Oktober 1993 als Gruppenleiter im Bereich Kommunikation und Öffentlichkeitsarbeit; seit Januar 1995 Leiter der Abteilung „Gesellschaftliche und politische Analysen; kulturelle Angelegenheiten".

Veröffentlichungen u.a.: Mitherausgeber (zusammen mit Steven Muller und Heinrich August Winkler) von „In Search of Germany", 1996. Ehrenamtlich u.a. engagiert als Mitglied des Kuratoriums der Freunde und Förderer des Leo-Baeck-Instituts und als Mitglied des Bundesfachausschusses Europapolitik der CDU.

Bernhard Mihm
Geboren am 17. Juni 1936 in Frankfurt am Main; katholisch; verheiratet, zwei Kinder.

Volksschule in Frankfurt und Elters (Kreis Fulda), Gymnasium „Musterschule" in Frankfurt, Abitur 1956. Studium der Rechtswissenschaft in Frankfurt; 1961 Erste Rechtswissenschaftliche Staatsprüfung. Referendarausbildung im Land Hessen; 1965 Große Juristische Staatsprüfung.

1965-67 Höherer Verwaltungsdienst im Land Rheinland-Pfalz; Dezernent beim Landratsamt Bingen am Rhein. 1967-71 Leiter des Rechts- und Versicherungsamtes der Stadt Fulda und Hilfsdezernent des Oberbürgermeisters für die Allgemeine Verwaltung. 1971-78 Bürgermeister der Stadt Hünfeld; daneben einige Jahre ehrenamtlicher Kreisbeigeordneter des Landkreises Fulda.

1978-89 hauptamtlicher Stadtrat (Dezernent für Schule und Bildung) in Frankfurt am Main, 1990-93 ehrenamtlicher Stadtrat. Seit 1993 Vorsitzender der CDU-Stadtverordnetenfraktion. Seit 1957 Mitglied der CDU; zahlreiche Parteiämter auf Orts-, Landes- und Bundesebene, zur Zeit Vorsitzender des Arbeitskreises „Große Städte" der Kommunalpolitischen Vereinigung der CDU/CSU Deutschlands. Seit 1997 zum Stadtverordnetenvorsteher der Stadt Frankfurt am Main gewählt.

Mitglied in zahlreichen katholischen Verbänden, z.B. im Verband der wissenschaftlichen Katholischen Studentenvereine (UV); Familiare des Deutschen Ordens. Träger des Verdienstkreuzes am Bande des Bundesverdienstordens, Ritter des Verdienstordens der Französischen Republik, Inhaber der Johann-Christian-Eberle-Medaille der Sparkassen-Organisation.

Hans-Jürgen Moog

Geboren am 13. Juni 1932 in Frankfurt am Main; evangelisch; verheiratet, ein Kind.

Schulbesuch in Frankfurt am Main, der Schweiz und Eschwege. Abitur. Studium der Rechtswissenschaften in Frankfurt am Main und Würzburg. Erste und Zweite Juristische Staatsprüfung. Promotion mit der Dissertation: „Deutsche Rundfunkanstalten – ein Beitrag zu ihrer öffentlich-rechtlichen Grundlegung".

1961 Rechtsanwalt, seit 1971 auch Notar. 1964-82 Stadtverordneter; seit 1965 als Vorsitzender der CDU-Stadtverordnetenfraktion. 1982-94 Bürgermeister der Stadt Frankfurt am Main.

Seit vielen Jahren ehrenamtlich in kirchlichen und sozialen Organisationen tätig, so u.a. als Mitglied der Synode der Evangelischen Kirche in Hessen und als Vorsitzender des Bezirksverbandes Frankfurt am Main des Deutschen Roten Kreuzes.

Hugo Müller-Vogg

Der gebürtige Mannheimer (Jahrgang 1947) kam nach Bundeswehr (Leutnant der Reserve), Volkswirtschaftsstudium, Volontariat beim „Mannheimer Morgen" und Promotion 1977 zur Frankfurter Allgemeinen Zeitung. 1980-84 berichtete er als Düsseldorfer Korrespondent über das Ruhrgebiet und die Gewerkschaften, anschließend fünf Jahre lang aus New York über die Wirtschaft und Politik Ronald Reagans.

Seit 1988 ist er einer der fünf Herausgeber der Frankfurter Allgemeinen Zeitung. Mehrere Buchbeiträge und Bücher beschäftigen sich mit den Wechselwirkungen zwischen Wirtschaft, Gesellschaft und Politik.

Peter Rhein

Geboren am 5. September 1933 in Bonn; katholisch; verheiratet, drei Kinder.

Grundschule, humanistisches Gymnasium; Abitur. Studium der Philosophie, der Politologie, der Pädagogik, der Germanistik, der Geschichte an der Universität Bonn. Promotion in Philosophie. Erste und Zweite Staatsprüfung für das Lehramt an Volksschulen. 1958-63 Lehrer. Seit 1963 Wissenschaftlicher Assistent an der Pädagogischen Hochschule Bonn. 1967 Berufung auf den Lehrstuhl für Schulpädagogik an der Pädagogischen Hochschule Oldenburg in Niedersachsen.

Seit 1968 Mitglied des hauptamtliches Magistrats der Stadt Frankfurt am Main. 1968-78 Dezernent für Schule und Sport. 1978-89 Dezernent für Gesundheit und Sport.

1992-96 Studium der Gerontologie an der Universität Heidelberg. Diplom-Gerontologe seit 1996.

Heinz Riesenhuber

Geboren am 1. Dezember 1935 in Frankfurt; katholisch; verheiratet, vier Kinder.

Humanistisches Gymnasium, Abitur 1955. Studium der Naturwissenschaften (Hauptfach Chemie) und der Volkswirtschaft; Diplom-Chemiker 1961. Promotion in Chemie (Dr. rer. nat. 1965). 1962/65 wissenschaftlicher Assistent. 1966-82 Tätigkeit in der Wirtschaft.

1965-69 Landesvorsitzender der Jungen Union Hessen; seit 1967 in Präsidium der CDU Hessen. 1973-78 Kreisvorsitzender der CDU Frankfurt. Mitglied des Deutschen Bundestages seit 1976; Sprecher der CDU Deutschlands zu Energie- und Umweltpolitik. Seit 1993 Ausschuß für Wirtschaft.

1982-93 Bundesminister für Forschung und Technologie.

Präsident des Deutsch-Amerikanisch-Akademischen Konzils, Vorsitzender des Deutsch-Japanischen Kooperationsrates für Hochtechnologie und Umwelttechnik. Professor an der Universität Frankfurt am Main. Viermaliger Ehrendoktor, zahlreiche Verdienstorden und Ehrenzeichen.

Manfred Rommel

Geboren am 24. Dezember 1928 in Stuttgart; verheiratet, ein Kind.

Jurist, Dr. h.c. 1950 Eintritt in die Junge Union, seit 1969 im Landesvorstand der CDU.

1956-75 Beamter des Landes Baden-Württemberg, danach nach drei Volkswahlen Oberbürgermeister der Landeshauptstadt Stuttgart. Kraft Gesetzes in den Ruhestand getreten Ende Januar 1997. Neun Jahre lang Präsident des Deutschen Städtetages, sechs Jahre lang Vorsitzender des Baden-Württembergischen Städtetages. 17 Jahre lang Präsident des Verbandes Kommunaler Unternehmen (VKU).

Petra Roth
Geboren am 9. Mai 1944 in Bremen; verwitwet seit 1994, zwei Kinder.

Ausbildung zur Arzthelferin in Freiburg/Breisgau, bis 1970 in diesem Beruf tätig, ab 1964 in Frankfurt am Main. 1972 Beitritt zur CDU, verschiedene Ehrenämter, so als Sozialbezirksvorsteherin bei der Stadt Frankfurt (1973-88) und als Abgeordnete im Landeswohlfahrtsverband Hessen (1977-89). 1977 Wahl in die Stadtverordnetenversammlung, bis 1989 Vorsitzende des Sportausschusses und jugendpolitische Sprecherin der CDU-Fraktion. Als Kandidatin für den Wahlkreis Frankfurt-Ost wurde sie seit 1987 dreimal direkt in den Hessischen Landtag gewählt. In Wiesbaden war sie Vorsitzende des Arbeitskreises für Wohnungswesen und Städteplanung der CDU-Fraktion und Mitglied des Innenausschusses des Landtages.

1990-94 Vizepräsidentin des Landessportbundes Hessen. 1992 wählte sie die Frankfurter CDU zur Kreisvorsitzenden; seit 1990 ist sie Mitglied im Landesvorstand der hessischen CDU. Ab 1993 wieder Mitglied der Frankfurter Stadtverordnetenversammlung, war sie 1993/94 Stadtverordnetenvorsteherin. 1995 wurde sie per Direktwahl zur Oberbürgermeisterin gewählt. In diesem Amt wurde sie 1997 bestätigt.

Wolfgang Schäuble
Geboren am 18. September 1942 in Freiburg; evangelisch; verheiratet, vier Kinder.

1961 Abitur. 1961-66 Studium der Rechts- und Wirtschaftswissenschaften an den Universitäten Freiburg und Hamburg; 1966 Erstes Juristisches Staatsexamen; 1966-70 Assistent an der Universität Freiburg und Beauftragter des Rektors für politische Bildung; 1968-70 Gerichtsrefrendar; 1970 Zweites Juristisches Staatsexamen; 1971 Promotion.

1969-72 Bezirksvorsitzender der Jungen Union Südbaden; seit 1970 Mitglied des Bezirksvorstandes der CDU Südbaden; seit 1982 stellvertretender Bezirksvorsitzender; seit 1973 Mitglied des CDU-Landesvorstandes Baden-Württemberg.

1971-72 Tätigkeit in der Steuerverwaltung des Landes Baden-Württemberg, zuletzt Regierungsrat beim Finanzamt Freiburg I. Seit 1972 Mitglied des Deutschen Bundestages. 1978-84 Rechtsanwalt beim Landgericht Offenburg.

1981-84 Parlamentarischer Geschäftsführer der CDU/CSU-Bundestagsfraktion; 1984-89 Bundesminister für besondere Aufgaben und Chef des Bundeskanzleramtes; 1989-91 Bundesminister des Innern. Seit 1989 Mitglied des Bundesvorstandes der CDU Deutschland. Seit 1991 Vorsitzender der CDU/CSU-Fraktion des Deutschen Bundestages.

Christian Schwarz-Schilling

Geboren am 19. November 1930 in Innsbruck/Österreich; katholisch; verheiratet, zwei Kinder.

Abitur, Abschluß des Studiums der Ostasiatischen Kultur- und Sprachwissenschaften und der Geschichte an der Ludwig-Maximilians-Universität in München; Dr. phil.; anschließend Banklehre in Hamburg.1957-82 Geschäftsführer der Accumulatorenfabrik Sonnenschein GmbH, Büdingen und Berlin.

1964-96 Mitglied des Hessischen Landtages, ab 1970 als Stellvertretender Vorsitzender und bildungspolitischer Sprecher der CDU-Landtagsfraktion. Generalsekretär der Hessischen CDU (1967-80), Mitglied des Landesvorstandes (1964-96); von 1967 bis Februar 1996 als Stellvertretender Landesvorsitzender. Seit 1976 Mitglied des Deutschen Bundestages und 1982-92 Bundesminister für Post und Telekommunikation. Seit 1993 Mitglied des Ausschusses für Wirtschaft des Deutschen Bundestages; seit 1995 Stellvertretendes Mitglied des Auswärtigen Ausschusses. Seit 1995 Vorsitzender des Unterausschusses „Menschenrechte und humanitäre Hilfe" des Deutschen Bundestages und seit 1995 Internationaler Streitschlichter für die Föderation Bosnien-Herzegowina.

Seit 1993 Geschäftsführender Gesellschafter des Beratungsunternehmens Dr. Schwarz-Schilling & Partner GmbH, Büdingen. Zahlreiche Verdienstorden und Ehrenzeichen.

Albert Speer

Geboren 1934 in Berlin.

Schreinerlehre und Abendschulabitur 1955; Diplom-Ingenieur; Studium der Architektur an der Technischen Hochschule München. Seit 1964 selbständig in Frankfurt/Main. 1966 Deutscher Architektennachwuchspreis (Deubau Essen). Seit 1970 Mitglied der Deutschen Akademie für Städtebau und Landesplanung. Seit 1972 Lehrstuhlinhaber für Stadt- und Regionalplanung an der Universität Kaiserslautern. 1978-80 und 1988-90 Dekan des Fachbereichs Architektur, Raum- und Umweltplanung und Bauingenieurwesen. Vorträge zur Stadtplanung in China, Gabun, Nigeria, Japan, Polen, Österreich, Saudi-Arabien, Schweiz, USA. 1994 Gastprofessur an der ETH Zürich. 1995 Gründung der Professor Albert Speer-Stiftung, Frankfurt/Main.

Derzeitige Hauptarbeitsfelder des Büros AS&P sind die Masterplanung für die EXPO 2000 Hannover und strategische Planungen für die Bahn-21-Projekte in Frankfurt/Main, Mannheim, Magdeburg und München sowie Planungen für die Flughäfen Frankfurt/Main, Berlin-Schönefeld und Abuja/Nigeria.

Michael Stürmer
Geboren 1938 in Kassel.

Humanistisches Gymnasium, Wehrdienst, Industriepraktikum, Studium der Geschichte und Sozialwissenschaften in Berlin, London und Marburg. Promotion 1965. Habilitation 1971 an der TH Darmstadt. Lecturer in European History, Sussex University 1970/71. Seit 1973 ordentlicher Professor für Mittlere und Neuere Geschichte, Friedrich-Alexander-Universität Erlangen-Nürnberg. Seit dem 1. April 1988 Direktor des Forschungsinstituts für Internationale Politik und Sicherheit (Stiftung Wissenschaft und Politik) in Ebenhausen/Isar.

Research Fellow Harvard University 1976/77; Member Institute for Advanced Studies, Princeton 1977/78; Gastprofessor University of Toronto 1983/84; Professeur Associé de la Sorbonne 1984/85.

Arbeitsgebiete: Materielle Kultur 17./18. Jahrhundert in Europa; Sozial- und Verfassungsgeschichte des 19. und 20. Jahrhunderts; internationale Beziehungen, Sicherheitsfragen. Gastkolumnist der Neuen Zürcher Zeitung und der Financial Times. Officier de la Légion d'Honneur.

Neuere Veröffentlichungen: „Das Ruhelose Reich – Deutschland 1866-1918", 1983, 3.Auflage 1990; „Scherben des Glücks. Klassizismus und Revolution", 1987; „Wägen und Wagen. Sal. Oppenheim jr. & Cie. Geschichte einer Bank und einer Familie", 1989, 3. Auflage 1994; „Die Grenzen der Macht. Begegnung der Deutschen mit der Geschichte", 1992.

Bernhard Vogel
Geboren am 19. Dezember 1932 in Göttingen.

1953 Abitur in München; Studium der Politischen Wissenschaft, Geschichte, Soziologie und Volkswirtschaft in Heidelberg und München; 1960 Promotion zum Dr. phil. Wissenschaftlicher Assistent am Institut für Politische Wissenschaft der Universität Heidelberg, 1961-67 dort Lehrbeauftragter.

1963-65 Mitglied des Heidelberger Stadtrates. 1965-67 Bundestagsabgeordneter für den Wahlkreis Neustadt/Speyer. 1971-88 Mitglied des Landtages von Rheinland-Pfalz. 1967-76 Kultusminister von Rheinland-Pfalz. 1970-76 im jährlichen Wechsel Vorsitzender oder Stellvertretender Vorsitzender der Bund-Länder-Kommission für Bildungsplanung und Forschungsförderung.

1976-88 Ministerpräsident von Rheinland-Pfalz, 1981-82 Vorsitzender der Ministerpräsidentenkonferenz. 1976-77 und 1987-88 Präsident des Bundesrates. 1976-88 Vorsitzender der Rundfunkkommission der Ministerpräsidenten. 1974-88 Landesvorsitznder der CDU Rheinland-Pfalz. Seit 1975 Mitglied des Bundesvorstandes der CDU Deutschlands. Seit 1985 Vizepräsident der Europäischen Demokratischen Union (EDU). 1979-92 Vorsitzender des Verwaltungsrates des Zweiten Deutschen Fernsehens. Seit 1984 Senator der Max-Planck-Gesellschaft. 1989-95 Vorsitzender der Konrad-Adenauer-Stiftung. Seit 1992 Ministerpräsident von Thüringen; seit 1993 Landesvorsitzender der CDU Thüringen. Seit 1994 Mitglied des Thüringer Landtages.

Richard von Weizsäcker

Geboren am 15. April 1920 in Stuttgart; evangelisch; verheiratet, vier Kinder.

Grundschule, humanistisches Gymnasium in Berlin und Bern. 1937 Abitur, anschließend Studium an den Universitäten Oxford und Grenoble. 1938-45 Militärdienst. 1945-49 Studium der Rechtswissenschaften und der Geschichte an der Universität Göttingen, Promotion.

1950-66 Tätigkeit in der Wirtschaft. 1964-70 und 1979-81 Präsident des Deutschen Evangelischen Kirchentages. 1967-84 Mitglied der Synode und des Rates der Evangelischen Kirche in Deutschland.

1969-81 Mitglied des Deutschen Bundestages. 1981-84 Regierender Bürgermeister von Berlin. 1984-94 Präsident der Bundesrepublik Deutschland.

DIE GRATULANTEN

Horst Abt
Hermann Adamczick
Beate Adda
Josef Adler
Erich Aichberger
Heinz Alexander
Kitty Ambrosius
Claudia Ammerschläger
Kurt Andreas
Ursula Angert
Martin Apfel
Helene Arendt
Arshad Aziz

Brigitte Babbe
Margot Baier
Dr. Ralf-Norbert Bartelt
Alfred Baumann
Uwe Becker
Hans Beckmann
Ruth Beckmann
Wenzel Behr
Anne Bender
Arthur Benedikt
Gerhard Benner
Peter S. Biberfield
Prof. Dr. Daniela Birkenfeld-Pfeiffer
Gerhard A. Birr
Michael Boddenberg
Sabine Böhm
Sieglinde Böhm
Horst Böhme
Ilse Borgstede
Hermann Bouffier
Paula Brand
Karl Brauburger
Anton Bretz
Ruth Bross
Gernot Brümmerstädt
Helma Brunck
Dr. Helga Budde
Karlheinz Bührmann
Anni Burggraf
Dr. Hans Burggraf
Kaethe Burggraf
Nikolaus Burggraf
Tomislav Buric

Ulrich Caspar
CDA Frankfurt
CDU Riederwald
Alfred Christ
Livia Conea
Renate Contzen
Walter Cornel
Udo Corts
Heinz Csallner

Walter Dammann
Heinz Daum
Rudolf Debus
Heide Degen
Maria de los Rios Serrano
Paul Diehl
Karl Diensberg
Norbert Dieter
Hans Dietz
Manfred Dobslaw
Magdalene Döring
Erwin Dolle
Jürgen Dommer
Volker Dommes
Alfons Dresch
Dr. Franz Dworschak

Fredy Ebeling
Walburga Edeling-Teves
Bernd Ehinger
Dr. Andreas Eichstaedt
Christina Erdmann
Wilfried Euler

Werner Rolf Fach
Henry Faktor
Henriette Fay
Sieglinde Fedel
Elisabeth Fey
Karl Fink
Dr. Wilhelm Fischer
Robert Flörchinger
Josef Flügel
Helmut Foerster
Helmut Frank
Markus Frank
Ursula Franken
Bernhard Franze
Edmund Frei
Dr. Wolfgang Fremder
Dr. Michel Friedman
Manfred Friedrich
Marianne Friedrich
Rudolf Friedrich
Lothar Fritsch

Charlotte Gabriel
Elisabeth Galster
Alexander Gauland
Ursula Gauls
Ernst Gerhardt
Martin Gerhardt
Alfons Gerling
Moritz Gertler
Johanna Gessert
Stefan Ghergheli
Dr. Dieter Giese
Karl Gleibs
Alfons Glogowski
Fritz Goeder
Johannes Göttker-Schnetmann
Erich Götz
Gisela Götz
Frank Goldberg
Alois Goldmann
Joachim Gres
Anna Grimm

Christa Haacke
Ilse Haacke
Dr. Astrid Habig
Walter Hackenberg
Georg Hahn

Elisabeth Haindl
Benno Hammer
Anna Harrach
Gabriele Hartwich-Westbeld
Josef-Hans Hasenöhrl
K. Hasenöhrl
Doraline Hauck
Michael Hauck
Astrid Heil
Dr. Hans-Jürgen Hellwig
Horst Hemzal
Monika Henze
Klaus-Dieter Hermann
Ernst Herold
Isidor Herskovits
Jochem Heumann
Josef Heun
Helmut Heuser
Renate Heyne
Guenter Hick
Kaethe Hilgenstock-Wilhelmi
Heinrich Hörr
Karl Hohmann
Gerhard Holz
Hertha Holz
Harry Hoppe
Günther Horn
Rudolf Horn
Will Horster
Herta Hromada
Norbert Husemann

Katharina Ismail-Höchsmann
Ingeborg Iwanowsky

Gertraud Jahncke
Robert Janisch
Diethelm Jenisch
Dr. Artur Jerger
Hans-Guenter Joras
Elisabeth Jost
Roland Johannes Jung

Annemarie Kaltenbach
Alfred Karg
Helga Karl
Ludwig Kaspar
Herbert Kasper
Frank Kaufmann
Ulrich Keitel
Ursula Kelety
Ilse Kerssebaum
Viktor Kijek
Bernhard Kilb
Robert Kirste
Dr. Hans Kiskalt
Jürgen Klenner
Martin Kniehase
Franz Kober
Gisela Kober
Horst Köhler
Bernd Kölling
Anton Kopp
Hilde Krauße
Wilhelm Kreiser
Hermann Josef Kreling
Stefan-Peter Künzel
Rolf Kugelstadt
Helmuth Kunze
Dieter Kunzler
Lieselotte Kurtz

Paul Labonté
Eva-Maria Lang

Hildegard Lange
Claus Leditschke
Joachim Lehmann
Helmut Lenz
Gerhard Ley
Mechthild Liebrecht
Wolf Liebrecht
Helmut Link
Karl-Heinz Linz
Michael Lipsky
Andreas Löbig
Willi Löbrich
Dr. Hans Loskant
Lydia Lotter
Bernhard Walter Lubkowitz
Rainer Ludwig
Joachim Lumperda

Dr. Albrecht Magen
Horst Wolfgang Maier
Herbert Manger
Dr. Helmut Mann
Thomas Mann
Hans Markert
Heinz-Dieter Matejka
Max Josef Meier
Andreas Mengelkamp
Peter Mensinger
Dr. Ekkehart Meroth
Guenther H.J. Merten
Albert Metternich
Karin Meulenbergh
Kurt Michel
Bernhard Mihm
Gerhard Mock
Klaus Möller
Wilfried Möller
Dieter Mönch
Amalie Möritz
Dr. Hans-Jürgen Moog
Eva Maria Müller
Reinhard Müller
Christa Mette Mumm v. Schwarzenstein

Erika Nelson
Fritz Nepustil
Maria Neu
Norbert Neumann
Karl Heinz Nink
Dirk Nitschke

Hannelore Ochs
Lothar Ockler
Ivo Ortwein
Gudrun Osterburg

Gerhard Paßmann
Max Pazian
Joachim Penka
Günter Pfaff
Hans-Wolfgang Pfeifer
Ursula Pfeifer
Manfred Pfeiffer
Mechthild Pfeiffer-Krahl
Dr. Alfred Pfeil
Erika Pfreundschuh
Oskar W. Pfreundschuh
Heinz Philippi
Mechthild Platz
Irmgard Pohl
Oliver Thomas Pokorny
Erika Maria Poremba
Margot Porsch

Helga Puttkammer-Cimander
Heinrich Martin Quirin
Lisa Quosig

Willy Rabenecker
Thomas Rätzke
Dieter Rausch
Neithardt Reddehase
Paul Reichwein
Helmut Reischmann
Prof. Dr. Peter Rhein
Gerd Riechemeier
Clemens Riedel
Prof. Dr. Heinz Riesenhuber
Karl Riesenhuber
Dr. Alexander Riesenkampff
Herbert Ritzka
Hermann Rohn
Helmut Rommel
Joachim Rotberg
Helmut Roth
Petra Roth
Ottilie Rudolph
Otto Rumeleit

Gertrud Saam
Dr. Alpaydin Saatci
Horst Sack
Friedrich Sauer
Dieter-Wolfram Seeber
Renate Seeland
Gholamhossein Shamsy
Koshky
Joachim Siegel
Hans Sittig
Wolfgang Sommer
Irmgard Suchier

Joachim Sukrow
Manfred Sutter
Brigitte Swoboda
Franz Syha

Karin Schaal
Erwin Schaub
Werner Schaub
Anne-Marie Scheffer
Georg Schenck
Bärbel Schenkendorf
Gisela Scherer
Mathias Scherer
Walter Schermuly
Dr. Manfred Schiedermair
Franz Schirmer
Ludwig Wilhelm Schleiter
Dr. Hans Schleussner
Richard Schlör
Eugen Schmeisser
Hans-Jörg Schmitt
Helmut Schmitt
Tina Schmitt
Prof. Dr. Matthias Schmitt
Gerd Schmitz-Morkramer
Helga Schneider
Dr. Christian Schöneborn
Alfred Schottdorf
Georg Schreiber
Marlis Schreier
Margarete Schröder
Lieselotte Schulz
Heinrich Schulze
Otto Schumm
Gabriele Schwalbe
Rolf Schwalbe
Edwin Schwarz